Power stone Bible

474種の石と出会える

パワーストーン
バイブル

カサンドラ・イーソン 著

松原 聰 監修　堀口容子 訳

日本文芸社

contents

＊免責条項

本書記載の情報は、医学的診断、治療、予防または医学的助言の代用、あるいは診断手段として利用できるものではありません。なんらかの医学的症状やその疑いがある場合、直ちに医療専門家に相談してください。また一部の石は、硫黄や鉛など、摂取すると害をおよぼす可能性のある成分を含むため、自然の状態では慎重に扱い、子どもの手の届かない場所に安全に保管してください。

神秘の石の世界へようこそ

　石や水晶、宝石は、自然界の創造物のすばらしい世界へと導いてくれます。すでにいくつかをジュエリーとしてお持ちかもしれません。

　本書はおよそ450種類以上の石を掲載していますが、そのなかには比較的めずらしく、とても神秘的に思われるものもあるでしょう。実際、歴史上、多くの文化において天から贈られた聖なるものと考えられ、大切にされてきました。

　たとえば淡い黄のリビアンデザートグラス（P114）は、古代エジプトの文献に登場し、この石でツタンカーメンの胸あてについていたスカラベは彫られています。またサンストーン（P129）は、かつて太陽の一部で、皆既日食のときに地上に落ちてきたものであり、真珠（P161）は人間の罪や苦しみを悲しむ天使の涙が海にしたたり、開いた貝殻に落ちたものと信じられてきました。

　こうした様々な伝説や逸話から、多くの石や水晶、宝石には不思議な力があると見なされ、金運や恋愛運など運気をあげるためや、心の安らぎを得るためなど、様々に利用されています。

　本書では、興味深い伝説や逸話を含め、色や組成といった基本データとともに、心と体を癒やし、運気をあげる伝統的な使い方を紹介します。

　石や水晶、宝石は太古から現在まで、ポジティブなエネルギーをもたらし続けています。仮にこうした力を信じなくても、手にする人のエネルギーと相互に作用し、生活や人生を豊かにしてくれるでしょう。

chapter1
石の基礎知識

地中で作られるすべての鉱物は、強いエネルギーをもっています。火山の熱や地中深くに眠る水分によって、何百万年もの時間をかけて形成されるうちにたくわえられた、自然の元素のパワーが宿っているのです。

黒曜石などの岩石は結晶質ではなく、火山から流れ出た溶岩（P142）が急速に冷やされて生まれた天然のガラスです。また、グレーないし淡い黄褐色の管状のフルグライト（P179）は、砂に落雷したときに瞬間的に形成されるものです。アンバー（P95）は樹脂が化石化したものであるため、しばしば昆虫や植物が閉じ込められていることがあります。緑のオリビン（P292）は、石質隕石や石鉄隕石の中で見つかるなど、しばしば地球外に起源をもちます。

石や宝石をカットすると本質があらわれます。黄のクリソベリル（P106）や緑のアレキサンドライト（P296）などの宝石には、光の輝きが猫の目のように動くキャッツアイ効果が、スタールビー（P82）など「スター」とつく宝石には光の矢があります。オパールには虹色の輝きがあらわれたり消えたりする、遊色効果を示すフラッシュ現象が見られます。こうした力を発揮させるためには、熟練の技でドーム形にカボションカットしなければなりません。

ジュエリーは、宝石や石の美しさを最大限に引き出す方法のひとつで、肌に触れることで石の効果やパワーを直接受けることができます。

伝統的に、イヤリングは心理的な攻撃から心を守り、ネックレスは感情の操作を防いで愛情をもたらし、ブレスレットは富と幸運を呼び込むといわれてきました。また、ベルトのバックルは意志の力、自信、要求と欲望をコントロールする腹部を守り、力を与えます。そして、指輪はどの指にはめても永遠の愛と友情、健康のシンボルです。

誕生石（P38）と記念日の宝石（P39）は、磨いてファセット（切子面）をつけた宝石を深い愛情のしるしとしたもので、身につければ幸運を引き寄せます。

磨かれた石は比較的求めやすいでしょう。握り石（P369）や占い（P402〜408）に使えたり、家に飾ったりもできます。

石の成り立ち

鉱物とは

　鉱物とは岩の構成成分です。ほとんどの岩石は複数の鉱物の組みあわせで構成されますが、一部は単一の鉱物しか含みません。たとえば、花崗岩は石英、長石、雲母でできています。

　ほとんどの鉱物は結晶として成長します。結晶になるのは、原子や分子が結合し、三次元的に規則正しく繰り返されるからです。

　鉱物が原子の手によって結びついて結晶になると、それぞれの鉱物の構造と性質が最終的な石の種類を決定します。石には族（グループ）があり、同じ族の石はすべて類似した性質をもちます。

　たった1種類、あるいは何種類かの元素のわずかな量の違いが、鉱物の色や結晶構造の違いを生みます。鉱物の種類は、構成元素と結晶構造から判断します。

　鉱物を構成する元素の多くは地球の地殻に豊富に含まれるものですが、一部は極めて稀少です。

　酸素、ケイ素、アルミニウム、鉄、カルシウム、ナトリウム、カリウム、マグネシウムの元素8種類だけで、地殻の重量の99％が構成されています。ほかの元素には、チタン、ホウ素、ベリリウム、フッ素、炭素、クロム、マンガンなどがあります。

　鉱物の組成は化学式であらわせます。たとえば、黄鉄鉱の化学式は、鉄の原子1個につきイオウ（P111）の原子2個が存在することを示します。

　しかし、ひとつの元素が2種類の鉱物としてあらわれることがあります。たとえばグラファイト（P181）とダイヤモンド（P149）はどちらも炭素でできており、グラファイトはやわらかくキラキラ光る黒の鉱物で、鉛筆の芯に使われる一方、ダイヤモンドは無色の輝く宝石で、鉱物の中で最も硬いものです。

　この違いは、2つの鉱物における炭素原子の配列の違いから生まれます。ほとんどの鉱物はケイ酸塩、つまり地殻に最も多く含まれる2つの元素、酸素とケイ素の組みあわせでできています。

宝石とは

　宝石とは、「美しさ」「希少性」「耐久性（高硬度）」をもつ鉱物のこと。カットやファセット加工により、美しい宝石が生まれます。宝石でも、サファイア、エメラルド（P262）、ダイヤモンド、ルビー（P82）など、この3つの条件が満たされているものを貴石、オパールなど、条件がひとつでも欠けているものを半貴石といいます。

　現在、鉱物は約5400種認められていますが、宝石としてカットされるものはごくわずかしかありません。

歴史における石

これまで発見された最古の鉱物は、44億年前のもので、オーストラリア北西部の採掘場から掘り出された、ジルコン（P151）の仲間の小さな石です。これは、地球の年代や地球の地殻ができた時期、地上に生命が誕生した時期など、従来の説に疑問を投げかけるものでした。

人類が最初に石を使ったのは、石器時代はじめのこと。フリント（P362）が道具や武器にされました。それから何世紀もたって、古代マヤの人々は黒曜石を珍重し、鋭いナイフや槍を作ったり、未来を見通す魔法の鏡にしたりしました。

バルト海沿岸で取れるアンバー（P95）は最古のお守りのひとつで、その歴史は3万年も昔にさかのぼります。また、イギリスで見つかった装飾的なアンバーのビーズは、1万年以上前のものでした。

一方、古代エジプトでは、紀元前2000年にヒーリングに石が使われています。たとえば、ラピスラズリ（P236）は視力に効果が期待できるとともに、邪悪なものから守ってくれると考えられ、天空の女神ヌトにささげられました。ヌトは星々の下にある全世界を庇護する女神です。

ギリシャの哲学者プラトン（紀元前427～347年）は、星と惑星は変化して朽ちていくもので、朽ちた物質が宝石になるため、宝石には星や惑星の構造があてはまると主張しました。

また、ギリシャの薬学者ディオスコリデスは、著書『薬物誌』第5巻で、ヒーリングや邪悪なものを遠ざけるのに役だつ石と宝石を、200種以上、紹介しています。

古代中国の人々は遠い時代から水晶とネフライトジェード（P276）を珍重し、インド人は紀元前400年には様々な石を占星術と結びつけて使っていました。たとえば、ルビー（P82）は太陽と、赤サンゴ（P89）は火星と結びつけられていたのです。

宝石と石は、あらゆる文明において宗教史にも地位を占めています。聖書にも頻繁に登場し、特に「出エジプト記」では、モーセの兄で最初の祭司となったアロンの胸あてに12の石が用いられ、イスラエルの12の部族をあらわしています。

石や宝石は『コーラン』やほかの聖典にも出てきており、ユダヤ教とキリスト教の伝説では、アブラハムがすばらしい大きなサファイアを首に飾っていたとされ、死んだとき、そのサファイアは太陽に向かって昇っていったといわれています。

石は、中世にも病気を癒やすために、またお守りとして用いられました。その伝統は今にいたるまで続き、1960年代以降、再び脚光を浴び、活用されています。

石の効果

特定の石や宝石に直感で引きつけられる人は多いものです。石がエネルギーによって振動しているのを体で感じる人もいます。その石を手にすると、ちりちりするような感覚が生じるのです。石で気分がよくなったり、体の不調が癒やされると感じる人もいます。

何千年もの歴史を通して、石はヒーリングの力で人々を癒やしてきました。

科学者の見解は？

気体、液体、固体は、原子、分子、イオンでできています。これらの粒子はエネルギーをもっています。粒子は気体、液体、固体のどの状態でも運動しますが、動き方が違います。気体では、粒子は自由に動きまわり、ほかの粒子と特定の結びつきをもたず、決まった形もありません。液体では、もう少し圧縮されています。

粒子は近くにある粒子とかかわりあいますが、ある程度の自由とスペースがあります。このため液体は流動性をもつのです。これに対し、固体は決まった並びにきっちり詰め込まれた粒子でできています。多少のスペースはありますが、隣りあう粒子を押しのけたり入れ替わったりするほどではありません。さらには、構成する原子はわずかな振動（熱振動）を引き起こしますが、普通は感じることができません。しかし、すべての固体が振動するように、石も振動します。

水晶（クォーツ）は、圧力をかけると電位差を生み出す圧電性があり、逆に電圧をかけると水晶のひずみが生じるため、広く水晶発振子として振動の機械的共振を利用する時計や電子回路として利用されています。つまり、少なくとも石の一部には、測定できる明確な

エネルギーがあるのです。

石が生まれるときに注ぎ込まれた莫大なエネルギーは、ヒーリングの力に変わると考えられています。地中奥深くで、計りしれない美しさと、大地とつながる強力なエネルギーをもつ石が生まれたのです。同時に、地球外の宇宙からやってきた物質の衝突は、稀少ですばらしい石を残してくれました。

こうした自然の贈り物を手に取って、みずからのエネルギーと共鳴させ、内に眠る癒やしの力を引き出しましょう。自分のためであれ、ほかの人のためであれ、石には疑いなく力のあることがわかるでしょう。

ヒーリングに石を使う技術は、何世紀もかけて進歩し、多くの人々が癒やされてきました。石がどのようにヒーリングに作用するのか、いつか科学が答えを出してくれるかもしれません。もしその力がないのなら、こんなにも長い間、利用されてこなかったでしょう。

結晶の形と用語

鉱物を特定するためには、化学の成分と結晶構造を見ます。鉱物は様々な過程で生成され、独特な外形（形態）をもち、それらの形態は6つ（ときに7つ）の結晶系に分類できます。結晶はその3次元構造の対称性に基づいて分類されます。

立方晶系または等軸晶系

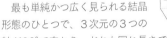

最も単純かつ広く見られる結晶形態のひとつで、3次元の3つの軸が90°で交わり、どれも同じ長さです。代表的なのは、並行する3対になった6つの面があるもの。対象の要素が最も多い結晶系です。しかし等軸晶系には、12面体や8面体など、この単純な構造をもとにしながらもう少し複雑な形態もあります。

多くの種類がありますが、ダイヤモンド（P149）、ガーネット、岩塩（P71）が代表的です。

正方晶系

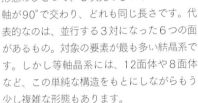

立方晶系（等軸晶系）と同じく、互いに90°で交わる3本の軸があり、水平方向2本の軸の長さは同じですが、縦軸の長さが異なります。この晶系をもとにした形態には多くのバリエーションがあり、図のような単純な形だけでなく、もっと複雑なものが多く、区別するのは困難です。

例：スカポライト（柱石）、ベスビアナイト（ベスブ石）、ジルコン（P151）

六方晶系

この晶系は4本の軸をもち、結晶が6側面になります。3本の水平軸が互いに60°で交わり、縦軸はそれらの水平軸と90°で交わります。

六方晶系のうちには三方晶系という下位区分もあります。

六方晶系の例：アクアマリン（P231）、エメラルド（P262）、アパタイト（燐灰石）

三方晶系の例：水晶、ルビー（P82）、サファイア、トルマリン（電気石）

直方晶系

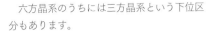

等軸晶系と同様、3本の軸が互いに90°で交わりますが、軸の長さが異なります。

例：クリソベリル（P106）、ペリドット（P293）、イオウ（P111）、トパーズ

単斜晶系

直方晶系と同様にすべての軸の長さが異なりますが、軸が交差する3つの角度のうち2つが90°でひとつがそれ以外となります。

例：アズライト（P230）、石膏、翡翠輝石、マラカイト（P294）

三斜晶系

この結晶系には、対称性がわずかしかありません。すべての軸の長さが異なり、軸角も90°になりません。

例：カイアナイト（藍晶石）、ラブラドライト（P178）、ロードナイト（P69）、ターコイズ（P252）

非晶質の物質もありますが、自然に産するものなので鉱物として扱います。火山活動や化石化など、様々な自然の作用で形成される石のなかには、宝石となるものがあり、アンバー（P95）、テクタイト（P200）、ジェット（P213）、黒曜石、オパールなどが該当します。

石と色

　石の色は、石のもつ力やヒーリングの効果を見極める上で、最も重要で簡単なポイントです。

　色が燃えるような赤なら、生命のシンボルである血と火に結びつく色であるため、かかえている問題の根源に、直接すばやく働きかけてくれます。緑なら段階的な成長と自然をあらわすため、生命のあらゆることに関して継続的にゆっくりと作用します。

　石の陰影もヒントになります。たとえば、日光を反射して輝く透明な水晶は、月光に似たかげりを帯びてほのかに光るホワイトセレナイト（透明石膏）とは異なるエネルギーをもっています。

　よく似た色の光を放つロウソクを灯し、石

の力を強めるのもおすすめです。また同じ色でも、心をしずめる透明な紫のアメシスト（P225）と、より速く作用するもっと明るい紫のスギライト（P66）というように、異なる陰影や明るさの石を集めておき、使いわけるのもよいでしょう。

　色に関する伝統的な考えを以下にまとめてみました。色やエネルギーセンター、体については、チャクラのページ（P20〜22）で詳しく述べています。

無色透明

用途： ほかのどの色の代わりにもなる。オリジナリティ、新たなはじまり、明快性、インスピレーション、才能の育成、野心、あらゆるイノベーション、不運の連鎖の打破、健康、バイタリティ、スピリチュアルな成長、天使および守護霊（指導霊）との接触
ヒーリングパワー： 全身のヒーリング、健康全般、心、体、魂、鋭い痛み、脳・神経系、自己免疫システム
パワーを中和する色： グレー

陰影のある半透明から不透明の白

用途： 養育、ゆっくりした新たなはじまり（特に何かを失ったあと）、ゆっくりした可能性の開花、否定からの保護、希望の修復、希望と夢の実現、秘密の発見、過去または遠くからの愛情の呼びかけ
ヒーリングパワー： 病気、憂うつ、疲れ、ホルモン系、体液のバランス、生殖器系、妊娠
パワーを中和する色： 黄

赤

用途：移動、勇気、よい変化、強さ、行動、決意、意志、力、性的な情熱、男性力、主導権、競争力、愛する者の保護、生存、障害の克服、女性の生殖力

ヒーリングパワー：憂うつ、エネルギー、生殖器系、血液系、筋肉、足、手、骨格

パワーを中和する色：青

オレンジ色

用途：信頼、喜び、クリエイティビティ、女性の生殖力、豊かさ、独立、自尊心とイメージ、自己認識、幸福

ヒーリングパワー：食物に関する問題、食物アレルギー、関節系、免疫系、生殖器系

パワーを中和する色：紺

黄

用途：論理、記憶、決意、集中、勉強、試験、テスト、新技術、明快なコミュニケーション、天職、投資、投機、短距離の転居、短い休暇、従来の治療、手術、羨望・悪意・意地悪・欺瞞を遠ざける

ヒーリングパワー：皮膚のトラブル、吐き気、悪寒、リンパ系、消化系、神経系

パワーを中和する色：紫

緑

用途：愛、忠誠、やる気、美、園芸、環境、自然や石による癒やし、ゆるやかな健康改善、富、究極の幸運、競争の勝利

ヒーリングパワー：花粉や動物のアレルギー、依存、強迫観念、心臓系、呼吸器系、血液系、感染症とウィルス

パワーを中和する色：中和の必要なし

青

用途：理想主義、リーダーシップ、正義、キャリア、昇進、権威、公務員、長距離の旅行と転居、結婚、あらゆるパートナーシップ、繁栄、業務拡大、平和、明快なコミュニケーション

ヒーリングパワー：コミュニケーション不良、依存、強迫観念、呼吸器系、血液系、視力、熱、子どもの発疹、切り傷、打撲、やけど、炎症、歯

パワーを中和する色：赤

紫

用途：霊性、想像力、夢、心霊パワー、直感、享受、カウンセリング、天使など高位のものからの癒やし、レイキなどのヒーリング、過去の悲しみや現在の問題からの影響の消失、心霊の保護

ヒーリングパワー：出産、依存、神経症、恐怖症、神経末端、化学物質および現代生活におけるアレルギー、不眠症、呼吸器系、頭痛、頭皮、耳、毛髪

パワーを中和する色：オレンジ色

ピンク

用途：和解、仲なおり、幸せな家族関係、友情、優しさ、親切さ、新しく幼い愛、裏切りのあとの信頼、子どもとの関係の安定

ヒーリングパワー：自己嫌悪、ストレス性の病気、睡眠、生殖器、潰瘍、遺伝病、皮膚、耳、赤ちゃんや子どもとの関係

パワーを中和する色：青

茶色

用途：目の前の事柄、安心、蓄財、中年以降の勉強、家庭、資産、金融、遺失物や盗難物の発見、忍耐

ヒーリングパワー：あらゆる慢性症、パニック発作、更年期の退行、生殖器系、内臓系、ヘルニア、足

パワーを中和する色：緑

グレー

用途：妥協、適応、環境への適応力、不親切なエネルギーや悪意の中和、平和の創出、秘密保持

ヒーリングパワー：強迫観念、突然の不安、継続的な痛み、傷害、外傷、やけど、神経系

パワーを中和する色：無色透明

金色

用途：完璧、夢の実現、小さな奇跡、急で大きなお金や資産の入手、長寿、認知と名声、

大きな停滞からの回復、緩和、診断がよくないときの癒やし

ヒーリングパワー：強迫観念、衝動、依存、神経系、骨、皮膚

パワーを中和する色：中和の必要なし

銀色

用途：自然な生殖サイクルの確立、月の儀式、希望、幸運、真実の発見、直感、女性の霊性、1か月以内の予期せぬお金の獲得、愛を引きつける

ヒーリングパワー：悪夢、愛する者の死去の苦しみ、解毒、てんかん、長く続く病気や痛み、目

パワーを中和する色：中和の必要なし

黒

用途：変転、おだやかなおわり、悲嘆や罪悪感など破壊的な影響の消失、変えられないことを受け入れる、制限下での仕事の完了、ネガティブで有害なエネルギーを遠ざける、あらゆる心霊からの保護

ヒーリングパワー：化学療法などの副作用、痛み、腸

パワーを中和する色：無色透明

石の選び方

　祖先たちは山や海にでかけて石を探しました。現在でも美しい天然のジャスパーや水晶、アゲート、アンバー（P95）、ジェット（P213）などを見つけることができます。住んでいる地域で取れた石をそばに置いておくと、お守りのような不思議な力を感じるものです。

　現代では、通販やインターネットを利用すれば、どこに住んでいてもきれいに磨かれた多くの種類の石を手に入れることができます。それでも、力を貸してもらったり、守ってもらったり、ヒーリングのために石を集めたいのなら、石の専門店で自分にあった石を探すのが一番です。

　石のサイズは重要ではありません。大事なのは石の組成です。たとえば加熱した大きなシトリン（P102）より、天然の小さなシトリンのほうがよく、ほかの石も同様に、染色していない石のほうがよいでしょう。
　磨かれた石であるかわからないこともあるため、迷ったら、本やサイトをチェックしてみましょう。
　鉱物店でも石の組成などについて正確なア
ドバイスを受けることができます。石好きのオーナーなら喜んで応えてくれるはずです。
　地質学部門のある博物館も、高品質な鉱物の標本を観賞できるだけでなく、場合によってはミュージアムショップで買うことができます。

　どれが自分の特別な石なのか知りたいなら、石の上に手をかざしたり、石の振り子（P380）を手に取ったり、様々な石をのぞいたりしてみましょう。見た目が一番輝いているものではなく、自分のエネルギーと共鳴するものがあるはずです。

　通販やインターネットで購入するときは、同じ鉱物でも様々な標本を表示している場合もあるため、特徴が見つかるまでいろいろとチェックしましょう。ディスプレイに手をかざし、手のひらにちりちりする感覚がある石を探すのもよいでしょう。

　どこで購入するにしても、お金をかける必要はありません。稀少な石でも価格の幅があるため、いくつか専門店を見てみましょう。

石の浄化と清らかな場所の作り方

　最初に石を手に入れたときやヒーリングの前後はもちろん、利用している最中など、石を浄化する方法はたくさんあります。ヒーリングの途中や急いでいるときには数分でできる方法もありますが、ストレスやネガティブな要素の多いときには、少なくとも月に1回、時間をかけてゆっくり浄化させましょう。

　石は気づかないうちに酷使されているもの。いつもより見た目がにぶかったり、重く感じたりするなら、浄化を必要としているかもしれません。

　シトリン（P102）とカイアナイト（藍晶石）は浄化する必要がなく、最初に入手したときも使用後も浄化不要です。

浄化の方法

❶水で洗う

　流水で石を洗います。これはセレナイト（透明石膏）のように割れやすい石や、金属の硫化物である場合を除き、ほとんどの磨かれた石に効果的です。ラピスラズリ（P236）やターコイズ（P252）など、長い時間水に触れると傷むものもあるため、短時間で洗い、自然乾燥またはやわらかい布で水分をふき取ります。

❷アメシストを利用する

　無研磨のアメシスト（P225）のまわりに石を並べ、24時間置いておきます。シトリン、カイアナイト、アポフィライト（P155）を一緒に置くと、アメシストをフレッシュに保ったまま浄化できます。

❸土に埋める

　土に24時間埋めます。屋内でも屋外でもかまいません。ラベンダー、バラ、ローズマリー、セージのいずれかを植えた植木鉢に埋めるのがおすすめです。石が完全に土におおわれれば、深く埋める必要はありません。掘り出したら、石についた土をきれいにふき取ります。石のポイント（P351）や、無研磨の天然石に特に効果的です。デリケートな石や宝石の場合、陶器の小皿に土を入れ、上にのせます。

❹香りをまとわせる

　セージブラッシュ（ヤマヨモギ）、ヒマラヤスギ、レモングラス、マツ、ジュニパー、乳香、ラベンダー、ローズのいずれかのインセンス（線香）で、石の上に反時計まわりで螺旋を3～4分間描き続けます。時間がある場合、インセンスを石のそばに置いて燃やしきりましょう。インセンスの煙や香りは、部屋ごと浄化してくれるので、室内のほかのヒーリングツールも浄化できます。一日のおわりや大がかりなヒーリングを行ったあと、エネルギーをしずめる場合にも効果的です。

❺音を利用する

　音は浄化に効果があるとされています。石の上でハンドベルやチベタンベル（写真下）を9回鳴らします。または、石の上で小さなシンギングボウルを約1分、音が消えるまで鳴らします。これをもう2回繰り返しましょう。大きな悲しみをかかえているときなど、ベルやシンギングボウルの音は癒やしにもなります。

❻光をあてる

日光は、生き生きした豊かな色の石や輝きを放つ石、そしてすべての宝石を浄化させます。夜明けあるいは目覚めてから正午まで日光に石をあてましょう。くもりや冬の日には、金色に着色したロウソクや、天然のミツロウのロウソクを日光の代わりにし、安全な場所でロウソクのまわりに石を並べ、火が自然に消えるまで置いておきます。

日光にあまり反応しないアベチュリン、アクアマリン（P231）、ベリル、クンツァイト、シトリン、サファイア、フローライト（蛍石）、スモーキークォーツ（P134）、月のエネルギーによく反応するアメシスト、ローズクォーツ（P61）、ムーンストーン、セレナイト、そして透明や半透明のやわらかい陰影をもつ石、あるいはくもりやインクルージョンのある石など、月光が効果的な石もあります。もっている石すべてを毎月、満月か満月に向かう夜に、屋根のある屋外の窓際に置いておくのもよい方法です。

❼塩を利用する

伝統的な浄化方法です。塩で石のまわりに時計まわりに円を3重に描き、約12時間置いておきます。時間がたったら、塩を取り除き、石に塩がついていたら流水で洗います。また、石を陶器やガラスの小皿にのせ、それを塩の入った器の上に12時間置いておく方法もあります。塩で石をおおう方法もありますが、塩分が石と化学反応を起こし、石を傷めてしまうことがあるので注意しましょう。

❽ハーブを利用する

とても伝統的な方法です。ハーブの浸出液（P16）を作り、石に数滴振りかけ、湿らせ

たやわらかい布でふき取ります。宝石やデリケートな石に使うなら、浸出液を石のまわりに円状に振りかけるか、密閉容器に石と浸出液を入れてひと晩置いておきます。これらの方法は浸出液の代わりにアメシストのエリクシール（P16）でも行えます。

乾燥ハーブ、特にセージやタイム、ローズマリー、ヒソップにはすぐれた浄化作用があるため、よりデリケートな石は、ガラスや陶器の小皿にのせて、ハーブを入れた大きな容器の中に12時間置いておきます。

唱える。

❸容器をひと晩冷蔵庫で寝かせ、翌朝、石を取り出し、別の容器に水を移す。

＊間接浸出法

非常に濃いエリクシールを作りたいときや、多孔質の石、天然石、デリケートな石や宝石で作るときに適しています。ただし、毒性のある石で作らないようにしましょう。常温保存なら24時間、冷蔵庫保存なら3日間、パワーが持続する方法です。

[用意するもの]

水（ミネラルウォーターまたは蒸留水、ろ過水）500〜600㎖、磨いた石（コインぐらいのサイズ）2個、ガラスのボウル、ガラスの密閉容器2個、ふきん

※100㎖以下の水なら小さな石3個。600㎖以上の水なら、500〜600㎖あたりコインぐらいの石2個の割合で用意します。

[作り方]

❶ガラスのボウルに水を入れる。

❷石を両手で包んで水にかざし、エリクシールの用途を唱える。

❸ガラスの密閉容器に石を入れてふたをし、❶に浮かべてボウルをふきんでおおう。

❹窓際に24時間置き、石を取り出し、別の密閉容器に水を移す。

注意：毒性のある石でどうしても作りたい場合、水に入れてはいけません。密閉容器に石を入れ、そばに水を入れたグラスを48時間置いておきます。石がガラスや水に触れないようにしましょう。

浸出液の作り方

[用意するもの]

沸とうした湯1カップ、乾燥ハーブ（ヒソップまたはローズマリー）小さじ1、ふたのある容器、こし器

[作り方]

容器に沸とうした湯と乾燥ハーブを入れてふたをし、10分間置いてこす。

エリクシールの作り方

＊直接浸出法

常温保存なら24時間、冷蔵庫保存なら3日間、パワーが持続する方法です。

[用意するもの]

水（ミネラルウォーターまたは蒸留水、ろ過水）500〜600㎖、磨いた石（コインぐらいのサイズ）2個、密閉容器2個

※100㎖以下の水なら小さな石3個。600㎖以上の水なら、500〜600㎖あたりコインぐらいの石2個の割合で用意します。

[作り方]

❶流水で石を洗い、容器に入れ、水を注いでふたをする。

❷容器を両手で持ち、エリクシールの用途を

石のための清らかな場所の作り方

　もっている石の数にかかわらず、家に石のためのスペースを作ると、調和の取れたおだやかなエネルギーを広げ、明るさを加えてくれます。

　忙しい一日のおわりにロウソクを灯し、静かな自分の時間を5分だけでも作りましょう。
　好きな音楽をかけて、悩みを石とロウソクの炎に移しましょう。

　子どもがいるなら、石のためのスペースを、リビングなどくつろぎの場所に作るのもおすすめです。ロウソクを灯して特別な石を手にすると、子どもたちにもヒーリング効果があるでしょう。

[用意するもの]
・様々な石を入れた器

・中心にする石
石の天使（P341）、水晶玉（P378）、石のピラミッド（P386）、クラスター（P344）や晶洞などは、エネルギーを統一し、変換します。
・透明な石の振り子
先がとがっていて透明な石の振り子（P380）は、自分の石を選ぶのに役だちます。
・白い一般的なロウソク
・香りがするもの
たとえばよい香りのハーブや花、乾燥したバラの花びらやラベンダーなど、花の香りのインセンスやオイルを活用しましょう。

　そのほか、緑のインクのペン、白紙または無地のノートを用意しておくと役だちます。石を手にしたり、見つめているときに、直感やメッセージを受けたら、書きとめるようにします。

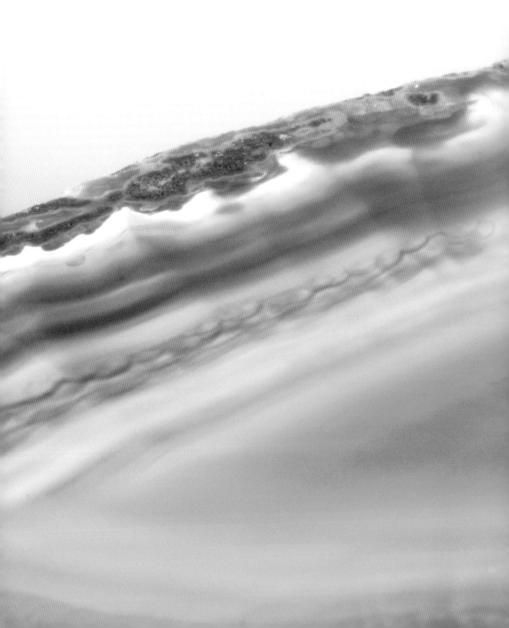

chapter 2
石のヒーリング

石のパワーにサポートしてもらいながら、自分や友人、家族を癒やすヒーリングや簡単にできるリラックス法、瞑想の仕方を紹介します。本格的なヒーリングも試みることができるよう、チャクラやオーラについても触れますのでチェックしてみてください。

まずは初心者でも手軽に行えるヒーリングからはじめてみましょう。

石の選び方

もっている石を全部円状に並べて直感で選びます。いくつあってもかまいません。最初は、自分の選んだ石に自信がもてないかもしれないので、石の振り子（P380）を使うと選択が正しいか教えてくれるでしょう。

振り子に不慣れなら、まず振り子を時計まわりに円状に動かして「この動きを常に私にとってのイエスにして」と唱え、続けて反時計まわりに動かして「この動きをノーにして」といいます。これで正しい石を教えてくれるはずです。並べた石の上に振り子をそっとかざし、正しい石か問いかけてみましょう。振り子が1個の石にしか反応しない場合、正しい石は1個でよいということです。

初心者にも手軽なヒーリング方法

石を選び、両手で包んであたため、自分が生まれもった癒やしの力を活性化させます。不快感や痛みのある場所、あるいは手が本能的に導く場所にそっと石を押しあて1〜2分たったら、石を数センチ離して同じ場所にかざします。全体的に不快感を覚えるときは、石をつま先から頭まで全身の前面にかざしてゆっくり動かします（ヒーリングは背中側にも行き渡ります）。

自分の直感を信じて、石を持った手を時計まわりか反対まわり、あるいは交互に動かしましょう。ヒーリングがおわったと感じたら、石を浄化させます。

正しい石が2個あった場合、両手に1個ずつ持ち、体の上で同時に螺旋を描きます。3個以上の場合、たとえば石が3個なら三角形、4個なら四角形に並べて、その中にすわるとよいでしょう。

石とチャクラ

チャクラとは、インドのサンスクリット語で「輪」や「円」を意味し、ヨガなどで用いられる言葉です。

心と体は7つのチャクラと、それらを結ぶエネルギーの経路でできていると考えられています。

チャクラは私たちの内にあるエネルギーが出入りする場所で、エネルギーの原動力とされ、7色をキーカラーに渦の形で表現されます。これらのエネルギーは私たちを取りまき、私たちと世界の間で生命力をやり取りするエネルギーフィールド（気の場）に力を与えています。

自分のチャクラを感じるには、利き手でない手のひらを各部位にかざしてみましょう。

チャクラのバランスが取れていれば、あたたかく渦まく感覚を覚えるでしょう。その感覚が不快なものなら、チャクラが働きすぎている可能性があります。逆に何も感じなければ、ふさがっているのかもしれません。

それぞれのチャクラには固有の石があります。以下とパワーストーンガイド（P61～401）で紹介します。

❶第1チャクラ：ルートチャクラまたはベースチャクラ

会陰にあり、ふとももと膝、足首、かかとにある小さなチャクラを通じて癒やすことができます。

色：赤、茶色、グレー、黒

主要な性質：強さ、行動のすばやさ、自己の保存

バランスが取れている場合：健康、十分なスタミナ、忍耐力、すぐれた直感

バランスが崩れている場合：闘争および逃走反応、過剰な恐怖や怒り、いらだち、日常からの閉じこもり、直感のにぶさ、過去の悲しみへのとらわれ

つかさどる部位：脚、足、歯を含む骨格（第5チャクラも）、脊柱下部、骨と関節、腸、大腸、肛門、前立腺、精巣、ペニス（第2チャクラも）

❷第2チャクラ：仙骨チャクラまたはハラチャクラ

おへそと子宮の真下にあります。

色：オレンジ色、銀色

主要な性質：性的欲望、喜び、尊厳、自己イメージ、自立した判断、バランスの取れた感情による他者とのつながり、変化を受け入れる能力

バランスが取れている場合：愛情を求める基本的欲求の受け入れや喜び、承認、食事、他者に関する直感が働く

バランスが崩れている場合：自分の価値への疑い、権威への過剰な依存、口から入るものへの依存、ストレスで簡単に崩れる

つかさどる部位：腹部、臀部、女性の生殖機能（第1チャクラも）、血液、すべての体液とホルモン、生理や閉経のトラブル、腎臓、ぼうこう、子ども、自分を包む人

❸第3チャクラ：太陽叢

胃上部の中心付近にあります。

色：黄

主要な性質：経験の統合、未知の可能性、有益でないことの拒否、自信、知的パワー

バランスが取れている場合：失敗から学んで新しいチャンスを得る

バランスが崩れている場合：落ち着きや決断力のなさ、要求や強迫観念が交互に訪れる、

強迫的行動

つかさどる部位：消化、肝臓、脾臓、胆嚢、胃、小腸、腰、自律神経系、代謝

❹第4チャクラ：心臓
胸の中心にあり、手のひらと指先にあるチャクラと胸の上部にある胸腺チャクラをコントロールします。

色：緑、ピンク

主要な性質：同情心、社会的アイデンティティ、人生のタイミングに応じた役割、自分を愛する心、他者と分かちあう愛情、手を通じたヒーリングパワー、自然によるヒーリング、内なる調和、周囲への関心

バランスが取れている場合：与える愛と受ける愛が等しくなる、そのままの自分の価値を認める、美しいものを評価できる

バランスが崩れている場合：感情の爆発、感傷、過剰な所有および支配欲、嫉妬、植物・動物アレルギー、パニック発作

つかさどる部位：背中の上部、胸郭、リンパ節、皮膚、循環器系、肺の下部、腹腔

❺第5チャクラ：のど
首の付け根と、のど仏のあたりにあります。背中側の首の付け根でも小さな脳幹チャクラになっています。

色：水色

主要な性質：外界と自分との明快なコミュニケーション、創造力、思考、理想、集中、優しさをもって真実を話せる、文化的価値、話すのと同じくらい人の話を聞ける

バランスが取れている場合：創造力の発揮、個性、プロフェッショナル精神、リーダーシップ、正義と公平な心、人生計画の実行、理想の人間になれる、石によるヒーリング

バランスが崩れている場合：コミュニケーションの困難さ、声が出なくなる、いらだつと不適切な言葉で発散する、固定観念、偏見

つかさどる部位：首、発声器官、気道、あご、口、目、耳管

❻第6チャクラ：眉または第3の目
鼻りょうのすぐ上にあります。

色：藍色（青紫）、様々な紫、銀色を帯びた色

主要な性質：想像力、透視力、ヒーリングパワー、天使および守護霊（指導霊）とのコミュニケーション能力、多様で直感的な思考

バランスが取れている場合：全体を把握する力、すぐれた直感と想像力、守護霊（指導霊）からのより高度なスピリチュアルヒーリング

バランスが崩れている場合：人生をそのまま受けとめることの困難、現実離れした夢想、頭痛、現代生活のプレッシャーへの適応不良

つかさどる部位：耳、視力、鼻腔、脳下垂体、顔、右脳と左脳

❼第7チャクラ：頭頂部
頭骨を構成する3つの主要な骨があわさる大泉門より数センチ上の頭頂部にあります。

色：すみれ色

主要な性質：心と体と魂の融合、予言、選んだ分野でトップになる能力、魂と行動の気高さ、完璧を求める心、汎用性のあるエネルギーヒーリングパワー

バランスが取れている場合：知恵、体がくつろいでいながらスピリチュアルな世界が見える感覚、大きな夢や希望の実現

バランスが崩れている場合：疎外感、不調がぶり返す、完璧さや美しさへの過剰な執着、本当の愛や幸せの価値がわからなくなる

つかさどる部位：高度な脳機能、頭骨、自律神経系、神経症状、全身の健康と長寿

チャクラの状態をチェックする

　チャクラの状態は、利き手でない手を使ってチェックすることができます。全身の７つの主要なチャクラに沿って、利き手でない手を体から数センチ離して動かしましょう。こうすることで同時に、癒やすことも可能です。ほかの人のチャクラを評価する場合、自分の体内のチャクラが反応したり、心の中にイメージが見えたりするかもしれません。

チャクラでヒーリングを行う

❶チャクラにかざす方法

　ふさがっていたり、活発になりすぎているチャクラを見つけたら、自分に効果的な石を順番にかざしましょう。

　体がチャクラを通じ、それぞれの石から必要なヒーリングを得ることができます。いず

れも女性なら反時計まわり、男性なら時計まわりに石をチャクラの上で動かし、バランスを整えます。小さな石で十分です。

❷チャクラに直接触れる方法

　それぞれのチャクラの石を選び、利き手で持ちます。

　７つのチャクラの石を近くに置き、第１チャクラから第７チャクラまで順番に各石をチャクラの上にのせていきましょう。

　いずれのチャクラも女性なら反時計まわり、男性なら時計まわりに石を動かし、チャクラを優しくマッサージします。これでチャクラの活動をゆるめたり解放できるでしょう。両手を体から数センチ離して体の両側をなでるように動かし、体を取りまくオーラのエネルギーフィールドのエネルギーを均等にしましょう。最後に石と、石を選ぶ際に使った振り子（P380）を浄化します。

石とオーラ

オーラとは、人間や動物、植物、石、そして場所をも取りまく虹色のエネルギーフィールドのこと。

人間は内から外に向かって赤、オレンジ色、黄、緑、青、藍色、紫と7色の光の帯でできたオーラをもっており、頭から腕くらいのところまでを楕円形に取りまいています。発達した透視力をもつ人や子どもには見え、内なる目を使えば、だれにでも見えるといいます。

7つのオーラの層は、主要な7つのチャクラや体内のエネルギーの中心と関係し、同じ色をしています。金色や白、ピンクなど、ほかにあらわれる色も7色の帯に関係があり、たとえばピンクが緑の第4チャクラと結びついているように、小さなチャクラから力を与えられています。詳しくはチャクラのページ（P20～22）にまとめています。

オーラの状態をチェックする

オーラのエネルギーは体からの距離に比例して弱くなります。最も内側にある赤いオーラの層は体の輪郭に沿い、最も強く感じられます。最も外側にあらわれるすみれ色や金色といった2次的な色の層はあまり形がはっきりしません。

自分の現在の状態や性格、夢中になっていることなどの情報を得るためにオーラを見るなら、最も簡単な方法は、だれもがもっている自然のエネルギーを見ることです。石を使ってオーラや生命のバランスを修復する際にわかるでしょう。

自分のオーラを感じたり、オーラのバランスを整える経験を積むと、ほかの人のオーラを見ても、オーラのバランスの乱れによる問題をより理解できるようになります。

オーラをチェックしやすい場所は、頭と肩のまわりで、オーラに力を与えたり、ストレスやネガティブなものを封印したり、寄せつけないようにすることもできます。自分のオーラを毎週、あるいは嫌なことがあった日には浄化して、力を与えるとよいでしょう。

[用意するもの]

透明な石の振り子（P380、またはポイント〔P351、両端がとがっていてもOK〕）1個、オーラの7色の石を1対ずつ14個

※石はにぶくなったオーラを活性化する明るい色と、活発すぎるオーラを治めるおだやかな色を1対にするのが最適です。

[手順]

❶振り子を利き手で持ち、髪も含めて頭から両肩に向けて波打つように動かし、オーラを出入りさせる。

❷振り子を頭頂部から数センチ上でゆっくり動かし、オーラの一番外側の層を探す。

※同じように肩のオーラの層もあります。オーラ全体は頭から指先ぐらいまであります。オーラの外側で、指先にちりちりする感覚があるはずです。最も外側はきちんと定まって

いないため、ゆっくり時間をかけて探します。疲れていたり体調が悪かったり、プレッシャーを感じていれば、オーラが一時的に小さくなっている可能性もあるため、何も感じなければ、手をゆっくりと内側に向けて動かしましょう。

❸位置がわかったら、頭と肩のまわりでオーラの縁をなぞる。

❹一番外側から小さな螺旋（ らせん ）を描きながら振り子を内側に動かし、「生き生きとあたたかく流れている」「ふさがって生命力を感じない」「強く流れる水に手を浸けたように感じる」など、層がどんな感じかチェックする。

　エネルギーが途切れていたり、もつれているように感じる場所があれば、その場所に該当する石をあてて修復しましょう。

石を使ったリラックス方法と瞑想

パワーストーンガイド（P61〜401）を参考にしながら自分にあう石を見つけ、リラックスしたり瞑想し、体をよいパワーで満たしましょう。

ローズクォーツ（P61）、紫のアメシスト（P225）、内側にすじやくもりのある紫のアメシストの三角石、ムーンストーン、白く揺らめくセレナイト（透明石膏）、濃いスモーキークォーツ（P134）、インクルージョンのある透明な球状の水晶などがよいでしょう。水晶玉（P378）は瞑想に理想的ですが、模様にパターンのあるジャスパーも私たちの目を心の内側に導いてくれます。

徐々にリラックス中や瞑想中に、石や心に何かイメージが見えてくるようになるかもしれません。そのイメージは、ほかの場所や時代、守護霊（指導霊）や魂が導くイメージで、自然に起こるものです。ストレスがあるときや一日のはじまり、眠る前に、5分でも石と一緒にリラックスしたり瞑想すると、気持ちや体調が変わってくるでしょう。

リラックス方法

10〜30分、静かで気の散らない場所に身を置きます。可能なら室内の家電の電源も切ります。あるいは、屋外のよい香りの木や花々、水のあるところを選べば、日常生活の雑音を遮断できるでしょう。室内なら瞑想用音楽をBGMにするのもおすすめです。現実世界との垣根を作ってくれます。

［手順］

❶すわるか横になり、楽な姿勢になる。

※肩や背中が緊張していないか注意し、筋肉をリラックスさせます。最初は目を閉じたほ

うがよいでしょう。静かに数分間深呼吸します。

❷両手でおわん形を作って石を持ち、石とつながること、そして「今」を意識する。

※雑念がわいても無理に消そうとせずに、気を取られないようにします。

瞑想状態への入り方

［手順］

❶ゆっくり目を開き、両手で持った石を見つめる。

※石の中を見てもOKです。

❷石に模様やインクルージョンがあったら、心をその模様やインクルージョンに解放する。

❸やさしい気持ちが空っぽのスペースをゆっくりと満たしてきたらほほえむ。

※何か具体的な思いにほほえむのではありません。

瞑想状態からの戻り方

［手順］

❶急がずそっと体を伸ばす。

※準備ができたら、自分を取りまく日常生活に自分を戻してあげます。

❷数秒間ゆっくりと深呼吸する。

❸ほほえんで自分の内側に育った幸せと平和のあたたかみを感じる。

石を並べてヒーリングする

人や動物、写真のまわりに石を並べ、不調の改善を目指すことを「ヒーリンググリッド」といい、ひとつの石よりはるかに強力なヒーリングエネルギーを集めることができます。

スカンジナビア半島の舟形に並べた古代の石組みや、イングランドのストーンヘンジなど、人間が儀式用に作り出したものを含め、様々なヒーリンググリッドがあります。

ヒーリンググリッドの作り方

❶丸い石を使って作る

痛みや体の不調を落ち着かせたり取り除くには、6個で1セットの丸いローズクォーツ（P61）か紫のアメシスト（P225）を利用します。また、エネルギーを与えたり健康を回復させたりするには、別に6個の丸くて黄のシトリン（P102）または透明な水晶のセットを用意します。この2つを同時に行うときは、それぞれの石を各3個準備し、体のまわりに交互に並べます。

横たわって1個は頭の上、1個は足の下に置き、左右の肘と膝の位置に1個ずつ、体から数センチ離して置きます。左右の肩に1個ずつ置いて合計8個にしてもOKです。パワーをアップさせるには、おへその真上に効果的な石を1個追加でのせます。すわって行ってもよいでしょう。

❷石のポイントを使って作る

丸い石の代わりや、もっとダイナミックなヒーリングを行うために、石のポイント（P351）を6〜8個使ってヒーリンググリッドを作ることもできます。

最大限のパワーを引き出すには、黄のシトリンや透明な水晶がよいでしょう。もう少しマイルドなヒーリングやお守りには、アメシ

ストやスモーキークォーツ（P134）が最適です。組みあわせるのもOKです。体の中心にはトラブル改善に効果的な丸い石を1個のせます。

ヒーリンググリッドでは、とがったほうを外側に向けると、病気や悲しみ、依存、障害、痛みが取り除かれ、内側に向けると、宇宙、大地、天使、守護霊（指導霊）からの癒やしやエネルギーがもたらされるといいます。

ほかには、ポイントを互い違いに外向きに並べ、バランスの取れたエネルギーを与える方法もあります。両端がとがった石は、双方向のエネルギーの流れを確立します。

最も簡単なやり方は、石を並べたら天使と守護霊に祝福を願い、石の中心に15〜20分すわるか横たわる方法です。おだやかな音楽をかけ、自然に身をまかせましょう。おわったら、並べたときと逆の順番で1個ずつ石を取り除きます。

ヒーリングパワーをアップさせるには

　パワーを増強するには、マスタークリスタル（P354）と呼ばれる石を用い、それぞれの石のパワーを集めます。

　マスタークリスタルは通常、端のとがった細い透明な水晶で、「ワンド」ともいいます。レーザークォーツ（P355）や霜降りのレムリアンシード（P391）などが理想的ですが、氷のように透明で美しい結晶のものならどれを選んでもよいでしょう。

　石をヒーリンググリッドに並べたら（P26）、時計まわりに1個ずつマスタークリスタルで触れ、その石と次の石の間に光の線をイメージします。光の線が結びついたのを感じるまで、2～3度繰り返します。

　最後に、中心の石をマスタークリスタルでふれ、光の線をイメージしながら、1本ずつほかの石と結んでいきます。

　写真を使って目の前にいない人や動物のヒーリングを行う場合、もっと大きなマスタークリスタルを使うとよいでしょう。

chapter 3
暮らしに石を

石はよくヒーリングと結びつけられますが、日常生活のあらゆる面で役だちます。ここでは、それぞれの石の基本情報と一緒に、日常的な使い方や役だて方を紹介します。

たとえば、美しいとろりとした色のフラワージャスパー（P398）は、花びらのようなカラフルな模様から、フラワーショップ、美容家、美容師、そのほかアロマセラピーや花のエッセンスを扱う人をサポートします。また、ジュエリーとして身につけると、体型や外見に悩む10代の女の子が、ありのままの自分の魅力に目覚めるようになるといいます。過度なダイエットへかりたてたり、摂食障害におちいったりしないよう、ジャスパーのエネルギーが励ましてくれるのです。

石のパワーには、スピリチュアルなものと、石とユーザーとの関係で決まる定義しづらいものがあります。自分に自信をもち、自分は力強く美しい存在だと感じていれば、まわりの人にもよい印象を与えてポジティブな反応を招き、よりオープンな新しい関係性が生まれるでしょう。

たとえば、前述のフラワージャスパーは、同僚が深刻になりすぎたり、自分を過大評価したりしているときに、オフィスの雰囲気を明るくするのにも効果的です。

新しいフラワージャスパーのペンダントをつけてでかけてみてください。気分がよく、自然と笑顔が増え、今まで自分から避けてきた人たちにも、よりオープンに接することができます。あなたの笑顔に誘われて、まわりの人たちも笑顔を見せるようになり、オフィスが明るくなるでしょう。

家庭にパワーを与える

家に石を置くと、家にエネルギーを与えて守ってくれます。家族や友人など、だれかと一緒に住んでいるなら、全員を仲よくひとつにまとめてもくれます。美しく輝く石、まろやかな光を放つ石、非常に密で色が濃い石というように、様々な色をした、磨かれた小石をガラスや陶器の器に入れて置いておきましょう。あえて使わなくても、自然と家にエネルギーを与えてくれます。

一緒に住んでいる家族や友人に、ほかの石を加えてもらい、大きな石のサークルやモザイクなどの、新たな模様を作るのもおすすめです。もめごとがあったあとに家族や友人と石を並べると落ち着きます。会話をしながら新しい模様を作る行為は、心理学的に緊張をやわらげる効果もあるそうです。

石のそばに小さな石のポイント（P351）を置き、子どもでも模様がえを楽しめるようにしておくとよいでしょう。

石のまわりにロウソクを灯し、指で形をなぞるようにすると、リラックスできます。

石はどこにでも置けます。家族が集まる部屋の隅や、家の外壁をぐるっと囲むようにしてもよいでしょう。

健康、愛情、子孫繁栄を望むなら、ムーンストーン13個を並べます。寝室のまわりに、12個の誕生石（P38）で円を作り、1個をベッドの下に置きます。

家族の健康維持を願うなら、その人の写真のまわりにソーダライト（P261）を並べます。

何事にも過度に反応する家族がいたり、子どもが注意力散漫だったり、過敏な年頃だったりするなら、ラピスラズリ（P236）がおだやかな愛情に満ちた関係をもたらしてくれるでしょう。

子どもの人間関係をよくしたいなら、衣服やスクールバッグに透明な水晶をしのばせたり、パートナーの出張が多いならターコイズ（P252）を持たせてパワーを与えましょう。

石を並べるときは、目的を唱えるとより効果的です。

キッチンの作業台には、アメシスト（P225）と透明な水晶で円を作り、食品や器、水などを円の中に数分間置き、パワーを与えて浄化させるとよいでしょう。

仕事に実りをもたらす

チャンスの扉を開く、自分の努力をより認めてもらいやすくするなど、石は仕事にも役だちます。パワーを込めた石を持ち歩いたり、ジュエリーとして身につけると、悪意などネガティブなものから守られ、仕事で携わる人々との間に調和を生み出します。

オフィスに、色の濃い半透明の石を入れた器を置き、ポジティブなエネルギーを妨げるネガティブな意見、やる気を失わせる発言を遠ざけましょう。特に効果があるのは、アメシスト（P225）、グレーや茶色のスモーキークォーツ（P134）、金色のルチルクォーツ（P343）、虹色や黒光りする黒曜石、半透明のアパッチティア（P209）です。

敵意やゴシップが多かったり、人間関係があまりよくないなら、より色の濃いスモーキークォーツのポイント（P351）や黒曜石の矢（P202）を、先端を外側に向けて机の上に半円形に並べ、安全なゾーンを作りましょう。

オフィスに力を与える石

緑のクリソプレーズ（P307）
仕事を円滑にし、新しい仕事や事業、プロジェクトをはじめるときの助けになります。

ターコイズ（P252）
リーダーシップを高め、キャリアにかかわる引っ越しや定期的な旅行を助け、失ったチャンスを取り戻したり、無謀な投資を避けられます。

ツリーアゲート（P175）
ネットワーキングや段階的な業務拡大の影響力を増してくれます。インターネットビジネスや家族経営の企業、また長期プロジェクトやキャリアづくりにも。

ラピスラズリ（P236）
ターコイズ同様、目標を高くもてるよう励まし、昇進とさらなる成功をもたらしてくれます。長く続く名声、クリエイティブな分野や芸能での成功を勝ち取るのによい石。

透明な水晶の丸玉やペーパーウェイト
電話やFAX、PCのまわりに置いておくと、有利な仕事の電話やネット上のつながりを招いてくれます。日光を受けると、新鮮なエネルギーを発し、停滞した空気を浄化します。

オフィスを変えてくれる石

緑のアマゾナイト（P297）
自分のチャンスが奪われたり、不公平な職場の仕組みを防ぎ、会社に新しいお客や注文を呼び込んでくれます。

ブルーカルサイト（P245）
派閥による分断や争い、敵対関係を防いだり、設備や機器の盗難や不正から守ります。

パープルフローライト（P262）
プレッシャーやオーバーワークを軽減します。面談や評価の際に落ち着かせてくれます。

旅の安全を守る

旅とのかかわりが強い石もあります。たとえばオーシャンジャスパー（P310）など、海岸で取れた石は、旅行者を水の事故から守ってくれます。ムーンストーンは、夜に旅をする人を守ります。青の石は、飛行機で旅する人と関係が深く、ピンクの石は、怒りをやわらげてくれます。

旅によい石

緑色を帯びたアクアマリン（P231）
海上旅行。水への恐怖心や、飛行機や車などあらゆる長距離旅行にも。

緑と黄土色の混じったオーシャンジャスパー
航海者と釣り人の幸運のお守り。船を安全に守ります。海上旅行者にもおすすめ。

オニクス（P164）、**アパッチティア**（P209）
夜間旅行の安全とテロからのお守りに。光にかざすと、危険な場所で自分の存在感を隠すのに効果があるといいます。

ライラッククンツァイト（P221）
あおり運転から守り、運転中や長距離旅行のストレスを防ぎます。車内の気むずかしい同乗者をなだめてくれます。

青サンゴ（P235）
水泳中など、水中、水上での安全を保ち、旅行中の事故や強盗から守ってくれます。

緑のジェード
休暇中の病気を防いでくれます。ひとり旅や、子どもや動物が旅行中に迷子になったり、ケガをしたりしないように守ってくれます。

スモーキークォーツ（P134）
車の盗難や故障を防ぎ、運転者をあおり運転から守ってくれます。

青のソーダライト（P261）
空を飛ぶ恐怖心を取り除いてくれます。飛行機の離着陸時に握ると、時差ボケにも働きます。

ターコイズ（P252）
所持品の盗難や紛失に働き、旅の安全を守ってくれます。事故、特に転落事故を防ぐとともに、輸送中のペットのお守りにも。

レッドタイガーズアイ（P81）
現金やクレジットカードの盗難や紛失に働き、酔っ払いや薬物中毒者から脅されないように守ってくれます。

ツリーアゲート（P175）
車での旅行、特に高速道路や混雑した道路、大気汚染のひどい道路での旅行に。毎日の電車利用に。また、長距離旅行で疲労しないように助けてくれます。

ブルーアベンチュリン（P248）
交通の乱れ、荷物や所持品の紛失から守り、休暇や休日を安全に保ってくれます。

青のホークスアイ（P240）、**キャッツアイ**（P321）
運転中の迷いや、旅行や休暇中の詐欺から守り、バックパッカーや学生の旅行者を助けてくれます。

マラカイト（P294）
飛行機や混雑した道路を利用する旅のお守り。空を飛ぶ恐怖心を取り去り、時差ボケをやわらげます。出張では物事がスムーズに進むのを助けてくれます。

あらゆる色のムーンストーン
旅行者、特に夜間や海上の旅行者を守ってくれます。頻繁に旅行する人は、安全な夜間運転とあおり運転を避けるお守りに、グローブボックスに1個入れておきましょう。

幸運と金運をアップする

幸運と繁栄の石は磁石のようなもので、石によってアップされたオーラやスピリチュアルなエネルギーフィールドが、宇宙へそれらを引きつけるエネルギーを放出するように働きかけます。

幸運を呼ぶ石

一部の幸運を招く石は、金運の石でもありますが、人生のほかの分野でも幸運を運んでくれます。幸運の石を身につけたり持ち歩いたりすればするほど、一層幸運の石になります。ほぼすべての緑の石と、一部の金色や黄色い石は、幸運をもたらすとされています。

緑のアマゾナイト（P297）
ギャンブル、コンペ、金融投資に。グリーンアベンチュリン（P296）と組みあわせるとより効果的。

金色と黒のアパッチゴールド（P115）
屋根裏部屋で想像以上に高価なアンティークを見つけたり、ガレージセールや市場で思わぬ掘り出し物に出会ったり、何かを見つけたいときにおすすめ。

グリーンアベンチュリン
ギャンブラーの石。ギャンブルや競争、コンペに最も幸運を呼びます。幸運と金運をアップさせるため、お守り袋に入れておくとよいでしょう。

緑のジェード
ジェードは軟玉（ネフライト）でも硬玉（翡翠）でも、あらゆる意味で幸運を招き、悪運を逆転させてくれます。恋と健康に、幸運をもたらします。

緑のクリソプレーズ（P307）
就職のお守り。就職やお金、新規事業に関連した書類や手紙の封筒を1回なでたり、新しい仕事相手や金融機関にメールで連絡する際に、PCのマウスにかざすと効果的。

黄または黄緑のクリソベリル（P106）
クリソベリルのキャッツアイ（P321）は、突然のチャンスという形で幸運を招いてくれます。有利になれる思わぬ幸運が訪れます。

金運を呼ぶ石

アゲート
損失や必要な支出のあとに収支を安定させてくれます。税務強化や将来に向けたよい投資、銀行との取引に効果的。

紫のアメシスト（P225）
浪費傾向やギャンブルへの依存を改め、無分別な投資を抑えます。

金色の黄銅鉱
ビジネスでの成長力や将来性をアップさせ、繁栄をもたらしてくれます。キャルコパイライト（P112）、アパッチゴールドなど。

輝く黄のシトリン（P102）
あらゆる金融事業に成功をもたらしてくれます。財布に入れておくと、お金を引き寄せ、過剰な流出をとめます。金融投資にも効果的。

黒のジェット（P213）
家庭やオフィスで収支や財務を安定させ、負債の問題を解決してくれます。財産交渉にも。

恋愛に働きかける

恋に効く石は、私たちのエネルギーフィールドやオーラを開き、人生に愛を引きつけ、引きとめて誠実さをうながします。カップルの間に入り込もうとする外部の影響に対し、ふたりの関係をより強くし、苦しいときもひとつにしてくれます。また、問題が起こって一時的に離れたり、パートナーが誠実でなかったりするときにも、絆として働き、大切なものを思い出させてくれるでしょう。

ローズクォーツ（P61）のようなソフトなピンクの石は、新しくはじまった恋愛にすぐれています。特に、信頼が壊れてしまった経験がある場合によいでしょう。一方、ジェードやエメラルド（P262）のような深い緑の石は誠実さをあらわします。ガーネットやルビー（P82）などの濃く強い赤の宝石は、いかなるときも続く愛をもたらします。サファイアやダイヤモンド（P149）のような宝石は、伝統的な愛の誓いとなり、婚約など大きな約束のときにリングとして贈られることが多いものです。オレンジカーネリアン（P97）のようなオレンジ色の石は、生殖と生殖能力のシンボルで、ムーンストーンやセレナイト（透明石膏）と同じように、子宝に結びつけられています。

恋の女神ヴィーナスの金属である銅、もっと一般的にはロマンティックな月の金属である銀（P193）、太陽に属して永遠の愛を象徴する金（P113）は、どれも互いの関係を示すリングとして交換されます。レアな金属であるプラチナ（P196）は究極のツインソウル（双子の魂）を示し、「愛は永遠より一日長く続く」ことを意味する金属です。

恋愛に効く石

薄い水色のアクアマリン（P231）

恋人を呼び戻します。ライフスタイルの異なるふたりが調和して一緒に暮らすのを助け、いさかいを招くようなささいな力を弱めてくれます。

紫のアメシスト（P225）

恋愛中のけんかを癒やし、ふたりの関係に問題を引き起こす支配欲や依存を取り除きます。

青のエンジェライト（P255）

一方のパートナーの怒りや、双方が強い意見をもっているときに、不要ないさかいを減らしてくれます。同時に、スピリチュアルな愛を育てます。

オレンジ色のアンバー（P95）

ネガティブな外部の影響と介入から守り、相思相愛の関係に導きます。

カーネリアン（P83）とオレンジカーネリアン

本来愛しあっているはずなのに消えてしまった情熱を再燃させます。恋の成就にも。

緑のクリソプレーズ（P307）

新しい恋に向かわせます。ふたりの関係の停滞期や行きづまりの克服にも効果的。

緑のジェード

新しい恋、おだやかな愛と誠実さ、後半生の愛の石。恋愛での信頼を高めてくれます。

黒のジェット（P213）

失恋や壊れた関係による悲しみを癒やし、再スタートできるようにしてくれます。

レッドジャスパー（P77）

女性が、嫉妬深いライバルやふたりの関係への不当な言いがかりを乗り越える、情熱をもたらします。

乳白にきらめくムーンストーン

初恋や新しい恋の石、情熱を高める石。恋を秘密にしておかなければならないときにも効果的。

水色や白のインクルージョンのある深緑のモスアゲート（P266）

愛と約束の段階的な高まりの石。友情や仕事仲間からはじまる恋におすすめです。

ローズクォーツ（P61）

おだやかな恋とロマンスを引きつけ、恋人を呼び込みます。

子どもと動物をフォローする

子どもを見守る石

　子どもは、石で遊んだり、砂浜や川辺で天然の水晶を見つけたりするのが大好きです。金色に輝く黄銅鉱、月夜にほの白く光るムーンストーン、セレナイト（透明石膏）といった石に、たちまち夢中になることもあります。

　幼いころから大人の目の届くところで石に触れさせるとよいでしょう。自分で石を集めるようになり、子どもは様々な石を見分けるのが驚くほどうまくなります。

　一部の石は子どもの役にたちます。たとえば、ラピスラズリ（P236）やソーダライト（P261）、やわらかな青のアゲートは活発すぎる子どもをなだめ、ローズクォーツ（P61）やアメシスト（P225）は寝つきをよくしたり、夜の暗闇をこわがらないように導きます。

　特に子どもに優しいのは、カルセドニー、アンデスブルーオパール、ブルーレースアゲート（P232）。またエンジェライト（P255）の石の天使（P341）もよいでしょう。子ども は石の天使を手にして、こわいときやさびしいときに守ってくれる天使がそばにいると思うことができます。

　水晶玉（P378）や石のピラミッド（P386）は想像力を刺激します。これらの石をテーマに、寝る前にお話をしてあげましょう。

　大きな子ども、特に試験勉強をする子どもには、集中と記憶を助ける天然のシトリン（P102）など、黄色い石が役だつかもしれません。登校前にレッドジャスパー（P77）を握ると、人間関係を円滑にする力を与えてくれます。

　直接的な効果をもたらすとはかぎりませんが、石にはパワーがあります。石は子どもが慈しみや自信をもつきっかけとして、役だつでしょう。

動物に幸せをもたらす石

　石は動物にも効果的です。ペットの暮らしを快適にし、幸福をもたらします。

高齢の動物には、安眠できるよう寝る場所の近くに、茶色のアゲートを置いてあげるとよいでしょう。

犬をマッサージする際には、ダルメシアンジャスパー（P311）で握り石（P369）を作り、毛並みに沿ってなでてあげましょう。猫には水晶のキャッツアイ（P321）がおすすめです。迷子防止には、ペットの首輪にターコイズ（P252）をつけるとよいでしょう。

動物のチャクラ

人間の7つのチャクラ（P20～22）と違い、4つのチャクラがあります。

❶本能のチャクラ

色：赤、茶色

脚、爪、前足、腸、肛門、背中の毛並み、しっぽ、骨、関節、慢性的な痛み、皮膚や毛皮につく寄生虫や欠乏症、過剰な攻撃性、屋内でのトイレトラブル、かみつきやひっかきをつかさどります。

❷必要性のチャクラ

色：オレンジ色

生殖器、子宮、ぼうこう、腎臓、背中の中部、胃、授乳中の乳首、遠吠えなどの行動をつかさどります。

❸力のチャクラ

色：黄

肝臓、上半身、首、肺、アレルギー、感染症、血糖値、アルファ症候群をつかさどります。

❹愛と誠実さのチャクラ

色：緑、青

心臓、首、頭部、口、歯、目、耳、脳全体、飼い主と家への過剰な依存や所有欲、孤独や不安をつかさどります。

ヒーリングに適した石

❶背の腰から下を癒やす

色：くすんだ赤や黒、茶色

アゲート、ブラウンジャスパー（P121）、フリント（P362）、ツリテラアゲート（P124）、マホガニーオブシディアン（P90）、溶岩（P142）、黒のトルマリン、ジェット（P213）。緑のモスアゲート（P266）、白のツリーアゲート（P175）なども。

❷胃や背のあたりを癒やす

色：あたたかみのあるオレンジ色

アンバー（P95）、カーネリアン（P83）。ハニーカルサイト（P100）や、茶色系のセレスティン、アラゴナイト（霰石）、ピンクのロードナイト（P69）やロードクロサイト（P74）なども。

❸肺や背のあたりを癒やす

色：やわらかい黄

黄のカルサイト、レモン色のクリソプレーズ（P307）、アメトリン（P322）。グレーのアゲートやスモーキークォーツ（P134）なども。

❹頭頂部を癒やす

色：やわらかい青

エンジェライト、ブルーカルサイト（P245）、ブルーレースアゲート、濃青のソーダライト、紫のアメシストなども。

誕生石と星座の石

石は誕生月と星座に結びつけられています。パワーやヒーリングが必要なとき、運気をアップしたいとき、ポジティブになりたいときなどに身につけましょう。それぞれの星座の石や誕生石は天使と関係しているため、天使のエネルギーも与えてくれます。十二支にも決まった石があります。

月	誕生石	星座	石	干支	石	守護天使	石
1月	ガーネット	山羊座 12/22-1/21	オニクス	子	エメラルド、ガーネット、ムーンストーン、真珠	1月と水瓶座はカンビエル	アメシスト、ブルーレースアゲート（P232）、ジルコン（P151）
2月	アメシスト（P225）	水瓶座 1/22-2/21	ターコイズ	丑	アンバー（P95）、アクアマリン、ラピスラズリ、トパーズ	2月と魚座はバラキエル	ブラッドストーン、サンゴ、フローライト（蛍石）
3月	アクアマリン（P231）、ブラッドストーン	魚座 2/22-3/21	ムーンストーン	寅	アレキサンドライト、ルビー、サファイア	3月と牡羊座はマキディエル	カーネリアン、ダイヤモンド
4月	ダイヤモンド（P149）、水晶	牡羊座 3/22-4/20	ダイヤモンド	卯	エメラルド、ジェード、真珠、サファイア	4月と牡羊座はアスモデル	エメラルド、ローズクォーツ（P61）
5月	クリソプレーズ（P307）、エメラルド（P262）	牡牛座 4/21-5/21	エメラルド	辰	アゲート、アメシスト、ガーネット、ルビー	5月と双子座はアンブリエル	シトリン、ホワイトサファイア
6月	アレキサンドライト（P296）、ムーンストーン、真珠（P161）	双子座 5/22-6/21	アゲート	巳	黒真珠、オパール	6月と蟹座はムリエル	ムーンストーン、真珠
7月	カーネリアン（P83）、ルビー（P82）	蟹座 6/22-7/22	真珠	午	トパーズ、ターコイズ	7月と獅子座はヴェルキエル	透明な水晶、インペリアルトパーズ（P117）
8月	ペリドット（P293）、サードオニクス（P324）	獅子座 7/23-8/22	ルビー	未	エメラルド、オパール、赤サンゴ（P89）、サファイア	8月と乙女座はハマリエル	ジェード、モスアゲート（P266）、オパール、ペリドット
9月	ラピスラズリ（P236）、サファイア	乙女座 8/23-9/22	サファイア	申	オパール、ペリドット、タイガーズアイ（P120）、白サンゴ（P166）	9月と天秤座はズリエル	ブルーサファイア（P260）、ブルートパーズ
10月	オパール、ピンクトルマリン	天秤座 9/23-10/23	オパール	酉	シトリン、トパーズ	10月と蠍座はバリエル	アクアオーラ（P245）、黒真珠、サンゴ、黒曜石
11月	シトリン（P102）、トパーズ	蠍座 10/24-11/21	サードオニクス	戌	ダイヤモンド、ラピスラズリ、ルビー	11月と射手座はアドナキエル	ルビー、ターコイズ
12月	ブルートパーズ（P253）、ターコイズ（P252）、ジルコン	射手座 11/22-12/21	トパーズ	亥	ムーンストーン、ルビー	12月と山羊座はアナエル	ガーネット、ルビー、チタニウムオーラ（P333）

記念日の宝石

　アメリカ宝石取引業協会（AGTA）が定めた公式リストから、記念日に対応する宝石を紹介します。

1 周年：金（P113）
2 周年：ガーネット
3 周年：天然または人工真珠（P161）
4 周年：ブルートパーズ（P253）
5 周年：サファイア
6 周年：アメシスト（P225）
7 周年：オニクス（P164）
8 周年：トルマリン
9 周年：ラピスラズリ（P236）
10周年：ダイヤモンド（P149）
11周年：ターコイズ（P252）
12周年：ジェード
13周年：シトリン（P102）
14周年：オパール
15周年：ルビー（P82）
16周年：ペリドット（P293）
17周年：カーネリアン（P83）
18周年：キャッツアイ（P321）
19周年：アクアマリン（P231）
20周年：エメラルド（P262）
21周年：アイオライト（P388）
22周年：スピネル
23周年：インペリアルトパーズ（P117）
24周年：タンザナイト（P234）
25周年：銀（P193）
30周年：天然または人工真珠
35周年：エメラルド
40周年：ルビー
45周年：サファイア
50周年：金
55周年：アレキサンドライト（P206）
60周年：ダイヤモンド

パワーストーンミニガイド

　この本に掲載している石や水晶、宝石の特徴やパワーを簡単に紹介します。いずれも運気をあげたり、ネガティブなエネルギーを遠ざけたり、心を癒やすパワーをもっていますが、ここでは、より効果が期待できる項目には☆、かなりの効果が期待できる項目には★をつけました。詳しくはそれぞれのページをご覧ください。

石の色	石の名称	掲載ページ	幸運	金運	愛情・恋愛	仕事・勉強	人間関係	子宝	心のヒーリング	邪気よけ・魔よけ	石の性質・パワー
ピンク	岩塩	71	★	★		★	★			★	円滑な人間関係をもたらす。ネガティブなエネルギーを遠ざける。仕事や恋の基盤を築き、成功と繁栄に導く。
	スギライト	66			★		☆		★	☆	強力に恋をサポートし、相思相愛の相手を引き寄せる。買い物や食物など、あらゆる依存を抑制する。
	スティルバイト	73					☆		★	★	あらゆる感情の問題を克服させる。スピリチュアルな成長をうながす。明晰な思考へと導く。安眠をもたらす。
	ストロベリークォーツ	63			★	☆			★		自尊心を回復させ、心身を癒やす。落ち着いて客観的に物事を判断できるように導く。子どもにも効果的。
	バスタマイト	70			☆		☆		☆		勇気の石。おだやかな強さを与える。人間関係を簡単に円滑なものにする。理想の恋との出会いをもたらす。
	ピンクカルセドニー	72	★		☆		★		★	★	ネガティブな感情やエネルギーを遠ざけ、愛情をもたらす。女性や10代の子どもに効果的。
	ピンククンツァイト	68			☆		☆		★		自分に起こる変化を受け入れ、愛せるようにうながす。落ち着きをもたらす。恋愛を次のステップに導く。
	ピンクゾイサイト	76	☆			☆			☆		心身にスタミナを与える。長期的な努力を結実させる。問題を解決するあらゆる力をもたらす。
	ピンクダンビュライト	64	☆				☆			★	心身に安定をもたらし、ポジティブなエネルギーで満たす。問題を前にして強さを与え、事態を好転させる。
	ピンクトパーズ	75			★	★	☆		☆		恋愛で傷ついた心を癒やし、前進させる。正当な評価や昇進を得られる。真実を見分けられるようにうながす。
	ピンクトルマリン	64			★		☆		☆	☆	恋人を引き寄せたり、呼び戻す。問題を解決に導く。ネガティブなエネルギーを遠ざける。旅のお守り。
	ピンクドロマイト	73	★		☆	★					願いや希望が叶い、小さな奇跡をもたらす幸せの石。クリエイティブな発想で仕事を成功へ導く。
	ボツワナアゲート	65	★			☆	☆	★	☆		問題を現実的に解決させる。夢や可能性を広げる。子孫繁栄のお守り。心のバランスを整える。
	マンガンカルサイト	67	☆				☆		☆	★	癒やしのエネルギーに満ちた石。子どもや女性、自分を元気づけたい男性をサポートする。絆づくりにも効果的。
	モルガナイト	66			☆	☆			★	★	10代の思春期の子どもの心身を安定させる。健全なダイエットへ導く。不合理な関係を対等なものにする。
	ローズオーラクォーツ	62	☆	☆					☆		ポジティブなエネルギーで満たす。自分の魅力を最大限に発揮できるようにうながす。健全なダイエットへ導く。
	ローズクォーツ	61			★	☆	☆		☆	☆	愛情をもたらす。自分を含め、人をいたわり、公私にわたってよい人間関係を築かせる。安眠にも効果的。
	ロードクロサイト	74			★		★		☆	☆	環境をなごやかなものにする。新しい環境になじませる。家族や恋人との絆を強める。再会の機会をもたらす。
	ロードナイト	69			★	☆	☆		★		つらい恋の心の傷を癒やし、克服させる。感情をコントロールできるように導く。自信をもたらす。

石の色	石の名称	掲載ページ	幸運	金運	愛情・恋愛	仕事・勉強	人間関係	子宝	心のヒーリング	邪気よけ・魔よけ	石の性質・パワー
赤	赤サンゴ	89							★	★	停滞のあとに勇気や自信を取り戻させる。心身に安定をもたらし、落ち着かせる。邪気よけのお守り。
	アルマンディン	85							★	★	ネガティブなエネルギーを発する人やものを遠ざける。怒りやストレスを取り除く。情熱を維持させる。
	カーネリアン	83	★	★	☆	☆	☆			★	富と幸運を引き寄せる。飛躍のときに、野望と実行力、決意、勇気を与え、成功へ導く。子宝のお守り。
	キュプライト	92				★	★				長く続く心配ごとを取り除く。失敗を成功へ導く。忍耐強さ、円満な親子関係、自信をもたらす。
	ゲーサイト	91				★				★	楽観性と情熱、集中力を与える。新しい役割を担うチャンス、能力、柔軟性をもたらす。
	ジンサイト	88	★	★		★		★			小さな石でも驚くほど大きな幸運やポジティブなエネルギーをもたらす。子どもや動物には不向き。
	スタールビー	82				★	★		★	★	ネガティブな感情を克服させる。不屈の精神を呼び起こし、自信で満たす。相思相愛の相手を引き寄せる。
	ハーレクインクォーツ	87	★			★				☆	心身の疲労を取り除き、仕事と生活のバランスを整える。情熱やスタミナを維持させ、充実した人生に導く。
	パイロープ	85							★	★	邪気よけのお守り。心配や孤独を癒やす。勇気やスタミナ、美しさを与え、パフォーマンスを向上させる。
	バナディナイト	90		☆		☆			★		自分をいたわる心を呼び起こす。優先順位を明確にし、進むべき道へ導く。無駄づかいや衝動買いを抑える。
	ファイアーアゲート	80				★	★		★		大きな成功をもたらす。勇気や自信、情熱を与え、行動や意志を高いレベルへ導く。家や家族を守る。
	ブラッドアゲート	80	☆		★	★					愛と人生に情熱をよみがえらせる。生きる力、スタミナをもたらし、心身ともにトラブルを改善させる。
	ブレッチエイテッドジャスパー	78					★		★	★	心身を安定させる。円滑な人間関係をもたらす。自信や熱意、インスピレーションを高める。安眠へ導く。
	ポピージャスパー	78	★				☆				過剰な不安を取り除き、幸福や喜びをもたらす。情熱とやる気で満たす。弱者を思いやる心を育てる。
	マホガニーオブシディアン	90				★	★				家内安全のお守り。仕事のチャンスや長続きする愛を引き寄せる。成熟した美しさと落ちきを与える。
	ルビー	82	★	★	★	☆	☆	☆	★	★	愛情、富、幸運をもたらす。誠実で情熱的な関係へ導く。ネガティブなエネルギーやものを遠ざける。
	ルベライト	89	☆								バイタリティやスタミナ、人生への情熱を取り戻させる。ネガティブな考えや感情を取り除く。
	レッドアベンチュリン	87	★					★	★		不利な状況でも幸運をもたらす。邪気よけ、盗難よけ、子宝のお守り。心身や人間関係に安定をもたらす。
	レッドカルサイト	84					☆		★	☆	自分をいたわる心を呼び起こし、勇気とスタミナを与える。同じ過ちを繰り返さないように導く。
	レッドジャスパー	77			☆						心身の苦痛に抵抗する力を与え、自信で満たす。恋愛を成就させる。ひとり親を強力にサポートする。
	レッドジルコン	86			★	☆	☆		☆	★	邪気よけ、盗難よけ、恋のお守り。悪循環を断ち、成功やよい結果へ導く。
	レッドスピネル	86	★		☆	☆	☆			☆	自立心や独立心を育む。個性や能力を高め、魅力を際だたせる。困難な状況を打破する力を与える。
	レッドタイガーズアイ	81	★							★	怒りやストレスを取り除き、情熱と楽観性で満たす。ポジティブなエネルギーをアップさせる。努力を実らせる。
	レッドベリル	79			★		★		☆		愛の石。いかなるときも支えあえる人を引き寄せる。ネガティブなエネルギーを強力に遠ざける。
オレンジ色・銅色	アンバー	95			★					★	心身を安定させる。ネガティブな考えや感情を取り除き、勇気と自信を与える。長く続く愛をもたらす。
	ヴルフェナイト	98								★	感情のバランスを整える。情熱を呼び起こす。人間関係を修復させる。本来の自分を表現できるようになる。
	オレンジアラゴナイト	97			☆		★			★	社交性を高め、人脈を広げる。心身のバランスを整える。子どもの自立や独立を助ける。

石の色	石の名称	掲載ページ	幸運	金運	愛情・恋愛	仕事・勉強	人間関係	子宝	心のヒーリング	邪気よけ・魔よけ	石の性質・パワー
オレンジ色・銅色	オレンジカーネリアン	97					★	☆	★		環境の変化に応じた新しい人間関係を円滑にする。あらゆる不安やダイエットに関する問題を解決へ導く。
	オレンジカルサイト	93	★		★			★			後半生に愛を引き寄せる。心の傷を癒やし、楽観性、幸福、創造力をもたらす。子宝のお守り。
	カッパーデンドライト	94	★	★	★			★	☆	★	失ったもの、なくしたものを取り戻せる。感情的な負担を軽減させ、情熱や気力で満たす。幸運のお守り。
	カッパーナゲット	94	★	★	★	★				★	ポジティブな流れを築き、幸運、金運、家内安全を招く。恋と友情をもたらす。円滑な人間関係に導く。
	スペサルティン	99	★				☆				幸せをもたらす。心身のバランスを整える。創造力を刺激する。気のおけない仲間や友人を引き寄せる。
	タンジェリンクォーツ	92	★	★		★	☆	☆			知性や創造力を高め、成功へ導く。人生に喜びと豊かさを与える。心身に活力を与え、消極性を克服させる。
	ピーチアベンチュリン	95					☆	☆	★		心身の不安を取り除き、ポジティブな思考や創造力で満たす。円滑な人間関係とコミュニケーションへ導く。
	ファイアーオパール	96		☆	☆	★	☆		★		自己の能力に目覚めさせる。信念に基づいた行動へと導く。勇気と行動力を与える。キャリアを高める。
	ヘソナイトガーネット	98				★	★				自分に設けた制限を解き放つ。孤独と戦う力を与える。創造力をもたらす。繁栄や幸せ、健康を招くお守り。
黄・金色	アナターゼ	104				☆			★		悪循環を断ち、ポジティブなエネルギーを回復させる。決意、発言、研究を促進させる石。
	アパッチゴールド	115	★	★		☆			★		人生に変化と喜びをもたらす幸運の石。お金の流出を防ぐ。ポジティブなエネルギーを活性化させる。
	アンドラダイト	107				★	★			☆	円滑な人間関係やコミュニケーションをもたらす。生涯の友を引き寄せる。創造力、決断力、集中力を高める。
	イエローゴールデンオパール	108	★			★					幸運、勝利を招く。ポジティブなエネルギーで満たし、チャンスの多い環境へ導く。安定をもたらす。
	イエロージェーダイト	111			★	★	★				幸せと高い基準での成功を招く。自分やまわりの人を元気づける。友情をもたらし、成長させる。
	イエロージャスパー	110				☆	☆				知性や自信を与え、目標を達成できる。引っ込み思案を克服させる。危険から守る。健康をうながす。
	イエロージルコン	118	★			★			★	★	悪循環を断つ。繁栄を呼び込む。才能とアイデアを高める。学びやユーモア、自発性をうながす。
	イエロースピネル	109	★		☆	★					ポジティブなエネルギーで満たす。困難を乗りきる力を与える。探究心や好奇心で人生を実りあるものにする。
	イエローピーチムーンストーン	112	★	★		★		★	☆		自分を愛し、価値を認めさせる。夢や目標を達成させる。健全なダイエットへ導く。子宝のお守り。
	イエローフローライト	108				★	★				ほかの人だけでなく、自分に目を向けさせる。ビジネスセンスをもたらす。知性と努力を成果につなげる。
	イオウ	111							☆	★	ネガティブなエネルギーを発する人やものを遠ざける。集中力と注意力を与える。事故防止のお守り。
	インペリアルトパーズ	117	★	★	★	★	☆		★		富と成功、名声を招く。自分の価値観を高める。正しい愛を呼び込む。欺瞞（ぎまん）に気づかせる。
	オーソクレース	107				☆			★		死別に伴う深い悲しみを癒やす。心に平安をもたらす。同意へ導く。個性を高める。夢を叶える。
	カコクセナイト	118		☆					★		ストレスを取り除く。自然美や人間の優しさに開眼させる。落ち着きを与え、心を整える。
	キャルコパイライト	112		★		★			★	★	事業の成長と繁栄をもたらす。スタミナを与える。孤独を癒やし、友情をもたらす。失敗を克服させる。
	金	113	★	★	★	★			★		ネガティブな状況から脱出させ、やる気を与える。成功と繁栄、名声を招く。誠実な愛情をもたらす。
	クリソベリル	106	★	★					★	☆	幸運と富を招く石。落ち着きをもたらし、失敗や事故を防ぐ。自分のアイデンティティを確立させる。
	ゴールデンイエローカルサイト	114				★			☆		学習の石。努力を成果に結びつける。友情と社交の機会を与える。ネガティブな感情を取り除く。

石の色	石の名称	掲載ページ	幸運	金運	愛情・恋愛	仕事・勉強	人間関係	子宝	心のヒーリング	邪気よけ・魔よけ	石の性質・パワー
黄・金色	ゴールデンバライト	117	★	★		☆	☆				幸福感を高める。自分のペースを持続させ、満足感を与える。自信と情熱で満たす。節約をうながす。
	ゴールデンベリル	116	★		☆	☆	☆		★		究極の自信と幸福の石。学びを深める。明るさ、集中力、共感力を持続させる。新生児誕生の贈り物にも。
	ゴールデンラブラドライト	115	★						★		幸運をもたらす。自信を強め、才能を輝かせる。大きな悲しみからの回復をうながす。
	ゴールドスキャポライト	116				★			★		幸せの石。いかなるときもポジティブなエネルギーで満たす。クリエイティブな解決法へ導く。
	シーライト	103				☆			★	★	ソフトでマイルドな環境に整える。活気と明晰な思考をもたらす。感情をコントロールできるようになる。
	シトリン	102	★	★	★	★					繁栄、幸運、成功、愛、健康、富を招く。オーバーワークを軽減し、ストレスを取り除く。新生児誕生の贈り物に。
	熱加工シトリン	102	★						★		幸せと成功をもたらす。幼少期の心の傷を癒やす。恐怖心や孤独を取り除き、心をおだやかに維持させる。
	ハニーカルサイト	100	★	★		★	★		☆		繁栄の石。問題を乗り越える力や調和をもたらす。やる気、楽観性を回復させる。女性の体調や心を整える。
	ヘリオドール	105	★					☆	★	☆	ほかの人を思いやる気持ちを与える。幸せやポジティブなエネルギーで満たす。適応力を高める。
	リビアンデザートグラス	114		★	☆	★			★		お金、仕事、富を引き寄せる。傷ついた心をなぐさめ、回復させる。環境になじめない子どもを落ち着かせる。
	リモナイト	101			★	☆			★		美と創造力をもたらす。やる気、集中力、活気をアップさせる。パートナーとの出会いや人とのつながりへ導く。
	レモンクォーツ	110	★	★						★	幸運や金運を招く。即効性に富み、急にお金が必要なときも手助けしてくれる。人間関係を円滑にする。
	レモンクリソプレーズ	104				☆			☆	★	感情的圧力から解き放つ。戦う力を与える。恋の傷を癒やし、前進させる。家内安全のお守り。
茶色	アキシナイト	138	☆	☆							人生をよりよく変化させる。潜在能力を引き出す。ものの考え方の似た友人を引き寄せる。
	アストロフィライト	141				★	☆			☆	不安やいらだちを取り除く。責任感を解き放つ。ステップアップさせる。
	穴のある石	141	★	★	★	★				★	真実を伝える。困難を打破させ、成功へ導く。愛に責任を伴わせる。ネガティブなエネルギーを遠ざける。
	アンモナイト	128	★	★				★			永続的な幸運、繁栄、健康を招く。時代遅れの価値観やネガティブな感情から脱却させる。
	イルメナイト	133			☆	☆			☆		ポジティブな状況に変える。努力を成果に導く。輝きや勢いを取り戻させる。内面の魅力や美に気づかせる。
	エレファントスキンジャスパー	122	★			☆				★	孤独感を取り除き、仲間意識と自己愛へ導く。継続する成功をもたらす。事故を防ぐお守り。
	ギベオン隕鉄	135	☆							★	自己の尊厳と自尊心を回復させる。パワー、スタミナ、勇気、保護の力を与える。夢を叶える。
	恐竜の骨	139	★		★					★	家族の絆を強める。幸運をもたらす。おだやかで最強のエネルギーで満たす。
	珪化木	123				★				★	新たな道を歩む勇気をもたらす。価値あるものを維持しながら、不要なものを手放すようにうながす。
	ゴールドシーンオブシディアン	119	★	★		★			★	★	幸せや繁栄、成功、健康、よいアイデアを招く。ネガティブなエネルギーを発する人やものを遠ざける。
	サンストーン	129	★	★		★			★		才能を発揮させ、予想以上の成功、繁栄、名声をもたらす。あらゆる恐怖症をやわらげる。
	サンダーエッグ	132						☆		☆	根深い問題を解決させる。満足感を与える。自分をいたわる。創造力を刺激する。美的感覚を生み出す。
	シデライト	132			☆		☆		☆	☆	弱っている心身をポジティブなエネルギーで満たす。独立心を育み、公正な環境を伴う。事故防止のお守り。
	シャーレンブレンド	139					★		☆	★	必要なときに必要なものに導く。ネガティブなエネルギーを発する人やものを遠ざける。

43

石の色	石の名称	掲載ページ	幸運	金運	愛情・恋愛	仕事・勉強	人間関係	子宝	心のヒーリング	邪気よけ・魔よけ	石の性質・パワー
茶色	シャンパンオーラクォーツ	126				☆			★	★	ストレスを取り除き、情熱を回復させる。調和と落ち着きをもたらす。名声と繁栄を招く。
	スタウロライト	137	★						☆		幸運のお守り。喪失感を克服させる。ケアする人をなぐさめる。信念を貫かせ、尊敬の念を生じさせる。
	ストロマトライト	131			☆				☆		ストレスをやわらげる。根気強さをもたらす。堅実な考えや行動をうながす。瞑想にも効果的。
	スモーキークォーツ	134							☆	★	幸運、交通安全のお守り。ネガティブなエネルギーを追い払う。安定をもたらす。
	セルサイト	137		★			☆		☆		能力を成長させ、強い自信をもたらす。資産や財政を安定させる。円滑な進行やコミュニケーションへ導く。
	タイガーズアイ	120		★		★			★	★	孤独や無力感、不安を克服させる。金運を招く。ネガティブなものから守る。才能を輝かせる。
	チタナイトインクォーツ	136				☆			☆		インスピレーションをもたらし、最善の方法で問題を解決させる。秩序と統一感を与える。
	ツリテラアゲート	124						★	★	★	サバイバルの石。危険から守る。アイデンティティを築かせる。家族やルーツとの結びつきを強める。
	デザートローズ	125		★	☆	☆			★		変化を起こす。想像力と創造力を刺激し、才能を目覚めさせる。自分の魅力に気づかせ、自信を与える。
	ドラバイト	130	☆							★	自己コントロール力を高める。新しい挑戦をサポートし、近い将来、成功へ導く。和解や調和へ導く。
	パミス	124	★	☆					☆	★	幸運を引き寄せる。災害から守る。愛情や友情のあたたかみを思い出させる。勇気と自信で満たす。
	ヒューランダイト	127							★	★	ネガティブなエネルギーを遠ざける。あたたかく安定したエネルギーで満たす。円滑な交渉へ導く。
	ブラウンアラゴナイト	127				☆	☆				ほかの石を守る石。新たな仕事をはじめる場合、プレッシャーを取り除く。有益な共通認識を生じさせる。
	ブラウンジャスパー	121	★						★		幸運のお守り。喪失感と恐怖心を克服させる。安心感と安定をもたらす。ネガティブな環境を改善させる。
	ブラウンジルコン	129	★		☆	★				☆	努力によって目標を達成させるように導く。ストレスを取り除き、永続的な安定をもたらす。家内安全のお守り。
	ブラウントパーズ	140				★	★				勇気を与える。信頼できるパートナーや友人を引き寄せる。冒険へ導く。アイデアを結実させる。
	ブロンザイト	142			☆	☆				☆	才能を開花させる。ほかの人への思いやりの心を育む。心の傷を癒やす。強力なパワーをもつため扱いに注意。
	ペトスキーストーン	140				★			★		未解決の問題を解決へ導く。クリエイティブな能力を高める。プレッシャーを解き放つ。
	溶岩	142	★	★			★			★	活力を与える。情熱的な恋を引き寄せる。不運を取り除く。家内安全や子宝のお守り。
	レパードスキンジャスパー	122							★	☆	人生に本当に必要なものや正しいエネルギーをもたらす。パワーが強いので、子どもや動物には不向き。
	レピドクロサイト	138	☆		☆	☆			★		自信を回復させ、再び人生に向きあわせる。スタミナと強さ、決断力を与える。成長のための基盤を作る。
無色・白	アクロアイト	144					★		☆		自信や根気、判断力、やる気、的確な対応力、創造力を与える。プレッシャーを解き放ち、成功へ導く。
	アゼツライト	163							★	★	心身のエネルギーを整える。自由をもたらす。パワーが強いので子どもには不向き。
	アポフィライト	155			★	☆	★				自分を取り戻させる。家族関係や失恋からの心の傷を癒やす。ほかの石や水晶が吸収した邪気を排出させる。
	アラバスター	143	★				☆		☆		幸運をもたらし、ネガティブな出来事をチャンスに変える。前向きな気持ちにする。誤解を解く。
	アルバイト	173	☆			☆			★	★	心身を安定させる。冒険心をもたらす。情熱を再燃させる。的確な判断と行動、オープンな思考へ導く。
	アンハイドライト	171	★			☆					幸運をもたらす。正しい人やチャンスに導く。効率よく行動できるようにうながす。秘密を守る手助けをする。

石の色	石の名称	掲載ページ	幸運	金運	愛情・恋愛	仕事・勉強	人間関係	子宝	心のヒーリング	邪気よけ・魔よけ	石の性質・パワー
無色・白	アンブリゴナイト	163			★	☆			★		恋や復縁を成就させる。落ち着きや集中力をもたらす。パワーが強いので扱いに注意。子どもには不向き。
	ウレキサイト	168				★			★		自分の才能を認識させる。自己の尊厳を回復させる。真実に気づかせる。学ぶ能力を高める。
	エンジェルオーラ	143							★		優しさや気遣いの心を育む。心身を安定させる。日常的にだれかをケアする人を癒やす。
	オーケナイト	169							★		自分を許し、癒やす。自尊心を回復させる。困難を克服するための知性とひらめきを与える。
	オニクス	164	★		☆		☆			★	人への信頼を回復させる。思いやりの心を育む。ネガティブなエネルギーを遠ざけ、幸運を招く。
	オプティカルカルサイト	167	★				★		★		チャンスの扉を開き、予想をはるかに超えた幸運をもたらす。困難を克服させる。許しを与える。
	オリゴクレース	177				★			★	☆	自信を回復させる。心身と日常生活のバランスを整える。家族の絆を強める。
	キャンドルクォーツ	154	★			★			☆		家内安全、交通安全のお守り。幸運や名声を招く。ポジティブなエネルギーで満たす。
	クリアカルサイト	147	☆		☆						なくしたもののありかや新しいスタートへ導く。常に思いやりや機転をもって対応できるようにうながす。
	クリアクォーツ	146	★			★					成功を引き寄せる。ネガティブなものをポジティブなものに変換する。新しいはじまりをサポートする。
	クリアダンビュライト	150	★	★	★	★	☆		★		最高の成果をもたらす。知性を呼び覚ます。協調性を育む。ネガティブなエネルギーを遠ざける。
	クリアトパーズ	153			★						おだやかな愛をもたらす。初恋が実ったり、復縁が叶ったりする。物事を柔軟に見るようにうながす。
	クリアフローライト	152				☆	☆		★		心身の閉塞感を取り除く。ストレスをポジティブなエネルギーに変える。ネガティブなエネルギーを遠ざける。
	クリーブランダイト	171	★						★		孤独を取り除く。家族をひとつにする。大きな成功をもたらす。壮大なアイデアを実現させる。旅のお守り。
	グロッシュラー	153	★	★	★				★		強さの石。幸運、成功、繁栄を招く。アイデア、スタミナ、決断力、情熱、成功するチャンスをもたらす。
	ゴッシェナイト	148			☆				☆		現実と幻想の区別をつける。誠実さ、正直さをもたらす。ネガティブなエネルギーを追い出す。
	サテンスパー	162	★	★	★			★			恋愛運、金運、幸運をアップさせる。ポジティブなエネルギーで満たす。子どもにも効果的。子宝のお守り。
	ジラソルクォーツ	145							★		過度な反応やストレスを軽減させる。創造力を発揮させる。10代の子どもに落ち着きをもたらす。
	ジルコン	151				☆			☆	☆	明晰な思考、場に適した言動を選ぶ知恵、満足感、深い安眠をもたらす。ネガティブなエネルギーを遠ざける。
	白サンゴ	166				★		★	★		成功とポジティブなエネルギーをもたらす。水難を防ぐ。子どもに効果的。子宝のお守り。
	真珠	161	★		★				☆	☆	幸運を招く。美しさ、気品、母性を高める。アイデンティティを確立させる。女性らしさの象徴。
	スコレサイト	160			☆	★					統合の石。世代間やチーム間に一体感をもたらす。責任感を軽減させる。深く安らかな眠りをもたらす。
	スネークスキンアゲート	156					★		★		先のない関係を解消させる。心の傷を癒やす。環境を安定させる。スタミナ、活力を与える。
	スノークォーツ	154			★	☆	☆		★	★	永続するエネルギーや落ち着きををもたらす。恋愛に幸運を呼び込む。家族を和解させる。交通安全のお守り。
	ダイヤモンド	149	★	★	★	★	☆		☆		勇気と誠実さのシンボル。ポジティブな存在感を高める。大きなチャンスをもたらす。繁栄を招く。
	ツリーアゲート	175	★				★	☆	★		繁栄を招く。家族の絆を強める。心の傷を癒やし、平安をもたらす。停滞した空気を変させる。旅のお守り。
	テンドリティックライムストーン	175					★		★		誤った根深い信念を取り除く。自信を回復させる。想像力、安らぎを与える。仲間を引き寄せる。

石の色	石の名称	掲載ページ	幸運	金運	愛情・恋愛	仕事・勉強	人間関係	子宝	心のヒーリング	邪気よけ・魔よけ	石の性質・パワー
無色・白	トルマリン入り水晶	145	★			☆			☆	★	強運のシンボル。正反対のものを統合する。開拓精神や再出発をサポートする。家内安全のお守り。
	ドロマイトブランシュ	157	★						★		調和、寛大さ、利他主義、幸福、最良の結果をもたらす。可能性を広げる。パワーが強いので扱いに注意。
	ペタライト	152							★	★	物事を整理させ、静かな境地へ導く。分散したエネルギーをひとつにする。休息を与える。内なる声を伝える。
	ホワイトオパール	172			☆				★		自分の美しさや価値に気づかせる。よい自己イメージを回復させる。永続的な愛情、創造力をもたらす。
	ホワイトカルセドニー	165			☆			★	★		安眠をもたらし、クリエイティブな時間にする。心身のバランスを整える。水難を防ぐ。子宝のお守り。
	ホワイトセレスティン	156			☆				★		ポジティブな関係をもたらす。物事を隅々まで見通せるようになる。新しいチャンスの扉を開く。
	ホワイトハウライト	174				★			★		忍耐と粘り強さ、学習意欲を高める。才能を発揮させる。おだやかでポジティブなエネルギーで満たす。
	ホワイトムーンストーン	158						★	★		落ち着きとおだやかさをもたらす。緊張を緩和する。悪夢を払う。子どもにも効果的。子宝のお守り。
	マグネサイト	164							★		寛容さや落ち着きをもたらす。心身を安定させる。母親にパワーを与える。
	マスコバイト	170				★			★		自己喪失や不安をやわらげる。ウソや誇張をあばく。頭の回転と問題の解決力を高める。
	ミルキーオパール	159			★			★	☆		子どもにとってよい環境を作る。新米の母親を含め、母親をサポートする。子宝のお守り。
	ミルキーカルサイト	167							★	★	ネガティブなエネルギーの盾になる。ストレスを軽減させる。弱点を克服させる。
	メタモルフォシスクォーツ	146	☆			★			☆		変化や再出発をサポートする。確信と熱意、想像力、アイデア、ポジティブなエネルギーをもたらす。
	レインボームーンストーン	158			☆				☆	☆	自分を大切にする心を育む。安眠とよい夢をもたらす。子どもの学習態度を改める。家内安全のお守り。
	ロダライト	162			☆				☆	☆	幼少期の心の傷やトラウマを癒やす。家族をひとつにする。インスピレーションをもたらす。
	ワーベライト	176			★		★		☆		家族の絆を修復させる。ほかの人への理解を深める。直感を高める。よい夢をもたらす。
グレー・銀色	アーセノパイライト	190					★			★	衝動や感情を抑える。ネガティブなエネルギーを発する人を遠ざける。円滑な人間関係へ導く。
	アンスラサイト	187	★	★					★	★	金運と幸運を招く。引っ込み思案を克服させる。事故を防ぐ。物音をこわがる子どもを落ち着かせる。
	隕石	188	★				★	☆		★	家内安全のお守り。まわりへの理解をうながす。感情的な束縛を解き放つ。夢を叶える。
	オルソセラス	182				★			★		見通す力をもたらす。プライドをもって仕事をするようになる。人生へ導く。なごやかな雰囲気を作り出す。
	ガレナ	183			★	★			★		永遠の愛へ導く。限界を取り除く。進化する力やチャンスを与える。別れの悲しみを克服させる。
	キアストライト	187							★	★	問題や危険を遠ざける。重大な決断に力を貸す。心身のバランスを整え、健康へ導く。
	銀	193		★	★			★	★	★	自分を大切にする心を育む。愛、繁栄、調和、忍耐力、根気をもたらす。子宝や旅のお守り。
	クラウドアゲート	179					☆		★		雑音の多い環境から自分の生活や仕事を守る。心を落ち着かせ、頭を休ませる。秘密の恋のお守り。
	グラファイト	181				★			★	★	ストレスを取り除く。機転やアイデア、創造力をもたらす。節約をうながす。交通安全、家内安全のお守り。
	コケ虫類化石塊	177					☆		★		心をなぐさめ、癒やす。プレッシャーを取り除く。新しいチャンスを与える。
	シトリンスモーキークォーツ	180			☆				☆		ほかの人を尊重させる。心身を安定させ、豊かにする。広い論理的な思考と賢明な注意力をもたらす。

石の色	石の名称	掲載ページ	幸運	金運	愛情・恋愛	仕事・勉強	人間関係	子宝	心のヒーリング	邪気よけ・魔よけ	石の性質・パワー
グレー・銀色	シルバーアベンチュリン	197			★	★				★	遠距離恋愛と秘密の恋を成就させる。自分を大切にする心を育む。起業を成功させる。女性の心身をケアする。
	シルバーオブシディアン	190			★	☆	★		☆		円滑な人間関係、自己反省へ導く。集中力をもたらす。客観的な判断をうながす。ストレスを取り除く。
	シルバーリーフアゲート	192	★			★			★	★	依存や恐怖心を取り除く。開拓した道で成功させる。繁栄をもたらす。水難から守る。子どもにも効果的。
	スティブナイト	189		★					★		勇気や保護の力、集中力を与える。金運を引き寄せる。ネガティブなエネルギーの盾になる。
	ソープストーン	191			☆	☆			★		パニックや過度な行動を取り除く。愛情深いパートナーを招く。現実的な計画へ導く。アイデアを与える。
	トリロバイト	185				★	★				厳しい状況に耐え、克服させる。インスピレーションを高める。円滑な人間関係へ導く。
	パイライト	195		★		★	★				静かな闘志、統率力をもたらす。愚かな決断をくださないようにうながす。努力を結実させ、富を招く。
	ビスマス	198	★						★		変化する状況で、幸運や心身の安定、協力、統率力をもたらす。ストレスや過度な責任感を取り除く。
	ブラウナイト	191		★		★				★	金運を招く。勇気、忍耐力をもたらし、目標を達成させる。安定をもたらす。家内安全と天災を遠ざけるお守り。
	プラチナ	196		★	★	★			★	★	不滅の愛のシンボル。ネガティブなエネルギーを遠ざけ、ポジティブなエネルギーで満たす。
	フルグライト	179				★					道を開く。クリエイティブな方法で問題を解決へ導く。必要なものを即座にもたらす。
	ヘマタイト	186				★			★	★	あらゆる恐怖心、強迫観念を緩和する。勇気と自信を増大させる。成功を引き寄せる。
	ボージーストーン	185	★			★					落ち着きと調和、幸福をもたらす。集中力やスピリチュアルな力を高める。子どもには不向き。
	マーカサイト	194				★					コンプレックスを克服させ、自尊心を高める。秩序をもたらす。旅のお守り。
	モリブデナイト	184				★					封印した記憶を呼び覚ます。本来の自分と可能性を発見させ、成長させる。組織の力を向上させる。
	ラブラドライト	178				★	★				自分の存在や立場を確立させる。最善のものを引き出せる力、自発性、冒険心を取り戻させる。
黒	アパッチティア	209	★			★				★	幸運を招く。挑戦する力やチャンスを与える。気ぜわしい毎日をペースダウンさせ、安らぎをもたらす。
	エジリン	207							★	★	女性に対する先入観を取り除く。人生や責任に圧倒される感覚を克服させる。女性に優しい石。
	キャシテライト	217				★				★	成功へ導く。物事をやりとげる力、慎重さ、満足感を与える。仕事のお守り。
	黒サンゴ	208	★			★			★	★	幸運を招く。ネガティブなエネルギーをポジティブなものに変える。問題を解決へ導く。交渉を成功させる。
	黒曜石の鏡	203				★			★		自分の力と可能性に気づかせる。エネルギーを浄化する。静けさとおだやかさをもたらす。
	黒曜石の矢	202				★				★	悪夢やネガティブなエネルギーを遠ざける。円滑な進行や、事業が軌道に乗るのを助ける。家内安全のお守り。
	ジェット	213	★	★		★			☆	☆	幸運、金運、成功を招く。ネガティブなエネルギーを遠ざけ、大きな悲しみや被害妄想を取り除く。
	スコール	215							★	★	心身を安定させ、バランスを整える。ネガティブなエネルギーを発する人やものを遠ざける。集中力をもたらす。
	スノーフレークオブシディアン	202	★			★					停滞や悪循環を断ち、情熱とやる気で満たす。ポジティブな考え方を生み出す。
	スファレライト	221					★		★		確かな愛に目覚めさせる。環境の変化に順応させる。現実を直視できるように導く。
	テクタイト	200	★			☆			☆	★	幸運を招く。満足感を与え、精神を安定させる。自信とやる気、人生を開拓する力を与える。旅のお守り。

石の色	石の名称	掲載ページ	幸運	金運	愛情・恋愛	仕事・勉強	人間関係	子宝	心のヒーリング	邪気よけ・魔よけ	石の性質・パワー
黒	ヌーマイト	198							★	★	非常に強い守りの力を与える。家内安全のお守り。体力や元気を回復させる。
	バイオタイト	218			★				★		妊娠や出産のお守り。親子の絆を高める。子どもの心の傷を癒やす。秩序をもたらす。
	ファーベライト	214				★	★			☆	独立心、適応力、成功をもたらす。人間関係を整え、円滑なものにする。感情的な負担や古い確執を取り除く。
	ブラックアゲート	211					★		★		許しや癒やしをもたらし、心身を落ち着かせる。ストレスに対抗する力、競争に勝つ力を与える。
	ブラックオニクス	214				☆	★		★		心身を安定させる。ネガティブなエネルギーを発する人やものを遠ざける。気ぜわしさを解き放つ。
	ブラックオブシディアン	201							★		物事を楽観させる。精神を安定させる。ポジティブなエネルギーと健康を招く。ネガティブな要求を遠ざける。
	ブラックカイアナイト	210							★	★	思考の悪循環やネガティブな感情を取り除く。オーラと環境のエネルギーを浄化させる。
	ブラックサファイア	220							★	★	大きな悲しみを癒やす。静かな強さや勇気、共感力をもたらす。男性的に効果的。子どもには不向き。
	ブラックジェーダイト	219							★	★	独立心、尊敬の念をもたらす。ネガティブな感情を吸収し、ポジティブなものに変える。
	ブラックスターダイオプサイド	204					★		★		癒やしをもたらし、落ち着きを与える。創造力を高める。突破口やチャンスをもたらし、成功へ導く。
	ブラックスピネル	205				★	★		★		ネガティブな感情をコントロールできるようになる。人間関係を修復させる。逆境に立ち向かう力を与える。
	ブラックタイガーズアイ	216	★			★			★		深刻な挫折感や悲しみを癒やし、心身を活性化させる。逆境に立ち向かう力を与える。最善の結果へ導く。
	ブラックファントムクォーツ	206	★		☆	★			★		幸運を招く。感情をコントロールできるようになる。将来の基礎を築かせる。信頼できる人を引き寄せる。
	フラワーストーン	209	★	★					★		幸運、繁栄を招く。後半生に新たな関係やはじまりをもたらす。可能性の扉を開く。挑戦する勇気を与える。
	ブリザードストーン	199			☆				★		自分の殻を破らせる。欲望のバランスを整える。自立をサポートする。強迫観念を取り除く。
	マーリナイト	210					★		★		許しや癒やしをもたらす。迷いを取り除き、状況を変える勇気とスタミナを与える。安住の地へ導く。
	メラナイト	212			★	★	★		☆	☆	豊かな愛情表現へ導く。人間関係を改善させる。パワー、スタミナ、忍耐力、戦う力、成功をもたらす。
	ラルビカイト	217				★			★		集中力をもたらし、勉学の成果をあげる。仕事と勉学の両立へ導く。精神に安定を与える。
	ロードストーン	205	★	★	★	★		★	★		幸運、金運、恋愛運、繁栄をもたらす。ネガティブな感情を取り除き、無力感を自信に変える。子宝のお守り。
紫・青・水色	青サンゴ	235							★	★	年齢や外見の悩みを克服させ、リラックスさせる。転機をもたらす。旅や水難を防ぐお守り。
	アクアオーラ	245	★		☆	★	★			☆	夢を実現させる。可能性と思考を広げる。制限をチャンスに変える。理想の人やライフスタイルを引き寄せる。
	アクアマリン	231			★	★			★	☆	精神を安定させ、落ち着きをもたらす。問題を解決し、円滑な進行をうながす。愛に忠誠を生み出す。
	アズライト	230	★			★	★		★		成功と長期的繁栄をもたらす。人間関係の緊張をほぐす。記憶と学びの力を高める。劣等感を克服させる。
	アホーアイトクォーツ	237					★		★		心身を強力に癒やす。ネガティブな感情に立ち向かう力を与える。最高基準を維持させる。
	アメサイト	227	★						★		運気を変え、幸運へ導く。行動すべきときを知らせる。ネガティブな感情を取り除き、心身のバランスを整える。
	アメシスト	225	★		★			★	★	★	誠実な愛をもたらす。落ち着きを与え、安眠をもたらす。ネガティブな感情を遠ざける。
	インディコライト	251						★	★		心のバランスを整え、維持させる。寛容さと忍耐力、情熱を与える。コミュニケーション力を高める。

石の色	石の名称	掲載ページ	幸運	金運	愛情・恋愛	仕事・勉強	人間関係	子宝	心のヒーリング	邪気よけ・魔よけ	石の性質・パワー
紫・青・水色	ヴィオラン	227			★	★	☆			★	ネガティブな感情を取り除き、安心感、情熱、パワーを与える。復縁を招く。
	エンジェリット	255	★		☆				★	★	幸運を招く。円滑なコミュニケーションへ導く。環境に適応させる。安眠をもたらす。家内安全のお守り。
	カバンサイト	242				★			★		やる気をもたらす。結果の熟考をうながす。ネガティブなエネルギーをポジティブなものに変える。
	キノアイト	247			★	★			★		可能性を広げる。強みを最大限に発揮させる。正しい判断、洞察力をもたらす。大きな愛、安眠へ導く。
	クリソコラ	244							★		尊厳をもって柔軟に対応させる。ネガティブなエネルギーを遠ざける。女性に効果的。
	コベライト	236				★			★		現実と向きあわせ、建設的でクリエイティブな解決法や希望をもたらす。心身に強さとスタミナを与える。
	ジェムシリカ	259	★				★			★	繁栄、幸運を招く。円滑なコミュニケーションをもたらす。和解へ導く。邪気よけのお守り。
	シャッタカイト	240					★		★	★	思いを打ち明けたり、前進する勇気を与える。明確なコミュニケーションをうながす。邪気よけのお守り。
	セレスティン	258					★		★		強い心をもたらし、心身を安定させる。気ぜわしさを軽減させる。ネガティブな感情を取り除く。
	ソーダライト	261				☆			★		落ち着き、自信、年相応の成長、安眠をもたらす。人生の節目に力を与える。女性に効果的。
	ターコイズ	252	★	★	★	★			☆		大きな幸運、金運、成功、名声、創造力を招く。コミュニケーション力、リーダーシップを高める。
	タンザナイト	234							★		精神を落ち着かせ、なだめる。隠れた性格を引き出す。問題を解決へ導く。リラックスさせる。
	タンザナイトオーラ	228				★			☆	★	人類の叡智や内なる知識の泉へ導く。可能性や意欲、ひらめき、良策をもたらす。邪気よけのお守り。
	チャロアイト	226			★	★	☆		★		逆境に立ち向かう力、再スタートをはかる勇気を与える。家族の絆を強める。ポジティブな直感を高める。
	デュモルティライト	261				☆			★		閉塞感をおだやかに取り除く。絶望的な状況を改善させる。整理整頓をうながす。
	パープライト	229	★		★	★					繁栄を招く。積極性、自信、リーダーシップをもたらす。新しい恋に向かう勇気を与える。
	パープルスピネル	222					★	☆			世代間の融和と独立心をもたらす。人間関係において個人の生活スペースと境界の感覚を生み出す。
	パープルトルマリン	226	★			☆			★		想像力やインスピレーション、直感を信じる力を与える。望みのものを引き寄せる。リラックスさせる。
	パープルフローライト	262							★	★	ストレスや精神的な不快感、閉塞感を緩和する。責任や働く必要性を意識させる。邪悪なものから守る。
	ビビアナイト	250			★				★		自分の魅力に気づかせる。根深い問題を解決へ導く。忍耐力と落ち着きを与える。事態を改善させる。
	ブルーアズリサイト	257			★		★		★		明晰な思考や共感をもたらし、新たな関係性を生み出す。持ち物の整理をうながす。
	ブルーアパタイト	243	★			★			★		幸運を招く。記憶力と集中力を高め、勉学の効果を高める。健全なダイエットへ導く。
	ブルーアベンチュリン	248				★			★		集中力を高め、ベストなパフォーマンスへ導く。冒険心、やる気を与える。心身を安定させる。
	ブルーアンデスオパール	235				☆	★		★		自分に設けた制限を解き放つ。アイデア、勇気、責任感をもたらす。友好的な協力者を引き寄せる。
	ブルーヴェルナライト	249							★		落ち着きと勇気を与え、バランスの取れた行動ができるように導く。自立心、忍耐力、粘り強さ、覚悟をもたらす。
	ブルーカイアナイト	238			☆	★				☆	ネガティブなエネルギーを遠ざける。コミュニケーション力やリーダーシップを高め、円滑な人間関係へ導く。
	ブルーカルサイト	245					★			★	公私を上手に切り替えさせる。明快で落ち着きのあるコミュニケーションをもたらす。家内安全のお守り。

石の色	石の名称	掲載ページ	幸運	金運	愛情・恋愛	仕事・勉強	人間関係	子宝	心のヒーリング	邪気よけ・魔よけ	石の性質・パワー
紫・青・水色	ブルーカルセドニー	257					★		★	★	気ぜわしさやストレスを軽減させる。心身の安定をもたらす。和解へ導く。旅のお守り。
	ブルークォーツ	237	★			☆					調和と秩序をもたらす。すぐれたものへの追求心を与える。音楽に携わる人や楽しむ人に幸運を招く。
	ブルーゴールドストーン	223	★			★			★		大きなチャンスをもたらし、願いを叶え、成功へ導く。ネガティブな感情を克服させる。
	ブルーサファイア	260	★		★				★		幸運、愛、忠実さ、誠実さ、明快な考えをもたらす。閉塞感を取り除く。本来の自分の魅力に気づかせる。
	ブルージェーダイト	233				☆			★		オアシスを作り出す。心の負担を軽減させる。落ち着きや安眠をもたらす。優先順位を尊重させる。
	ブルージャスパー	241				★			★		強い決心をうながす。愚かな行為を断たせる。仕事と勉学を両立させる。集中力、誠実さを与える。
	ブルージルコン	239				★			★	★	祖先や土地とのつながりを深めさせる。仕事と勉学を両立させる。心に平安をもたらす。旅のお守り。
	ブルースピネル	249			★	★	☆				決意、やる気、集中力をもたらす。専門知識の勉強を成就させる。思いやりのあるパートナーを引き寄せる。
	ブルートパーズ	253	★				★			★	幸運をもたらす。円滑なコミュニケーションへ導く。ネガティブなエネルギーを遠ざける。
	ブルーハウライト	246				★			★		成功や目標に目を向けさせる。決意、情熱、集中力をもたらす。女性や若い人に効果的。
	ブルーハライト	258	☆						★		ストレスを取り除き、心身を安定させる。安眠をもたらす。思わぬ贈り物を引き寄せる。
	ブルーバライト	255			★		★		★		自信、共感、円滑なコミュニケーション、賢明な決断をもたらす。家族の絆を強める。感情を解き放つ。
	ブルーフローライト	256					★		★		おだやかさ、正直さ、礼儀正しさ、論理的思考、円滑なコミュニケーションをもたらす。
	ブルーホリーアゲート	232				★			★		相互理解をうながし、和解へ導く。適切な判断、集中力を与える。安眠をもたらす。
	ブルームーンストーン	250							★	★	落ち着きと勇気を与え、バランスの取れた行動ができるように導く。安心感を与える。旅のお守り。
	ブルーレースアゲート	232					★		★		ストレスを軽減させる。忍耐力を与える。コミュニケーション力を高め、円滑な人間関係をもたらす。
	ベニトアイト	248							★		自分を愛する心、自信、活力、勇気、大きな喜びをもたらす。本来の自分の価値に目覚めさせる。
	ホークスアイ	240		☆	★				★	★	自分に設けた制限を解き放つ。成功へ導く。悪意など、ネガティブなエネルギーを遠ざける。旅のお守り。
	ユークレース	243	★				★		☆		幸運と健康を招く。無限の可能性、論理的思考、自発的なつきあいをもたらす。感情を解放させる。
	ライラッククンツァイト	221			★					★	独立心や冒険心を与える。パートナーを引き寄せる。ネガティブなエネルギーを遠ざける。交通安全のお守り。
	ラズライト	242					☆		★		人を信じる心、純粋さ、冷静に戦う力、平静さ、自信、平安をもたらす。
	ラピスラズリ	236	★	★	★	★	★		☆	★	真実の石、友情の石。自己反省をうながす。深く良質なコミュニケーションや名声をもたらす。
	ラリマール	254					★		★		落ち着きをもたらし、エネルギーのバランスを整える。円滑な人間関係とコミュニケーションへ導く。
	ロイヤルプルームジャスパー	224			★	★					葛藤や矛盾を取り除く。愛情をもたらす。心をゆるめる。明確な意思決定や行動へ導く。権威を維持させる。
緑	アクチノライト	272					★		★	★	夢や目標を取り戻させる。ポジティブなエネルギーで満たす。ほかの人への理解を深めさせる。旅のお守り。
	アダマイト	295		★		★			★		才能を発揮させ、成功へ導き、富をもたらす。冷淡な人を遠ざけ、自由なコミュニケーションへ導く。
	アトランティサイト	298				★			★	☆	不安や被害者意識を克服させる。行動力を活性化させ、成功へ導く。ポジティブなエネルギーで満たす。

石の色	石の名称	掲載ページ	幸運	金運	愛情・恋愛	仕事・勉強	人間関係	子宝	心のヒーリング	邪気よけ・魔よけ	石の性質・パワー
緑	アマゾナイト	297	★	☆	☆	★				★	繁栄と幸運を招く。自尊心を高める。スタミナを与え、ストレスを軽減させる。女性に効果的。
	アリゾナリザードジャスパー	284	★						☆	★	人生の節目に幸運をもたらす。人生の再生、再建、変化の力を守る。旅のお守り。
	アレキサンドライト	296	★			★				★	幸運を招く。ストレスと怒りを軽減させる。主体性をうながす。オーバーワークを改善させる。
	インフィニットストーン	300							★		孤独感や恐怖心などネガティブな感情を取り除き、リラックスさせる。勇気を与え、前進させる。
	ウバロバイト	281	★			★			★		繁栄を招く。自尊心をもたらし、孤独感を克服させる。愛や物事を長続きさせる。
	エイラットストーン	274			★		★			★	愛情、尊敬の念、自信を与える。ネガティブなエネルギーを発する人を遠ざける。
	エピドート	306	★						★		繁栄や健康を招く。行動力を与える。ポジティブなエネルギーで満たす。現実に目を向けさせる。
	エピドートクォーツ	271			☆					★	才能と行動力をもたらし、可能性を広げる。ネガティブなエネルギーを発する人を遠ざける。
	エメラルド	262	★		★				★		劣等感などネガティブな感情を克服させる。自分の魅力に気づかせる。後半生に愛を引き寄せる。復縁を招く。
	エンスタタイトインダイオプサイド	303			☆	☆	☆		★		自分やまわりの人を大切にする心を育む。勝利へ導く。心身をポジティブなエネルギーで満たす。
	オーラアージェント	286	★						★		小さな奇跡の石。自分の価値観と達成感を高める。感情のつまりを取り除く。満足感、幸福感を生み出す。
	オリーブジェード	277	★	☆	★	★	★		☆	★	幸運をもたらす。運気をあげる。和解へ導く。愛情を呼び戻す。家内安全、旅のお守り。
	オリビン	292	★	★	★				★		幸運、金運を招く。愛情を深める。ネガティブなエネルギーを遠ざける。10代の子どもにも効果的。
	ガスペアイト	305			★	★	☆		★		長続きする友情や愛、仕事を引き寄せる。落ち着きを与え、ストレスを緩和させる。
	グリーンアゲート	263	★						★		幸運、長続きする誠実な愛、公正さ、和解をもたらす。衝動を抑え、バランスをもたらす。
	グリーンアパタイト	264							★		ネガティブな感情を克服させる。健康的なダイエットへ導く。不器用さを緩和する。
	グリーンアベンチュリン	296	★			★		★			幸福と希望をもたらす。チャンスに向けた準備ができているなら究極の幸運を招く。子宝のお守り。
	グリーンオブシディアン	302							★		自分の問題に向きあう力と自信をもたらす。ネガティブなエネルギーを発する人を遠ざける。
	グリーンカルサイト	304	★	★	☆						幸運、金運を招く。未熟な行動を改善させる。物質的に分け与えられないものに関する問題を解決へ導く。
	グリーンジルコン	289	★			☆	★			☆	繁栄と成長、新たな友情をもたらす。ほかの人とほどよい関係を築ける。関係の再生をうながす。
	グリーンストーン	306	★		★				★	★	幸運、愛、健康を招く。チャンスを引き寄せる。聖なる力とのつながりを深める。
	グリーンダイオプサイド	307				☆			★		あらゆる依存を克服させる。新たなスキルを身につけさせる。高齢者や病人の世話をする人をサポートする。
	グリーンドロマイト	280			★	★			★		長続きする愛、落ち着き、集中力をもたらす。あらゆる自傷や依存を克服させる。健全な関係をうながす。
	グリーンフローライト	304				☆			★		閉塞感を取り除く。ポジティブなエネルギーで満たす。新たな成長をもたらす。
	クリソプレーズ	307	★			☆			★		幸運を招く。ポジティブなエネルギーで満たす。新しいはじまりや解決策をもたらす。
	クロライト	273							★	★	隠されたネガティブな感情を克服させる。意見の相違、不和も取り除く。自分本位な人を遠ざける。
	クロライトファントム	270			☆				★		感情の停滞を取り除く。子どもの独立に伴うさびしさをなぐさめる。アイデアを与える。

石の色	石の名称	掲載ページ	幸運	金運	愛情・恋愛	仕事・勉強	人間関係	子宝	心のヒーリング	邪気よけ・魔よけ	石の性質・パワー
緑	コニカルサイト	265					★		★		自由で愛に満ちた人間関係をもたらす。柔軟性、適応力、想像力を与え、より豊かな生活へ導く。
	サーペンティン	268			☆				☆	★	万能な保護の石。ネガティブなエネルギーを発する人を遠ざける。再スタートへ導く。
	ジェーダイト	278			★				★		強さ、平和、長続きする愛をもたらす。攻撃性を取り除く。恋に破れた心を癒す。
	セリフォスクォーツ	270							★	★	ネガティブな感情やエネルギーを遠ざける。高いヒーリング効果をもたらす。
	ダイオプテース	303			★				★		現実的な愛をもたらす。将来に備えさせる。健全な食生活や生活習慣へ改めさせる。
	チタナイト	269				★			★		活力、やる気で満たす。問題を解決へ導く。リーダーシップや秩序をもたらす。伝統を重んじさせる。
	チベッタンターコイズ	267	★	★	☆	★					幸運、繁栄、金運、健康を招く。賢明なリーダーシップ、正直な発言や行動へ導く。ヒステリーを抑える。
	ツァボライト	283	★		★		★				ネガティブなエネルギーやサイクル、感情を取り除く。ポジティブな感情や考えを広め、繁栄をもたらす。
	デマントイド	282				★	★				永遠の愛をもたらす。孤独感や孤立感を克服させる。不安や心配ごとが人間関係に影響しないように手助けする。
	ネフライトジェード	276	★	★		★			★		幸運、成功、繁栄、健康を招く。植物の生長をうながす。ネガティブな感情を取り除く。
	ネブラストーン	288				☆			★		確かな根拠をもたらす。慎重で効果的な対応をうながす。閉塞感を取り除く、くつろぎを与える。
	バーダイト	268			★				☆	★	真実へ導く。家族の絆を強める。伝統を重んじさせる。ネガティブな感情を克服させる。
	パイロモルファイト	299	★	★		★					幸運、金運、繁栄を招く。夢を実現させる。スタミナ、喜びを与える。ほかの石や水晶の力をアップさせる。
	パズストーン	305	★			☆			★		幸福感と自信を与えながら確かな成長へ導く。忍耐力、スタミナ、信頼、調和、エネルギーをもたらす。
	バリサイト	285			★				★		ネガティブな感情を取り除き、安心をもたらす。新しい友人を引き寄せる。忍耐力を与える。
	フクサイト	279	☆						★		小さな奇跡を起こし、願いを叶える。立ちあがって努力するよう励ます。感情を安定させる。
	ブラシオライト	302	★	☆		★				☆	幸運と繁栄を招く。健全なダイエットやライフスタイルへ導く。仕事を高水準に引きあげる。
	ブラッドストーン	301			★		☆		★		長期にわたる心身の苦痛を取り除く。スタミナを与える。子どもとの絆を強める。健全なダイエットへ導く。
	ブレーズ	287					★		★		衝動的な怒りをしずめる。豊かさをもたらす。円滑な人間関係へ導く。子どもにも効果的。
	ブレーナイト	300			★				★		無条件の愛を与える。心配ごとや不安を軽減させる。緊張を緩和する。過度に活発な子どもを落ち着かせる。
	プロシャンタイト	298		☆	☆		★			☆	円滑な人間関係へ導く。お金と愛に寛容になる。行動力、善意をもたらす。
	ベスビアナイト	294							★		閉塞感や怒り、いらだちを取り除く。罪悪感を克服する。健全なダイエットへ導く。
	ペリドット	293	★	☆					★		幸運を招く。過去の悲しい出来事から生じる破滅的な嫉妬を克服させる。お金を賢く使うように手助けする。
	ベルデライト	299		★		★			★		金運をアップさせる。男女のエネルギーのバランスを整える。スタミナを与える。
	ボウェナイト	275				☆	★	★			新しいことにチャレンジする自信を与える。新しい人間関係になじませる。正しい愛情を理解させる。
	宝石のエメラルド	263	★	★	★	★			★		成功へ導く。願いを叶える。アイデアを実現させる。ネガティブな感情を克服させる。女性に効果的。
	マラカイト	294			★				★		愛の女神の石。ネガティブな感情を取り除く。愛に基づく健全な関係へ導く。健康になるように手助けする。

石の色	石の名称	掲載ページ	幸運	金運	愛情・恋愛	仕事・勉強	人間関係	子宝	心のヒーリング	邪気よけ・魔よけ	石の性質・パワー
緑	マリポサイト	288	☆			★			★		パニックを引き起こすネガティブな感情を克服させる。忍耐強さ、調和、利益をもたらす。
	モスアゲート	266	★		★	★			★		繁栄を招く。成長や再成長、信頼、愛情、友情をもたらす。植物の生長をうながす。
	モルダヴァイト	295			★	★			★		心身を癒やし、気づきを与え、成長させる。永遠の愛へ導く。金運をあげる。
	ユナカイト	291	★		★		★	★	★		根深いネガティブな感情を取り除く。幸せで長続きする関係をもたらす。解決策へ導く。子宝のお守り。
	ルビーインフクサイト	290				★			★		心身や魂を若返らせる。前進する力をもたらし、成功へ導く。調和と熱意で満たす。
複数色	アメグリーン	330	★	★							金運を招く。小さな奇跡を起こす。スピリチュアルなインスピレーションをもたらす。
	アメシストシェブラン	321							★		忍耐力、気力をもたらす。緊張や閉塞感、不調、心配ごとを取り除く。
	アメトリン	322				★			★		個人を尊重させる。尊厳をもたらす。仕事と生活のバランスを整える。金運をあげる。邪気よけのお守り。
	アワビ貝	335				★			★		感情の起伏を取り除き、心身に安定をもたらす。気分を高揚させ、想像力、インスピレーションをもたらす。
	アンフィボールクォーツ	336				★			★		ポジティブなエネルギーで満たす。才能と経験をもたらす。自分を大切にする心を育む。邪気よけのお守り。
	ウーバイト	323				☆			★		忍耐力、客観性、自信を与える。価値観や職業倫理を維持させる。環境の保護をうながす。
	ウォーターメロントルマリン	319					★	★	★	★	自尊心や達成力を高める。円滑なコミュニケーションをもたらす。子宝や家内安全のお守り。
	エルバイト	338					★		★		心身を安定させる。円滑な意思疎通へ導く。一体感をもたらす。好奇心を刺激する。子どもにも効果的。
	エンハイドロアゲート	331							★		トラウマを癒やし、感情を安定させる。対応力をもたらす。10代の子どもや妊婦、新米の母親に効果的。
	オーシャンジャスパー	310							☆		自分を大切にする心を育む。ほかの人への共感、忍耐強さをもたらす。ライバル心を抑える。
	キャッツアイ	321	★	★	☆					★	幸運、金運を招く。独立をうながす。正しい評価をもたらす。ネガティブなエネルギーを遠ざける。
	クリーダイト	318			★	★					目標の実現や成功、正しい恋愛へ導く。過度の責任を軽減させる。自信と決断を与え、成長させる。
	クリソタイル	336				★					自立心、独立心を高める。機転、強さ、パワーを与える。お金や時間に寛容になる。
	クレージーレースアゲート	316							★		自尊心を高める。不調や停滞から脱出させる。エネルギーの流れを整える。邪気よけのお守り。
	クロコアイト	312			★		☆		★		気分を高揚させ、心を解放させる。カリスマ性を高める。パートナーを引き寄せる。
	サードオニクス	324	★		★	★			★		幸運、恋愛運を招く。被害者意識を取り除く。断絶を修復させる。勉強を助ける。不正を正す勇気を与える。
	シバリンガム	325			★				★	★	心のバランスを整える。相思相愛の人を引き寄せる。家族の絆を強める。邪気よけ、家内安全のお守り。
	ストロマトライトジャスパー	332	★						★		幸運を招く。集中力を与える。混乱した心に平安と静けさをもたらす。邪気よけのお守り。
	スパイダージャスパー	309		★	☆	★	☆				成功と利益を招く。打ち解けあい、和解へ導く。悪意ある秘密から解放される。隠し事を明らかにさせる。
	スミソナイト	340							★		ネガティブな感情をなぐさめ、心身を安定させる。おだやかな心の成長へ導く。子どもにも効果的。
	セプタリアン	333							★		独立心、パワーを与える。自己の内面と外面を調和させる。貫性と権威を高める。
	タイガーアイアン	339				★			★		心身を安定させる。強さ、クリエイティブなインスピレーション、情熱を与える。子どもにも効果的。

石の色	石の名称	掲載ページ	幸運	金運	愛情・恋愛	仕事・勉強	人間関係	子宝	心のヒーリング	邪気よけ・魔よけ	石の性質・パワー
複数色	ダルメシアンジャスパー	311			★		☆		★		家族や友人との絆を強める。決断力、創造力、癒やしをもたらす。ペットを落ち着かせる。
	チタニウムオーラ	333							★		無機的な場所に美を与える。ほかの人への理解を深める。ポジティブなエネルギーで満たす。
	デンドリティッククォーツ	317	★			★	★				幸運、成功を招く。チャンスや気のあう友人、パートナーを引き寄せる。子どもにも効果的。
	ドラゴンズエッグ	330							★		物事の根底へ導く。明晰さをもたらす。好奇心を刺激する。子どもにも効果的。
	ハイアライトオパール	323	☆	★			★		★		個性を輝かせる。本来の自分の魅力に気づかせる。お金、友人、資産など必要なものをもたらす。
	パウア貝	328					★		★		英知、洞察力、自信、団結力をもたらす。出産後の女性の心身を安定させる。
	ピーターサイト	324					★			★	才能を発揮させる。成功へ導く。ネガティブなエネルギーを発する人やものを遠ざける。
	ヒーラーズゴールド	319	★	★						★	幸運を招く。再建を助ける。愛に誠実さをもたらす。ネガティブなエネルギーを遠ざける。
	ピカソジャスパー	310				☆	☆		★		まわりの人やものの美点に気づかせる。喜び、旧友とのつながり、インスピレーションをもたらす。
	ピクチャージャスパー	309				★			★		自信、創造力、応用力、やる気をもたらす。起業を成功へ導く。誘惑に打ち勝つ力を与える。
	ボーナイト	337	★			☆				★	幸せを招く。感情ではなく、事実に基づいて行動させる。ネガティブなエネルギーを遠ざける。
	ボルダーオパール	327					☆		★		現実世界を直視させる。忍耐力、耐久力、目標を与える。家内安全のお守り。
	マーブル	320					☆		★		精神的なストレスと疲労を取り除く。明晰さと集中力を回復させる。クリエイティブな力を与える。
	ムーカイト	328				★			★		決断力、自信、勇気、熱意、やる気、チャンスをもたらす。心配ごと、閉塞感を取り除く。
	めのう化サンゴ	313							★		想像力を高める。状況や環境になじませる。協力をうながす。あらゆる依存やネガティブな感情を克服させる。
	モキ	308							★		ネガティブなエネルギーを発する人やものを遠ざける。人を信じる気持ちを取り戻させる。
	ライオライト	334	★			★			★		幸運を招く。自信を与える。隠れた才能を呼び起こす。熱意、愛情、許し、健全なライフスタイルをもたらす。
	ルビーインカイアナイト	329								★	自由、アイデンティティ、自尊心、自立心を尊重させる。効果的なコミュニケーションをもたらす。
	ルビーインゾイサイト	326					★			★	情熱を回復させる。性の問題を解決へ導く。目標を達成させる。旅のお守り。
	ルベライトインレピドライト	334					★				ストレスを軽減し、心身を安定させる。愛をもたらす。自信と権威をもって物事に対応できるようにうながす。
	レインボーオパール	315	★						★		幸せ、ユーモア、活力、ポジティブさ、よい夢、安眠をもたらす。自立をうながす。
	レインボークォーツ	317	★			★	★		★		幸運、勇気、自信、創造力、愛、正義、想像力をもたらす。人生を飛躍させる。
	ロシアンレインボーパイライト	314						★		★	円滑なコミュニケーションをもたらす。スタミナ、勇気、創造力を与える。旅や災いを遠ざけるお守り。
素材により様々	アイオライト	388					☆		★	★	自分が望むものを見極めさせる。不運のサイクルから脱出させる。才能を呼び覚ます。旅のお守り。
	アングレサイト	387	★			★	☆		★		幸運を招く。夢を実現させる。ネガティブなエネルギーをポジティブなエネルギーに変える。
	イシスクォーツ	346							★		自分を大切にする心を育む。精神的成長をうながす。意欲と自信、逆境に立ち向かう力を与える。
	石のスカル	359							★		保護と回復のエネルギーをもたらし、情熱、理論、決意、英知へと導く。

石の色	石の名称	掲載ページ	幸運	金運	愛情・恋愛	仕事・勉強	人間関係	子宝	心のヒーリング	邪気よけ・魔よけ	石の性質・パワー
素材により様々	石の天使	341	★		☆				★	★	幸運、健康を招く。ネガティブなエネルギーを遠ざける。家内安全のお守り。妊婦や子どもに効果的。
	石のパワーアニマル	342	★	★	★	★	★	★	★	★	ポジティブな能力や欲しいと願う能力をもたらす。子宝のお守り。
	石のピラミッド	386				★	★		★		成功を招く。精神的な安定、安眠、ポジティブなエネルギーをもたらす。円滑な人間関係へ導く。
	石の振り子	380	☆			★			★		なくしたもののありかや、最善の選択へ導く。才能を呼び覚ます。落ち着きをもたらす。
	石のポイント	351	★			★				★	幸運を招く。ネガティブなエネルギーを遠ざけ、ポジティブなエネルギーで満たす。学習意欲を高める。
	石のワンド	375	★						★	★	幸運を招く。調和と自信をもたらす。ネガティブなエネルギーを取り除き、ポジティブなエネルギーで満たす。
	ウィリアムサイト	379				★			★		目標を達成させる。精神的な混乱を克服させる。心に余裕をもたらす。
	ウィンドークォーツ	344				☆			★		自分やほかの人の不完全さを受け入れる。問題を解決へ導く。ネガティブなエネルギーを遠ざける。
	エッグストーン	382	★	★				★	★		幸運、繁栄、成功を招く。想像力を高める。心身を安定させる。ヒーリング効果を高める。子宝のお守り。
	エデナイト	396			★		★				平和的な解決へ導く。家族との絆を強める。正直なコミュニケーションをうながす。
	エンスタタイト	388	★						★		幸運、チャンスを招く。トラウマを克服させ、勇気を与える。不運のサイクルから脱出させる。
	エンハイドロクォーツ	343			☆				★		破滅的な感情のサイクルから脱出させる。本質や真意へ導く。問題を解決させる。
	オージエライト	374					★		★	★	円滑な人間関係をもたらす。気難しさをやわらげる。ヒーリングの効果を高める。邪気よけのお守り。
	オージャイト	383							★		自分に設けた制限を解き放つ。過度な責任感、罪悪感を取り除く。情熱をもたらし、自己成長へ導く。
	カイアポストーン	394	★	★				★	★		幸運、金運、繁栄を招く。自尊心、安眠をもたらす。欲しいものを与える。子宝のお守り。
	カクタスクォーツ	357						☆	★	★	孤独をなぐさめ、前向きにさせる。ネガティブなエネルギーを発する人を遠ざける。子宝のお守り。
	カラーチェンジサファイア	377	★			★					幸運を招く。イメージを一新させる。2つの仕事を同時に成功させる。
	カンクリナイト	358					★		★		断絶した人間関係を修復させる。衝動的な行動や依存を克服させる。時間の浪費を改善させる。
	カンバーランダイト	396				★					目的、集中力、成功体験をもたらす。アイデア、正確な情報、クリエイティブな力を与える。
	キークォーツ	390							★		自分に設けた制限を解き放つ。アイデア、知恵をもたらし、問題を解決へ導く。ストレスや緊張を取り除く。
	ギャラクライト	371				★			★	★	心身の可能性を広げる。想像力、探究心、自己解決力、創造力をもたらす。邪気よけのお守り。
	金色の長石	360	★	★	☆				★		幸運や繁栄を招く。ネガティブな感情を克服させ、あたたかさや明るさ、気軽さをもたらす。
	グラウンディングクォーツ	348		☆					★		ポジティブなエネルギーで満たし、集中力と可能性をもたらす。金運を高め、浪費を防ぐ。
	クラスター	344	★	★	☆	★			★		幸運、富、健康を招く。悲しい恋を自分でおわらせる勇気をもたらす。
	ゲートウェイクォーツ	356							★		人生の節目にパワーや英知を与える。精神的な安定と自信をもたらす。信じる力を回復させる。
	ゲーレナイト	373				★	★		★		アイデンティティの形成、自己成長をうながす。家族の絆を強める。円滑なコミュニケーションをもたらす。
	コーディエライト	383							★		強迫観念を克服させ、落ち着きをもたらす。身の丈に応じた生活へ導く。決別をうながす。

石の色	石の名称	掲載ページ	幸運	金運	愛情・恋愛	仕事・勉強	人間関係	子宝	心のヒーリング	邪気よけ・魔よけ	石の性質・パワー
素材により様々	コールネルピン	365							★		自傷行為を克服させ、落ち着きや自己愛をもたらす。現実に目を向けさせる。ポジティブな気づきを与える。
	コロンバイト-タンタライト	392							★	★	ネガティブなエネルギーを遠ざける。やる気を与える。エネルギーの流出を防ぐ。旅のお守り。
	サメの歯の化石	379	★			★			★	★	繁栄や長寿を招く。競争の激しい分野で成功へ導く。盗難や盗聴を防ぐ。家内安全のお守り。
	サンシャインオーラクォーツ	381				★			★		希望のやり方で成功や達成感へ導く。心の傷を癒やし、ポジティブなエネルギーで満たす。
	ジェネレータークォーツ	347							★		熱意、情熱、行動力、集中力をもたらす。ほかの石や水晶の力、ヒーリング効果を高める。
	ジオード	367				★			★		あらゆる根深い問題を解決へ導く。才能を呼び覚ます。ネガティブなエネルギーを親切な言葉や行動に変える。
	自己治癒の水晶	355				★			★		歩み続ける強さと忍耐力、勇気を与える。人生の再建、起業を助ける。決断をうながす。
	ジャイロライト	384							★		精神的な安定と自信、社交性をもたらす。ほかの石や水晶のパワーを高める。
	真珠母貝	400	★	★	★	★			★	★	幸運、繁栄、愛情、健康、チャンスを招く。自分を大切にする心を育む。海外赴任、海外旅行のお守り。
	水晶玉	378	★	★		★			★	★	幸運、金運、繁栄、健康を招く。インスピレーション、生命力、よい睡眠をもたらす。邪気よけのお守り。
	スターサファイア	376	☆		★	★			★		劣等感を克服させる。円滑な人間関係へ導く。永遠の愛、行動力、勇気、賢明さ、成功をもたらす。
	スティヒタイトインサーペンティン	389			★				★		落ち着き、静けさ、明快な思考、親切心を与える。家族の絆を強める。感情の閉塞感を取り除く。
	スポジュメン	385							★		あらゆる依存を克服させる。やる気、情熱、正直さ、一体感をもたらす。ポジティブなエネルギーで満たす。
	ダトーライト	387				☆			★		自分に設けた制限を解き放つ。冒険心を刺激し、独創的な考えへ導く。人間力をもたらす。
	チベットクォーツ	352							★		罪悪感を解き放つ。リラックスさせ、安眠をもたらす。ヒーリング効果を高める。
	チャネリングクォーツ	350				☆			★	★	自滅的な行為をやめさせる。知恵と解決策をもたらす。スピリチュアルな成長へ導く。家内安全のお守り。
	ツインクォーツ	345					★		★		人間関係に幸運をもたらす。孤独感、孤立感を取り除き、オープンな環境に移行できるように手助けする。
	ティファニーストーン	364				★			★		気分を高揚させる。落ち着きをもたらし、心身のバランスを整える。事業を成功へ導く。
	トランスミッタークォーツ	350							★		重要なことをはっきり伝えるようにうながす。落ち着きをもたらす。スピリチュアルな成長へ導く。
	ナトロライト	401				★			★		自然な自己成長へ導く。チャンス、クリエイティブな解決策をもたらす。ポジティブなエネルギーで満たす。
	握り石	369							★	★	ネガティブな感情や悪習慣を克服させる。正しい道へ導く。ネガティブなエネルギーを遠ざける。
	ネプチュナイト	397				★			★		連帯感、一体感を高める。自分のことに集中させる。好ましくない習慣を断たせる。才能を呼び覚ます。
	ノヴァキュライト	398							★	★	強迫観念を克服させる。自分のエネルギーを枯渇させる人を遠ざける。体の不調を改善させる。
	ハーデライト	366				★			★		クリエイティブな変化や臨機応変な対応力をもたらす。リーダーシップ、団結力、行動力、理解力を高める。
	バーナクルクォーツ	349			★	☆			★		現実に目を向け、やるべきことを実行させる。行動力を与える。家族の絆を強める。
	ハイパーシン	397		★	★	★			☆		自由な感情表現、愛情表現へ導く。人間関係を成熟させる。チャンス、勇気、自信、決意を与える。
	ハックマナイト	395					★		★		円滑な人間関係、協調性をもたらす。現実の生活、短期的に目まぐるしく変わる状況に適応させる。

石の色	石の名称	掲載ページ	幸運	金運	愛情・恋愛	仕事・勉強	人間関係	子宝	心のヒーリング	邪気よけ・魔よけ	石の性質・パワー
素材により様々	ファントムクォーツ	353			★				★	★	ネガティブなエネルギーを克服させる。自信を与える。子どもとの絆を強める。
	フェナカイト	363							★	★	人生の節目に力を与える。希望を与える。ネガティブなエネルギーを遠ざける。パワーが強いので扱いに注意。
	ブドウ状ヘマタイト	395					★			★	ネガティブな感情を克服させる。誠実で気のあう友人を引き寄せる。存在感を高める。勇気、自信を与える。
	ブラジリアナイト	361			★		★			★	精神的な自立をうながす。家族の絆を強める。健全な人間関係へ導く。自分を大切にする心を育む。
	フラッシュオパール	364			★	☆				★	心身に安定をもたらす。想像力、インスピレーション、社交性を与える。
	フラワージャスパー	398								★	幸せ、喜び、楽しみをもたらす。気分を高揚させる。過度な自己愛や自尊心で傷ついた心を癒やす。
	ブリッジクォーツ	352					★			★	人間関係を信じる力を回復させる。円滑なコミュニケーションをうながす。才能を呼び覚ます。
	フリント	362	★	★						★	金運を招く。家族の絆を修復させる。たくましさをもたらす。ネガティブなエネルギーを遠ざける。
	ブルーサイト	372					★				自分を大切にする心を育む。希望や要求を実現させる。客観的な視点をもたらす。
	フルオロアパタイト	384							★		心身に安定をもたらす。ネガティブなエネルギーを発する人を遠ざける。エネルギーをおだやかに循環させる。
	ヘミモルファイト	393				★	★		★	★	束縛や強迫観念を取り除く。健康、創造力、クリエイティブなコミュニケーションをもたらす。
	マイカ	399							★	★	怒りやヒステリーなど、ネガティブな感情を取り除く。健全な食生活へ導く。天災を遠ざけるお守り。
	マスタークリスタル	354								★	ネガティブな感情への洞察力をもたらす。空気や雰囲気を浄化させる。ほかの石や水晶のパワーを高める。
	マニフェステーションクォーツ	356				★				★	夢と長くあたためてきたプロジェクトを実現させる。精神のバランスを整える。
	メソライト	370							★	★	心身の安定、共感をもたらす。人間関係を修復させ、絆を深める。ネガティブなエネルギーを遠ざける。
	ユーディアライト	368							★	★	自分を信じる力を高めながら、自分本位の考えにおちいらないように導く。家内安全のお守り。
	両端のとがった水晶	354								★	人や社会、スピリチュアルな世界とのつながりを深める。パワーを与える。
	ルチルクォーツ	343				★				★	ネガティブなエネルギーを遠ざける。才能を引き出す。パワーを与える。
	レインボーオブシディアン	377				★				★	ネガティブな感情を克服させる。再スタートへ導く。不運を好転させる。
	レーザークォーツ	355								★	破滅的な習慣を断つ。感情のもつれや閉塞感を取り除く。パワーと安眠をもたらす。
	レコードキーパークォーツ	345							★		悲しいときやつらいときに、パワー、調和、知識をもたらす。先を見通す力を与える。
	レピドライト	389	☆							★	落ち着きと幸福感をもたらす。恐怖心を取り除き、前進させる。ほかの人への依存や悪習慣を断つ。
	レムリアンシード	391						★		★	希望、落ち着き、人とのつながりをもたらす。ほかの人をケアする人をサポートする。ヒーリングの効果を高める。

chapter 4
パワーストーンガイド

　450種類以上の石を色別にまとめ、基本データを掲載しています。

　「種類」で示した基本データは、石を選ぶ際の重要なポイントです。人工石より天然石を選ぶようにします。また色は、石の基本データとともに、石の性質を示します（P10〜12）。

　たとえば赤い石は共通して、内省的な紫の石よりもダイナミックなエネルギーをもち、すばやい行動をうながします。

　また同じ色でも、化学組成の違いによって色の濃淡や鮮やかさが異なり、それが個々の石の特徴を生み出しています。

　透明性が高く、深く濃い赤のルビー（P82）は長時間パワーを発揮しますが、まろやかな赤のレッドジャスパー（P77）のような即効性がありません。くすんだ赤い色合いのレッドアベンチュリン（P87）は、ルビーやジャスパー同様に家庭を守ってくれますが、よりゆっくりと働きかけます。

　石が、心や体はもちろん、日常生活の様々な場面で力を貸してくれるよう、「用途」「心のヒーリング」「チャクラ」「仕事」で期待できる効果についてもまとめてみました。

　精神的な成長をとげられるよう「神秘的な意味」「占いの意味」「エンパワーメント」についても紹介しています。石にまつわる神話や伝説、性質などにも触れています。これらを参考に目的にあった石を見つけましょう。

パワーストーンガイド（P61〜401）の見方

それぞれの石の特徴を以下の項目に沿って紹介しています。

色の特徴や色に関連する事項について

石や宝石の名称や組成など
※化学記号についてはP410にまとめています。
硬度は1→10の順に硬くなります。

石のメインカラーを表示。色から探すときの参考に

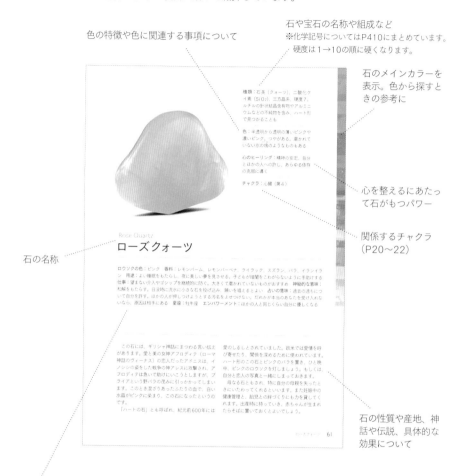

種類：石英（クォーツ）、二酸化ケイ素（SiO₂）、三方晶系。硬度7。ルチルの針状結晶含有物やアルミニウムなどの不純物を含み、ハート形で見つかることも

色：半透明から透明の薄いピンクや濃いピンク、つやもある。磨かれていない出の塊のようなものもある

心のヒーリング：精神の安定、自分とほかの人への許し、あらゆる依存の克服に導く

チャクラ：心臓（第4）

心を整えるにあたって石がもつパワー

関係するチャクラ（P20〜22）

石の名称

Rose Quartz
ローズクォーツ

ロウソクの色：ピンク　香料：レモンバーム、レモンバーベナ、ライラック、スズラン、バラ、イランイラン　用途：よい睡眠をもたらし、夜に美しい夢を見させる、子どもが暗闇をこわがらないように手助けする　仕事：望まない介入やゴシップを継続的に防ぐ。大きくて磨かれていないものがおすすめ　神秘的な意味：和解をもたらす。日没前に流水に小さな石を投げ込み、願いを唱えるとよい　占いの意味：過去の過ちについて自分を許す。ほかの人が押しつけようとする汚名をよせつけない。だれかが本当のあなたを受け入れないなら、原因は相手にある　星座：牡牛座　エンパワーメント：ほかの人と同じくらい自分に優しくなる

この石には、ギリシャ神話にまつわる賞い伝えがあります。愛と美の女神アフロディテ（ローマ神話のヴィーナス）の恋人だったアドニスは、イノシシの姿をした戦争の神アレスに攻撃され、アフロディテは急いで助けにいこうとしますが、ブライアという野バラの茂みに引っかかってしまいます。このとき混ざりあったふたりの血で、白い水晶がピンクに染まり、この石になったというのです。

『ハートの石』とも呼ばれ、紀元前600年には愛のしるしとされていました。欧米では愛情を呼び寄せたり、関係を深めるために使われています。ハート形のこの石とピンクのバラを置き、ひと晩中、ピンクのロウソクを灯しましょう。もしくは、自分と恋人の写真と一緒にしまっておきます。

母なる石ともされ、特に自分の母親を失ったときにいたわってくれるといいます。また妊娠中の健康管理や、胎児との絆づくりにも力を貸してくれます。出産時に持っていき、赤ちゃんが生まれたらそばに置いておくとよいでしょう。

石の性質や産地、神話や伝説、具体的な効果について

ローズクォーツ　61

ロウソクの色／石を浄化したり、ヒーリンググリッド（P26、30）を作る際に相性のよい色

香料／瞑想やリラックスしたり、石を浄化する際に相性のよい香り

用途／効果があるとされる石のパワー

仕事／仕事において効果があるとされる石のパワー

神秘的な意味／古くから伝承されてきた石にまつわる神秘的な意味

占いの意味／占いにおける意味

星座／石と相性が特によい星座

エンパワーメント／自己成長や自己改善をサポートしてくれる石からのメッセージ。石を選ぶときの参考に

種類：石英（クォーツ）、二酸化ケイ素（SiO2）、三方晶系、硬度7。ルチルの針状結晶含有物やアルミニウムなどの不純物を含み、ハート形で見つかることも

色：半透明から透明の薄いピンクや濃いピンク。つやがある。磨かれていない氷の塊のようなものもある

心のヒーリング：精神の安定、自分とほかの人への許し、あらゆる依存の克服に導く

チャクラ：心臓（第4）

Rose Quartz
ローズクォーツ

ロウソクの色：ピンク　香料：レモンバーム、レモンバーベナ、ライラック、スズラン、バラ、イランイラン　用途：よい睡眠をもたらし、夜に美しい夢を見させる。子どもが暗闇をこわがらないように手助けする　仕事：望まない介入やゴシップを継続的に防ぐ。大きくて磨かれていないものがおすすめ　神秘的な意味：和解をもたらす。日没時に流水に小さな石を投げ込み、願いを唱えるとよい　占いの意味：過去の過ちについて自分を許す。ほかの人が押しつけようとする汚名をよせつけない。だれかが本当のあなたを受け入れないなら、原因は相手にある　星座：牡牛座　エンパワーメント：ほかの人と同じくらい自分に優しくなる

　　この石には、ギリシャ神話にまつわる言い伝えがあります。愛と美の女神アフロディテ（ローマ神話のヴィーナス）の恋人だったアドニスは、イノシシの姿をした戦争の神アレスに攻撃され、アフロディテは急いで助けにいこうとしますが、ブライアという野バラの茂みに引っかかってしまいます。このとき混ざりあったふたりの血で、白い水晶がピンクに染まり、この石になったというのです。

　　「ハートの石」とも呼ばれ、紀元前600年には愛のしるしとされていました。欧米では愛情を呼び寄せたり、関係を深めるために使われています。ハート形のこの石とピンクのバラを置き、ひと晩中、ピンクのロウソクを灯しましょう。もしくは、自分と恋人の写真と一緒にしまっておきます。

　　母なる石ともされ、特に自分の母親を失ったときにいたわってくれるといいます。また妊娠中の健康管理と、胎児との絆づくりにも力を貸してくれます。出産時に持っていき、赤ちゃんが生まれたらそばに置いておくとよいでしょう。

種類：水晶の表面にプラチナ（P19
6）、銀（P193）、金（P113）の層
を蒸着させたもの。稀少な蒸着水晶
の一種

色：赤を帯びた濃いピンク。メタリ
ックな輝きがある

心のヒーリング：自尊心を回復させ
る。心身ともにポジティブにする。
体型を気にしすぎる女性の心を解放
する。健全なダイエットへ導く

チャクラ：心臓（第4）

Rose Aura Quartz

ローズオーラクォーツ

ロウソクの色：濃いピンク　香料：サクラ、ハイビスカス、ミモザ、モモ、バニラ　用途：お金、健康、幸
運などのエネルギーが流出するのを防ぐ。永続的な価値のあるものを引き寄せる　仕事：独自の魅力を最大
限に発揮させる。ほかの人を心地よくしたいという希望と、必要な利益をうまく組みあわせられるようにす
る　神秘的な意味：変質、特に恋の変質の石。新たな出会いや良好な関係を願う場合、毎朝あるいはデート
前に手に取り、オーラをポジティブなエネルギーで満たして　占いの意味：不快で不当な批判でネガティブ
なイメージがつくのを防ぎ、助長させないで　星座：牡牛座　エンパワーメント：美しくて価値がある

　プラチナと金、銀と金を蒸着させたフクシアピ
ンク（赤紫色）のルビーオーラクォーツと似てい
ます。
　この水晶のような蒸着水晶は、現代の技術で作
り出された石で、水晶を非常に高温になるまで熱
し、純粋な金属を真空中で蒸発させ、水晶の表面
に融着させたものです。金、銀、プラチナは、水
晶と組みあわせると強力なヒーリングパワーをも
つため、エネルギーが極限まで高められます。
　若い女性が好む石で、年配の女性はもう少し濃
い色のルビーオーラクォーツを好むようです。
　長引く風邪に悩まされたり、子どもがいつもお
なかをこわすようなら、ネガティブな状況を打破
するために、この水晶のクラスター（P344）ま
たはルビーオーラクォーツを置いておきましょう。

種類：石英（クォーツ）、二酸化ケイ素（SiO2）、三方晶系、硬度7。自然の状態では斑模様になっていることが多く、透明なものは人工石でもろい。比較的稀少

色：天然石はほどよいピンク。薄いピンクの模様があるものも。磨いた場合、より半透明のピンクになることもある

心のヒーリング：過度に批判的だったり、支配的な環境で自尊心を取り戻させ、元気づけ、自分を否定するサイクルから抜け出せるようにうながす

チャクラ：心臓（第4）

Strawberry Quartz

ストロベリークォーツ

ロウソクの色：ピンク　香料：リンゴの花、カモミール、クラリセージ、ミモザ、イチゴ　用途：子どもがいる場合、親の責任に押しつぶされず、楽しく幸せな生活が送れるように導く。夏の外出や週末の旅行に持っていくと、喜びと祝福の気持ちを体験させてくれる　仕事：幼児の世話やデイケアをサポートする。子どもの言葉にできない要求を理解するのに役だつ　神秘的な意味：過去から離れる体験におだやかに導く　占いの意味：長い間ほかの人のために働いたら、自分に栄養を与える時間。だれかが助けを求めてくるまで心のドアを閉じていてよい　星座：牡牛座　エンパワーメント：時間のすべてを活動で満たす必要はない

　とても優しくなごませてくれる石で、母なる女神と結びつけられています。

　家を離れたがらない子どもに効果的で、安心感を与え、新しい経験に対してオープンにします。赤ちゃんの旅行セットに入れておくと、不慣れな場所でもよく眠ってくれます。乳幼児のお気に入りのおもちゃをこの石でなでておくと、夜に両親と離れて過ごしても安心させることができます。

　飛行機やバス、列車で長距離移動する際に1個持っておくと、リラックスして眠れます。磨かれた石を器に入れて置いておくと、旅行先や出張先、一時的に身を寄せる場所でも自宅のような居心地にしてくれます。

　落ち着きを与える石で、ほかの人が騒いでいても客観的に全体を見通せます。子どもが言い争いをして帰ってきたときや、不快な出来事に遭遇したときにも力を貸してくれるでしょう。

　フルーツのそばに置いておくと、新鮮さを保ち、栄養を高めてくれるといわれています。

ピンクダンビュライト

種類：ダンブリ石、カルシウム・ホウ素・ケイ酸塩
（CaB2(SiO4)2）、直方晶系、硬度7

色：ごく薄いピンクで、透明なガラスのよう。黄、グ
レー、茶色を帯びることも

心のヒーリング：心身に安定をもたらす。災害を被っ
たり目撃するなどした被害者を助ける

チャクラ：心臓（第4）

ロウソクの色：濃いピンク　香料：リンゴの花、バラ、
スミレ　用途：子どもたちが仲よく一緒に遊べるよう
に導く　仕事：だれかをサポートする力を与える　神
秘的な意味：天使からのヒーリングパワーをもたらす
占いの意味：友人が連絡を絶った理由がわかる。助け
を申し出る必要が出てくる　星座：牡牛座、水瓶座
エンパワーメント：優しさは弱さではなく、内なる強
さのしるし

　産業革命のころ、時代が引き起こす病気を癒
やそうと、母なる大地がこの石を投げあげたと
いわれています。稀少な石で、社会から忘れ去
られた人の要求に対応してくれます。
　部屋にクラスター（P344）を置いておくと、
離婚で立ちゆかなくなっている人を安心させた
り、夜泣きする子どもをなだめてくれるでしょ
う。パートナーや家族が、愛情を口実に何かを
ごまかしている場合、しばらく身につけると、
静かな強さを備えることができるでしょう。

ピンクトルマリン

種類：リチア電気石、水酸ホウ酸ナトリウム・リチウ
ム・アルミニウム・ケイ酸塩（Na(Li,Al)3Al6(Si6O18)
(BO3)3(OH)4）、三方晶系、硬度7〜7½

色：ピンク

心のヒーリング：おそれやパニックを軽減する。若い
女性の妊娠や、赤ちゃんとの絆づくりを手助けする

チャクラ：心臓（第4）、頭頂部（第7）

ロウソクの色：ピンク　香料：アニス、ラベンダー
用途：旅のお守り　仕事：自分のかかえる問題を解決
に導く　神秘的な意味：離れた恋人を呼び戻す　占い
の意味：心がヒーリングを求めている。楽しむ時間を
取って　星座：牡牛座、蠍座　エンパワーメント：愛
と親切を歓迎し、提供する

　エジプトの伝説によると、トルマリンは早朝
の空からきたもので、ピンクはその空の色なの
だそうです。
　最も好まれる石のひとつで、つらい目にあっ
ている子どもをなぐさめてくれます。毎日ずっ
と身につけていると、ネガティブなものだけで
なく、ポジティブなエネルギーも遮断してしま
うため、夜は身につけないようにしましょう。

種類：めのう（潜晶質石英）、二酸化ケイ素（SiO2）、三方晶系、硬度7

色：ピンクやクリーム色。グレーの縞模様がある。目玉模様があらわれることもあり、その場合、幸運をもたらすとされる

心のヒーリング：究極の可能性と希望の石。心のバランスを整える。喪失に苦しみ、嘆き続けている人を助ける

チャクラ：仙骨（第2）

Botswana Agate
ボツワナアゲート

ロウソクの色：ピンク　**香料**：サクラ、ゼラニウム、マグノリア、モモ　**用途**：現実的な解決策をもたらす　**仕事**：論理的に計画を実行できるように導く。クリエイティブなプロジェクトや事業全般に、より効果的　**神秘的な意味**：幸運をもたらす。宝くじや馬券を買うときに、身につけるとよい　**占いの意味**：チャンスや解決策を探さなければならないかもしれないが、それは常にかたわらにある。遠くを見すぎて見逃しているか、隠れているだけ　**星座**：双子座　**エンパワーメント**：子孫繁栄と祝福を人生に招く

発見されたアフリカの地名から名づけられました。太陽の光を保ち、暗く孤独な夜の間、人々をなぐさめるため、「日没の石」とも呼ばれています。アフリカの伝統的な儀式では、丈夫で健康な子どもを授かるために用いられてきました。

感じやすく傷つきやすい子どもが、親友を見つける手助けをします。

夢や目標を共有できる相手を探すときにも効果的です。

禁煙の手助けをするとともに、火を使う仕事をする人や家を火事から守ってもくれます。

オーラと内なるエネルギーのバランスを整える手助けもします。

モルガナイト

種類：緑柱石（ベリル）、ベリリウム・アルミニウム・ケイ酸塩（Be₃Al₂Si₆O₁₈）、六方晶系、硬度7½〜8

色：マンガンの不純物を含むことによって、ピンク、紫を帯びたピンク、薄いピンク、オレンジ色、ピンクを帯びた黄など。縞模様があることも

心のヒーリング：思春期にさしかかった少女や、過度なダイエットに悩む若い女性を癒やす

チャクラ：心臓（第4）

ロウソクの色：ピンク　香料：リンゴの花、ラベンダー、レモンバーム、バラ　用途：お金にまつわる交渉や手続きの際に、公平な扱いを受けられるようにうながす　仕事：市場に足場を築けるように助ける　神秘的な意味：守護天使とのコミュニケーションへ導く　占いの意味：自分がとても小さな人間のように感じるかもしれないが、正しいと知っている物事については発言できるはず　星座：牡牛座　エンパワーメント：ほかの人に先入観をもたない

　アメリカの銀行家で、宝石や美術品コレクターとしても知られるジョン・ピアポント・モルガンにちなんで名づけられました。ピンクベリルとも呼ばれています。

　法律家が公平性を保てる石とされることから、数週間身につけると、不合理な関係を対等にするために必要な要求を、自然に表現できるようになります。また、精神的に問題をかかえる人や、病気が原因でナーバスな人に寄り添うときにも効果的です。

スギライト

種類：杉石、カリウム・ナトリウム・鉄・リチウム・ケイ酸塩（KNa₂(Fe,Mn,Al)₂Li₃Si₁₂O₃₀）、六方晶系、硬度5½〜6½

色：マンガンを含むことによって、薄いピンクや、紫を帯びたピンク、フクシアのような濃いピンク。黒の縞模様がある。紫のものよりピンクのほうが稀少

心のヒーリング：ピンクの石は心臓の石。両親と疎遠な子どもを癒やす

チャクラ：心臓（第4）

ロウソクの色：明るいピンク　香料：カーネーション、ヒヤシンス、ライラック、ラン　用途：子どもの社会的成長を助ける　仕事：だれかをサポートする力を与える　神秘的な意味：現実とスピリチュアルな世界とのバランスを保つ　占いの意味：だれかを愛することは、その人の好ましくない面まで受け入れることではない　星座：牡牛座、水瓶座　エンパワーメント：自分をふびんに思わないで

　強力な恋の石。よいときも悪いときもかかわりを強め、センチメンタルな関係にならないように手助けしてくれます。

　紫よりマゼンタやフクシアなど、濃いピンクのほうがパワフルで、ピンクの石のジュエリーを身につけると、同じ性格の人や一生に一度の恋を引きつけたり、人間本来の善良さを信じる心を強めたり、食物やアルコール、ギャンブル、買い物などへの依存を抑えてくれます。

種類：方解石（カルサイト）、炭酸カルシウム（CaCO₃）、三方晶系、硬度3。マンガンを多少含む

色：ごく薄いピンク、くすんだピンク。白のインクルージョンや縞模様があることも

心のヒーリング：お酒やタバコ、薬など、あらゆる乱用を抑制する。赤ちゃんとの絆づくりを手助けしたり（特に難産の場合）、産後うつを軽減するのを助ける。子どもを失った親や祖父母を癒やす

チャクラ：心臓（第4）

Mangano Calcite

マンガンカルサイト

ロウソクの色：薄いピンク　香料：リンゴ、サクラ、ユリ、スウィートグラス　用途：様々な状況において子どもを癒やす。動物の子どもにも効果的で、親と離れて恋しがる幼い動物をなぐさめるには、石を布で包んで寝る場所の下に置いておくとよい　仕事：絆をもたらす。だれかをサポートする力を与える　神秘的な意味：エンジェライト（P255）やセラフィナイトと同じく、天使との関係を作るのにベストな石。守護天使やヒーリングエンジェルと結びつき、ヒーリングの力が育つ　占いの意味：自分に優しく。自分を批判したり、悪い印象を与える人は避けて　星座：蟹座　エンパワーメント：弱い自分を認めて許す

　カルサイトの仲間で人に優しい石とされています。一番近い仲間のピンクカルサイトよりエネルギーがおだやかです。
　特に女性に優しい石ですが、道に迷ったと感じる弱った男性や、自分を励ましたい男性にも同じように力を貸してくれます。
　乳幼児にも理想的な働きをする石で、短時間でも母親など身近な人と離れるときに、安心感を与えてくれます。
　障害を打ち破る力もあるため、疎遠になってい

る人がいるなら、その人の写真のそばに置いておきます。もしくは、可能なら毎週金曜日に、石の隣で薄いピンクのロウソクを灯すと、絆が修復されていくでしょう。

種類：リチア輝石、リチウム・アルミニウム・ケイ酸塩（LiAlSi$_2$O$_6$）、単斜晶系、硬度6½〜7

色：マンガンを含むことによって、ピンクになる。条線が目立つ

心のヒーリング：女性の頭痛と胸痛をやわらげるように働く。理由を問わず子どもの世話に困難を感じ、自分のケアが必要な母親を癒やす。寝つきの悪い赤ちゃんや活発すぎる幼児をなだめる。動物にも効果的

チャクラ：心臓（第4）

Pink Kunzite

ピンククンツァイト

ロウソクの色：ピンク　**香料**：クラリセージ、マグノリア、ミモザ、バラ、スミレ　**用途**：変化する自分の体を愛するための手助けをする。思春期の少女を癒やす。若い母親や初産の母親、シングルマザーに力を与える　**仕事**：良好な人間関係をもたらす　**神秘的な意味**：生き物の創造主、育ての母、母なる女神のシンボル　**占いの意味**：家族や親しい友人の発言は、本心ではない。問題を解決するためには、おだやかに質問して　**星座**：魚座、牡牛座　**エンパワーメント**：自分の隠れた要求に敏感になる

　この石の解説をしたニューヨークの宝石商ジョージ・フレデリック・クンツにちなみ、1902年に名づけられました。

　トルマリン同様に、見る角度によって色が変化します。多色性という現象で、カットした石を上から見ると、美しい色が見えます。非加熱のものは一般に非常に色が薄いため、色の濃い天然石が最高級品です。

　試験や面接、査定の際に、神経を落ち着かせてくれます。いらだちを見せてはいけないような状況においても効果的です。寝つきの悪い赤ちゃんや、うつや重い病気、気持ちの混乱した家族の世話をするときにも手助けしてくれます。

　また、失恋のあとに新しい恋を見つけたいときや、煮え切らない恋人と結婚したいときに身につけるとよいでしょう。女性や若い人に特に役だつとされています。

種類：バラ輝石、マンガン・カルシウム・ケイ酸塩（$Mn_4CaSi_5O_{15}$）、三斜晶系、硬度5½〜6½

色：ピンク、サーモンピンク、まれに赤や赤茶のものも。通常は様々な大きさの黒い二酸化マンガンの斑点や葉脈模様、インクルージョンがある

心のヒーリング：恋人の暴力による心の傷を癒やす。報われない愛の痛みをやわらげる。恋人への執着を軽減させる

チャクラ：心臓（第4）

Rhodonite
ロードナイト

ロウソクの色：ローズピンク　香料：ゼラニウム、ヒヤシンス、マグノリア、スイセン、バラ　用途：子どもや若い人を落ち着かせる。自分の気分をコントロールできない大人をなだめる。自分や家族のいる場所に置くと、トラブルを遠ざける　仕事：自信を強め、無力感を克服させる　神秘的な意味：幸運、保護を与える。磨かれた石やエッグストーン（P382）を写真と一緒に置いておくとよい　占いの意味：本当の望みは何か、本当に一緒にいたいのはだれかを判断するために、自分の奥にある感情を確かめて　星座：牡羊座　エンパワーメント：愛は怒りより強い

　風水では、陰陽のエネルギーを整える石とされています。この石のワンド（P375）を利き手に持って、家中を歩いてみましょう。エネルギーが陽に傾いていたら指にざわめきを、陰に傾いていたらワンドが無反応のように感じるでしょう。陰陽のバランスが取れている場合、静けさを感じます。

　陽のエネルギーが強すぎる場所には、黒の多いロードナイトを、陰のエネルギーが強すぎる場所には、ピンクの多いものを置きましょう。

　会話を通じたヒーリングを活発にし、心身を安定させる手助けをしてくれるため、障害をもつ人たちにとってすぐれた石です。

　また失恋後の心をなぐさめるとともに、自分を愛すること、まわりの人を大事にすることに気づかせてくれます。

種類：バスタム石、マンガン・カルシウム・ケイ酸塩（$(Mn,Ca)_3Si_3O_9$）、三斜晶系、硬度5 ½〜6 ½。ロードナイト（P69）と近く、スギライト（P66）と一緒に発見されることも

色：薄いピンクから濃いピンク。赤、茶色を帯びた赤、赤茶のものも

心のヒーリング：おだやかな勇気の石。強さを与えてくれる

チャクラ：心臓（第4）、眉（第6）

Bustamite

バスタマイト

ロウソクの色：ピンク　香料：アーモンドの花、ハチミツ、ネロリ、モモ　用途：リラックスをうながし、家庭やオフィスをあたたかな環境にする　仕事：だれかの世話をする人をフォローする。ヒーリングの力をアップさせる　神秘的な意味：人生の機転に幸運をもたらす。神聖さをアップさせる　占いの意味：自分の健康を気づかい、いたわって。いつも自分でケアできていても、必要ならサポートを求めること　星座：牡牛座　エンパワーメント：どこにでも根をおろせる

　美しく明るい色の石は、家庭でもオフィスでも、ほかの人とかかわりをもつように導くとともに、近づきがたい人との関係を円滑なものにします。
　新しい関係から築く愛も深めてくれます。
　理想の恋を現実のものにし、万が一関係がこじれても、すんなりあきらめられるようにしてくれるでしょう。
　優しいヒーリングのパワーを広げ、心臓や、第4チャクラ（P21）のエネルギーの中心がある胸の真ん中に置くと、前進するエネルギーの中にあるつまりを取り除いてくれます。

種類：岩塩（ハライト）、塩化ナトリウム（NaCl）、立方晶系、硬度2

色：ピンク、白、赤、オレンジ色、黄、純粋な場合には無色も

心のヒーリング：ピンクの岩塩は、人間関係にまつわる感情的な問題を癒やす。過去のしがらみや責任が今も残り、新しくスタートできないような場合に効果的

チャクラ：仙骨（第2）、心臓（第4）

Rock Salt / Halite

岩塩

ロウソクの色：ピンク　香料：アカシア、アニス、ユーカリ、バラ、ティーツリー　用途：ネガティブなエネルギーを遠ざける。健康と幸福を招く。よく見かけるランプになった岩塩は、天然のイオン清浄器になるのでおすすめ。空気の質をよくしたい場所に置くとよい　仕事：オレンジ色や赤の岩塩は、成功を引き寄せ、仕事や契約の成功をうながす。基本に立ち戻らせ、状況をポジティブに変化させるように導く　神秘的な意味：幸運と繁栄をもたらす　占いの意味：投げ出したいかもしれないが、立てなおせると思ったほうがよい　星座：蟹座、魚座　エンパワーメント：これまで築いてきたものを大切に

　海や塩湖の水が蒸発して形成される、成長の早い結晶です。1年もたたずに採掘されているものがある一方で、大昔に海や塩湖だった古代の岩床に堆積したものもあります。

　塩は人類の歴史を通じ、生命のシンボルとして聖なるものと見なされ、岩塩には魔法の力があるといわれてきました。そのため、大きなクラスター（P344）には、ささげ物として塩湖に沈められた遺物が含まれている場合もあります。

　ヒマラヤの地中深く、洞窟で何百万年もかかって堆積したオレンジ色やピンクの岩塩は、ヒマラヤ岩塩ランプとして用いられ、健康と幸せをもたらすとされています。

　特にピンクの岩塩は、不運を耐え、新たな一歩を踏み出すスタートを意味します。過去の知識や経験に基づき、新しい人間関係や恋、仕事、地盤を開拓できるように導いてくれます。

　ただし、ネガティブな要素を盛りあげてしまうこともあるので気をつけて。

種類：玉髄（潜晶質石英）、二酸化ケイ素（SiO₂）、＝方晶系、硬度7

色：酸化鉄などの不純物を含むことによって、様々なトーンのまろやかなピンク

心のヒーリング：衝動や強迫観念をやわらげる。精神的な安定をもたらす

チャクラ：心臓（第4）

Pink Chalcedony
ピンクカルセドニー

ロウソクの色：ピンク　**香料**：クラリセージ、ネロリ、バラ、ローズウッド、スミレ　**用途**：胎児や赤ちゃんとの絆を強める。魔よけとして産後に赤ちゃんのゆりかごの下に置く伝統があるため、出産前の女性への贈り物にも　**仕事**：不当な決定によるつらさ、仲たがい、嫉妬を癒やす。競争が激しく殺伐とした雰囲気をやわらげる　**神秘的な意味**：深刻になったり、責任に押しつぶされそうなとき、内なるものを解放させ、何かを再発見させる　**占いの意味**：過去の出来事を思い出し、一時的に揺さぶられるかもしれないが、今なら抑え込んできた感情とポジティブに向きあえる　**星座**：牡牛座、魚座　**エンパワーメント**：喜びのために古い悲しみを解放する

　親切さをあらわす石。磨かれたこの石とマンガンカルサイト（P67）、ローズクォーツ（P61）を入れた器は、どんな家にも優しさと美、調和、くつろぎ、愛情をもたらしてくれます。

　新しい家族、特に新しく生まれた赤ちゃんにやきもちをやく兄姉へプレゼントすれば、魔法のように作用します。動物の母親にも効果的で、子どもの世話をするように導きます。

　民間信仰の女神の石であるため、女性的な性質のアップを願う女性は、クロスの形にして身につけるとよいでしょう。ジュエリーにすると、不調もやわらげてくれるといいます。素敵なことがはじまる記念に、自分にプレゼントすることをおすすめします。

　また、子どもが離婚や死別など家族が離ればなれになってしまう危機を乗り越えたり、思春期の少女が変化する自分の体を愛するよう手助けしてもくれます。

Stilbite

スティルバイト

種類：束沸石（ゼオライトの一種）、含水ナトリウム・カルシウム・アルミノケイ酸塩（(Na,Ca)$_9$~$_5$(Al$_9$Si$_{27}$O$_{72}$)·28H$_2$O）、単斜晶系、硬度3½〜4

色：ピンク、まろやかなピンク、白

心のヒーリング：あらゆる感情的な問題を克服させる。パートナーや親との死別など、人間関係の断絶に関する問題に直面したときになぐさめる

チャクラ：心臓（第4）、のど（第5）、頭頂部（第7）

ロウソクの色：ピンク、白　香料：ゼラニウム、スイカズラ　用途：睡眠の問題を緩和する。枕の下やベッドのそばに置くとよいとされる　仕事：明晰な思考へと導く　神秘的な意味：守護天使とのコミュニケーションへ導く　占いの意味：手つかずの家庭の問題の改善に取り組んで　星座：牡羊座、牡牛座　エンパワーメント：人生は愛で満ちている

アポフィライト（P155）の結晶と組みあわさった状態でよく発見されます。このとき、アポフィライトによって、この石のエネルギーとヒーリングパワーは増強されています。スピリチュアルな成長を求めはじめたばかりなら、無意識の心をより高い領域に高め、深い洞察や直感をもたらしてくれます。夜遅くまで仕事をする日、そばに置いておくとはかどります。

寝る前の読み聞かせを子どもにしてあげるときにベッドのそばに置いておくと、より大きな愛情のエネルギーに包まれるでしょう。

Pink Dolomite

ピンクドロマイト

種類：苦灰石（ドロマイト）、炭酸カルシウム・マグネシウム（CaMg(CO$_3$)$_2$）、三方晶系、硬度3½〜4

色：ピンク、ピンクを含むベージュ、乳白、赤を帯びた白、茶色を帯びた白、黄を帯びた白、グレー、無色

心のヒーリング：感情的な要求や無益なことのためにエネルギーが流出するのを防ぐ

チャクラ：心臓（第4）

ロウソクの色：白　香料：アーモンドの花、リンゴの花、ヒヤシンス、ライラック、ピンクローズ　用途：イニシアチブを高めたり、スムーズに資金調達できるように導く。重大な病気、問題をかかえる人の世話をする人をサポートする　仕事：独自のクリエイティブな発想をもたらす　神秘的な意味：小さな奇跡を起こす。おへそのあたりに置き、願いを唱えるとよい　占いの意味：遅れていることがあれば、再評価と改善のチャンスと考えて　星座：牡牛座　エンパワーメント：ひとりになることをおそれない

1790年代末、地質鉱物学者デオダ・ドゥ・ドロミューがスイスのアルプスで発見した石。民間伝承では、地の精霊ノームが集めるのを忘れた宝物とされてきました。このため、家に置いておくと、希望に満ち、あまるほどの幸せが手に入るといいます。

嫉妬に抵抗する石でもあるため、恋に不安な人を落ち着かせ、裏切りをおそれたり、パートナーの誠意を試したりしないようにうながし、関係を楽しめるように導いてくれます。

種類：菱マンガン鉱、炭酸マンガン（$MnCO_3$）、三方晶系、硬度 3½〜4

色：白や薄いピンクの縞模様のあるローズピンク。薄いピンクや、ほとんど赤いもの、半透明のものも。黄、オレンジ色、茶色を含む場合や、ごくまれに半透明のピンクが見つかることも

心のヒーリング：チャクラのエネルギーが停滞している場所を開放させる。第1チャクラのルートチャクラ（P20）へ大地から光とパワーが流れ込み、第4チャクラの心臓（P21）を経て第7チャクラの頭頂部（P21）へ流れたあと、宇宙へ放出するようにうながす。これによって一歩踏み出せたり、拒絶をおそれずにほかの人へ愛情表現ができるようになる

チャクラ：太陽叢（第3）、心臓（第4）

Rhodochrosite
ロードクロサイト

ロウソクの色：明るいピンク　香料：アニス、ヒマラヤスギ、コーパル、ハイビスカス、ライム、オレンジ、バラ、ローズウッド　用途：新しい環境になじませる。はじめて幼稚園や学校に通う子どもが、すぐに友だちを見つけられるように導く。結婚などによって家族に新しく仲間入りする人への贈り物におすすめ　仕事：オフィスを親密な環境に整える。感情的なことや個人的なことが仕事に入り込まないようにうながす　神秘的な意味：離れた恋人、友人、連絡を絶った家族、いなくなったペットなどを呼び戻す　占いの意味：愛や友情を意識すれば、それらがいつもすぐそばにあることに気づくはず。刺激的な新しい知人より、古い友人を大切に　星座：射手座　エンパワーメント：愛が心から自由に出入りするのを許す。自分を愛して大切にできるようにする

　アンデス山地に住んでいた原住民が、この石には古代の偉大な支配者の血が流れていると考えていたことから、インカローズとも呼ばれています。

　家族と強い絆を築くのに役だち、赤ちゃんを産んだばかりの母親をサポートしてくれます。

　連絡の取れなくなった家族、友人、昔の恋人の消息を知りたいときにも力を貸してくれるでしょう。石と写真を一緒に置いて、名前を3回呼びながら再び会えるように願い、最後に会った場所とそのときの様子を思い描きます。石はしばらく置

いたままにします。

　動物に対しても同様の効果が期待できるため、いつもいた場所に石を置くか、両手でおわん形を作って石を持ち、ペットが戻ってくるように念じたあと、ペットがよく使っていた出入り口のそばに置いておきます。

種類：黄玉（トパーズ）、フッ化水酸アルミニウム・ケイ酸塩（Al2SiO4（F,OH)2）、直方晶系、硬度8

色：薄いピンクから濃く赤っぽいピンクまで。濃い色は人工着色の場合が多い。非処理のものは稀少

心のヒーリング：オープンな心をもたらし、愛や信頼とのバランスが取れるように導く

チャクラ：心臓（第4）

Pink Topaz
ピンクトパーズ

ロウソクの色：ピンク　香料：アーモンドの花、リンゴの花、サクラ、マグノリア、バラ　用途：恋愛で傷ついた悲しみを取り去り、徐々に悲しみを癒やす。長い年月をかけて育っていく愛情を暗示するため、恋人へのはじめての贈り物におすすめ　仕事：オフィスを親密な環境に整える。正当な評価と昇進、昇給、大きな仕事を望めるように導く。恋人や家族と互いに尊敬や信頼しあいながら仕事ができるようにうながす　神秘的な意味：恋に幸運を招く。意中の人がいるなら、石でバラのインセンスの煙の中に、意中の人の名前や思いを書き、まだそんな人がいなければ「互いに幸せにできる人を」と書くとよい　占いの意味：恋に傷ついたことがあるなら、新しい恋はゆっくり進め、いつでも安心していられるように。失恋からすぐに次の恋に急がないこと　星座：牡牛座　エンパワーメント：進んでリスクを選び、再び信頼する

　非処理のトパーズが最も貴重で、パキスタンとロシアで採掘されます。
　1750年、パリの宝石商が、ありふれた黄色いトパーズを中程度の高温にあてるとピンクに変色することを発見し、はじめて人工着色のピンクトパーズが作られました。非常に硬く、強烈に濃いピンクの石が誕生したのです。
　実らない愛に執着したり、自分に無関心な相手を待ち続けたりしないよう、現実的な愛や夢に導いてくれます。

　ほかのトパーズと同じく、偽りや幻想から目を覚まさせ、真実を明らかにします。
　恋や自分に対する根拠のない懐疑心やおそれを打ち消し、真意と偽りを見分けられるように力を貸してくれます。

種類：灰簾石（ゾイサイト、緑簾石、スーパーグループの一種）、水酸カルシウム・アルミニウム・ケイ酸塩（Ca₂Al₃Si₃O₁₂(OH)）、直方晶系、硬度6½〜7

色：マンガンを少量含むことによって、ピンクから赤っぽい色

心のヒーリング：自傷行為につながるネガティブな感情との戦いを助ける。精神的かつ肉体的苦痛を経験した人をサポートする

チャクラ：ルート（第1）、心臓（第4）

Pink Zoisite
ピンクゾイサイト

ロウソクの色：ピンク　**香料**：アンゼリカ、カモミール、ラベンダー、バラ、ローズマリー　**用途**：長期的な努力を実らせる。あきらめたい気持ちが起こったときにスタミナを与える。スポーツや長い一日を切り抜けるときにおすすめ　**仕事**：クールで競争的なオフィスに調和をもたらす。孤独な気持ちを遠ざける。観葉植物のそばに、磨かれた石3個以上または天然石を置くとよい　**神秘的な意味**：恋人との関係修復や復縁をうながす　**占いの意味**：過去の仲たがいした人と和解するチャンスが。その人が変わっていないことがわかるかも　**星座**：牡牛座、双子座　**エンパワーメント**：許せなくても、忘れて先に進める

　世界の最北端と信じられた伝説の島、チュール島にちなんでチューライトとも呼ばれ、心臓と生命をあたためる石とされてきました。

　問題を解決する力を得られるように導いてくれます。

　子どもに自発的な喜びをもたらし、いつでもどんな状態にいても新しいはじまりを感じさせ、どんなこともよくなるという感覚を与えてくれます。

　植物や石、鉱物が発するパワーを体感させ、活力をもらえます。さらには、明瞭な発音、表現、外向性、リーダーシップをサポートするため、プロでもアマチュアでも、俳優やパフォーマーにおすすめです。名声を得られるでしょう。

　学校で劇に出る子どもや口頭試問を受ける学生にも効果的で、磨かれた石を1個持っておくと、緊張を克服できます。

種類：碧玉（不純物を多く含む微細な石英の集合体）、二酸化ケイ素（SiO$_2$）＋不純物、三方晶系、硬度7

色：鉄分を含むことによって赤や、テラコッタのような赤茶。ほかの鉱物が混じって黒の縞模様が入ることも

心のヒーリング：精神的かつ肉体的苦痛に抵抗する静かな力を与える。病気療養中の気持ちを安定させる

チャクラ：ルート（第1）

Red Jasper
レッドジャスパー

ロウソクの色：赤　**香料**：バジル、竜血、ニンニク、ミント　**用途**：あたたかさをもたらす。冬や寒い日に身につけるとよいとされる　**仕事**：自信と尊敬の念をもたらす。新人時代や、自分が大きな組織の歯車のように感じるときにおすすめ　**神秘的な意味**：ネガティブで心理的な影響を遠ざける。スピリチュアルな攻撃を受けたり、暴力的な人や心が弱っている人と一緒にいるとき、石を2〜3個身につけるとよい　**占いの意味**：ほかに助けがないふりをして絶え間なく要求してきて、お金やエネルギーを枯渇させる人には、親切にしながらも強く接すること　**星座**：牡羊座　**エンパワーメント**：大きなことをなしとげられる

　北欧やドイツの伝説によると、竜退治のジークフリートの魔法の剣には、勇気のしるしとして柄にジャスパーが象眼されていたといいます。このことから、名をあげようと果敢にチャレンジする男性に力を貸してくれます。

　また、一部の北米の原住民は「母なる大地の血」と見なし、古代エジプト人は人類最初のひとり親でもある女神イシスの血と考えたことから、ひとりで子育てする父親や母親を強くサポートします。

　お守りとして持ち歩いたり、車に置くと、事故や盗難、あおり運転から守ってもくれます。

　さらには、愛を成就させる情熱の石でもあり、俳優など、劇場やドラマまたは映画にかかわる人、演劇療法を受ける人の石ともされています。

　この石のような大地のエネルギーを象徴する石は、大地のスピリットや聖なる土地の守護神と深く強い関係を築かせてくれます。

ブレッチエイテッド
ジャスパー

種類：碧玉（不純物を多く含む微細な石英の集合体）、二酸化ケイ素（SiO_2）＋不純物、三方晶系、硬度7。ヘマタイト（P186）を含む角礫状のレッドジャスパー（P77）

色：レンガ色から黒っぽい赤。茶色、黒、ベージュの渦まき模様がある

心のヒーリング：感情的な反応をしずめる。自信喪失や罪悪感からの性的問題を改善する

チャクラ：ルート（第1）、仙骨（第2）

ロウソクの色：赤　**香料**：安息香、オレンジ、ローズマリー　**用途**：円滑な人間関係をもたらす。磨かれた石を子ども部屋に置くと、悪夢を防ぐとされる　**仕事**：自信、インスピレーション、熱意を高める　**神秘的な意味**：ネガティブで心理的な影響や、支配したり、あやつったりしようとする悪意を遠ざける　**占いの意味**：不愉快な同僚に自分を軽蔑させないで　**星座**：乙女座、蠍座　**エンパワーメント**：夜明けとともに新しいインスピレーションがわく

　心身を安定させる強いエネルギーをもっているため、不安定さを感じるときや危機に直面したときに力を貸してくれます。また、オーラを浄化したり、夢を思い出す力を高めたり、バイタリティと強さを与え、自信とクリエイティブな感覚を呼び起こしてもくれます。肉体的な耐久力とスタミナを向上させるときにも効果的です。ペットにヒーリングを施してあげるときも身につけるようにしましょう。

ポピージャスパー

種類：碧玉（不純物を多く含む微細な石英の集合体）、二酸化ケイ素（SiO_2）＋不純物、三方晶系、硬度7。ほかの鉱物や有機起源の鉱物のインクルージョンがあるブレッチエイテッドジャスパー（左）の一種

色：レンガ色。茶色や黒の模様がある。1個の石に黄、クリーム色、白い部分があることも。モーガンヒルジャスパーはカラシの花のような赤や黄の目がある

心のヒーリング：カフェインの取りすぎを防ぐ。過剰な不安を取り除く

チャクラ：心臓（第4）

ロウソクの色：赤　**香料**：カーネーション、ゼラニウム、ハイビスカス、ポピー、レッドローズ　**用途**：喜びをもたらす。屋外に楽しみを見出させる。植物の世話をサポートする　**仕事**：情熱とやる気を生み出す。旅行のチャンスや、インターネット上で国際的な存在感を与える　**神秘的な意味**：世界のチャクラとつながり、エネルギーやパワーをもたらす。史跡や寺院に持ってでかけるとよい　**占いの意味**：瞬間を楽しみ、ポジティブなことだけ考えよう　**星座**：牡羊座　**エンパワーメント**：自分の人生は幸せだ

　いつも身につけていると、幸せやエネルギーを定期的にもたらしてくれます。
　ポピーが記憶と平和の象徴であることから、この石は和解の際の贈り物によく、地図のまわりに置いておくと、世界平和に貢献するともいわれています。
　磨かれた石を友人や家族にプレゼントすると、定期的に連絡がもらえるようになります。楽しい健康習慣が身についたり、無気力や憂うつを乗り越えさせてくれます。

種類：緑柱石（ベリル）、ベリリウム・アルミニウム・ケイ酸塩（Be$_3$Al$_2$Si$_6$O$_{18}$）、六方晶系、硬度7½〜8。赤いエメラルド（P262）と呼ばれることも。宝石質のものは稀少

色：赤、ピンクを帯びた赤

心のヒーリング：悲嘆や悲痛、喪失や裏切りを乗り越えられるように導く。第4チャクラの心臓（P21）を将来の愛に向かって開く

チャクラ：心臓（第4）

Red Beryl
レッドベリル

ロウソクの色：赤　**香料：**アニス、竜血、ハイビスカス、ポピー、タイム　**用途：**あたたかく、情熱的に長く続く愛情へ導く。共感できる人を引きつけ、悪いときにも気づかって支えあえる関係をもたらす　**仕事：**気づかいのある環境を作る　**神秘的な意味：**相思相愛の相手を引き寄せる　**占いの意味：**衝動的で無分別に行動する傾向があるかも。結果を慎重に考えて　**星座：**牡羊座、牡牛座　**エンパワーメント：**刺激より、長く続く愛情を大切に

　心理的圧力や、だまそうと近寄ってくる人など、ネガティブなものを寄せつけない強力なパワーをもっています。

　説得力のある相手と商談するときなど身につけておくと、相手のペースに持ち込まれずにすむでしょう。大きな買い物のときも持っていくと、セールストークに左右されず、賢い買い物ができます。

　情熱の石でもあり、愛する思いに火をつけてくれます。マリッジブルーになりそうなときは、結婚を決意した理由を思い出させてくれるでしょう。

　和解をうながしてもくれるため、けんかしたあとにパートナーと話しあうなら、ふたりの間に置いておくと、仲なおりまでの道筋を作ってくれます。

　よそよそしくなってしまった家族に会うときも効果的で、家族間の冷たい関係を癒やしてくれるでしょう。特に恋愛や結婚の問題で、仲たがいをしているなら、より力を発揮します。

Blood Agate
ブラッドアゲート

種類：めのう（潜晶質石英）、二酸化ケイ素（SiO₂）、三方晶系、硬度7。レッドアゲートと呼ばれることも

色：赤と白。半透明で光沢があり、凝固血に似ている

心のヒーリング：サバイバルの石。再生のエネルギーを与える。生きる気力を失ったり、自傷したり自分を大切にしない人、病気がちで食欲のない人に

チャクラ：ルート（第1）、太陽叢（第3）

ロウソクの色：赤　**香料**：オールスパイス、シナモン、竜血、ショウガ、ハイビスカス　**用途**：愛と人生に情熱をよみがえらせる　**仕事**：決意、スタミナ、巧妙さ、攻撃的にならずに不平等と戦う力を与える　**神秘的な意味**：北欧の人々が、斧占いで紛失物や隠れた財宝を見つけるのに使ったとされることから、石があたたまるまで握っていると、失ったものや未発見のものについて手がかりが得られるといわれている　**占いの意味**：本当に欲しいなら戦って勝ち取って。そうでないならあきらめて　**星座**：牡羊座　**エンパワーメント**：人生は自分の中に息づくもの

　ストレスからくる体のトラブルを改善し、健康の回復をうながします。身につけたり、小さなエッグストーン（P382）を持ち歩いたりしましょう。愛や事業を維持するのにも力を発揮します。勝負に出るときは、この石とレッドジャスパー（P77）を組みあわせ、パワーアップさせるとよいでしょう。ただし、やりすぎないように。クモ恐怖症を克服するのにも役だつとされ、家庭からクモを追い払ってくれるといいます。

Fire Agate
ファイアーアゲート

種類：めのう（潜晶質石英）、二酸化ケイ素（SiO₂）、三方晶系、硬度7。赤鉄鉱の板状結晶またはカルセドニーの層の上をおおう薄い褐鉄鉱の層による。ゲーサイト（P91）のインクルージョンの場合も

色：茶色っぽい赤。虹色の光沢ときらめきがある

心のヒーリング：依存を克服する動機や、勇気、自信を与える。過労を防ぐ

チャクラ：ルート（第1）、太陽叢（第3）

ロウソクの色：朱　**香料**：オールスパイス、コーパル、竜血、ミント、セージ　**用途**：家と家族を保護するお守り　**仕事**：大きな成功をもたらす。売りたい商品やプレゼン資料の上に24時間置くとよい　**神秘的な意味**：火の精霊とのコミュニケーションへ導き、願いを叶える。赤のロウソクの炎の上で石を3回動かし、願いごとをするとよい。ただし、とても強力なのでやりすぎないこと　**占いの意味**：心からの願いを達成するチャンス。ただし、突然の誘惑に注意　**星座**：牡羊座　**エンパワーメント**：完璧を目指し、それ以外を受け入れない

　火のパワーを含むと信じられてきたことから、錬金術に使われ、ヒンドゥー教の神アグニなど、火の女神にささげられてきました。
　自分とほかの人の行動や意志を高いレベルに導く一体性の石とされ、臆病な大人や内気な子どもを力づけ、自分の意見を述べられるようにうながし、無視されたりいじめられたりしないように導いてくれます。また、恋愛でも人生でも情熱をもたらしてくれます。空気の循環がよい場所に置くとよいでしょう。

種類：石英（クォーツ、角閃石の繊維状集合体を置換）、二酸化ケイ素（SiO$_2$）、三方晶系、硬度7。オックスアイともいう

色：輝きのある縞模様のある赤。角閃石の中の鉄分が酸化して赤から黄になることも

心のヒーリング：熱情と楽観性で満たす。男性の怒りといらだちをなだめる

チャクラ：仙骨（第2）、太陽叢（第3）

Red Tiger's Eye
レッドタイガーズアイ

ロウソクの色：赤　香料：オールスパイス、シナモン、竜血、ショウガ、ハイビスカス　用途：怒りやいらだち、ストレスを軽減させる。部屋に置くとよい　仕事：パワーをアップさせ、威厳をもって不当な行為に対抗できるように導く　神秘的な意味：幸運をもたらす　占いの意味：努力は認められる。ただし、アイデアなど奪われないように気をつけて　星座：牡羊座、牡牛座　エンパワーメント：努力するかぎり結果は出る

　火や雷など熱にさらされると、金茶の石が自然に生成されますが、市場に出ているのは大半が人工的に加熱処理されたものです。しかし、どちらも特性にかわりはありません。

　この石はすべての色において表面に縞があり、真珠色の光を反射する猫の目のようなキャッツアイ効果が見られます。一番輝くのは、カボションカットにしたときです。

　女性差別と戦うときに、女性らしさを犠牲にすることなく、状況を打開できるように導きます。

　雄牛の強さや勇気と結びつけられているため、いじめなどネガティブな力を遠ざけてもくれます。

　また怒りをしずめる力もあります。

　瞑想の際に用いると、クリエイティブな能力を解放してくれるため、消極的な人におすすめです。自分の努力に気づき、報われる日が訪れるでしょう。

ルビー

種類：鋼玉（コランダム）、酸化アルミニウム（Al$_2$O$_3$）、三方晶系、硬度9

色：不純物にクロムを含むことによって、ピンクを帯びた赤、赤紫、深く濃い赤から黒みを帯びた赤。最も価値があるのはピジョンブラッド（ハトの血）と呼ばれる濃い赤にわずかな青みが加わったもの

心のヒーリング：過去に傷ついたことがあっても愛するエネルギーを輝かせる。超常現象や邪悪なものへのおそれを軽減させる

チャクラ：心臓（第4）

ロウソクの色：赤　香料：オールスパイス、バジル、カーネーション、シナモン、竜血、レッドローズ　用途：家内安全のお守り。パワーが強いので、夜は安眠を妨げないように、ひかえめに身につけるのがおすすめ　仕事：存在感と富を増す　神秘的な意味：ネガティブで心理的かつスピリチュアルな影響を遠ざける。情熱を保たせたり再生させる。子宝のお守り。ウソつきがいると、色が黒くなるといわれている　占いの意味：友人や家族が一時的につまらない存在に思えても大切にすること　星座：蟹座、射手座　エンパワーメント：おそれには実体がない

　ダイヤモンド（P149）、エメラルド（P262）、サファイアと並ぶ4大宝石のひとつで、古代から高い身分を象徴しました。最も広く愛と結びつけられ、誠実で情熱的な関係をあらわすと同時に、年配の女性が美しさと人生経験を大切にするようにうながします。
　予知夢を見せ、悪夢を消し去ります。ルビーがもたらす夢は、財産と幸運が訪れるしるし。磨かれたものを家族に1個ずつ用意して家に置いておくと、愛情のつながりを保てます。

スタールビー

種類：鋼玉（コランダム）、酸化アルミニウム（Al$_2$O$_3$）、三方晶系、硬度9。6条の星形の光の矢を放つ

色：不純物にクロムを含むことによって、ピンクを帯びた赤、赤紫、深く濃い赤から黒みを帯びた赤。最も価値があるのはピジョンブラッド（ハトの血）と呼ばれる濃い赤にわずかな青みが加わったもの。どんどん稀少で高価になっているが、人工的に作られたものが安く流通している

心のヒーリング：自分を傷つけるネガティブな感情との戦いを助ける。精神的かつ肉体的苦痛の経験から生じるトラウマや、抑え込んだ怒りを克服させる

チャクラ：心臓（第4）、眉（第6）

ロウソクの色：濃い赤、黒みを帯びた赤　香料：バジル、ローリエ、シナモン、バラ　用途：自信をみなぎらせる　仕事：力を発揮させる。身につけて試験を受けたり、大切な書類の上に置くとよい　神秘的な意味：闇を光に変える。ネガティブなエネルギーを発するものや人を遠ざける　占いの意味：今こそ何ができるか示すとき。幸運とともにいる　星座：蟹座、射手座　エンパワーメント：自分の星にしたがう

　ワシントンD.C.のスミソニアン博物館にあるロッサーリーブズは究極の逸品。もっと大きな石もありますが、歴史上最も完璧なものです。
　ヒーリングと魔力のエネルギーはルビー（左）より高く、満月の夜、最強に。内なる力と不屈の精神を増強してくれるため、エネルギーが減退したり、愛されていないと思ったら、身につけましょう。エネルギーに満ちあふれるとともに、相思相愛の相手を引き寄せてくれます。

種類：玉髄（潜晶質石英）、二酸化ケイ素（SiO_2）、三方晶系、硬度7

色：赤茶、赤、赤っぽいオレンジ色。輝くような生き生きした色が特徴

心のヒーリング：人間関係の嫉妬と支配欲を改善させる。幼児から老人まで、老若男女の怒りをしずめる。男性の中年クライシスをやわらげる。器に色の鮮やかなものを入れて家に置いておき、石は毎週洗うとよい

チャクラ：太陽叢（第3）

Carnelian
カーネリアン

ロウソクの色：明るいオレンジ色　香料：ヒマラヤスギ、ショウガ、ジュニパー、マツ、セージブラッシュ　用途：貧困から守り、富と幸福を引き寄せる　仕事：目標や実行力をもたらす。決意をうながす。不当な行為に打ち勝つ　神秘的な意味：勇気を呼び起こし、願いを叶える。赤いロウソクを8本灯し、炎の上をなぞるように石を3回動かし、インセンスの煙で石の上にライオンかクマの姿を描くとよい　占いの意味：引きさがるときではない。必要なものを求めてベストをつくすこと。妥協しないで　星座：獅子座　エンパワーメント：自分を過小評価しない

　アクティブな男性エネルギーを示す太陽の石。古代ローマ時代にはリングや女神像、猛獣を彫った印章が作られ、幸運を呼ぶお守りでした。

　自己主張や、大きなキャリアあるいは個人的な飛躍の必要があるときに実力を発揮させてくれます。特に女性におすすめです。

　家にまつわる事柄にも力を貸してくれます。借りたい家や買いたい家の写真と一緒に道に向した窓辺に置いておくと、家の売却や購入、貸与がスムーズに行われます。また、盗難や火災、嵐から守ってくれるとともに、建築中のミスや損失、事故を防いでくれます。

　情熱の石でもあり、子宝に恵まれるといわれています。ベッドの下の四隅に置くか、寝室に赤いロウソクを置いてまわりに円形に並べましょう。

　舞台やライブの演者なら、パフォーマンスに自信を与えてくれます。

種類：方解石（カルサイト）、炭酸カルシウハ（CaCO_3）、三方晶系、硬度3

色：通常は薄い赤。赤っぽいピンクやオレンジ色を帯びた赤に、透明な縞模様があることも

心のヒーリング：怒りをしずめ、ネガティブな思考を消し去り、愛情で満たし、心身に安定をもたらす

チャクラ：ルート（第1）、仙骨（第2）

Red Calcite
レッドカルサイト

ロウソクの色：薄い赤　**香料**：アカシア、アーモンド、ハイビスカス、ポピー、バラ　**用途**：自分をいたわる心、勇気をもたらす。動物にも効果的　**仕事**：自信を回復させ、スタミナを与える。産休後に復帰する母親を助け、仕事と家庭を両立させる　**神秘的な意味**：情熱をよみがえらせる　**占いの意味**：身近なだれかを怒る資格が十分にある。しかし、その前にその人のよいところを考えてみること　**星座**：蠍座　**エンパワーメント**：生きのびるだけでなく成功する

　この石は、生命の血を吹き込む母なる大地と結びついていると考えられてきました。スカンジナビア北部では、今でも岩を切り出す前に許しを請います。

　同じ過ちを繰り返したり、邪悪な人に引きつけられないように守ってくれます。

　動物においても同じ効果が期待でき、興奮しやすい動物が吠えたり遠吠えしたりするのをたしなめます。

　また、子どもたちが暴れたり転んだり、自分や

ほかの人をけがさせたりすることを防いでもくれます。外出時にはいくつか持っていきましょう。

　ベッドサイドに置いておくと、寒くて暗い冬の朝でも無理なく起きられるといわれています。寒いときに、外にいる際は、ポケットや手袋に磨かれた小さな石を入れておきましょう。

　スタミナも与えてくれるので、ジムやウォーキング、サイクリング、ランニングするときは1個持っていきましょう。

Almandine
アルマンディン

種類：鉄礬石榴石（ガーネットスーパーグループの一種）、鉄・アルミニウム・ケイ酸塩（$Fe_3Al_2Si_3O_{12}$）、立方晶系、硬度 7〜7 ½。パイロープ（右）の化学成分を多少含むこともある（固溶体を作る）

色：ワインレッド、赤紫、赤黒、赤茶。宝石にする石は深い赤で透明なものが多い。スター効果のあるものは稀少

心のヒーリング：死別のときになぐさめる

チャクラ：ルート（第1）、心臓（第4）

ロウソクの色：赤　**香料**：アンゼリカ、ローリエ、コーパル、ローズマリー　**用途**：情熱を長く保たせる　**仕事**：変化に抵抗する状況を緩和する。ポジティブな環境へ導く　**神秘的な意味**：感情や行動をあやつろうとする人や、邪悪な魂を遠ざける　**占いの意味**：だれが自分の感情を乱すか見極めて　**星座**：山羊座、水瓶座　**エンパワーメント**：自分の愛が続くか疑わない

　十字軍は身を守るため、この石の指輪をつけていたといわれています。インドやアイダホの稀少な結晶は、針状鉱物のインクルージョンを含むことがあり、ファセットをつけると、非常に珍重されるスター効果を生み出します。
　怒りが内側に向くのを防ぎ、ストレスにまつわる症状を引き起こさないように導きます。怒りを感じたら、第2チャクラの仙骨（P20）のエネルギーが集まるおへその上にかざしましょう。怒りを流し出しやすくし、エネルギーフィールドの外に放出してくれます。

Pyrope
パイロープ

種類：苦礬石榴石、マグネシウム・アルミニウム・ケイ酸塩（$Mg_3Al_2Si_3O_{12}$）、立方晶系、硬度 7〜7 ½。アルマンディン（左）と化学組成が連続する（固溶体を作る）

色：燃え立つような濃い赤、明るい赤、赤紫、ローズから赤っぽいオレンジ色

心のヒーリング：人生が最悪に思えるとき、生きる意志を回復させる。血に関する不安と恐怖を改善させる

チャクラ：ルート（第1）、心臓（第4）

ロウソクの色：明るい赤　**香料**：アーモンド、アニス、シナモン、竜血、ショウガ　**用途**：心配や孤独を癒やす　**仕事**：一体感や品質を保ちつつ、生産性やパフォーマンスをアップさせる　**神秘的な意味**：火星の石といわれ、力と勇気を与える。人差し指で石の上に「狼のように強い」または「ライオンのように勇敢」と書くとよい　**占いの意味**：自分の中でクリエイティブに燃える炎を生かし、消してはいけない　**星座**：山羊座、水瓶座　**エンパワーメント**：内なる火を燃やし続ける

　チェコのボヘミア地方が産地として有名で、18〜19世紀には、ニワトリの卵ほどの大きさの石からジュエリーが作られていました。アングロサクソン族は、この石と金の装飾品を携え、黄泉に旅立ったといいます。アジアの一部では、かつて投石機の弾丸にもなりました。伝説では吸血鬼を退治するとも考えられています。
　ネガティブなものを寄せつけないだけでなく、勇気を与え、美しさを高めてくれることから、昔も今も多目的な宝石としてルビー（P82）に勝るとも劣らない人気があります。

レッドスピネル

種類：尖晶石（スピネル）、酸化マグネシウム・アルミニウム（MgAl₂O₄）、立方晶系、硬度7½〜8。人工石もある。ヒーリングやエンパワーメントに適さない

色：不純物にクロムを含むことによって赤くなる。輝きもある

心のヒーリング：魅力を際だたせる。自立心や独立心を育てる。これまでだれにも重要視されなかったと感じる人、大人になった末っ子や真ん中の子を助ける

チャクラ：ルート（第1）、心臓（第4）

ロウソクの色：赤　**香料**：アカシア、オールスパイス、シナモン、竜血、楓子香　**用途**：愛情を保たせる　**仕事**：リーダーシップをもたらす。人を引きつけ、クリエイティブな考えをうながす。キャリアをあと押しする。仕事の査定や面談のときに身につけるとよい　**神秘的な意味**：ネガティブな影響を取り除く　**占いの意味**：以前は無視されたとしても、意見や考えは歓迎されるものだからはっきり伝えること　**星座**：獅子座、蠍座　**エンパワーメント**：離れても愛は続く

　よくルビー（P82）とまちがえられます。実際、イギリス王室の宝冠として有名な「黒太子のルビー」もこの石です。ヘンリー5世は、1415年のアジャンクールの戦いにこの石をつけたかぶとで臨み、アランソン公爵の斧の一撃から命を守ることができました。このため、戦う女性や危険な仕事をする人を身体的な攻撃や危険から守ってくれるとされています。

　離婚や失業など、どんな困難な状況でも力を与えてくれます。自暴自棄になったり、攻撃的になることなく戦い、自分の権利を得られるように導いてくれます。

レッドジルコン

種類：風信子鉱（ジルコン、P151）、ジルコニウム・ケイ酸塩（ZrSiO₄）、正方晶系、硬度6〜7½

色：濃い赤、赤っぽいオレンジ色、赤紫、暗い赤

心のヒーリング：混乱のあとに平和、不眠のあとに睡眠、疲労のあとにバイタリティ、不運のあとに幸福をもたらす

チャクラ：ルート（第1）、心臓（第4）

ロウソクの色：赤　**香料**：カーネーション、シナモン、ヒヤシンス、サフラン、セージ　**用途**：よい答えや結果に導く。就職活動や人生の節目に身につけるとよい　**仕事**：説得力をアップさせる　**神秘的な意味**：恋愛のお守り。個人の魅力を高める。嫉妬深いライバルを追い払うには、石の上を十字になぞるとよい　**占いの意味**：本当に欲しいものがあるなら、今こそパワーと情熱を全開にして向かうとき　**星座**：獅子座、射手座　**エンパワーメント**：一生続く新しい情熱の高まりを感じる

　ギリシャ神話のアポロンが、恋人のヒヤキントスを失ったときに作り出した花にちなんで名づけられました。『新約聖書』では、天の国エルサレムの基礎石のひとつと述べられています。1300年代にはペストの、1665年にはロンドン大疫病のお守りとされました。

　病気や厄介者の気配を感じるとくもるといわれています。盗難よけの石でもあります。

レッドアベンチュリン

種類：赤鉄鉱のインクルージョンを含む石英（クォーツ）、二酸化ケイ素（SiO2）、三方晶系、硬度7

色：赤。キラキラと輝く金属光沢がある

心のヒーリング：よい気分やわおらかな気持ちへ導く

チャクラ：ルート（第1）、太陽叢（第3）

ロウソクの色：赤　**香料**：オールスパイス、ヒマラヤスギ、コーパル、ミント、サフラン　**用途**：幸運をもたらす。体重を管理するようにうながす。子宝のお守りになる　**仕事**：アイデアやコミュニケーションをもたらす　**神秘的な意味**：金運をアップさせる。小さな赤い袋に入れ、ショウガやシナモンを振りかけて身につけるとよい　**占いの意味**：誠実さと勤勉さが、成功をもたらす　**星座**：牡羊座　**エンパワーメント**：心が純粋でよい目標をもっているかぎり、望みは叶う

　盗難や火災、雷よけに用いられてきました。交通事故も防いでくれます。頻繁に運転するなら、車に1個入れておきましょう。不利な状況でも幸運をもたらすとされ、小さなものを1個手に取り、願いを唱えて、できるだけ遠くに投げると、石を見つけた人とももども幸せになれるといいます。
　家族との関係を良好なものに導いてもくれるため、子どものパーティを企画したり、家族交流イベントに参加したり、あまり交流のない親戚に会うときなどに持っておくと、何があっても落ち着きを失わずにいられます。子宝のお守りにもなるといわれています。

ハーレクインクォーツ

種類：鱗鉄鉱または赤鉄鉱のインクルージョンがある水晶。石英（クォーツ）、二酸化ケイ素（SiO2）、三方晶系、硬度7。これらが結晶の基底にあることも。ファイアークォーツ、フレームクォーツともいう

色：無色透明。水晶の中に小さな赤の星または模様がある

心のヒーリング：内なるものを解放する。働きづめのときに休んで楽しむように導く

チャクラ：ルート（第1）、心臓（第4）

ロウソクの色：赤　**香料**：アニス、シナモン、竜血、ショウガ、ハイビスカス　**用途**：集まりや外出を楽しくする　**仕事**：アイデアを実際の行動へ導く　**神秘的な意味**：魂を目覚めさせる　**占いの意味**：よいと感じる自分の考えに、目の前の人が熱心になってくれないなら、ほかの人やサポート、資金を探して　**星座**：牡羊座　**エンパワーメント**：自分が楽しむことを許す

　楽しみと自発性をうながし、冒険心にかりたてます。家に石を1個置いておきましょう。外で遊ばない子どもとペットにも効果的です。
　仕事と生活のバランスを調整し、情熱とスタミナを維持できるように導き、仕事に家族にと、充実した暮らしを送れるでしょう。隠れた才能を開花させてもくれます。

種類：紅亜鉛鉱、酸化亜鉛（ZnO）、六方晶系、硬度4。人工物が多い

色：赤、赤を帯びたオレンジ色、オレンジ色を帯びた黄や濃い茶色

心のヒーリング：勇気を与え、気力を回復させる。引きこもりや、痛い思いをした苦い経験を克服させる。

チャクラ：ルート（第1）、仙骨（第2）、太陽叢（第3）

Zincite
ジンサイト

ロウソクの色：オレンジ色　**香料**：カーネーション、ショウガ、ハイビスカス、オレンジ、セージ　**用途**：幸運をもたらす。資産をアップさせる。家の売買を円滑にうながす。よい家を見極めるために身につけたり、有望な買い手を探すために家に飾っておくとよい　**仕事**：グループの活力をアップさせ、チーム活動を活発にさせる。協力体制を整える。よいアイデアをもたらす　**神秘的な意味**：幸運、繁栄をもたらす。子宝のお守りになる　**占いの意味**：考えの似た有益な人に出会い、事業を軌道に乗せられる　**星座**：牡牛座、天秤座　**エンパワーメント**：クリエイティブなエネルギーを人生に呼び込む

　アメリカのニュージャージー州で豊富に産出されますが、ほかの地域ではとても貴重です。原住民は「母なる大地の生命の血」と呼んだといいます。古いポーランドの亜鉛精錬工場で、火を使って作業しているうちに、非常に古い煙突が最適な環境を作り出し、人工物ができたこともありますが、偶然の産物でした。

　体の下部のチャクラを活性化し、上部のチャクラに向かって体をエネルギーで満たしてくれます。小さな石でも驚くほど大きな幸福感やエネルギー、バイタリティが得られるでしょう。石のエネルギーに敏感でない人でも、その充足感を体験するはずです。

　環境や病気が発生させる有害なエネルギーを防ぐため、しばしばマラカイト（P294）やクリソコラ（P244）などと一緒に用いられます。

　アートや小説などの制作、花を育てる、家庭を持つなど、あらゆるクリエイティブなエネルギーを高めます。ただし、非常に強力なので注意すること。子どもや動物には向いていません。

赤サンゴ

種類：方解石（カルサイト）、炭酸カルシウム（CaCO₃）、三方晶系、硬度３。樹状サンゴの一種

色：赤、赤を帯びたオレンジ色。薄いピンクを帯びたものも

心のヒーリング：喜びをもたらし、停滞のあとに自信を回復させる

チャクラ：ルート（第１）、心臓（第４）

ロウソクの色：赤　**香料**：アカシア、アニス、バジル、シナモン、ヘザー、ハイビスカス　**用途**：勇気をもたらす。女性が尊敬されない社会や職業にいる女性を助ける　**仕事**：目標を決めるように導く。うまくいかないときは、石をなでるとよい　**神秘的な意味**：行動の道筋を決めるように導く。疲れたり、ストレスを受けたり、ネガティブな人やものに遭遇すると、石の色が薄くなるという　**占いの意味**：今よいエネルギーに満ちている。以前、中断したことがあっても、取りかかっていることはやりとげる　**星座**：蠍座　**エンパワーメント**：もう一度トライして成功する

　英名coralは、古代ギリシャの海の王女にちなんで名づけられています。古代ギリシャの人々は、サンゴが斬首されたメドゥーサの首からできたと考えていたため、「裏切り者や、自分をあやつろうとする者から守る」という意味をもつようになりました。また、多くの地域で魔よけとして赤ちゃんの歯がために使われてきました。赤ちゃんをなだめるのにも効果的でした。
　赤サンゴは、高齢者の記憶や健康の低下に対する不安をやわらげます。また、白サンゴ（P166）ともども転落の恐怖をやわらげてくれます。ピンクのサンゴは落ち着きをもたらすことから、10代の若者の心身を安定させます。

ルベライト

種類：リチア電気石、水酸ホウ酸ナトリウム・リチウム・アルミニウム・ケイ酸塩（Na(Li,Al)₃Al₆(Si₆O₁₈)(BO₃)₃(OH)₄）、三方晶系、硬度７〜７½。レッドトルマリンともいう。透明でインクルージョンのないものは稀少

色：不純物のマンガンを含むことによって、赤やピンク、ルビー（P82）のような濃い赤。赤いほど強力。ピンクトルマリン（P64）より色が濃い

心のヒーリング：男女の内面にある女性性を強化し、調和させる強力な石。女性を強くする。男性は長期間の使用を避けること

チャクラ：ルート（第１）、心臓（第４）

ロウソクの色：赤、濃いピンク　**香料**：カモミール、サクラ、クチナシ、ヒヤシンス、ジャスミン　**用途**：威厳、説得力、権威を与える　**仕事**：ネガティブなエネルギーや人、ものを遠ざける。コンピュータのそばに置くとよい　**神秘的な意味**：情熱と欲望を目覚めさせる。深い赤の石がおすすめ　**占いの意味**：先に感情的な困難が待っている。女性らしさを利用して、おだやかで優しいアプローチを心がけて　**星座**：天秤座、蠍座　**エンパワーメント**：愛が癒やし、導いてくれる

　第１チャクラのルートチャクラ（P20）を上手に活性化してくれます。バイタリティや情熱を取り戻すには、ふとももの付け根で、この石を使って円を描きます。膝や脚が脈打つようなあたたかさを感じるまで、石を動かし続けます。冬には毎週行うとよいでしょう。
　ネガティブな考えや感情を取り除いてもくれます。髪の上で動かしてオーラをきれいにし、ポジティブな計画を立てましょう。学びを助け、長期的なメリットに導きます。

Mahogany Obsidian
マホガニーオブシディアン

種類：黒曜石（黒曜岩）、二酸化ケイ素（SiO_2）に富む火山性ガラスの一種、非晶質、硬度 6½

色：茶色を帯びた赤や、マホガニー色、オレンジ色を帯びた茶色。黒や黒と茶色の斑点がある。黒曜石より稀少

心のヒーリング：根の深い怒りを取り除く

チャクラ：ルート（第1）、仙骨（第2）、太陽叢（第3）

ロウソクの色：赤　**香料**：ヒマラヤスギ、クローブ、ヒソップ、セージ、サンダルウッド　**用途**：家内安全のお守り。磨いた石を置くとよいとされる　**仕事**：浮ついた状況や雰囲気を一新させ、環境を整える　**神秘的な意味**：女性の精神を保護するお守り。男女ともに、新しい人生のステージへの自然な移行をうながす　**占いの意味**：本来の優しさにとらわれず、自分の権利のために立ちあがり、現状を変えるとき。そうできる　**星座**：蠍座　**エンパワーメント**：避けられないことを優しさと威厳をもって受け入れる

　水晶のように反射する表面や内部にイメージを見たり感じたりする幻視や透視には、磨かれた丸玉を使います。変えるべきことや有益な事柄が浮かんでくるはずです。ヴァイキングの神のエッダ、ケルトの神カリアッハベーラなどの女神や、キリストの祖母の聖アンナと結びつけられ、50才以上の女性が身につけると、仕事のチャンスや長続きする愛を引き寄せます。成熟した美しさと落ち着きを与えてもくれるでしょう。動物に関しても効果的で、年を重ねたペットを寛大にし、若い動物や子どもの存在や行動を受け入れるようになります。

Vanadinite
バナディナイト

種類：褐鉛鉱、塩化鉛バナジン酸塩（$Pb_5(VO_4)_3Cl$）六角板状結晶、六方晶系、硬度 2½〜3。樽形で中空になる結晶もある

色：赤、オレンジ色、黄を帯びた茶色。自然状態では明るく透明なことも

心のヒーリング：自分の体を愛し、いたわるようにうながす

チャクラ：ルート（第1）、仙骨（第2）

ロウソクの色：赤、オレンジ色　**香料**：ショウガ、ラベンダー、パチョリ、ペニーロイヤルミント、ローズマリー、バニラ　**用途**：時間やお金が必要なとき、優先順位づけをうながす　**仕事**：長期的な目標設定やキャリアづくりを手助けする　**神秘的な意味**：心身を一致させ、効果的に活動しながら高みに導く。オーラの上で石を動かすとよい　**占いの意味**：ほかの人のためにお金を使いすぎたり、気前よくしすぎないように　**星座**：乙女座　**エンパワーメント**：必要なものを望む

　エネルギーの保存とヒーリングをうながす石。秩序をもたらし、地に足をつけさせてくれます。買い物をする際に注意を呼び起こすため、ショッピングしたい衝動を感じたり、よく買い物をする家族や友人とでかけるなら、小さな袋に石を入れ、財布にしのばせましょう。
注意：有毒であるため、エリクシール（P16）を作らないように。やわらかくもろいので、ほかの石と一緒にしないようにしましょう。

種類：針鉄鉱、水酸化鉄（FeOOH）、褐鉄鉱（おもに針鉄鉱から構成される）、単斜晶系、硬度5½。結晶は稀少

色：こげ茶や茶色を帯びた赤、オレンジ色、黄色っぽい茶色

心のヒーリング：ポジティブなエネルギーを与える。

チャクラ：ルート（第1）、仙骨（第2）、太陽叢（第3）

Goethite

ゲーサイト

ロウソクの色：金色　**香料**：コリアンダー、イトスギ、シダ、マツ、ヤマヨモギ　**用途**：楽観性や情熱、集中力をもたらす。ネガティブな感情を取り除く　**仕事**：新しい役割を担うチャンス、能力、柔軟性をもたらす　**神秘的な意味**：内なる声や、守護霊（指導霊）や天使の言葉をもたらす　**占いの意味**：予想や予感を信じ、それにしたがって行動すること　**星座**：牡羊座　**エンパワーメント**：新しい能力をたやすく学べる

　重要な鉄鉱石で、有史以前から使われてきた色素のひとつ、オーカーの素材でもあります。オーカーは、フランスのラスコー洞窟の壁画などに使われています。

　この石は様々な鉱物に突如あらわれて輝きます。この石があらわれた鉱物は、まるで色を塗られたかのような美しい色合いになるため、「妖精の絵の具箱」とも呼ばれ、画材や化粧品によく使われています。

　もの作りに取り組むときに、結果を気にすることなく、楽しく創作できるように導いてくれます。

　卒業する人、就職する人、徒弟期間や長い教育訓練を完了する人への贈り物にもよいでしょう。また、勉強中、くじけそうになったとき、自分を励ますものとして自分にプレゼントするのもよいアイデアです。

Cuprite
キュプライト

種類：赤銅鉱、酸化銅（Cu₂O）、立方晶系、硬度3½
～4、銅鉱石の一種。ジュエリーや磨いたカボション
カットのものは稀少

色：黒と赤の中に茶色を帯びた濃い赤、赤、ほとんど
黒に見えるほど濃い赤

心のヒーリング：長く続く心配ごとを取り除く。失敗
を成功へと導く

チャクラ：心臓（第4）

ロウソクの色：赤　**香料**：アカシア、アニス、ヒマラ
ヤスギ、ジュニパー、イランイラン　**用途**：忍耐強さ、
円滑な親子関係をもたらす　**仕事**：自信、ポジティブ
な対応力をもたらす　**神秘的な意味**：継続的な繁栄を
引き寄せる。天然石のかけらを家の外の四隅に埋める
か、植木鉢4個に埋めて屋内の四隅に置くとよい　**占
いの意味**：あまり将来を心配しすぎないこと　**星座**：
牡牛座　**エンパワーメント**：損失は常に利益とバラン
スが取れている

　オフィスにポジティブな雰囲気と調和をもた
らし、男女を問わず、健全に心地よく働ける環
境を整えてくれます。教育や社会的ステイタス
などが原因で差別を受けることもなくなるでし
ょう。
　恋愛がうまくいっていないときは、カボショ
ンカットや磨かれたこの石を身につけて。パー
トナーと対になっていればなおよいでしょう。
愛には道があることを思い出させてくれます。
　死へのおそれを克服させてくれる石でもあり
ます。

Tangerine Quartz
タンジェリンクォーツ

種類：水晶、二酸化ケイ素（SiO₂）、六方晶系、硬度
7。鉄の酸化物でおおわれている

色：オレンジ色と透明の水晶が一緒に見られる

心のヒーリング：心身に活力を与え、バランスを整え
る。消極的な面を克服させる

チャクラ：仙骨（第2）

ロウソクの色：オレンジ色　**香料**：カーネーション、
ゼラニウム、ハイビスカス、ネロリ、オレンジ　**用途**：
繁栄と創造力をもたらす　**仕事**：知性や創造力をアッ
プさせる。活力、もてなしの心を与える。デスクに磨
かれた石を置くとよい　**神秘的な意味**：子宝のお守り。
情熱や自信をもたらす。おへそに石を5分間あてると
よいとされる　**占いの意味**：今を楽しみ、もっている
ものを大切に、新しい命を吹き込んで　**星座**：射手座
エンパワーメント：幸せのために欲望を目覚めさせる

　ブラジルとマダガスカルの豊かな土地で生成
され、「大地の果実の石」と呼ばれてきました。
人生を豊かにしたり、自分やまわりの人に喜び
を与えてくれます。身につけたり、そばに置い
ておきましょう。落ち込んでいる人や、病気か
ら回復した人への贈り物にも最適です。
　自分の可能性や価値に気づかせてもくれます。
家族や友人と疎遠になっていたら、絆を取り戻
すこともできます。健康をサポートする石でも
あり、冬に力を発揮します。

種類：方解石（カルサイト）、炭酸カルシウム（CaCO$_3$）、三方晶系、硬度3

色：濃いオレンジ色、ピンク、淡黄

心のヒーリング：あらゆる心の傷を癒やす。食に関する問題を緩和する

チャクラ：仙骨（第2）

Orange Calcite

オレンジカルサイト

ロウソクの色：オレンジ色　香料：アーモンドの花、ベルガモット、ネロリ、オレンジ、モモ　用途：後半生に愛情を引き寄せる。友情を愛情に変える。復縁をうながす。パートナーにお願いがある場合、オレンジ色のロウソクを灯し、石を手に持ちながら伝えるとよい　仕事：仕事と娯楽のバランスを調整する。磨かれた石をビジネスランチや会社のイベントなどに持っていくとよい　神秘的な意味：問題を解決へ導く。コンピュータまたはペンと紙のそばに石を置き、その後、石を1～2分手にし、浮かんできたことを書き出すと、答えが導き出されるという　占いの意味：無分別な誘惑に負けてしまうかもしれないので、イベントに夢中になりすぎないこと　星座：獅子座　エンパワーメント：確信があるから安全に感じる

　創造力と自己の尊厳をもたらす幸せの石。

　バルト海地方では、キリスト教伝来前の太陽神サウレをイメージさせ、闇と悲しみのあとには必ず太陽と幸せがやってくると思い出させてくれることから、12月の冬至に贈りあう石とされてきました。

　楽観性と幸福をもたらすため、食事どきにオレンジ色のロウソクを灯し、磨いて丸玉やエッグストーン（P382）を人数分置いておくと、雰囲気よくリラックスした時間が過ごせます。

　子宝のお守りにもなります。ハウストレーニング中のペットや、なかなか乳離れしない子どもの手助けもしてくれます。

Copper Dendrite
カッパーデンドライト

種類：自然銅、銅（Cu）、立方晶系、硬度2½～3。樹状になったもの。人工物も多い。樹状銅ともいう

色：赤銅色、金茶

心のヒーリング：感情的な負担を軽減する。空気やエネルギーを浄化する。利き手でない手につけ、週に1回、植物の上で9回振るとよい

チャクラ：心臓（第4）

ロウソクの色：緑　**香料**：クラリセージ、ユーカリ、マツ、バーベナ、バニラ　**用途**：本能や、失ったもの、ペットを見つける能力を活性化させる　**仕事**：自分だけでなく、まわりの人の気力や情熱を取り戻させる　**神秘的な意味**：願いを叶える。銅はスピリチュアルな世界との案内人であるため、管状の銅は、究極の魔法のワンド（P375）といわれている。必要なものを引き寄せたいなら外向き、自分にエネルギーを与えたいなら内向きに置くとよい　**占いの意味**：社交性を高める。自分もほかの人も親しみやすくなる　**星座**：牡牛座　**エンパワーメント**：自分を知る価値がある

　銅は古代から水を清める聖なるささげ物として使われてきました。ギリシャ神話のアフロディテ（ローマ神話のヴィーナス。銅は彼女の惑星である金星の金属）といった、愛の女神にささげられています。

　銅でできた葉は幸運のお守りで、小さな緑（ヴィーナスの色）の袋に入れておきます。ひとつなら健康やお金、2つなら恋、3つなら子宝に恵まれるといいます。順にバジル、ラベンダー、ローズマリーをそれぞれ加えると、なお効果的です。袋は緑のリボンで結び目を3つ作って閉じます。

Copper Nugget
カッパーナゲット

種類：自然銅、銅（Cu）、立方晶系、硬度2½～3。塊状になったもの。銅塊ともいう

色：銅色、金茶

心のヒーリング：なじみにくいと感じたり、友人や家族から離れる必要があるとき、人間関係を円滑にする

チャクラ：心臓（第4）

ロウソクの色：緑　**香料**：ライラック、ユリ、ミモザ、バラ、スミレ　**用途**：恋愛や友情をもたらす。恋愛を引き寄せるなら左の薬指、友情なら右の薬指にリングをはめるとよい　**仕事**：幸運をもたらす。小さな器に毎月末日に1個ずつ入れるとよい　**神秘的な意味**：金運をアップさせる。ふたつきの器がいっぱいになるまで毎日銅のコインを貯め、寄付するとよい　**占いの意味**：もっとよく知りたい人と会話をしてみて。歓迎されるはず　**星座**：牡牛座　**エンパワーメント**：生命は自分の内とまわりを調和させながら流れている

　伝統的に、嵐や火災、洪水を吸収し、よい訪問者を招き、家庭に幸運をもたらすといわれています。エネルギーの通り道を開き、自分にふさわしい人々と資産を引き寄せてくれます。パワーを増強させたいときは、銅で円を作り、その中にほかの石を数時間置いておくとよいでしょう。旅行のときに持ってでかけると、よい旅になるばかりか、予定に変更が出ても最小限ですみます。

　第4チャクラの心臓（P21）にかざすと、全身のエネルギーのバランスをよくし、ネガティブなものを取り除き、大地のエネルギーを整えます。

Amber
アンバー

種類：有機質鉱物、こはく、主に非晶質、硬度2〜2½。樹脂が化石化したもの。数千年より新しい化石化した樹脂はコーパルと呼ばれ、耐久性が弱い。植物の一部や昆虫を含んでいるものもある

色：透明なオレンジ色、金色、黄、茶色

心のヒーリング：心の壁を取り除く。精神や情緒を安定させる。ポジティブな思考に変換させる

チャクラ：太陽叢（第3）

ロウソクの色：黄　香料：カモミール、コーパル、乳香、マリーゴールド、ヒマワリ　用途：心身のコンディションを整える　仕事：自他ともにネガティブな考えや行動を取り除く　神秘的な意味：過去世と古代の英知を呼び覚ます。明るい日光またはロウソクの光でアンバーを照らして見つめるとよい　占いの意味：思わぬロマンスや賞賛のチャンス。ただし、これまでの信じられる愛を捨てる必要があるなら、火遊びや突然の情熱ではないかよく考えること　星座：獅子座、射手座　エンパワーメント：自分の内なる火であたためられて、創造力が発揮される

　アンバーには様々な伝説があり、そのうちのひとつは、沈む太陽の光によって作られたというものです。スカンジナビアではヴァイキングの愛と美の女神フレイヤの涙とされ、女性たちは夫や息子を守ってくれるように願いながら、アンバーでできた糸紡ぎを使って編み物をしました。東アジアでは虎の魂を含むと考えられていたことから、身につけた人に勇気を与えるとされてきました。
　自然の輝きをマシといい、静電気を帯びる性質からヒーリング効果が高いと考えられています。長く続く愛を引き寄せる幸運のお守りです。

Peach Aventurine
ピーチアベンチュリン

種類：雲母を含む石英（クォーツ）、二酸化ケイ素（SiO_2）、三方晶系、硬度7

色：明るいオレンジ色、やわらかいピンク。金属製の虹色光沢がある

心のヒーリング：心身の不安を取り除く。精神や情緒を安定させる。ポジティブ思考に変換させる

チャクラ：仙骨（第2）

ロウソクの色：ピンク　香料：リンゴの花、サクラ、ジュニパー、モモ、イチゴ　用途：創造力をうながす。自己表現を成功させる　仕事：創造力を引き出す　神秘的な意味：瞑想に効果をもたらす。フルーツの香りのロウソクやインセンス、オイルを使うとよい　占いの意味：古い批判を気にせず、本来の自分そのままに自分をプロデュースすること　星座：牡牛座　エンパワーメント：何かのイメージの陰に隠れる必要はない

　創造力と落ち着き、円滑なコミュニケーションをもたらします。素敵に輝いていることを賞賛される機会が多くなるため、自分に敏感で外見を気にしすぎている10代の少女に自信を与えてくれます。いつも身につけるか、持ち歩くようにしましょう。
　レイキにもおすすめの石です。ヒーリングでは、慢性の症状が続いている場合、数日から数週間身につけます。ジュエリーとして身につけるか、小さなオレンジ色の袋に入れて腰や首にさげるとよいでしょう。

種類：オパール、含水二酸化ケイ素
（SiO$_2$・nH$_2$O）、非晶質、硬度5½
～6½。オパールの一種

色：明るいオレンジ色、輝く赤。動
かしたとき、虹色の遊色効果の見え
るものは貴重

心のヒーリング：自己の力を目覚め
させる。ネガティブな状況に勇気を
もって対処する。心身の傷やトラウ
マを癒やす

チャクラ：太陽叢（第3）

Fire Opal
ファイアーオパール

ロウソクの色：赤　香料：オールスパイス、アニス、安息香、コーパル、ショウガ　用途：円滑な人間関係
をもたらす。大きな問題に取り組む力を与える　仕事：キャリアをアップさせる。決断をうながす　神秘的
な意味：金運をアップさせる。人間関係に情熱をもたらす。赤いロウソクのまわりで石を9回動かしながら、
願いを唱えるとよい。ただし、熱で傷みやすいので、火に近づけすぎないこと　占いの意味：率直な言葉と
決然とした行動が必要なとき　星座：牡羊座　エンパワーメント：真正面から問題に取り組む

　メキシコにおいてアステカ人は、羽が生え、ヘ
ビの姿をした創造神ケツァルコアトルにちなみ、
「天国の鳥の石」と呼びました。
　この神のような創造力と新たなはじまりへ導く
力は、このオパールをオパールの中で最も活動的
なものとして特徴づけています。
　こうしたことから、独立して自分のルールで生
きていきたい人や、仕事や生活に違いを生み出し
たい人に力を与える石と見なされてきました。
　家族や友人などまわりの反対を押し切っても、

愛や情熱を貫きたい人に勇気を与えてもくれます。

Orange Aragonite
オレンジアラゴナイト

種類：霰石、炭酸カルシウム（CaCO3）、直方晶系、硬度3½〜4。双晶して六角柱状結晶がクラスター（P344）を形成

色：オレンジ色、オレンジ色を帯びた茶色、茶色

心のヒーリング：心身のバランスを整える

チャクラ：仙骨（第2）

ロウソクの色：オレンジ色　香料：クラリセージ、ショウガ、ハイビスカス、ネロリ、オレンジ　用途：社交性をアップさせる。遅刻しがちなら、時計のそばに磨かれた石を置くとよい　仕事：人脈を広げる。ネットワーキングやマーケティング、研修、イベントを主催したり、出席するなら、クラスターを身につけるとよい　神秘的な意味：大地のエネルギーの石。家庭内の大気中のストレスを取り除く　占いの意味：現在の人間関係やプロジェクトは、費やした時間だけの価値があることを認めて　星座：蟹座、山羊座　エンパワーメント：時間は大切。無駄にせずに使うこと

　アラゴナイトは温泉や火山岩、洞窟で見られます。またアコヤガイなどの真珠母貝（P400）は、アラゴナイトと同じ鉱物相をもっています。
　しばしば「母なる大地と海の石」と呼ばれ、ヒーリングやスピリチュアルなトレーニングにすぐれた石とされています。
　家に置くと、子どもたちの自立を手助けしてくれるでしょう。家の中心付近に小さな石の輪を作り、中心に磨かれた石を置くと、身近にいない家族や友人に愛情や友情を伝えることもできます。

Orange Carnelian
オレンジカーネリアン

種類：玉髄（潜晶質石英）、二酸化ケイ素（SiO2）、三方晶系、硬度7

色：薄いオレンジ色、黄を帯びたオレンジ色、オレンジ色を帯びたピンク、ほとんど茶色のものも

心のヒーリング：あらゆる不安や、食物やダイエットに関する問題を緩和する

チャクラ：仙骨（第2）

ロウソクの色：オレンジ色　香料：カモミール、ハイビスカス、マリーゴールド、オレンジ、ローズマリー　用途：親へと成長させる。ピンクの斑点のある石がおすすめ　仕事：活発な環境へ導く。斑点のある石を置くとよい　神秘的な意味：相思相愛の相手を引き寄せる。オレンジ色のロウソクの前に、石を2個置くとよい。相手が現れたら、ロウソクを消して水の流れる場所に投げ入れる　占いの意味：人間関係に新しい命を吹き込むチャンスがくる　星座：乙女座、射手座　エンパワーメント：雌のライオンのように勇敢に

　古代エジプトにおいてカーネリアン（P83）は「沈む太陽」と呼ばれました。母なる女神イシスの経血と関係づけられたのです。ヒエログリフのティエット（右下図）はイシスのベルトをあらわし、イシスに助けて欲しいと願う女性が、これをカーネリアンやレッドジャスパー（P77）に描いたり彫ったりしたとされています。子宝に患まれたいときは、インセンスで石の上にティエットを描きましょう。オレンジ色を帯びたピンクから薄いオレンジ色の石は、受動的な女性エネルギーの石とされています。

ヘソナイトガーネット

種類：灰礬石榴石（グロッシュラー、P153）、カルシウム・アルミニウム・ケイ酸塩（Ca$_3$Al$_2$Si$_3$O$_{12}$）、立方晶系、硬度6½〜7。比較的稀少

色：オレンジ色。鉄とマンガンのインクルージョンを含むことによって、中程度から濃い茶色を帯びたオレンジ色、赤っぽい茶色

心のヒーリング：孤独と戦う力をもたらす

チャクラ：仙骨（第2）

ロウソクの色：オレンジ色　香料：オールスパイス、バジル、シナモン、コーパル、乳香　用途：障害を取り除き、社会的状況において助けとなる　仕事：地に足のついた考えやクリエイティブな解決策をもたらす　神秘的な意味：あらゆる占星術や占いにおける能力を目覚めさせる　占いの意味：不実なゴシップに加わって誤解を招かないように気をつけて　星座：山羊座、水瓶座　エンパワーメント：創造力を楽しめば、よりクリエイティブに

　アルマンディン（P85）やパイロープ（P85）よりほんの少しやわらかな石。「シナモンの石」と呼ばれるのは、色だけでなく、シナモンの原産地スリランカのセイロン島に由来しています。古代ギリシャやローマの時代から、繁栄や喜び、健康を招くお守りとされてきました。
　仕事に成功を呼び込む石で、ビジネスを軌道に乗せ、成功へと導きます。美術における表現力も刺激し、開花させてくれます。

ヴルフェナイト

種類：水鉛鉛鉱（モリブデン鉛鉱）、モリブデン酸鉛（PbMoO$_4$）、正方晶系、硬度2½〜3

色：オレンジ色、赤、黄

心のヒーリング：感情のバランスを調整する。情熱を再燃させる。人間関係のつまづきを癒やす。ネガティブな面を克服させる

チャクラ：ルート（第1）、仙骨（第2）、太陽叢（第3）

ロウソクの色：オレンジ色　香料：ローリエ、レモン、楓子香、ゼラニウム、ハイビスカス、ペパーミント　用途：環境意識を高める　仕事：公私を区別する　神秘的な意味：自然と調和させながら、スピリチュアルな成長を助ける　占いの意味：報酬を得ながら、具体的かつポジティブな方法でクリエイティブな才能を表現するチャンス。ただし、努力が必要で、ほかの人より目立つというリスクも　星座：射手座　エンパワーメント：ときどきはネガティブになることも認める

　1785年、オーストリアの鉱物学者フランス・グザフィア・フォン・ヴルフェンが最初に記録したことから、彼の死後、ヴルフェナイトと名づけられました。第3チャクラの太陽叢（P20）のエネルギーの中心にある石で、実際の太陽と私たちの内なる太陽に関係し、感情のネガティブな面を取り除き、本来の自分を表現できるようにうながします。内と外の自己を調和させ、よいバランスに整えてくれます。
注意：有毒であるため、エリクシール（P16）などを作らないように。やわらかくもろいので、ほかの石と一緒にしないようにしましょう。

種類：満礬石榴石（ガーネットスーパーグループの一種）、マンガン・アルミニウム・ケイ酸塩（$Mn_3Al_2Si_3O_{12}$）、立方晶系、硬度7～7½。宝石質のものは稀少

色：オレンジ色、深い赤。ほとんど純粋な結晶の場合、薄黄にもなるが、アルマンディン（P85）の成分が入っていることが多い（固溶体を作っている）

心のヒーリング：身体感覚やポジティブな感情を回復させる

チャクラ：仙骨（第2）

Spessartine
スペサルティン

ロウソクの色：オレンジ色　香料：乳香、ショウガ、オレンジ、パセリ、ローズマリー　用途：幸せをもたらす。心身のバランスを整える　仕事：創造力を刺激する　神秘的な意味：「太陽のガーネット」といわれ、明るさをもたらす。行きたい場所へ導く。磨かれた小さな石を、旅したり、住みたい場所のパンフレットと一緒にオレンジ色の布でくるみ、オレンジ色のリボンをかけて、週に1回、太陽にあてるとよい　占いの意味：問題は自分にはない。問題は、自分を新しい場所や事業から遠ざけている、まわりの人にある　星座：射手座、山羊座　エンパワーメント：笑顔で自分の太陽を作る

　ガーネットの中でやや稀少な種類です。ドイツのバヴァリアのスペサート地域にちなんだ名前がつけられていますが、スウェーデン、ブラジル、アメリカ、オーストラリア、スリランカ、日本でも産出します。

　人生に自発性と楽しみをもたらし、「人生はつらい」という内なる声を追い払ってくれます。おへそのあたりに身につけると、この付近にある第2チャクラの仙骨（P20）を活性化させ、眠っていたクリエイティブなエネルギーを目覚めさせます。

　このエネルギーは、芸術性だけでなく、生命や心身の創造力をも呼び覚まし、人生をカラフルで豊かなものにします。内から少しずつ幸福感で満たされ、充実した人生が送れるでしょう。

　同時に仕事や趣味において、自分のことがわからず、途方に暮れている仲間がいれば、助けてもくれます。心から愛する人や気のおけない仲間など、相思相愛のような人を引き寄せ、出会わせてもくれるでしょう。

種類：方解石（カルサイト）、炭酸カルシウム（CaCO₃）、三方晶系、硬度3。アンバーカルサイトともいう

色：微量の鉄を含むことによって、薄いハチミツ色、金色

心のヒーリング：閉経後の女性や、婦人科の問題を抱える女性をなぐさめる

チャクラ：太陽叢（第3）

Honey Calcite

ハニーカルサイト

ロウソクの色：天然のミツロウの色　香料：カーネーション、クローブ、ハチミツ、マリーゴールド、モモ　用途：調和と祝福をもたらす。磨かれた石を食卓やパーティ、お祝いの席に置くとよい。人々の間に調和を生み、至福の時間となるという　仕事：ネガティブな出来事を乗り越える力を与える。楽観性を回復させる。チャンスに向けてやる気を出させる。積極的な協力体制を築かせる　神秘的な意味：繁栄をもたらす。フルーツやジュエリーで囲み、定期的にミツロウのロウソクを灯すとよい　占いの意味：黄金期を迎えようとしている。不十分なものがあるのではないかと心配する必要はない　星座：射手座、魚座　エンパワーメント：足りないものはない

　長い根状の結晶が、油化したハチミツのように見えます。これは白い皮膜が、結晶表面を包む自然の奇跡です。

　ハチミツ色のため、キリスト教では聖母とその母アンナに結びつけられてきました。聖アンナは養蜂を営む人々の守護聖女です。また、新石器時代におけるハチの女神の伝説とも関係があります。

　動物はこの石を好むため、天然石を庭に置いておくと、よい土壌でなくても草花がよく生長し、ミツバチやチョウ、トンボなどを呼び込んでくれ

るといいます。

　仕事でもプライベートでも、ネットを使う際に幸運をもたらしてくれます。ウェブやSNS、グループや個人のサイトを開設する際は、そばに置いておきましょう。

種類：針鉄鉱（ゲーサイト、P91）、水酸化鉄（FeOOH）、褐鉄鉱（おもに針鉄鉱から構成される。写真は黄鉄鉱が酸化して褐鉄鉱化したもの）、単斜晶系、硬度5½

色：黄、黄を帯びた茶色、赤茶

心のヒーリング：猛スピードで動き続ける状況を落ち着かせる。ほかの人とのつながりを感じさせる。パートナーとの出会いに導く

チャクラ：ルート（第1）、仙骨（第2）

Limonite
リモナイト

ロウソクの色：黄　香料：安息香、クローブ、ゼラニウム、没薬、ローズマリー　用途：ネガティブなエネルギーやもの、人を遠ざける。美や創造力をもたらす　仕事：やる気や集中力をアップさせる。変化を乗り越えたり、新しい試みをやりとげる力をもたらす　神秘的な意味：スピリチュアルな力と集中力をアップさせる　占いの意味：気がねなくゆっくりしていい　星座：乙女座　エンパワーメント：大地の豊穣を受け取る

　絵の具のオーカー色に用いられ、古代の洞窟画にも使われていました。オーストラリアのアボリジニ文化に見られるように、母なる大地の美と創造力を象徴します。

　この石は、新築や無機的な家、ホテルの部屋、あるいはオフィスを快適な空間にします。面倒な隣人や大家がいる場合、自分のテリトリーを作り出してもくれます。

　オフィスが緊張感のない雰囲気なら、メリハリと活気も与えてくれるでしょう。

　安心感や安定感も生まれるため、ペットの水槽やケージのそばに置いておくのもよいアイデアです。

　また、道に迷わず目的地に着けるよう導いてくれるので、車に置いておくのもよいでしょう。

　疎遠になった友人の所在を調べるときも力を貸してくれます。

Citrine

シトリン

種類：石英（クォーツ）、二酸化ケイ素（SiO₂）、三方
晶系、硬度7

色：透明な黄。薄い黄から金色のような黄、ハチミツ
色、茶色。虹や閃光が見られることも。比較的稀少

心のヒーリング：ワーカホリックを予防する。浪費や
あらゆる依存につながるストレスを取り除く

チャクラ：太陽叢（第3）

ロウソクの色：黄　香料：アーモンド、レモンバーム、
オレンジ　用途：健康と豊穣、幸運をもたらす　仕
事：事業を成功させる。富をもたらす　神秘的な意
味：敵対的な霊を遠ざける。磨かれた天然石が光をキ
ャッチし、ネガティブなエネルギーを遠ざけるという
占いの意味：自分の考えや必要なことをはっきりと伝
えるとき　星座：双子座　エンパワーメント：人生に
幸運を引き寄せる

　天然石は日光を閉じ込めているといわれ、ネ
ガティブなものを吸収しないため、浄化の必要
がないとされています。また、人工石のもつパ
ワーとヒーリングの特性も兼ねそなえているた
め、すぐに効果が出ない場合でも、強力なエネ
ルギーを放ちます。

　悪意やねたみなど、ネガティブな感情を防ぐ
盾の役割を果たすとともに、富と幸運、愛を呼
ぶお守りとして力を貸してくれます。

　この石のピラミッド（P386）や晶洞を家に
置き、日光を充満させて幸せを広げましょう。

　新生児にこの石の天使（P341）や水晶玉（P3
78）を贈ると、知性と健康、幸せ、好奇心、
お金、自信、そしてあらゆるヒーリングの英知
を与えてくれるといいます。

Heat-Treated Citrine

熱加工シトリン

種類：紫のアメシスト（P225）やグレーのスモー
クォーツ（P134）を熱加工したもの

色：透明な黄。もっと明るい色になることも。閃光や
インクルージョンがある場合も

心のヒーリング：幼少期の心の傷を癒やす。ネガティ
ブなサイクルを断ち切る。あらゆる依存を克服させる

チャクラ：太陽叢（第3）

ロウソクの色：黄　香料：ベルガモット、レモングラ
ス、ライム、マリーゴールド　用途：幸せをもたらす。
家を売るときには、窓辺に磨かれた石を7個並べると
よい買い手が見つかるという　仕事：事業を成功に導
く。レジがある場合、磨かれた石を1個入れるとよい
神秘的な意味：幸せをもたらす。手に石を持ち、日光
のもとで鏡を見ながら願うとよい　占いの意味：幸運
は自分にあると思ってチャンスをつかんで　星座：双
子座　エンパワーメント：チャンスをつかむのをおそ
れない

　仕事を成功に導くため、会議で発言したり、
アイデアを出したり、仕事の大切な局面を迎え
るときは、石を第3チャクラの太陽叢（P20）
の中心に置きます。コンピュータを使って新し
いことをはじめるときは、そばに置くようにし
ましょう。

　自分を取りまくオーラのエネルギーフィール
ドをこの石のパワーで満たすと、心がおだやか
になります。石を口に近づけて7回呼吸し、2
〜3分繰り返すとよいでしょう。恐怖心や孤独
も消え去ります。眠いときや数字と格闘して疲
れているとき、欲しくてたまらないものがある
ときは、手にすると落ち着きます。

種類：灰重石（タングステン鉱石の一種）、タングステン酸カルシウム（CaWO$_4$）、正方晶系、硬度 4 ½〜5

色：黄、金色、オレンジ色、緑を帯びたグレー、茶色、白

心のヒーリング：感情と精神のバランスを回復させる。気分の幅や過剰な怒りを軽減させる

チャクラ：ルート（第1）、頭頂部（第7）

Scheelite

シーライト

ロウソクの色：黄、オレンジ色　香料：竜血、グレープフルーツ、ハイビスカス、スイカズラ、ミモザ　用途：支配的で威圧的な環境を、ソフトなエネルギーの空間に変える。子どもや動物を落ち着かせる　仕事：よい競争エネルギーで活気をもたらす。明晰な思考をうながす。緊張せず、適切に行動できるように手助けする　神秘的な意味：スピリチュアルな能力をもたらす。深いリラックス状態に導く　占いの意味：不当に圧力を受けたり汚名を着せられたりしても、無実はすぐに証明されるので落ち着くこと　星座：天秤座　エンパワーメント：怒りを否定せず乗り越える

　スピリチュアルな成長をサポートする石とされ、第7チャクラの頭頂部（P21）を刺激して思考に働きかけ、心をスピリチュアルに解放し、精神を高めてくれます。

　第1チャクラのルートチャクラ（P20）とも直接つながるため、地に足のついた安定した状態を保てます。ほかのチャクラも整えるため、自動的にオーラのエネルギーフィールドを浄化し、日常のストレスや刺激をやわらげてもくれます。

　銅のスティックやハシバミの枝を使って、鉱物や水、レイラインの探査や占いをするときは、平衡おもりや増幅器として使えます。

　コレクター向けにファセットカットされた金色の中国産がありますが、ジュエリーにはやわらかすぎるようです。

アナターゼ

種類：鋭錐石、二酸化チタン（TiO₂）、正方晶系、硬度5½〜6

色：黄、黄緑、青、茶色、黒

心のヒーリング：不運にあったときの無力感を克服させる。ポジティブな感覚を回復させる

チャクラ：太陽叢（第3）

ロウソクの色：黄　香料：アーモンド、アニス、ライム　用途：問題の整理をうながす。相談ごとの際にテーブルに置くとよい　仕事：ネガティブな出来事を乗り越えさせる。明快で端的なやりとりをうながす　神秘的な意味：なくしたもののありかへ導く。石の上に振り子（P380）をかざし、なくしたものを思い描き、地図を敷いて振り子の揺れにしたがうとよいとされる　占いの意味：ほかの人との議論を避けてはいけない　星座：蠍座　エンパワーメント：勝ち抜ける自信がある

様々な性質をもつ石。決意をうながす石としては、政治や法律、司法に携わる人、ライフスタイルを一新したいが最初の一歩が踏み出せない人に。発言の石としては、ほかの人を喜ばせてばかりいる人や、自分のアイデンティティがほかの人からの要求によって、むしばまれていると思う人におすすめです。

権威ある人に会うときも持っていると、落ち着いてはっきりと話すことができます。研究の石としては、明晰さが必要なときに力を貸してくれます。

レモンクリソプレーズ

種類：玉髄（潜晶質石英）、二酸化ケイ素（SiO₂）、三方晶系、硬度7。または、茶色から赤茶の葉脈模様のある明るい黄のマグネサイト（P164）

色：レモンイエロー、黄、黄緑

心のヒーリング：ネガティブな感情を遠ざける

チャクラ：太陽叢（第3）、心臓（第4）

ロウソクの色：レモンイエロー　香料：ベルガモット、グレープフルーツ、レモン　用途：感情的圧力を遠ざける。望まない訪問者を追い払いたいときは、玄関のそばに埋めるとよい　仕事：ネガティブな力や出来事と戦う力を与える　神秘的な意味：心をあやつる人や企みを打破する力を与える　占いの意味：何かショッキングなことを耳にするかもしれないが、隠された事実や意図があるはず。真に受けないで　星座：双子座　エンパワーメント：すべてのことは時がくれば解決する

安全のお守りとして、どこかへでかける際は持ち歩くと無事に帰宅できます。家内安全にも力を発揮するため、やきもちやきの家族がいたり、新しいパートナーができたら、磨かれたこの石やジュエリーをプレゼントしましょう。動物にも効果があり、飼っているペットが、新しい仲間を受け入れやすくしてくれます。また、恋の痛みを癒やしたり、よくない恋に区切りをつけさせてもくれるでしょう。裏切られているように思うなら、この石に触れてみます。指先に冷たいうずきを感じたら要注意。

この石にはときどき水をかけてあげましょう。

種類：緑柱石（ベリル）、ベリリウム・アルミニウム・ケイ酸塩（$Be_3 Al_2 Si_6 O_{18}$）、六方晶系、硬度7½〜8

色：黄緑、黄

心のヒーリング：自己愛の強い人や自分を省みない人に、自分以外の人の考えを理解させる

チャクラ：仙骨（第2）、太陽叢（第3）

Heliodor

ヘリオドール

ロウソクの色：黄　香料：アンゼリカ、カモミール、ラベンダー、ペパーミント、スウィートマジョラム　用途：幸せやポジティブなエネルギーで満たす。日差しが弱く薄暗いときや冬に、家に置くか身につけるとよい　仕事：成功へのやる気や決意をアップさせる。ほかの人を説得しやすくする。ネガティブな人を遠ざける　神秘的な意味：人生を確信で満たす。日差しが弱く薄暗いときや冬に、金色のロウソクのそばで石を手にして見つめるとよい　占いの意味：希望が復活し、道が開けるよいきざしがある　星座：獅子座　エンパワーメント：自分の内なる光を求める

　ヘリオドールという名前は、「太陽の贈り物」をあらわすギリシャ語に由来し、一般的に、木々からこぼれる初冬の日差しのような黄色味を帯びています。

　自分のまわりにいる人の正直さを強め、自分に害がおよばないように守ってくれるとともに、仕事やお金など失われたものがあれば取り戻してくれます。

　子どもや高齢者、病気の家族の世話と仕事のバランスに悩む人、自営業の人に力を与えます。

　熱帯の動物や鳥、魚が、寒い場所で幸せに暮らせるように導くともいわれることから、寒い地方に引っ越す際に持っていると、環境になじむのを助けてくれます。

種類：金緑石、ベリリウム・アルミ
ニウム・酸化物（BeAl₂O₄）、直方
晶系、硬度8½。よりエキゾティッ
クなものはオリエンタルキャッツア
イという。比較的稀少

色：澄んだ黄、ハチミツ色、黄緑、
茶色

心のヒーリング：自分のアイデンテ
ィティを確立させる

チャクラ：太陽叢（第3）

Chrysoberyl

クリソベリル

ロウソクの色：黄、金色　香料：マリーゴールド、ミモザ、ミント、ローズマリー、タイム　用途：リーダ
ーシップをもたらす。ネガティブなエネルギーや人、ものを遠ざける。イベントなどを主催するときに身に
つけるとよい　仕事：可能なかぎり最高の状態を求めて努力するようにうながす　神秘的な意味：安心をも
たらす。動物とのコミュニケーションへ導く　占いの意味：変化を求めるなら、長期的なメリットと安全を
考え、今いる場所を離れたほうがよいこともあるかも。検討してみて　星座：双子座、獅子座　エンパワー
メント：ほかの人にしたがう必要はない

　クリソベルには、キャッツアイ（クリソベルキ
ャッツアイ）のほかに、ファセットカットした透
明な黄緑から緑、黄、茶色のクリソベルと、太陽
光の下で青緑、白熱灯の下で赤に見えるアレキサ
ンドライト（P296）の3種類があります。
　キャッツアイは最も特別な石で、ファセットカ
ットにせず、カボションカットして、猫の目のよ
うな効果をもたせています。このことから、猫と
結びついた幸運の石ともいわれます。身につける
と、慌てることによって起こる事故やまちがいを
防いでくれるでしょう。
　また、ほかの石や様々なヒーリングの効果を高
めるとともに、体の不調を見極め、従来の治療と
スピリチュアルなヒーリングのどちらが最適か、
あるいはどちらも行うべきかを直感的に判断でき
るように導きます。
　すべてのクリソベリルにあてはまりますが、特
に黄色い石は富をもたらす力が強く、かつては裕
福なパートナーを引き寄せると考えられていまし
た。

Andradite
アンドラダイト

種類：灰鉄石榴石、カルシウム・鉄・ケイ酸塩（Ca3Fe2 Si3O12）、立方晶系、硬度 6½〜7

色：黄、黄緑、エメラルドグリーン、灰緑、黒、茶色を帯びた赤、茶色を帯びた黄

心のヒーリング：感情に強さと安定、バランスを与える。自信や自己の尊厳を高める

チャクラ：ルート（第1）、太陽叢（第3）、心臓（第4）

ロウソクの色：黄、朱　香料：ローリエ、安息香、乳香、ジュニパー、ローズマリー　用途：感情のバランスを調整する。人間関係の対等な成長をうながす。黄や濃い色の石がおすすめ　仕事：ひとりで仕事をする人を助ける。ネットワーキングとアイデアの蓄積をうながす　神秘的な意味：人生をおそれる気持ちを緩和させる。マインドコントロールを阻止する　占いの意味：助けを求めることをためらわないで　星座：山羊座、水瓶座　エンパワーメント：気をそらされない

　色と価値によって大きく3種類に分けられ、種類によって異なる超自然的性質を帯びますが、いずれもガーネットの仲間に共通する防護力、強さ、コミュニケーション、関係構築に働きかけるエネルギーをもっています。
　どの石も身につけると、生涯の友を呼び寄せてくれますが、黄色い石はトパゾライトと呼ばれ、最も強力かつ活発で、第3チャクラの太陽叢（P20）を通じて働き、集中力と決断力を高めてくれます。クリエイティブな能力を強め、より思考が明晰になります。

Orthoclase
オーソクレース

種類：正長石（カリ長石の一種）、カリウム・アルミノケイ酸塩（KAISi3O8）、単斜晶系、硬度6。ムーンストーンおよびアマゾナイト（P297）と関係が深い

色：黄、薄緑、白、グレー、無色。透明な宝石質のものは稀少

心のヒーリング：感情に平安を与える。悲嘆を取り除く

チャクラ：太陽叢（第3）。すべてのチャクラの方向性をあわせるのを助ける

ロウソクの色：薄い黄　香料：ジャスミン、ライム、ミモザ、ネロリ、ポピー　用途：夢を叶える。個性をアップさせる　仕事：同意をうながす。会議のとき、デスクの中央に1個置くとよい　神秘的な意味：異次元からのメッセージを明らかにする。超自然的、不思議な体験を日常に生かすようにうながす　占いの意味：人間として成長のとき。これまでの友人と離れ、ほかの人と親しくなるかも　星座：蟹座　エンパワーメント：あわせる必要はない

　深い悲しみをなぐさめる石とされることから、故人のおだやかな旅立ちを祈ったり、遺族の悲しみを癒やしたいときに力を貸してくれます。不運な出来事に見舞われてトラウマをかかえていたり、不安にさいなまれる日々を送る人もなぐさめ、心に平安をもたらしてくれるでしょう。また、ペットのお墓の目印にも使われます。

イエローフローライト

Yellow Fluorite

種類：蛍石、フッ化カルシウム（CaF₂）、立方晶系、
硬度4

色：黄

心のヒーリング：不安や嫉妬を軽減させる。自分を愛
するようにうながす

チャクラ：仙骨（第2）、太陽叢（第3）

ロウソクの色：黄　香料：カモミール、ラベンダー、
レモングラス、レモンバーベナ、セージ　用途：過保
護になったり、過度な手助けにならない、ほどよい関
係をもたらす　仕事：ビジネスセンスをもたらす。現
実に目を向けさせる　神秘的な意味：直感を保ちなが
ら、客観性をもたらす　占いの意味：問題解決には、
論理だけでなく、いつもと違うタフさが必要　星座：
双子座　エンパワーメント：強くスピリチュアルにな
れる

　生まれつきもっているおだやかでスピリチュ
アルな感性に働きかけ、知力と努力を具体的な
成果に導いてくれます。また、実現可能な夢と
幻想の違いを教えてくれるため、キャリアを確
実に築きたい人に理想的な石です。起業したり、
協力の必要なプロジェクトがはじまるときには
力を貸してくれます。さらには、避けたほうが
よいと感じる出来事や案件を断るときに、的確
な理由をもたらしてくれるでしょう。

イエローゴールデンオパール

Yellow Golden Opal

種類：オパール、含水二酸化ケイ素（SiO₂·nH₂O）、
非晶質、硬度5½～6½

色：こはく色、金色、黄。一般のオパールだが、虹色
の遊色は発しない

心のヒーリング：幸福感を高める。ポジティブな環境
に導く。積極的でポジティブな意欲を生み出す。生き
る意志を回復させる

チャクラ：太陽叢（第3）

ロウソクの色：黄　香料：安息香、エルダーの花、マ
リーゴールド、オレンジ、ヒマワリ　用途：幸運やチ
ャンスをもたらす。思わぬところで人を引きつける
仕事：安定をもたらす。よいユーモアと忍耐力で満た
す　神秘的な意味：幸せをもたらす。石が太陽の力で
パワーアップできるよう、日曜日ごとに、夜明けと正午、
日没時に日光にあてるとよい　占いの意味：義務や利
益のためでなく、楽しむために何かをするとき　星座：
双子座、蟹座　エンパワーメント：幸せでいるために
必要なすべてのものをもっている

　勝利の石とされることから、知識や能力を問
われるテストのお守りになります。マラソンな
どハードなスポーツを行うときは、スタミナを
もたらします。また、自分の可能性を信じる気
持ちを高め、強い自信に変えてくれます。
　研究にも効果的です。嫉妬などネガティブな
感情から遠ざけ、ポジティブなエネルギーで満
たしてくれるため、ベストをつくせるでしょう。
　成績がよいことや勉強が好きなことを理由に、
子どもが冷やかしやからかいを受けているなら、
勉強をもっと楽しめるようにプレゼントしまし
ょう。

種類：尖晶石（スピネル）、酸化マグネシウム・アルミニウム（MgAl$_2$O$_4$）、立方晶系、硬度7½〜8。人工物もある。ヒーリングやエンパワーメントにはあまり向かない

色：薄い黄、黄、金色を帯びた黄。加熱処理したものもある

心のヒーリング：ネガティブな感情を取り除く。困難なときもポジティブに乗りきる力を与える

チャクラ：太陽叢（第3）

Yellow Spinel

イエロースピネル

ロウソクの色：黄　香料：カモミール、クローブ、オレンジ、ローズマリー、ヒマワリ　用途：ポジティブな感情、人、ものを引き寄せる。ネガティブなものをポジティブなものに変える　仕事：困難なときもポジティブに乗りきる力を与える。難しい試験や評価、競争が激しい活動や仕事、難しい技術や語学の習得に際して身につけるとよい　神秘的な意味：体の癒やしを妨げる感情のつまりを取り除く。ポジティブなエネルギーを維持させる。おへそか腰の中心に1個、まわりに6個置くとよい　占いの意味：自発的な外出やおもてなしの機会にはイエスと答えて。今やるのがベスト　星座：射手座　エンパワーメント：自分の輝きは自分で作り出す

　太陽のスピネルともいわれるこの石は、個人の力と決意を象徴します。物質的成功だけでなく精神的な幸せにも導き、運命をポジティブなパワーで満たしてくれます。

　人生への情熱が失われつつあると感じたら、上半身の中心にある太陽叢に石を置き、喜びを感じたときのことを思い起こしましょう。情熱が呼び起こされるまで繰り返します。

　家族の間に嫉妬や対立、ライバル意識があるなら、状況を改善できるように力を貸してくれます。

　学ぶ意欲を刺激し、いかなる状況やコンディションにあっても、好奇心や探求心を解放させ、人生を実りあるものとして発展し続けていけるようにうながします。

イエロージャスパー

種類：碧玉（不純物を多く含む微細な石英の集合体）、
二酸化ケイ素（SiO₂）＋不純物、三方晶系、硬度7

色：からし色、砂色、薄い黄

心のヒーリング：ネガティブな気持ちや自意識を改善
させる。引っ込み思案を克服させる

チャクラ：太陽叢（第3）

ロウソクの色：黄　香料：アンゼリカ、ベルガモット、
フェンネル、レモングラス、ミント　用途：危険を遠
ざける。健康をうながす。手助けする心を養う　仕事：
先のばしにしてきた仕事を片づけるようにうながす
神秘的な意味：ねたみや悪意など、ネガティブな感情
に打ち勝つ　占いの意味：もうすぐ旅行の誘いがある
かも　星座：双子座、山羊座　エンパワーメント：自
分は母なる大地の一部と感じる

　長い間身につけていると、ネガティブなエネ
ルギーから守り、深い絆で結びついた環境で生
活できるように力を貸してくれます。まやかし
やだまそうとする人を遠ざけるとともに、自信
に満ちあふれ、目標を達成したり、よい友人に
恵まれたりするでしょう。癒やしとエネルギー
をもたらす大地との結びつきも深まります。知
性の石でもあるため、勉強にも効果的です。

レモンクォーツ

種類：石英（クォーツ）、二酸化ケイ素（SiO₂）、三
方晶系、硬度7。オロヴェルデ（グリーンゴールド）
とも呼ばれる

色：金色を帯びた黄緑、鉄を含むことによってレモン
色になる

心のヒーリング：ネガティブなエネルギーと戦う力を
与える。人生のよい出来事と祝福のすべてを思い出さ
せる

チャクラ：太陽叢（第3）

ロウソクの色：レモンイエロー　香料：レモン、レモ
ングラス、ライム、ネロリ　用途：幸運やフレッシュ
なエネルギーをもたらす　仕事：円滑な人間関係をも
たらす。効率をアップさせる　神秘的な意味：悪意を
遠ざける。ヘビの毒に効くとされ、ペンダントにする
と人間の毒を除去するという。ただし毎週、レモンか
レモングラスのインセンスにかざすこと　占いの意
味：友人同士のけんかから離れて　星座：双子座　エ
ンパワーメント：心と同じくらい頭を使って

　シトリン（P102）より即効性があります。
即答や即決を迫られたり、すぐにお金を手に入
れたいときなど、急を要するときに力を貸して
くれます。試験や面談においても効果的です。
　スピリチュアルな面では、ネガティブなエネ
ルギーにおおわれたときに、状況を一変させた
り、根こそぎ取り除いてくれます。
　欲望も抑えることができるため、たばこや食
べ物への依存も改善できるでしょう。また、富
をもたらす石としても力を発揮します。

Yellow Jadeite
イエロージェーダイト

種類：翡翠輝石（硬玉）、ナトリウム・アルミニウム・ケイ酸塩（NaAlSi$_2$O$_6$）、単斜晶系、硬度6～7。細かい結晶の集合体で、ほかの鉱物のインクルージョンがある

色：結晶粒の間に酸化鉄が入ることによって、レモン色、明るい黄

心のヒーリング：SMSなどインターネット上において、ネガティブな感情を遠ざける

チャクラ：ルート（第1）、太陽叢（第3）

ロウソクの色：黄　香料：カモミール、マリーゴールド、セージ、ヤマヨモギ、ヒマワリ　用途：友情をもたらし、成長させる　仕事：プロ意識をうながす。高いレベルでの成功をもたらす　神秘的な意味：幸せをもたらす。仕事や旅行で幸運を招く。アイデアで稼げるように導く　占いの意味：運がよいと思うことで、運気があがる。チャンスはつかまないと消えてしまう　星座：牡牛座、双子座　エンパワーメント：努力で自分の幸運を引き寄せる

　みんなを元気づけることのできる幸せの石。家やオフィスにおいて光を呼び込み、幸せを広げましょう。また、善悪を見分ける内なるレーダーを活発にし、ネガティブなエネルギーを遠ざけるとともに、よい決断に導いてくれます。相手がよかれと思ってしたことに傷ついてしまったことがあるなら、身につけておくとよいでしょう。

　旅の石でもあり、顔見知りのいない会議やイベントに出席するときや、ひとりで外出するときに持っていると、素敵な出会いが訪れます。

Sulphur
イオウ

種類：自然イオウ、イオウ（S）、直方晶系、硬度1½～2½

色：黄、緑、黄っぽい茶色、赤、グレーを帯びた黄。条痕（粉の色）は黄を帯びた白

心のヒーリング：ネガティブな感情を克服させる

チャクラ：太陽叢（第3）

ロウソクの色：黄　香料：アンゼリカ、安息香、コーパル、ニンニク、ジュニパー　用途：だまそうとする人を遠ざける。水や食べ物から生じる問題を遠ざける。密封した結晶を小さな黄色い袋に入れて身につけるとよいとされる　仕事：集中力、注意心を与える。交通安全のお守り。悪天候のとき、紙に包むか小箱に入れて車に積んでおくとよいとされる　神秘的な意味：ネガティブなエネルギーを取り除き、ポジティブなエネルギーで保護する　占いの意味：正当な理由があっても怒りは手放して　星座：牡羊座、獅子座　エンパワーメント：ネガティブな考えと感情を手放し、喜びと光で満たす

　石の表面に付着したものを形にし、目に見えるようにするといわれています。このことから、援助や好意を得たいときは、身のまわりに置いておくとよいでしょう。インターネットを利用して、仕事や家などを探すときにも効果的です。希望以上のものが得られるでしょう。

　ネガティブな人生から追い出したいものがあれば、この石を代わりに、大きな岩のそばに埋めます。

注意：有毒で可燃性であるため、水に入れたり、エリクシール（P16）などを作ったりしないように。素手で触れないこと。

キャルコパイライト

種類：黄銅鉱、銅鉄硫化物（CuFeS2）、正方晶系、硬度3½～4。主要な銅鉱石

色：真鍮黄。緑や虹色を帯びることも

心のヒーリング：自己イメージを回復させる。失敗を克服させる。孤独を癒やし、友情を築かせる

チャクラ：心臓（第4）、頭頂部（第7）

ロウソクの色：緑　香料：リンゴの花、クラリセージ、バラ、ローズウッド、スミレ　用途：スタミナをもたらす。フィットネスをはじめたり、激しいスポーツに参加するときにおすすめ　仕事：事業成長と繁栄をもたらす　神秘的な意味：なくしたもののありかへ導く。利き手で石を取り、腰の高さで水平に持って、なくしたものの最後の記憶がある場所から歩き出すと、石が振動した場所のそばにあるという　占いの意味：幸運が強まる時期は旅行のチャンス　星座：牡牛座　エンパワーメント：おそれてとどまるより、希望をもって進むほうがいい

　磨かれていない石は火の石とされ、コートやジャケットに入れておくと体をあたためる熱を発するといいます。また、さびしい場所を旅する人をあたためると信じられてきました。
　指圧や鍼の効果を高めたいなら、磨かれた石を8個置いておきます。この石のとがった先端を足に向けると、リフレクソロジーの効果を高めてくれます。また、治療や療養中の体をいたわるとされています。
　神秘的経験をもたらす石でもあり、過去や祖先とのスピリチュアルなつながりを理解するのを助けてくれるでしょう。

イエローピーチ
ムーンストーン

種類：月長石（アルカリ長石の一種）、カリウム・ナトリウム・アルミニウム・ケイ素酸素（(K,Na)AlSi3O8）、単斜晶系・三斜晶系、硬度6～6½

色：黄、黄を帯びた茶色、ピンク

心のヒーリング：自分を愛し、価値を認めさせる。体型を気にしすぎる女性の心を解放する。健全なダイエットへ導く

チャクラ：仙骨（第2）

ロウソクの色：ピンク　香料：カモミール、モモ、イランイラン　用途：子宝のお守りになる　仕事：夢や目標を現実させる　神秘的な意味：大きな願いを叶える。晩夏と秋の満月に最強の力をもつという　占いの意味：仕事をする目標が叶いつつある。結果は期待以上かも　星座：蟹座　エンパワーメント：自分の成長の可能性を知っている

　無機的な環境をあたたかみのあるものにします。無気力な家族には情熱をもたらすでしょう。悲しみをかかえていたり、内気なために明るくなれないときは、最善のものを引き出してくれます。夢を持ち続けながら現実世界に集中するようにうながすため、繁栄と成功に導きます。
　ガーデニングにも効果的で、満月前の3日間、土に石を1個埋めておきましょう。デリケートな植物を植えた土にも1個埋めます。

種類：自然金、金（Au）、立方晶系、硬度2½〜3。貴金属の一種

色：輝く黄金

心のヒーリング：ネガティブな考えを取り除く。過剰で有害な行動や反応を軽減させる。ネガティブな状況から脱出させる。やる気を与える

チャクラ：眉（第6）、頭頂部（第7）

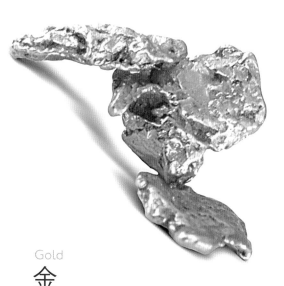

Gold

金

ロウソクの色：金色、黄　香料：安息香、シナモン、乳香、オレンジ、ローズマリー　用途：誠実な愛情をもたらす。正しい愛情のために戦う勇気と自信を与える　仕事：力や繁栄、昇進、成功、名声を引き寄せる。幸せや満足をもたらす　神秘的な意味：成功をもたらす。金は太陽が最強になる正午と真夏を示す金属とされ、何千年も神々へささげられてきたため、夏至の正午、細い金のリングかイヤリングを日光のあたる水に入れると、最も理想的な方法で成功がもたらされるという　占いの意味：今こそクリエイティブな仕事に挑戦するとき。成功は足もとにある　星座：獅子座　エンパワーメント：自分は純金のようなもの

　多くの時代、様々な地域で、神や不滅の存在と関係づけられてきました。古代エジプト人は、神々の皮膚は金でできていると考え、最も有名な少年王ツタンカーメンをはじめ、ファラオに死後、金のマスクをささげています。ツタンカーメンのミイラは3重の金の棺に収められました。

　「24k」とあらわされる純金はとてもやわらかく、銀（P193）や銅などほかの金属と合金にして硬度をあげます。また延性があるため、ごく薄く打ちのばし、金箔を作ることもできます。

　金は、ネガティブなエネルギーによって心と体がおおわれてしまわないように守り、入り込んできたものを取り除いてくれます。

　セラフィナイトやエンジェルオーラ（P143）、エンジェライト（P255）などでできた石の天使（P341）と一緒に瞑想すると、より高度な領域で天使とつながることができるといいます。大天使ミカエルの金属も金であるため、効果的なのです。

ゴールデンイエロー
カルサイト

種類：方解石（カルサイト）、炭酸カルシウム（CaCO₃）、三方晶系、硬度3

色：薄い黄、黄、黄を帯びた金色

心のヒーリング：傷ついた自己の尊厳を回復させる

チャクラ：仙骨（第2）、太陽叢（第3）

ロウソクの色：金色　香料：アニス、コーパル、乳香、白檀、セージ　用途：ネガティブな感情を取り除く。友情と社交のチャンスを引き寄せる　仕事：難しいことを学ぶ人を助ける　神秘的な意味：ネガティブな感情を取り除く　占いの意味：定期開催のイベントは、今回、予想よりよい。招待を受けて　星座：射手座、魚座　エンパワーメント：今日を活力にあふれた日にする

　情緒の不安定な動物を落ち着かせたり、新しい家族に嫉妬するペットの攻撃性を抑えるのに力を貸してくれます。磨かれた石を家に置き、よいエネルギーを拡散させましょう。石が金色であるほど、パワーが強まります。この石は、運よりも努力によって可能性を広げる手助けをすることから、成人して再び学ぶ人のあと押しもしてくれます。

リビアンデザートグラス

種類：天然ガラス、非結晶、硬度5〜6。砂漠の砂が隕石の衝突によってガラスになったもの。リビアンガラスともいう

色：薄い黄。透明から不透明で、泡を含むものもある

心のヒーリング：傷ついた心を癒やし、回復させる。感じやすい心を守る

チャクラ：太陽叢（第3）、心臓（第4）

ロウソクの色：薄い黄、黄、薄い緑　香料：カモミール、ムスク、セージ　用途：環境になじめない子どもを落ち着かせる　仕事：お金と仕事、富を引き寄せる　神秘的な意味：グループヒーリングに効果をもたらす。目の前にいない人や動物、場所に力を与える　占いの意味：今の問題は将来の成功に影響しない　星座：牡羊座　エンパワーメント：大地の上は居心地がよい

　一部の石に地球外小惑星起源のイリジウムが含まれていることから、隕石が地球に衝突して爆発した際に作られたものと考えられています。2800万年以上も前から存在するため、古代の英知に魅せられたり、古代や過去世へのスピリチュアルな旅の起点となっています。心臓にあてると、第4チャクラの心臓（P21）のエネルギーセンターが開いて愛が流れ出し、身近な人などまわりの人々に思いが届くといいます。

Apache Gold
アパッチゴールド

種類：黄銅鉱、銅鉄硫化物（CuFeS$_2$）、正方晶系、硬度3½〜4。ステアタイトを含む。黒色片岩の中のキャルコパイライト（P112）。比較的稀少

色：茶色、黒、金色

心のヒーリング：よい面を引き出す。集中させる。抑圧されている人を助ける

チャクラ：ルート（第1）、太陽叢（第3）

ロウソクの色：金色　香料：ヒマラヤスギ、コーパル、マツ、スウィートグラス　用途：エネルギー、自信、ポジティブさ、決意を活性化させる　仕事：仕事やチャンスをもたらす。就職活動や人事の仕事をする際に身につけるとよい　神秘的な意味：大地を癒やす　占いの意味：才能があり、幸運に恵まれているのだから、失敗をおそれずに　星座：牡羊座　エンパワーメント：幸運はもう目前にある

　人生に変化と喜びをもたらす幸運の石です。身につけるとお金や資産の流出を防ぎ、人生をより豊かにしてくれます。

　ヒーリング中、大地とつながるのに効果的な石でもあり、効力を強めるとともに、ヒーラーがネガティブなエネルギーを吸収しないように守ってくれます。霊媒などでは、優しい霊や祖先、守護霊（指導霊）のチャネルになり、低レベルの霊のいたずらを未然に防いでくれるでしょう。

Golden Labradorite
ゴールデンラブラドライト

種類：曹灰長石（斜長石）、ナトリウム・カルシウム・アルミノケイ酸塩（(Ca$_{0.5〜0.7}$Na$_{0.5〜0.3}$)(Al$_{1.5〜1.7}$Si$_{2.5〜2.3}$)O$_8$）、三斜晶系、硬度6〜6½

色：透明な金色、シャンパンカラー。極めて稀少

心のヒーリング：ハードな仕事からの解放や、大きな悲しみからの回復をうながす

チャクラ：太陽叢（第3）

ロウソクの色：金色　香料：安息香、コーパル、白檀用途：エネルギーを与える　仕事：自信を強める。才能を輝かせる　神秘的な意味：幸運をもたらす　占いの意味：「棚からぼたもち」のようなことが起こる星座：獅子座　エンパワーメント：幸運は自分で作る

　意志の力と個性、自信と達成力の宿る、第3チャクラの太陽叢（P20）のつまりを取り除き、エネルギーを与える金色の光でエネルギーフィールドを満たしてくれます。瞑想に使うと、高い領域の大天使とつながるチャネルを開き、困難を見通して前に進む力を与えてくれるでしょう。

Golden Beryl
ゴールデンベリル

種類：緑柱石（ベリル）、ベリリウム・アルミニウム・ケイ酸塩（$Be_3Al_2Si_6O_{18}$）、六方晶系、硬度7½〜8。黄緑の種類はヘリオドール（P105）ともいう

色：鮮やかな黄、金色

心のヒーリング：究極の自信と幸福の石。しばしば「日光の石」とも呼ばれる

チャクラ：太陽叢（第3）

ロウソクの色：明るい黄　香料：カモミール、コーパル、マリーゴールド、セージ、ヒマワリ　用途：新しい情報を思い出す能力をアップさせる。学びを深める　仕事：明るさ、集中力を保たせる。共感力をアップさせる　神秘的な意味：意図するところを明らかにする。秘密を発見させる。目を閉じ、両手に持って知りたいことを尋ねるとよい　占いの意味：決意と努力で今すぐなんでもできる　星座：射手座　エンパワーメント：どんな難題に対してもやる気があり、成功できる

　ほかの人の心理的で感情的なコントロールや、敵対的な霊の放つ力など、ネガティブなエネルギーを遠ざけてくれます。器に入れて日光のあたるところに置いておきましょう。お守りになるだけでなく、天使のエネルギーを引き寄せてくれます。長年つきあっているカップルには、情熱も与えてくれるでしょう。また、ほかの人への共感も生み出します。よい妖精の石でもあるため、新生児誕生のお祝いにプレゼントするにもふさわしい石です。

Gold Scapolite
ゴールドスキャポライト

種類：柱石（スカポライト）、塩素・炭酸・ナトリウム・カルシウム・アルミノケイ酸塩（$((Na,Ca)_4(Al_{3\sim6}Si_{9\sim6})O_{24}(Cl,CO_3))$）、正方晶系、硬度5½〜6。ヴェルナライトは旧名だが、紫外線で黄の蛍光を放つ石に今でも使われている

色：薄い金色、黄。半透明。白や紫のものも

心のヒーリング：仕事で自滅するのを防ぐ。女性の体の調子を整える。カウンセラーと心理療法士に、長期的に結果をもたらす

チャクラ：太陽叢（第3）

ロウソクの色：金色、黄　香料：カモミール、オレンジ、マツ、セージ　用途：複数の仕事をかかえる中で、何をしなければならないか思い出させる。クリエイティブな解決策に導く　仕事：ネガティブなエネルギーを吸収する。体を落ち着かせる　神秘的な意味：満足する成果をあげるのに必要なエネルギーを生み出す　占いの意味：信頼の大きな一歩を踏み出して、幸せを目標にすること　星座：牡牛座　エンパワーメント：今日はこれまでで最高の日

　シトリン（P102）やゴールデンベリル（左）の仲間とまちがわれやすいものの、異なるエネルギーを放つ幸せの石です。どんな状況においてもポジティブなエネルギーで満たしてくれます。場が陰気な雰囲気に包まれそうなときや、うまくいかないことがあるときは、ポジティブなエネルギーで空気を一変させます。思い込みであっても事実であっても、過去のネガテイブな出来事に関して抱いた黒い感情から解放されるように導いてもくれます。

Golden Barite
ゴールデンバライト

種類：重晶石、硫酸バリウム（BaSO4）、直方晶系、硬度 2½～3½

色：黄、金色

心のヒーリング：ポジティブなエネルギーで満たす。自己コントロール力を高める。欲求を軽減させる

チャクラ：太陽叢（第3）

ロウソクの色：金色　香料：乳香、パチョリ、セージ、ヒマワリ　用途：幸福感をアップさせる。お金を節約させる。答えに導く　仕事：関係や協力をうながす。好意的な環境に整える　神秘的な意味：パワーで満たす。よい性質だと思う動物を心に思い描くと、その力が宿る　占いの意味：最高の条件がそろったと感じて、ほかの人に協力するよう説得できる　星座：獅子座、水瓶座　エンパワーメント：自分の人生は心地よい

　継続的かつおだやかにエネルギーを使うように導いてくれるため、自分のペースを保てるでしょう。満足感が得られるので、今の人生に感謝するようになります。

　寝る前に厄介な問題に気持ちが向いてしまうときは、夢の中でクリエイティブな解決策に導いてくれます。ベッドの脇に石を置いてリラックスしましょう。情熱をもって行動すれば何事も可能だという自信が深まります。自分の道は自分で決めるという確信が得られるでしょう。

　夏至の日の夜明けから正午ごろまで太陽にあてると、パワーがアップします。

Imperial Topaz
インペリアルトパーズ

種類：黄玉（トパーズ）、フッ化水酸アルミニウム・ケイ酸塩（Al2SiO4(F,OH)2）、直方晶系、硬度8

色：金色、オレンジ色を帯びた黄

心のヒーリング：バランスをもたらす。やる気と情熱を回復させる。ネガティブな感情をポジティブなものに変える

チャクラ：太陽叢（第3）

ロウソクの色：黄、金色　香料：安息香、コーパル、乳香、ヘザー、マリーゴールド　用途：自分の価値観をアップさせる。エゴやうぬぼれを防ぐ　仕事：お金、成功、名声をもたらす　神秘的な意味：インスピレーションを与える。金色のロウソクの光に石をかざすと、火の精霊とつながり、将来を見通すインスピレーションで満たされるという　占いの意味：ほかの人と同様に、高みを目指してよい　星座：蠍座、射手座　エンパワーメント：自分の達成したものを誇りに思う

　精神の気高さや地位に関係する太陽の石。ゴールデントパーズとも呼ばれています。古代エジプト人は、太陽神ラーの金色の光線がこの石に含まれていると考え、ケガを防止するために使っていました。古代ローマ人は目を治すもの、古代ギリシャ人は体を見えないように隠す力があるものだと信じていたといいます。

　この石の力で人生に正しい愛を呼び込み、現在の人間関係を改善しましょう。愛情やお金における欺瞞に気づかせてくれます。

　三日月から満月までの間にパワーが増すといわれています。

カコクセナイト

種類：カコクセン石、合水アルミニウム・鉄・リン酸塩（AlFe$_{24}$(PO$_4$)$_{17}$O$_6$(OH)$_{12}$·75H$_2$O）、六方晶系、硬度3〜4。アメシスト（P225）や水晶のインクルージョンとして見られることもある。強力なスーパーセブンクリスタルのひとつ。比較的稀少

色：金色、茶色、黄、黄を帯びた茶色、赤っぽい黄、緑っぽい黄

心のヒーリング：耐ストレス性の石。ストレスの原因を取り除く

チャクラ：太陽叢（第3）、眉（第6）、頭頂部（第7）

ロウソクの色：銀色、金色　香料：アニス、コーパル、ショウガ、ハイビスカス　用途：礼儀正しさをうながす。アメシスト内のカコクセナイトを食事や集会のテーブルに置くと、敵対的雰囲気を緩和させる　仕事：最善を進める　神秘的な意味：願いを叶える。三日月から満月までの夜に身につけ、次の満月に銀色のロウソクを灯し、紙に願いを書いて燃やすとよい　占いの意味：正直でない人からのサービスや好意の申し出には注意　星座：射手座　エンパワーメント：最善だけを求める

　母結晶によりエネルギーの性質が異なります。水晶の中で育てば、ダイナミックで活発な即効性のあるエネルギーを、アメシストの中にあるなら、よりおだやかで落ち着きのあるエネルギーをもたらします。精神的な感覚を高め、偶然の出来事が示す教えを敏感にキャッチさせ、正しい道に導きます。自然美や人間の優しさにも理解を深められるでしょう。心が乱れたときにも力を貸してくれます。

イエロージルコン

種類：風信子鉱（ジルコン、P151）、ジルコニウム・ケイ酸塩（ZrSiO$_4$）、正方晶系、硬度6〜7½

色：薄い黄、黄緑、鮮やかな黄、金色。熱加工したものもある

心のヒーリング：ネガティブなサイクルを打破させる。ネガティブな感情を克服させる

チャクラ：太陽叢（第3）

ロウソクの色：黄　香料：カモミール、フェンネル、レモン、レモングラス　用途：繁栄をもたらす。才能やアイデアをアップさせる　仕事：正確な情報、繁栄をもたらす　神秘的な意味：不快なエネルギーを遠ざける。ウィジャボードを使う人におすすめ　占いの意味：アイデアを打ち出すなら、準備を先のばしにしないこと。そうすればうまくいく　星座：双子座　エンパワーメント：先に考えてから行動する

　ジルコンのうち最も高貴な石。金色を帯びるほどに、ネガティブな感情を遠ざけます。悪夢からも守ってくれます。自己探究にかりたてる石でもあることから、発明や研究の分野で夢を叶えたい人、人道支援プロジェクトに参加して海外で働きたい人に力を貸します。また、時代にマッチしていないものを最低限の変化で、活用できるものにするように導きます。

　よいユーモアと自発性をうながす石でもあります。喜びを広め、みずからのエネルギーを活性化させましょう。

種類：黒曜石（黒曜岩）、二酸化ケイ素（SiO₂）に富む火山性ガラスの一種、非晶質、硬度6½

色：こげ茶、黒。金色の光沢がある

心のヒーリング：自己の尊厳を回復させる

チャクラ：ルート（第1）、太陽叢（第3）

Gold Sheen Obsidian

ゴールドシーンオブシディアン

ロウソクの色：金色　香料：コーパル、乳香、ヒソップ、白檀　用途：健康と幸せをもたらす。週に1回、大きな丸い塊か丸玉を火を灯した金色のロウソクと一緒に持って家の中をまわると、ネガティブなエネルギーを取り除くという　仕事：問題の根本を明らかにする。機械や回路の不具合に気づかせる　神秘的な意味：問題の根本を明らかにする。丸玉をロウソクに照らすと、表面に過去から順に出来事を映し出し、現在と将来に隠れているかもしれない問題に気づくという　占いの意味：さかのぼって何がポイントなのかを考えれば、答えは見つかる　星座：蠍座、射手座　エンパワーメント：最悪のときにも美を見出して

　二酸化ケイ素に富んだ溶岩（P142）が急に冷やされ、小さな火山ガスの泡がオブシディアンの層に沿って並んだときに生成されます。

　何か重要な知識や突破口が自分にないとき、磨かれたこの石の板か丸玉を魔法の鏡にして守護霊（指導霊）とつながりましょう。数分間、表面に光をあててのぞき込み、目を閉じて再び目を開きます。石か心の中に、守護霊の姿が浮かび、イメージや言葉で足りない情報を与えてくれるでしょう。

　風水の場合、家やオフィスの富をあらわすエリアや財務の書類、仕事用のコンピュータ、財布のそばにこの石を置いておけば、お金を増やし、長期的な財政目標を達成させてくれます。

　アイデアを生み出したり、成功、繁栄をさえぎるネガティブな人やもの、感情を遠ざけるお守りでもあります。

種類：石英（クォーツ、角閃石の繊維状集合体を置換）、二酸化ケイ素（SiO₂）、三方晶系、硬度7

色：茶色と金色の縞模様。光を帯状に反射して輝いたりキャッツアイ状になったりする（P81レッドタイガーズアイ）

心のヒーリング：あらゆる依存を克服させる。孤独感や無力感からの不安を軽減させる。意志の力を強める。感情を安定させる。健康を改善させる

チャクラ：ルート（第1）、太陽叢（第3）

Tiger's Eye
タイガーズアイ

ロウソクの色：金色　香料：ローリエ、カーネーション、コーパル、ゼラニウム、サフラン、スペアミント　用途：金運をアップさせる。ふたつきの器のそばに石を置き、器がいっぱいになるまで毎日コインを貯め、寄付するとよい　仕事：能力や知識の基礎を築くようにうながす　神秘的な意味：邪悪なエネルギーを遠ざける。嫉妬に困っているなら、身につけるとよい　占いの意味：障害にぶつかっても辛抱強く集中すれば、投資や新プロジェクトは想像以上にうまくいく　星座：獅子座　エンパワーメント：金の光に満たされ、成功の確信にたどり着ける

　東洋の神話では、百獣の王や勇敢で魔力をもつ虎と結びつけられています。古代ローマの兵士はこの石を戦場に持参し、勇敢でいられるように願ったといいます。古代エジプト人にとっては、太陽神ラーと大地の神ゲブから、太陽と大地を組みあわせた保護の力を与えてもらえるものでした。
　キャッツアイ効果は心理的かつスピリチュアルなお守りとなり、悪意や脅威などネガティブなものを遠ざけます。人や情報が信頼できるかどうかを知りたいときは、この石を手に持ちましょう。

感じたことを信じて。
　創造的な才能やアイデアが欲しいときや、自分の才能を売り込みたいときには、失敗や競争を意識して生じる恐怖心を克服させ、才能を輝かせてくれます。
　また、ペットが家族やほかの動物の上に立とうとするのを改めさせます。

種類：碧玉（不純物を多く含む微細な石英の集合体）、二酸化ケイ素（SiO_2）＋不純物、三方晶系、硬度7。しばしばほかの鉱物や有機起源の鉱物のインクルージョンを含む

色：赤茶色、黄、金色。特徴的なパターンがあり、多色なものはピクチャージャスパー（P309）と呼ばれる

心のヒーリング：あらゆる喪失感と喪失感から生じる恐怖心を克服させる。トラウマをやわらげる。自滅のサイクルを破り、満足感を与える

チャクラ：ルート（第1）

Brown Jasper

ブラウンジャスパー

ロウソクの色：茶色　香料：アニス、シナモン、クローブ、マツ、タイム　用途：安心感、安定をもたらす。ネガティブな感情を克服させる。リラックスさせる　仕事：ネガティブな環境要素を取り除く。オーバーワークを軽減させる。現実的な対応へ導く。天然石を1個置き、月に1回、観葉植物の土にひと晩埋めるとよい　神秘的な意味：願いを叶える。おわん形にした両手で石を持ち、振りながら願いを唱えるとよい。北米では雨ごいの石として大切にされ、石をなでながら雨を祈っていたという　占いの意味：起こり得る問題について落ち着いて向きあい、現実的になるとき。物事は予想よりゆっくり動いても、うまくいく　星座：山羊座　エンパワーメント：パニックになる必要がない

　古代エジプトでも使われた伝統的なジャスパーのひとつ。「エジプト大理石」とも呼ばれ、お守りや祭器、ジュエリーとして用いられていました。北米原住民などの先住民社会では、幸運のお守りとして矢尻に彫られたといいます。
　家の売買やローンなど、資産に関するお守りになります。
　あらゆる不安を解消したいときにも力を貸してくれます。禁煙にも効果的です。
　高齢や病気の動物にスタミナを与えたり、自然を経験したことのないペットに本能を呼び起こさせ、より元気にしてくれるといわれています。

エレファントスキン
ジャスパー

種類：碧玉（不純物を多く含む微細な石英の集合体）、二酸化ケイ素（SiO₂）＋不純物、三方晶系、硬度7

色：茶色。茶色と黒の縞模様がある

心のヒーリング：孤独感を克服させる。自分の仲間を愛することと自信を得ることを学ばせる

チャクラ：ルート（第1）

ロウソクの色：茶色　**香料**：アーモンド、ヒマラヤスギ、フェンネル、ラベンダー、レモングラス　**用途**：一時的でしかない満足や欲望を抑制させる　**仕事**：長期的な意志決定と先を見すえた計画をうながす　**神秘的な意味**：宗教や古代のスピリチュアリティについてより深い理解を与える　**占いの意味**：専門家のアドバイスを求めるとよい　**星座**：山羊座　**エンパワーメント**：力は英知に宿る

　自然や昔ながらのゆっくりした暮らしに喜びを見出させ、絶えず動く現代社会において心身のバランスを調整してくれます。仕事のツールの中に1個入れておくと、事故につながるあせりを取り除きます。長距離を運転する場合も、お守りに持つようにしましょう。

　出張や、電話またはインターネットで海外取引を行う場合、成功を引き寄せてくれます。古い家を地盤沈下や劣化から守り、改修にも力を発揮するといわれています。新しい建材の裏に埋めると、幸運と繁栄をもたらします。

レパードスキンジャスパー

種類：碧玉（不純物を多く含む微細な石英の集合体）、二酸化ケイ素（SiO₂）＋不純物、三方晶系、硬度7。碧玉だが、球顆状 流紋岩（ライオライト）の一種とも考えられる

色：カーキ、黄、ピンク、赤、ベージュ。濃い色の斑点や縞模様がある。ガラス質の部分を含むことも

心のヒーリング：正しいエネルギーを人生に呼び込む。過去のトラウマや傷を克服させる

チャクラ：ルート（第1）

ロウソクの色：茶色　**香料**：キク、フェンネル、ラベンダー、ライム　**用途**：人生に本当に必要なものを与える。鋭敏さ、狩猟本能を回復させる　**仕事**：危険を遠ざける　**神秘的な意味**：自分のパワーアニマル（P342）へ導く　**占いの意味**：もう十分待った　**星座**：双子座、蠍座　**エンパワーメント**：人生がもたらすものを尋ねない

　作用がゆっくりであるため、長期間使うとよいでしょう。皮膚に近づけて身につけると、石のエネルギーを十分に生かすことができます。手首や首にアクセサリーとしてつけると、体の調子を整えながら、ネガティブなエネルギーを遠ざけてくれます。同時に新しいチャンスに導かれ、新しいものの見方ができるようになります。また、ソウルメイトが近くにいるのがわかるかもしれません。ヒーリングに効果的な石ですが、動物でも人間でも、子どもにはパワーが強すぎるので注意しましょう。

種類：化石化した木、主に二酸化ケイ素（SiO_2）、非晶質～結晶質、硬度6～7。何百万年もの間に木部が鉱物に置き換わったもので、特にアゲートやめのうなどになったものをいう。もとの木の形を保っている

色：不純物の種類によって、茶色、灰茶、グレー、黒、赤、ピンク、オレンジ色、淡い黄褐色。木目や年輪が見えるものもある

心のヒーリング：故人との人間関係を癒やす。よい記憶を回復させる

チャクラ：ルート（第1）、仙骨（第2）

Petrified Wood

けい　か　ぼく
珪化木

ロウソクの色：茶色　**香料**：バジル、ヒマラヤスギ、イトスギ、ジュニパー、モス、ベチバー　**用途**：安全をもたらす。垂木のそばの屋根裏や地下、改装する壁にいくつか入れるとよいとされる　**仕事**：新たな方向に進みはじめる勇気を与える。新しい仕事や勉強をはじめるモチベーションをアップさせる　**神秘的な意味**：故人とのつながりを深める。守護霊（指導霊）と結びつける　**占いの意味**：もはや喜びをもたらさない友情や活動から離れて、没頭できることをはじめるとき　**星座**：乙女座　**エンパワーメント**：年齢とともに訪れる知恵を歓迎する

　悪い魔女や魔法使いによって、森が石や結晶に変えられり、海に沈められ、よい魔女や魔法使いによって、もとの森に戻るという伝説は、世界中にたくさんあります。

　回帰のプロセスを経て生み出された石と見なされているため、過去世にアクセスする洞察力を与えてくれます。子どもが家族のルーツに関心をもつように導いてもくれるでしょう。

　変換の石でもあるため、価値あるものを維持しながら、人生で機能しなくなったものは手放すようにうながします。

　瞑想やヒーリングのときには、ネガティブなエネルギーから守ってくれます。

　木化石ともいいます。

Turritella Agate
ツリテラアゲート

種類：巻貝の化石を多く含む岩石が珪化したもの

色：茶色や黒に、有色のインクルージョンがある。茶色、黒、白の円形模様（巻貝の断面）も

心のヒーリング：過去のネガティブな感情を克服させる。ポケットか小さな袋に入れておくと、深く閉じ込められたトラウマが明らかになる

チャクラ：ルート（第1）

ロウソクの色：茶色　**香料**：ラベンダー、バラ、ヤマヨモギ　**用途**：自分のベースやアイデンティティを築かせる。家族をひとつにする。家の中心に1個くとよい　**仕事**：危険を遠ざける。ネガティブな感情を緩和させる。家族との絆を強める　**神秘的な意味**：記録の石。過去の世界、過去世の記憶や夢にアクセスさせる　**占いの意味**：今の自分と自分のルーツを大切に　**星座**：山羊座　**エンパワーメント**：ルーツを知っていると自分のやり方で強く成長できる

　祖先、故郷、祖先の出身国など、過去との結びつきを強める石。ルーツや大地に深く関係する石であることから、放置されたり、汚染された土地に埋めたり、危険地域の地図や写真の上に置くと、その土地を癒やしてくれるといわれています。
　瞑想の石としても働きかけ、のぞき込むとトランス状態に誘います。なかなかリラックスできないときに、リラックスさせてくれるでしょう。ネガティブな感情を克服できずにいる心も解放してくれます。子宝のお守りにもなります。

Pumice Stone
パミス

種類：多くの気泡を含む火山岩。軽石

色：薄い色。黄褐色、グレー、カーキ。鉄とマグネシウムを多く含むと黒になる

心のヒーリング：抑え込んだ怒りを流し去る。何年も蓄積された感情の重荷を徐々に取り除く

チャクラ：太陽叢（第3）

ロウソクの色：グレー　**香料**：アーモンド、ベルガモット、スウィートグラス　**用途**：幸運を引き寄せる。愛情や友情のあたたかみを思い出させる。災害を遠ざける。熱源近くに1個置いておくとよい　**仕事**：ネガティブなエネルギーや悪運を吸収する。オフィスに1個置き、石が重く感じたら流水に流し、新しい石と取り替えるとよい　**神秘的な意味**：願いを叶える。石の穴に願いをささやき、石を流水に流すとよい　**占いの意味**：頭と心に聞いてみること　**星座**：牡牛座　**エンパワーメント**：幸運と幸せを引き寄せる

　火山から流出した溶岩（P142）には、ガスを泡として閉じ込めたものがあり、これを「パミス」と呼んでいます。こうしたダイナミックな生成から、力の石とされてきました。
　足のヒーリングに使うと、第1チャクラのルートチャクラ（P20）がスタミナと大地の力で満たされます。予定が流動的で落ち着かないとき、かかとをなでるとよいでしょう。勇気と自信で満たされます。きめの粗さと水に浮く性質のため、浄化に結びつけられるようにもなりました。

種類：石膏、含水硫酸カルシウム（CaSO₄·2H₂O）、単斜晶系、硬度2。茶色い砂のインクルージョンがあり、これが淡い色のバラのようなクラスター（P344）を形成する

色：薄い茶色、くすんだバラ色、赤っぽい色。外部に付着する小さな結晶によって、銀色、白、真珠色の輝きがある

心のヒーリング：自信を回復させる。ネガティブな感情を緩和させる

チャクラ：ルート（第1）

Desert Rose

デザートローズ

ロウソクの色：茶色　**香料**：アーモンド、アニス、サクラ、白檀　**用途**：変化を起こす。力を与える　**仕事**：忍耐をもたらす。隠された才能の開発をうながす。訓練や研修、学習が必要なときに身につけるとよい　**神秘的な意味**：力を与える。守護霊（指導霊）からの庇護を得られると信じられているため、自分を弱く感じるときに身につけるとよい　**占いの意味**：近道はない、だからゆっくり変化させればいい。あきらめるのは選択肢にない　**星座**：蠍座、山羊座　**エンパワーメント**：内なる財産をたっぷりもっている

砂漠地域で産出されるため、砂が入り込み、特徴的な形になります。重なりあった薄い石膏が、バラの花びらに見えることから、「砂漠のバラ」と呼ばれています。水に弱いので、水に浸けたり洗ったりすることができません。

想像力と創造力を発達させ、それらをうまく生かせるように導いてくれます。自分の魅力や価値に気づかせてもくれるので、自分の外見に悩む子どもたちへのプレゼントに最適です。

自分の所有するものをめぐって戦かわねばなら

ないときにも力を貸してくれます。

家に置いておくと、想像もしなかった金運を呼び込むでしょう。

種類：透明な水晶に金と鉄、または酸化鉄、あるいは金とインジウムを蒸着させた人工処理品。スモーキーオーラクォーツともいう。比較的稀少で、市場でも新しく、極めて高価

色：やわらかな輝きの薄いスモーキーゴールド色。メタリックのシャンパンカラー

心のヒーリング：思わぬ喜びをもたらす。決意を与える。依存を克服させる

チャクラ：太陽叢（第3）

Champagne Aura Quartz

シャンパンオーラクォーツ

ロウソクの色：クリーム色　**香料**：ローリエ、ヘザー、ハイビスカス、ムスク、セージ　**用途**：調和を与える。守護霊（指導霊）を招く。家にクラスター（P344）を置くとよい　**仕事**：ネガティブなエネルギーを取り除く。落ち着いた環境を作り出す。顧客の苦情や不満に対応しているなら、小さなクラスターを置くとよい　**神秘的な意味**：ネガティブなエネルギーを遠ざける。好奇心から魔法のダークサイドにおちいったり、ウィジャボードでいたずらな霊を刺激してしまった人を助ける　**占いの意味**：個人的に気にかけている人の人生の節目を祝って。自分の負担にならないようにすること　**星座**：双子座　**エンパワーメント**：何事にもよい面を探す

　壁にぶつかったり、ストレスを感じたり、非協力的な上司や同僚のために情熱を失ったときに手助けしてくれます。オフィスや仕事場に置くと、統一された成果をもたらすでしょう。だれかのために働く場合、目標を達成し、信頼とビジョンの両面で名声を得られるように導きます。

　スピリチュアルな仕事やヒーリングにおいても力を発揮します。自分と自分の能力を疑ってしまった人が、自分の守護霊（指導霊）と天使を発見し、本能や透視、ヒーリングの力を信頼できるようにサポートします。

　スピリチュアルな仕事や医学的治療に携わる人に力を貸すとともに、自然言語や人生のコーチングを行う企業には顧客を呼び込み、名声と繁栄をもたらしてくれるでしょう。

Heulandite
ヒューランダイト

種類：輝沸石（ゼオライトの一種）、含水カルシウム・ナトリウム・カリウム・アルミノケイ酸塩（$(Ca,Na,K)_9$$(Al_9Si_{27}O_{72})\cdot24H_2O$）、単斜晶系、硬度3½〜4

色：茶色、緑、ピンク、グレー、黄、赤。ときに色がとても薄いので白や無色にも見える。真珠光沢がある

心のヒーリング：あらゆる依存を克服させる。健康的な食事に基づくダイエットをうながす

チャクラ：心臓（第4）、頭頂部（第7）

ロウソクの色：茶色、緑　**香料**：クローブ、ヒソップ、ラベンダー、メドウスイート、ヤブコウジ　**用途**：家にあたたかさや安定したエネルギーをもたらす　**仕事**：ポジティブな雰囲気を作り出す。交渉を円滑に行わせる。問題を解決させる　**神秘的な意味**：ルーツを意識させ、落ち着きをもたらす。石を第6チャクラの第3の目（P21）に置くと、幻視にアクセスでき、遠いルーツの文化の記憶に触れられるという　**占いの意味**：安全は大切。あせって決断しないこと　**星座**：天秤座、射手座　**エンパワーメント**：人生に安全に根をおろしている

　世界中で産出され、複雑な結晶構造で色の種類も多いことから、様々な人が集まる状況に統一をもたらす石とされています。世界でビジネスを展開するなら、様々な色の石を置いておきましょう。異文化の人と働いたり暮らしたりするときにも役だちます。ネガティブなエネルギーで、ポジティブなエネルギーを枯渇させる人やもの、状況を取り除いてくれます。玄関ドアのそばに1個置いておくと、頻繁に訪問し長居する隣人などから、ネガティブなエネルギーが持ち込まれるのを防ぐでしょう。

Brown Aragonite
ブラウンアラゴナイト

種類：霰石、炭酸カルシウム（$CaCO_3$）、直方晶系、硬度3½〜4。針状結晶の集合体

色：金茶。純粋なものは無色透明

心のヒーリング：感情の成長を妨げるネガティブな感情を取り除く

チャクラ：ルート（第1）

ロウソクの色：金茶　**香料**：クラリセージ、ネロリ、マツ、ヤブコウジ、バニラ　**用途**：統一をもたらす。六角柱状結晶のクラスター（P344）を置いておく　**仕事**：合理的で有益な意見へ導く。石を入れた器を置くとよい　**神秘的な意味**：ネガティブなエネルギーや悪夢を遠ざける。クラスターは金色の光で守りの盾を放散するため、寝室に置くとよい　**占いの意味**：正直さが尊ばれるとき。互いの違いは置いておき、問題を解決して　**星座**：山羊座　**エンパワーメント**：面倒な人たちとでも共通の認識を見出せる

　この石のクラスターは自動的に大地とつながり、ほかの石を守ってくれるため、家庭用、仕事用、ヒーリング用と、石のコレクションに加えてほしい石です。時間に余裕がないものの、石を使うことが多い人におすすめです。
　起業の初期段階や、新たな仕事に取り組むときに、プレッシャーを取り除いてくれます。お金や時間、アイデア、賞賛を仲間と共有することに重圧を覚えることなく、おおらかな気持ちで臨めるでしょう。常識と建設的な提案、積極性、努力が共通認識として生まれるように導いてもくれます。

種類：炭酸カルシウム（CaCO₃）、硬度4〜5。約4億1000万年前に最初にあらわれ、約6500万年前に絶滅した海洋生物。イカやタコの仲間で巻いた殻をもち、化石化すると方解石、霰石、黄鉄鉱などの鉱物に置換される。殻が虹色になった宝石質のアンモナイトも見つかっている

色：茶色、グレー、薄黄褐色

心のヒーリング：過ちを繰り返さないように導く。時代遅れの価値観から脱却させる。ネガティブな感情をやわらげる

チャクラ：ルート（第1）

Ammonite
アンモナイト

ロウソクの色：茶色、グレー　香料：イトスギ、ライラック、パチョリ、スウィートグラス、バーベナ、ベチバー　用途：永続的な健康と富、幸せをもたらす。幸運とお守りとしての信仰は、オーストラリアのアボリジニの文化から、ヒマラヤ、スカンジナビア、北米まで見られる　仕事：大地の力を与える。幸運をもたらす。起業や家族経営のお守りに　神秘的な意味：過去世の夢をもたらす　占いの意味：過去の過ちは繰り返すのではなく、経験として生かし、新しいチャンスをより大きなものにして　星座：蟹座　エンパワーメント：年齢を重ねることをおそれず、経験から生じる知恵を歓迎する

　古代エジプトや古代ギリシャの人々が愛した、エジプトの創造神アムン（古代ギリシャ語ではアモン）にちなんで名づけられました。アムンのもつ螺旋状のヒツジの角が、アンモナイトの形に似ていたのです。古代ローマ人は、アンモナイトに予言の力があると見なしていました。

　ときにジェット（P213）に埋まって発見されますが、北東イングランドのホイットビーの神話では、紀元前657年に聖ヒルダが殺したヘビが化石になったものとされています。聖ヒルダは修道院を建てたいと願い、その場にいたヘビをすべて石に変え、崖から投げ捨てたのです。この伝説の地とそう遠くないケインシャムの聖ケイナにも、同様の言い伝えがあります。

　手にすると、過去、現在、未来の英知をまとめたスピリチュアルな記憶庫「アカシックレコード」を呼び覚ますともいわれています。

Sunstone
サンストーン

種類：灰曹長石〜曹長石（斜長石の一種）、カルシウム・ナトリウム・アルミノケイ酸塩（(Na$_{0.9\sim0.3}$Ca$_{0.1\sim0.7}$)(Al$_{1.1\sim1.7}$Si$_{2.9\sim2.3}$)O$_8$)、三斜晶系、硬度6〜6½

色：茶色を帯びたオレンジ色、赤、赤茶、金色を帯びたオレンジ色。キラキラした虹色の輝きがある。赤鉄鉱や針鉄鉱、自然銅などの微細な結晶が含まれることによって色と輝きが出る。澄んだ赤の石は非常に稀少

心のヒーリング：あらゆる恐怖症をやわらげる

チャクラ：ルート（第1）、太陽叢（第3）

ロウソクの色：赤　**香料**：安息香、コーパル、乳香、ハチミツ　**用途**：生きている感覚と情熱をもたらす。根気を与える　**仕事**：存在感をもたらす。昇進のチャンスを与える。インターネットで会社やサービスの宣伝をするとき、コンピュータのそばに置くとよい　**神秘的な意味**：成功と内なる調和を与える。ムーンストーンと一緒に身につけるとよい　**占いの意味**：よいときが続くかどうか心配せず、今を楽しんで　**星座**：獅子座　**エンパワーメント**：円満で幸せだ

　マグマの中で生成されて地表に出ると、岩石が侵食されて結晶があらわれることから、才能を発揮させ、予想以上の繁栄を引き寄せるといわれています。競争の場でも、名声と幸運をもたらすでしょう。一方で、太陽のもとでの楽しい休日や旅行、引っ越しへ導きます。また、エネルギーや財産を枯渇させてしまう人やものを遠ざけます。何かに依存していたり、突然パートナーを失って苦しんでいるなど、ネガティブな状況を打ち破り、ポジティブな一歩を築かせてもくれるでしょう。

Brown Zircon
ブラウンジルコン

種類：風信子鉱（ジルコン、P151）、ジルコニウム・ケイ酸塩（ZrSiO$_4$)、正方晶系、硬度6〜7½

色：茶色、金茶

心のヒーリング：永続的な精神の安定をもたらす。長期のトラウマに苦しむ人を助ける

チャクラ：ルート（第1）、太陽叢（第3）

ロウソクの色：茶色　**香料**：カーネーション、カモミール、パチョリ、イチヤクソウ　**用途**：毎日の移動のストレスを低減する　**仕事**：努力する力を与える。目標を達成させる。勘を高める　**神秘的な意味**：ウソや盗難、攻撃を遠ざける。失った資産や人、動物を呼び戻す。透明な石を見つめ、戻って欲しいものを思い描くとよい　**占いの意味**：できあがった自分のやり方から離れないこと　**星座**：獅子座、山羊座　**エンパワーメント**：人生は冒険だ

　事故や火災、極端な気象による影響を防ぐとともに、怒っている人に出会うと石が赤くなり、ネガティブなエネルギーを受けないように知らせてくれます。寄生虫の予防にも効果があるともいい、天然石や磨かれた石を動物の寝床に置くか、首輪につけておきましょう。また、住むところに恵まれるため、家を買う計画や住宅の問題をかかえているなら身につけるとよいでしょう。信頼できる恋人を呼び寄せたり、現在手にしている愛情を高めてもくれます。

種類：苦土電気石、水酸ホウ酸ナト
リウム・マグネシウム・アルミニウ
ム・ケイ酸塩（NaMg$_3$Al$_6$(Si$_6$O$_{18}$)
(BO$_3$)$_3$(OH)$_4$）、三方晶系、硬度
7〜7½。ブラウントルマリンとも
いう

色：茶色、こげ茶、オレンジ色を帯
びた茶色

心のヒーリング：精神に強さをもた
らす。スピリチュアルな成長に導く。
ネガティブな習慣や依存を克服させ
る

チャクラ：ルート（第1）

Dravite
ドラバイト

ロウソクの色：茶色　**香料**：ゼラニウム、ヘザー、スイカズラ、マグノリア、パチョリ　**用途**：家族間の衝
突や紛争を和解させる。新しい旅立ちや挑戦、自立をサポートする　**仕事**：リラックスさせる。自分をコン
トロールできるようにうながす。美しいものを作り出す職人を成功へ導く　**神秘的な意味**：透視の能力を与
える　**占いの意味**：自然に触れて、休みのない生活に埋もれるのを防いで　**星座**：乙女座、蠍座　**エンパワ
ーメント**：家庭を作るのは、場所ではなく人

　大地につながるこの石の性質は、強い大地の色
である茶色によって、より強力なものになります。
　状況を直感的に把握できる能力を刺激し、アク
シデントにも落ち着いて対応できるように手助け
します。また、第1チャクラのルートチャクラ
（P20）とつながっているため、下半身のエネル
ギーのつまりを取り除き、瞑想や自分のヒーリン
グができないときには、オーラをエネルギーで満
たしてくれます。
　ガーデニングや景観保存、地熱や地中エネルギ

ーなど、大地に関連する仕事をより手助けします。
植物を元気に育てたいなら、小さな石を土に埋め
るか植物のそばに置きましょう。
　また、近い将来の幸せや夢を、実現してくれる
石でもあります。

種類：シアノバクテリア（ラン藻類）
の化石。稀少

色：金茶、こげ茶、グレー、カーキ。
磨くと美しい

心のヒーリング：大きなヒーリング
をもたらす。ストレスをやわらげる。
ポジティブなエネルギーのきっかけ
を作る

チャクラ：眉（第6）、頭頂部（第7）

Stromatolite
ストロマトライト

ロウソクの色：アースカラーならなんでも　香料：ゼラニウム、ライラック、モス、パチョリ、バーベナ
用途：ポジティブな感情をもたらす。地に足のついた考えや行動へ導く　仕事：根気強さをもたらす　神秘
的な意味：母なる大地の英知へと導く。太陽または月光の下で、丸玉やエッグストーン（P.382）を手にし、
心に浮かぶイメージを読み取るとよい　占いの意味：接触を避けてきた年配者からのアドバイスや理解が、
隠れていた心配ごとを解決する上で貴重だとわかるはず　星座：山羊座　エンパワーメント：自分の根は深
く、古代の英知を引き寄せる

初期の生命の形が化石になったものであること
から、現在も地質学者が研究している石です。今
も同じような生物がオーストラリアに存在してい
ます。

すべての化石と同じく過去世を呼び覚ますのを
助け、特に有史以前の世界やシャーマンのスピリ
チュアルな旅へ導くといいます。瞑想にも効果的
であるため、はっきりとした模様のある大きなこ
の石で握り石（P.369）を作り、人差し指でゆっ
くりなでるとよいでしょう。

家に置くと、家族の伝統や遺産への愛情が深ま
ります。養子と養父母の場合、出生のルーツとも
ども新しい家族を大切にするようにうながします。

家族の価値観をより広い社会の価値観と融和さ
せるのにもすぐれ、自分の心がそれら2つの間で
分断されているときにも力を貸してくれます。

サンダーエッグ

種類：ケイ酸分に富む火山岩（おもに流紋岩<ruby>流紋岩<rt>りゅうもんがん</rt></ruby>）中に見られる球状塊。直径数センチぐらいから大きなボールほどの大きさ

色：外側は茶色、黒、グレー。内部の空洞にカラフルな模様のあるアゲート、カルセドニー、ジャスパーがつまっている。一部は内側に水晶ができている

心のヒーリング：根深い要求を取り除く。満足感を与える。自己表現を高める。自分を大切にさせる

チャクラ：ルート（第1）

ロウソクの色：藍色　**香料**：アニス、シダ、モス、ラベンダー、パチョリ　**用途**：雰囲気を明るくする。美的感覚を生み出す　**仕事**：自分をポジティブにとらえさせる　**神秘的な意味**：グループワークの質を高める　**占いの意味**：ありふれて見えるアイデアを追求したり、人をもっとよく知ろうとしたりすると、隠れていた宝が見つかるかも　**星座**：山羊座　**エンパワーメント**：見た目では判断しない

　引き裂かれたか、凍ったかのような、この石の特徴的な内側は、半分に割ってみないかぎりどんな様子なのか手がかりが得られません。
　この石は、自然界の不思議のひとつで、制限を取り払うことで可能性が高まること、投資せねば宝が見つからないことを教えてくれます。
　苦しい時期を過ごしている人、家に縛られている人にプレゼントしましょう。作家や画家、俳優、歌手、音楽家になりたいと思い続けている人にもおすすめです。サンダーエッグをのぞき込めば、創作をはばむ障壁が溶け、アイデアが流れ出すでしょう。

シデライト

種類：菱鉄鉱<ruby>菱鉄鉱<rt>りょうてっこう</rt></ruby>、炭酸鉄（$FeCO_3$）、三方晶系、硬度4

色：茶色、薄黄、茶色っぽい黄、緑っぽい茶色、赤茶。虹色や真珠光沢があることも

心のヒーリング：独立して行動する勇気を与える

チャクラ：ルート（第1）

ロウソクの色：黄、銅色　**香料**：オールスパイス、バジル、竜血、ガランガル、タラゴン　**用途**：ネガティブなエネルギーを遠ざける。安心感を与える　**仕事**：公平な環境を作り出す。安定を与える　**神秘的な意味**：悪運、事故や故障、ネガティブな感情を遠ざける　**占いの意味**：ほかの人のうぬぼれに流されないように気をつけて　**星座**：牡羊座　**エンパワーメント**：自分は失敗しない

　弱っている心と体をポジティブなエネルギーで満たしてくれます。また、生まれつき恥ずかしがり屋の人には勇気を与え、いつもクールな人には内に秘めた情熱を表現するように働きかけます。
　自己主張へ導くエネルギーが強いため、不安定な人間関係おいてパワーが衝突する可能性があります。バランスを取るには、この石に銅かローズクォーツ（P61）を加え、気持ちをやわらげるようにしましょう。
　転びやすい人と一緒に暮らしているなら、階段のそばに置いておきます。車の同乗者の口出しが多く、運転に集中できないときにも、車に置いておくとよいでしょう。

種類：チタン鉄鉱、鉄・チタン酸化物（FeTiO3）、三方晶系、硬度5〜6

色：茶色、黒、メタリック。透明な水晶の母岩についていたり、水晶の土台になっていることがある。もっとめずらしい例では、スモーキークォーツ（P134）に伴われていることも

心のヒーリング：瞑想や新しい療法をはじめるとき、よいコンディションに整える。精神を安定させる。過度の欲求を抑える

チャクラ：ルート（第1）、頭頂部（第7）

Ilmenite

イルメナイト

ロウソクの色：金色　香料：オールスパイス、アーモンドの花、コーパル、ユーカリ、乳香　用途：思わぬところの美しさを明らかにする。以前の輝きを取り戻せる　仕事：勢いを取り戻させる。やりなおしの機会を与える　神秘的な意味：状況を変えるエネルギーを生み出す。光と希望をもたらす　占いの意味：状況や関係を修復しようと試みること。最後の努力をせずにあきらめると後悔する　星座：山羊座　エンパワーメント：誠実さと努力でどんな状況も変えられる

　スタミナが必要なときや休めないとき、パワーを与えてくれます。また、どんな状況でもポジティブな動きを助けます。ネガティブな状況を耐え抜いたり、くつがえしたり、どん底からやりなおすときに力を貸してくれるのです。新しい困難に直面することがあっても、この石と一緒に、成功に向かって努力していきましょう。

　外見ではなく、内面の美しさに目を向けるように導いてもくれます。自分やペットの外見上の衰えを過度に感じて心が乱れているとき、今の魅力に改めて気づき、再び愛を注げるようになります。

種類：石英（クォーツ）、二酸化ケイ素（SiO₂）、三方晶系、硬度7。水晶（煙水晶）

色：ほのかにスモーキーな茶色、濃いグレー

心のヒーリング：精神的不安を取り除く。安定をもたらす

チャクラ：ルート（第1）

Smoky Quartz
スモーキークォーツ

ロウソクの色：藍色　**香料**：ヒマラヤスギ、イトスギ、ハイビスカス、ユリ、ミモザ、パチョリ　**用途**：事故や盗難など、ネガティブなアクシデントを遠ざける。財布や袋に1個入れて、車のグローブボックスや貴重品のそばに置くとよいとされる　**仕事**：ネガティブなエネルギーを吸収する。毎週石を洗うこと　**神秘的な意味**：過去の世界への星の道を作り出す。いたずらな霊を遠ざける。ロウソクで丸玉の中心を照らすと、心の道にしたがうことができる　**占いの意味**：トンネルの果てには光があり、長く続いた心配ごとも、ゆっくりだが改善へと向かっている　**星座**：山羊座　**エンパワーメント**：今は不確かに見えても、希望をもって、将来に向けて歩む

　悪運からのお守りとされ、スイス、ドイツ、オーストリアでは、ネガティブなエネルギーを遠ざけようと、十字架にして寝室の壁に飾る風習がありました。

　車を運転する際に持っていると、交通安全のお守りとなります。高速道路や混んだ道、長距離を走るときは、ストレスをやわらげ、運転に集中できるように働きかけます。

　また、車や機械、家電の思わぬ故障を防いだり、生活に疲れきった人や高齢の動物が、毎日元気に過ごせるように導いてもくれます。

　この石を使って、不運や嘆きなどネガティブなエネルギーを体内から放出させましょう。

　この石を両手に持って立ち、とがった先端を大地に向け、手放す必要のあるものが指先から石を通り、母なる大地に流れ込む様子をイメージします。そのあと、屋外なら種や花を植え、屋内ならハーブを小さな鉢に入れて置いておきましょう。

種類：鉄隕石（隕石の一種）。鉄分90％、ニッケル8％、少量のコバルトとリン、微量の炭素、イオウ、クロム、銅の合金。亜鉛、ガリウム、ゲルマニウム、イリジウムの痕跡もある。磁力が強い

色：茶色、グレー

心のヒーリング：自己の尊厳と自尊心を回復させる

チャクラ：ルート（第1）、頭頂部（第7）

Gibeon
ギベオン隕鉄

ロウソクの色：茶色　香料：オールスパイス、シナモン、ショウガ、パチョリ、マツ　用途：パワーやスタミナ、勇気、保護を与える　仕事：職業的な夢を叶える。プロジェクトの完了まで見守る　神秘的な意味：災害を遠ざける。思わぬ幸運をもたらす。安全を保ちながら冒険へ導く。1個身につけるとよいとされる　占いの意味：大きな努力は大きく報われるが、最初に困難がやってくる　星座：すべての星座。なかでも水瓶座、蠍座　エンパワーメント：人生は予見できないからわくわくする

　アフリカ南部で発見され、原住民は何千年も前からこの隕鉄のかけらを磨いて鋭くし、矢尻や槍の穂先として使っていました。ナミビアでは宝とされています。欧米には1838年までに伝わり、イギリスのジェイムズ・アレクサンダー大佐が小さな破片を収集した記録が残っています。

　冷やされるうちに化学組成の違う2つの鉱物層に分かれてできた離溶パターンが特徴（切断して磨いた場合）で、インテリアとして大事に家に飾ったり、家宝として代々受け継ぐのに値するほどの美しさです。

　外側にはどの石も、親指のような美しいくぼみがあり、強力な瞑想の石、握り石（P369）として、何千年も前の祖先の英知と結びつけてくれます。銀河を超えたエネルギーを与えるという人もいます。

種類：チタン石（くさび石）、カルシウム・チタン・ケイ酸塩（CaTiSiO5）、単斜晶系、硬度5〜5½。透明な水晶またはスモーキークォーツ（P134）の表面や、これらのインクルージョンとして見られる。インクルージョンの場合、水晶は金茶になる。稀少で高価

色：茶色、緑、黄。輝きが強い

心のヒーリング：新旧、従来の瞑想療法と代替療法の最善のものを組みあわせ、長期間の心理的問題に対処する

チャクラ：眉（第6）、頭頂部（第7）

Titanite in Quartz

チタナイトインクォーツ

ロウソクの色：白　香料：アーモンド、ラベンダー、ライム、バラ　用途：統一と秩序をもたらす　仕事：ベストをつくせるように導く　神秘的な意味：超心理学の分野で、専門的かつ個人的な成功を収めさせる　占いの意味：同じまちがいを繰り返すようなら、やり方を見なおして　星座：魚座　エンパワーメント：幸せのために新しいパターンを作る

　カルサイトなど、別の鉱物の上で生成されることのある石。チタナイトが公式名称ですが、くさび形の結晶にちなんで名づけられた、スフェーンと呼ばれることがあります。

　占いやヒーリングを学んでいるときや、何かをはじめるにあたって、立ちはだかる問題を解決しなければならないときに、インスピレーションをもたらしてくれます。

　遺言書や応募書類など、大切な書類をチェックするときには、集中力と正確さを与えてくれるでしょう。

Cerusite
セルサイト

種類：白鉛鉱、炭酸鉛（$PbCO_3$）、直方晶系、硬度3～3½。白い鉛の鉱石で、美しい双晶やクラスター（P344）、双晶が組みあわさって星形になる

色：茶色、透明、乳白。輝きが強い

心のヒーリング：ネガティブな感情や行動を克服させる

チャクラ：ルート（第1）、頭頂部（第7）

ロウソクの色：茶色　**香料**：アニス、シダ、ミモザ、没薬、パチョリ　**用途**：円滑な進行をうながす　**仕事**：コミュニケーションをうながす。本音を引き出す。絆や全体責任の意識を生み出す　**神秘的な意味**：自分のスピリチュアルな面や、進化した心と結びつきを強め、直感的でスピリチュアルなパワーをアップさせる。集団でのスピリチュアルな活動の間、中央にクラスターを置くとよい　**占いの意味**：確かなことがあるとき、たいした意味をもたなくなる　**星座**：山羊座　**エンパワーメント**：必要などんな変化にも対応できる

　能力を成長させ、強い自信を感じさせてくれます。また、資産や財政を安定させ、投機に幸運をもたらします。宝くじや投機の書類などを入れた袋に、アマゾナイト（P297）やグリーンアベンチュリン（P296）と一緒に入れておきましょう。
注意：有毒であるため、エリクシール（P16）などを作らないように。やわらかくてもろいので、ほかの石と一緒にしないようにしましょう。

Staurolite
スタウロライト

種類：十字石、水酸化鉄・マグネシウム・アルミニウム・ケイ酸塩（$(Fe,Mg)_2Al_9Si_4O_{23}(OH)$）、単斜晶系、硬度7～7½。十字形またはX字形の双晶

色：赤茶、こげ茶、黒、黄を帯びた茶色。白の縞模様がある。風化して徐々にグレーになる。透明または半透明のものは稀少

心のヒーリング：病気や喪失の苦しみをなぐさめる。また、寄り添いなぐさめる人も助ける

チャクラ：ルート（第1）

ロウソクの色：茶色　**香料**：ベルガモット、カモミール、コーパル、レモン　**用途**：禁煙をうながす。吸いたい衝動にかられたら、たばこを持つ手でこの石を握るとよいとされる　**仕事**：ストレスを軽減させる。信念を貫かせ、尊敬を得させる　**神秘的な意味**：魔法のエネルギーをもたらす。十字の先端をなでるとよい　**占いの意味**：アドバンテージを不当に得るときは、同時にネガティブなエネルギーも得ているので注意　**星座**：魚座、蠍座　**エンパワーメント**：これは正しい道

　フェアリーティア（妖精の涙）やフェアリークロス（妖精の十字架）とも呼ばれ、古代から幸運のお守りとして珍重されてきました。神話でフェアリークロスは、イエス・キリストが磔刑に処された際に、大地の天使や妖精の涙が凍ったものとされています。十字軍やアメリカのルーズヴェルト大統領は、旅のお守りにしたといいます。
　精神の高揚を助け、ネガティブなものに対して盾になってくれます。ほかの人の負担を肩代わりする人、看護者などに、強さと忍耐力を与えます。

アキシナイト

種類：斧石、含水ホウ素カルシウム・鉄・マンガン・ケイ酸塩（Ca₂(Fe,Mn)Al₂BO(OH)(Si₂O₇)₂）、三斜晶系、硬度6½〜7。斧の刃のような結晶

色：茶色、紫、赤茶

心のヒーリング：心理的なコミュニケーションの壁を取り払う。一匹狼、ひとりっ子、コミュニケーションを取りにくい人を助ける

チャクラ：ルート（第1）、眉（第6）

ロウソクの色：茶色　**香料**：ヒマラヤスギ、ジュニパー、ムスク、ローズウッド　**用途**：人生の変化を最善のものに導く　**仕事**：潜在能力を引き出す。ネガティブな感情を取り除く。窓辺に置くとよい　**神秘的な意味**：日常世界に精神性を与える。普段いる部屋に置くとよい　**占いの意味**：事実と同じくらい、感じることも大切に　**星座**：山羊座　**エンパワーメント**：友情のために時間を作る

　友情の石とされ、バッグやポケットに入れておくと、ものの見方の似た友人を引き寄せたり、今ある友情を深めてくれます。知らない土地に引っ越してきたばかりのときや、定年退職後、新たな人間関係を築く際にも力を貸してくれるでしょう。恋愛においても、友情からはじまる恋をもたらします。コンピュータのそばに置いておくと、SNSで古い友人と再会する機会に恵まれます。

　精神力が鍛えられるように導いてもくれます。警察や警備など、セキュリティにかかわる仕事に従事する人におすすめです。厳しい世界で信頼を築く際に役だつでしょう。

レピドクロサイト

種類：鱗鉄鉱、水酸化鉄（FeOOH）、直方晶系、硬度5。褐鉄鉱を作る鉱物の一種で、水晶のインクルージョンとしても見られる。土壌成分としても産する。水晶に含まれない天然石は稀少

色：茶色、赤茶、濃い赤、黒

心のヒーリング：自信を回復させる。再び人生に向きあわせる

チャクラ：ルート（第1）、太陽叢（第3）

ロウソクの色：茶色　**香料**：アニス、クローブ、オレンジ、セージ　**用途**：不親切な態度を改めさせる　**仕事**：注意を持続させる。継続的なスタミナや強さを与える　**神秘的な意味**：強さを与える　**占いの意味**：物事が期待よりゆっくり進行しているように見えるなら、成長のとき　**星座**：射手座　**エンパワーメント**：毎日が成長か停滞かの可能性を運んでくる

　インクルージョンが赤や朱のものは、ハーレクインクォーツ（P87）といいます。

　しばしばレイキにおいて、ヒーリングに抵抗を示す場所にエネルギーを伝える際に使われます。セラピストにも人気のある石です。移行期に安心感をもたらし、決断力を高めるとともに、成長のための基盤を作ってくれます。

シャーレンブレンド

種類：硫化亜鉛（ZnS）

色：茶色、黄を帯びた茶色、ベージュ、銀色を帯びたグレー、青。うねった縞模様がある

心のヒーリング：ネガティブな感情を取り除く。信頼関係を再び築かせる

チャクラ：ルート（第1）

ロウソクの色：クリーム色、茶色　**香料**：竜血、楓子香、レモンバーベナ、ヨモギ、パチョリ　**用途**：必要なときに必要なものに導く　**仕事**：ネガティブなエネルギーや人、ものを遠ざける　**神秘的な意味**：子宝のお守り。人生から望まない影響を取り除く。欠けた月の深夜、何も育たない場所に1個埋めるとよいとされる　**占いの意味**：今の自分と愛する人との間の不一致は解決される　**星座**：山羊座、水瓶座　**エンパワーメント**：ネガティブなエネルギーをポジティブなエネルギーに変える

　いくつもの鉱物の層でできた魅力的な石。一般的にこの層は、硫化亜鉛の仲間の閃亜鉛鉱（スファレライト）、ウルツ鉱（ウルツァイト）、方鉛鉱、パイライトから作られます。
　伝統的にスピリチュアルな領域を旅する人のお守りとされてきました。また、財産に関するあらゆる問題を解決したり、不運を幸運に変える力を与えてくれます。プロジェクトを立ちあげたり、パーティを主催したり、社交的なグループやスピリチュアルなグループを作ったり、様々な人がチームとなって活動する際にも役だちます。イベントを企画したり、アレンジする人におすすめの石です。

恐竜の骨

種類：恐竜の骨が石英などに置き換わる一方、骨の細胞構造はそのまま残り、化石になったもの。採集が制限されているので、どんどん稀少になっている

色：自然状態では茶色、グレー、白、黒。化石化すると茶色や黒で、赤、青、黄などの模様が入る。金色や赤のものもある

心のヒーリング：人間関係の破綻からくるネガティブな感情を癒やす

チャクラ：ルート（第1）

ロウソクの色：グレー　**香料**：イトスギ、ラベンダー、ムスク、セージ　**用途**：家族の絆を強める　**仕事**：持続力を生み出す　**神秘的な意味**：多くの時代の英知と結びつけ、過去世と過去を思い出させる　**占いの意味**：同じまちがいを繰り返さない。自分を強く保って　**星座**：山羊座　**エンパワーメント**：過去が将来への鍵

　ほんの小さな化石にも何千万年という歴史がつまっています。完全に自然のままの化石は、磨いたものよりずっとパワーがあります。疲れたときや、ほかの人にエネルギーを奪われたと感じるときに手に取りましょう。古代から蓄積された大地のパワーが強さを引き出してくれるので、最強かつおだやかなエネルギーで満たされます。家の新築や増築、改装を考えているなら、天然の化石を小さなものでよいので敷居や壁、増築や改装する部屋などに埋めると、家庭に幸運をもたらすでしょう。また、歯のトラブルを予防するともいわれています。

Petoskey Stone
ペトスキーストーン

種類：サンゴの化石（本質はカルサイトになっている）

色：灰褐色、カーキ、茶色、グレー。磨くと複雑な六角形になったり、目の模様があらわれる

心のヒーリング：プレッシャーから解放する。偏見を克服させる

チャクラ：仙骨（第2）、眉（第6）、頭頂部（第7）

ロウソクの色：茶色　**香料**：グレープフルーツ、ケルプ、ラベンダー、レモン、ライム　**用途**：クリエイティブな表現とひとり旅をうながす　**仕事**：修復や改善をうながす。創造力をもたらす　**神秘的な意味**：ネガティブなエネルギーや感情、ものを遠ざける　**占いの意味**：ゴシップは嫉妬からのものなので無視して。助けてくれる思わぬ味方があらわれる　**星座**：蟹座　**エンパワーメント**：守護霊はいつも一緒にいてくれる

　すばらしい目の模様があるものは、古代の起源と水のエネルギーをもつ、魔法の石とされています。アメリカのミシガン湖が温暖な内陸湖であった3億5000万年前のサンゴから産出されたものなどです。

　磨いたものを身につけると、状況や人々の抱いている本当の思いへの理解が深まり、未解決の問題を解決へと導きます。自分のルーツや家系を調べる際にも力を貸してくれるでしょう。この化石を眉の間に置くと、スピリチュアルな意識が高まります。

Brown Topaz
ブラウントパーズ

種類：黄土（トパーズ）、フッ化水酸アルミニウム・ケイ酸塩（$Al_2SiO_4(F,OH)_2$）、直方晶系、硬度8

色：赤茶。ただし、太陽にあてると薄くなることもある

心のヒーリング：ネガティブな感情を取り除く。問題に立ち向かう勇気を与える。人生や人への信頼を回復させる

チャクラ：ルート（第1）

ロウソクの色：茶色、赤茶　**香料**：ブルーベル、ゼラニウム、スイカズラ、パチョリ　**用途**：冒険に導く　**仕事**：やる気を与える　**神秘的な意味**：大地の精霊と結びつける。季節の変わり目に、石に触れながら静かな自然の中で過ごす　**占いの意味**：新しいアイデアの種をまくチャンス。半年ぐらいで実を結ぶはず　**星座**：蠍座、射手座　**エンパワーメント**：大地のエネルギーによって強さで満たされる

　しばしば「大地の宝石」と呼ばれますが、宝石として特に貴重というわけではありません。しかし、自然の愛好家の間では人気が高まっています。スモーキークォーツ（P134）とよくまちがえられますが、この石のほうがパワフルです。

　起業したり、結婚したり、安定した環境を作りたいときに、信じられるパートナーを引き寄せます。長く続く友情を築くときにも効果的です。地元を離れなければならないときに手にすると、これまで一緒に苦楽をともにしてきた理由を思い出させ、長続きさせてくれるでしょう。相手への誠実さも深まります。

アストロフィライト

種類：星葉石、フッ化水素カリウム・ナトリウム・鉄・チタン・ケイ酸塩（K₂NaFe₇Ti₂(Si₄O₁₂)₂O₂(OH)₄F）、三斜晶系、硬度３〜４。長石、雲母、チタナイト（P269）と一緒に産出する。亜金属光沢や真珠光沢があることも

色：黄、赤茶、緑を帯びた茶色、金茶

心のヒーリング：責任感から解放する。自分のために行動するように導く

チャクラ：頭頂部（第７）

ロウソクの色：金色、銀色　香料：アカシア、アーモンド、アニス、コーパル　用途：ネガティブな感情を取り除く。不安やいらだちを感じたら強く振るとよい　仕事：ほかの人のエネルギーと要求にあわせられるようにうながす　神秘的な意味：天空への旅に導く　占いの意味：直感は正しかったということが思いがけず証明される　星座：蟹座、蠍座、山羊座　エンパワーメント：本当の人生の目的に導く道を歩む

　占星術および星の英知と関係づけられ、今のライフステージから次に進むときの移行を助けます。ロウソクや月光の下で手に取ると、トンネルの向こうから光が差し込むように、新しいチャンスが訪れる気配を感じるでしょう。瞑想に用いると運命がわかるとされ、数週間で出会うべき人とめぐり会い、夢が叶うともいいます。

穴のある石

種類：水や風化で自然に穴の開いた石灰岩など。人工で穴を開けた石もある

色：茶色、茶褐色、グレー、白

心のヒーリング：真実を伝える。困難を打破させる

チャクラ：ルート（第１）

ロウソクの色：茶色　香料：フェンネル、ラベンダー、ムスク、フジ　用途：責任を伴う愛情をもたらす。天然の小石を赤いひもに通し、結び目を３つ作って乾燥したヤロウ（ノコギリソウ）を入れた小さな袋と一緒にベッドの上にかけるとよい　仕事：幸運や金運をもたらす。必要なものへ導く。１個に３つ穴の開いている石の穴をのぞき込むとよい　神秘的な意味：答えをもたらす。ロウソクの下で石の穴をのぞき込むとよい　占いの意味：思わぬ幸運が必要なものをもたらす　星座：乙女座、山羊座　エンパワーメント：いつも代わりがある

　自然に穴の開いた石は、多くの文化で魔法と関係づけられてきました。異次元への入り口と見なされたのです。新石器時代には、穴の開いた大きな石が墓室の入り口の横に置かれ、生まれ変わりや別世界への移行が簡単にできるように、祈りがささげられました。
　自然に穴のあいた石は、トラブルや悪意、心をあやつろうとする人を遠ざけてくれます。赤いひもに結び目を作って石を通し、玄関のそばにかけておくと家を守り、ベッドの足にかけると睡眠中の悪夢や悪需の攻撃を防ぐといいます。先のとがった石を見つけたら、赤いひもに通して振り子（P380）にするのもおすすめです。

Bronzite
ブロンザイト

種類：古銅輝石、マグネシウム・鉄・ケイ酸塩（$(Mg,Fe)_2Si_2O_6$）、直方晶系、硬度5〜6

色：茶色。黒や緑の斑点と縞模様に、金銅色のメタリックな模様がある

心のヒーリング：自信をみなぎらせる。心の傷を癒やす。とても強力な石なので、傷つきやすい人はローズクォーツ（P61）と一緒に使うか、ひかえめに

チャクラ：ルート（第1）

ロウソクの色：金茶　**香料**：パチョリ、あらゆるスパイス　**用途**：ルーティンや義務を元気にこなせるように助ける　**仕事**：礼儀と落ち着きを保たせる　**神秘的な意味**：金運をもたらす。器に小さな石を入れ、週に1回、日光か金茶のロウソクの光にあてるとよい　**占いの意味**：今は細かいことに集中するとき　**星座**：山羊座　**エンパワーメント**：自尊心をさげすむ人に抵抗できる十分な強さがある

　才能を開花させてくれる石です。キャッツアイ効果をもつ石や、輝きの強い石に問いかけると、表面に答えがあらわれ、正しい決断に導いてくれるでしょう。ほかの人への思いやりもうながすため、家庭生活を豊かにしてくれます。厄介な仕事の会議にも効果的です。エネルギーが強すぎるため、眠りを妨げないように寝室では使わないようにしましょう。ただし、瞑想にはよい石です。

Lava
溶岩

種類：マグマが流れ出て地表で固まった火山岩

色：茶色、グレー、黒っぽい色、青

心のヒーリング：バイタリティを与える。くじけそうなときに努力をうながす。長期失業している人を助ける

チャクラ：太陽叢（第3）

ロウソクの色：赤　**香料**：オールスパイス、コーパル、乳香、サフラン　**用途**：トラブルメーカーに落ち着きをもたらす。火事、事故、盗難を遠ざける　**仕事**：ネガティブなエネルギーを遠ざける。とがった溶岩を外向きに置くと悪意などをはねのけ、丸いものは触れるとエネルギーを活性化させる　**神秘的な意味**：この上ない幸運をもたらす　**占いの意味**：感情的な問題に取り組むなら、気持ちが冷静になるまで待つこと　**星座**：牡羊座、蠍座　**エンパワーメント**：自然の贈り物を尊ぶ

　ハワイでは火山、火、魔法の女神ペレにささげられています。滑らかで丸い溶岩は女性にたとえられることから、子宝に恵まれるといわれています。不運を取り去るには、滑らかで丸い溶岩をなんでもよいので葉で包み、結び目を3つ作った糸で結び、大地に西向きに置いてお願いをします。情熱的な恋を引き寄せるには、身につけます。

　大地とつながると、ネガティブなエネルギーを発する人を遠ざけてくれます。

Alabaster
アラバスター

種類：石膏（雪花石膏）、含水硫酸カルシウム（CaSO₄
·2H₂O）、単斜晶系、硬度2。きめが細かく半透明で、
セレナイト（透明石膏）と関係がある

色：白、グレー、無色。含まれる微量成分次第で、赤
や茶色、黄を帯びることも

心のヒーリング：現実を受け入れる手助けをする。望
まない変化や喪失感に直面した人を助ける

チャクラ：ルート（第1）、眉（第6）

ロウソクの色：オレンジ色、白　香料：アニス、カモ
ミール、クローブ、楓子香　用途：幸運をもたらす。
引っ越しする場合、1～2週間前にこの石の彫像を家
に置き、最初に運ぶ荷物に入れると、幸運と一緒に移
転できるという　仕事：様々な手配を助ける　神秘的
な意味：ネガティブな出来事をチャンスに変える。磨
かれた石をそっとなで、スピリチュアルな心を活性化
させるとよい　占いの意味：不当なことに対する怒り
は正当だが、今はやるべきことに集中　星座：魚座
エンパワーメント：変えられない、変わらないことの
ために時間を無駄にしない

　水分の蒸発した内陸の塩湖で生成されるこの
石は、2000年以上も前からスピリチュアルな
鉱物と見なされ、彫像や骨壺などに使われてき
ました。特に紀元前800年ごろに栄えたエト
ルリア人の装飾品が有名です。イタリアの中部
や北部では、フクロウやタカといった力のある
動物の像などが作られてきました。
　幸運をもたらすことから、苦しみを経験し、
許しをためらう気持ちを前向きなものに切り替
えてくれます。また、自分を誤解している人と
の関係を好転させてもくれるでしょう。

Angel Aura
エンジェルオーラ

種類：人工的にプラチナ（P196）や銀（P193）を
蒸着させた水晶やオパール。オパールオーラともいう

色：半透明の白。虹色で真珠光沢がある

心のヒーリング：ネガティブな感情を克服させる。精
神を安定させる

チャクラ：頭頂部（第7）

ロウソクの色：銀色、金色　香料：乳香、白檀　用途：
醜さに美を見出させる　仕事：優しさや気づかいをも
たらす。日常的にだれかを世話する人をフォローする
神秘的な意味：天使とのつながりをもたらす。どの石
にも独自の天使が宿っているという　占いの意味：冷
笑的な人に、夢の実現を信じる心をじゃまさせないで
星座：蟹座、獅子座　エンパワーメント：天使を信じ
る

　妊娠中の女性に力を貸し、気持ちを引きあげ
てくれます。幻視からのメッセージを伝えると
ともに、過去世を思い出させ、癒やしてくれる
といい、原始からのすべての知識とあらゆる可
能性を記した「アカシックレコード」で、将来
を見たり、天の領域のビジョンを理解するとき
にも使われます。

種類：リチア電気石、水酸ホウ酸ナトリウム・リチウム・アルミニウム・ケイ酸塩（Na(Li,Al)$_3$Al$_6$(Si$_6$O$_{18}$)(BO$_3$)$_3$(OH)$_4$）、二方晶系、硬度7〜7½。無色のトルマリンともいう

色：無色透明。宝石質になることも

心のヒーリング：自信や根気、確かな判断力、やる気を与える。不安を克服させる

チャクラ：のど（第5）、頭頂部（第7）

Achroite

アクロアイト

ロウソクの色：白、銀色　香料：ヒヤシンス、ユリ、スズラン、ハス、没薬（もつやく）　用途：的確な対応力やクリエイティブな力を与える　仕事：成功を引き寄せる。プレッシャーを解き放つ。光のあたる場所に置くとよい　神秘的な意味：教えをもたらす。自分の内なる知恵や天使、守護霊（指導霊）、祖先の言葉を引き出すが、すべて自分から生まれたものと認識して　占いの意味：本当のことを聞かされていないかもしれない。だから、自分の本能を信じること。チャンスが訪れるかも　星座：魚座　エンパワーメント：自分に対して閉ざされていたドアを、自分で開けることができる

　トルマリンという名前は、スリランカのシンハラ語turumaliに由来します。「色のある、混ざった石」という意味で、この言葉が選ばれたのは、トルマリンに虹の7色がそろっているからでしょう。

　無色のアクロアイトは、虹の全色の統合をあらわし、異次元、天使の英知に結びつけてくれるとされています。また、ほかのトルマリンの効果を増幅し、星座や誕生月をつかさどる石のパワーを強めてくれます。

　ただし、とてもパワフルなので、持ち歩く場合、時間を制限し、運転したり、機械を操作するときは、使用しないようにしましょう。

　自信がありすぎるときや、逆に不安なときは、オーラを落ち着きで満たし、ほどよい自信をもって行動できるように導いてくれます。

　まわりにネガティブなエネルギーを発する人がいるなら、写真と一緒に置いておくと、思いやりに満ちたエネルギーを発するように働きかけてくれるでしょう。

トルマリン入り水晶

種類：水晶の中に針状のトルマリンが包有されたもの

色：透明または乳白。内部に輝く黒。緑やピンクのトルマリンのインクルージョンがあることも

心のヒーリング：自傷行為をやめさせる

チャクラ：ルート（第1）、頭頂部（第7）

ロウソクの色：グレー　香料：アニス、クローブ、竜血、ジュニパー、ポピー　用途：ひとり旅へ導く。おだやかな開拓の精神をもたらす　仕事：自信をもたらす。環境になじませる　神秘的な意味：直感的な理解を深める。マインドトラベルを体感させる。ピラミッド（P386）を置くとよい　占いの意味：物事は白黒つけられるものだけではない　星座：双子座　エンパワーメント：不確かなことがあっても生きていける

　非常に強力な石で、陰陽、男女、光と闇、能動と受動など、正反対のものを統合します。一般の人が取り扱うには強力すぎるという意見もありますが、こうしたエネルギーは、調和を取り戻す必要のある人には大きなメリットがあります。

　強運のシンボルとされ、普段のお守りではなく、具体的な幸運が必要なときに持ち歩くとよいでしょう。また、交通事故後のショックや、感情的なトラウマを伴う心の傷を緩和するとともに、再び立ちあがるのを助けてくれるといいます。大きな天然石は、家庭を守る盾としてネガティブなエネルギーをはねのけます。

ジラソルクォーツ

種類：石英（クォーツ）、二酸化ケイ素（SiO_2）、三方晶系、硬度7。ミルキーな輝きのある水晶

色：無色。くもっていたり、青く見えることも。半透明の輝きがある

心のヒーリング：刺激に対する鋭敏すぎる感覚や不安をしずめる。過剰な騒音や混雑、汚染を吸収する。動物にも効果的

チャクラ：仙骨（第2）、頭頂部（第7）

ロウソクの色：銀色　香料：アーモンド、アニス、サクラ、ムスク　用途：ネガティブな感情を遠ざける。正直な告白をうながす。今に集中させる　仕事：慎重に行動させる。ストレスを軽減する。丸玉やエッグストーン（P382）を手にし、集中するとよい　神秘的な意味：必要な情報をもたらす。満月か、ほぼ満月のとき、天然石の丸玉を日没前の最後の日光にかざすとよい　占いの意味：急ぐときではない　星座：蟹座　エンパワーメント：自分の静かなオアシスを作る

　生来の創造力を発揮できるように導きます。家庭では、家族が慌ただしくしたり、めいめいに活動するのではなく、みんなで一緒にリラックスできる環境を作り出します。

　瞑想にもおすすめです。模様のある丸玉や天然の水晶を選び、水晶の中の模様や道筋を見つめ、心が日常世界を離れていくのをイメージしましょう。また、10代の子どもに落ち着さをもたらし、生活が乱れないように働きかけてもくれます。

クリアクォーツ

種類：石英（クォーツ）、二酸化ケイ素（SiO2）、三方晶系、硬度7。透明な水晶

色：無色透明でガラスのよう。光に輝く

心のヒーリング：新しいはじまりを支援する。毎日、この水晶玉を持って体を太陽にあて、新しいはじまりについてつぶやき、祈りを伝えるとよい

チャクラ：頭頂部（第7）

ロウソクの色：白、天然のミツロウの色　香料：カモミール、オレンジ、ローズマリー　用途：エネルギーで満たす。今すぐエネルギーをアップさせるには、石に触れながら、エネルギーが体を循環するようにイメージするとよい　仕事：ネガティブなものを遠ざける。ネガティブなものをポジティブなものへ変える　神秘的な意味：自然のエネルギーを吸収し、天使と宇宙から光を呼び込む　占いの意味：人生に追いつくには、新鮮なエネルギー、新しいはじまり、早く動くことが必要　星座：牡羊座、獅子座　エンパワーメント：毎日が新しいはじまり

　透明な水晶は、ほとんどすべての時代に登場し、純粋な生命力をもつと信じられてきました。輝く白い光の中に、すべての色のスペクトルが含まれるため、ほんの小さな水晶でもマスタークリスタル（P354）の性質をもっています。ヒーリングの石を1個だけ選ぶとしたら、透明な水晶にしましょう。成功を引き寄せる万能のお守りになります。毎週、水晶の上で3回呼吸します。

メタモルフォシスクォーツ

種類：石英（クォーツ）、二酸化ケイ素（SiO2）、三方晶系、硬度7。星形の光を放つものや、オパールのような銀色の光を内包する強い部分があるものも

色：乳白

心のヒーリング：変化や再出発をためらう心を励ます

チャクラ：仙骨（第2）、頭頂部（第7）

ロウソクの色：銀色　香料：リンゴの花、サクラ、オレンジ、パッションフラワー、モモ　用途：ポジティブなエネルギーで満たす　仕事：頑固な態度を軟化させる。アイデアで満たす。石の中の星や銀色の光に注目しながら、両手で石を包むとよい　神秘的な意味：オーラを強める。負担を押しつける人を遠ざける。頭から肩の上あたりまで頭に沿って、石を動かすとよい　占いの意味：変化が自由をもたらすまで続ける　星座：蟹座　エンパワーメント：変わり続ける能力をもっている

　より半透明で、磨かれたジラソルクォーツ（P145）よりオパールの輝きにすぐれ、不規則な形をしています。星形であったり、光る部分のあるものがよいでしょう。ジラソルクォーツより強いエネルギーがあると考えられており、持っていると自信や熱意があふれ出します。
　固有の守護霊（指導霊）や守護天使をもつ水晶ともされ、この水晶を通じてコンタクトを取ることができるといいます。変化と移行を円滑にし、再出発をサポートしてくれるため、自分を見失わず、常に自分らしくいられるようにしてくれます。

種類：方解石（カルサイト）、炭酸カルシウム（CaCO₃）、三方晶系、硬度3

色：無色透明

心のヒーリング：ネガティブな感情を取り除く。自傷行動をやめさせる

チャクラ：頭頂部（第7）

Clear Calcite
クリアカルサイト

ロウソクの色：白　香料：アーモンド、ジャスミン、ミモザ、モモ、ホワイトローズ　用途：なくしたもののありかへ導く。石の表面に明るい光をあてると、置き忘れたり紛失した場所のイメージが心に浮かぶという　仕事：新しくスタートさせる。トラブルを軽減させる　神秘的な意味：空間を清める。小さな器に入れ、瞑想やセラピー、魔法、占いを行ったり、超常現象を感じる部屋に置き、毎週、石を流水で洗うとよい　占いの意味：新たなはじまりは予想より時間がかかるかもしれないが、ちゃんとやってくる　星座：水瓶座　エンパワーメント：人生からすべての混乱を追い払う

　方解石は世界で最も一般的ながら、最も多様な鉱物のひとつです。天然のカルサイトやクラスター（P344）は、時折ヘマタイト（P186）やフローライト（蛍石）など、ほかの鉱物を伴って産出し、結晶形のバリエーションは、300種類以上にものぼります。色も様々で、無色あるいは白が最も純粋な色です。水に似た透明度のこの石は、屈折を見ることができ、アイスランドスパーとも呼ばれています。

　天使や守護霊（指導霊）からの光と癒やしを伝達するものとしてすぐれ、目の前にいない人のヒーリングにも適しています。この石を手に取り、ヒーリングを送りたい人や動物、場所を思い描きましょう。

　思いやりや機転を失わずに真実を語る石ともされ、恋愛関係を解消するときや、よくないニュースを伝えなければならないときに力を貸してくれます。

種類：緑柱石（ベリル）、ベリリウ
ム・アルミニウム・ケイ酸塩（Be₃Al₂
Si₆O₁₈）、六方晶系、硬度7½〜8。
不純物をほとんど含まない。カラー
レスベリルともいう

色：無色透明

心のヒーリング：情緒を安定させる。
ネガティブな感情を軽減させる

チャクラ：頭頂部（第7）

Goshenite
ゴッシェナイト

ロウソクの色：白　香料：アーモンド、リンゴの花、ベルガモット、レモンバーム、レモンバーベナ　用途：
現実と幻の区別をつけさせる。正直さを広める。ネガティブなエネルギーを追い払う。天然石は真実の石と
いわれている　仕事：正直な取引をうながす。責任感をもたせる　神秘的な意味：解決できない問いの答え
をもたらす。天然のベリルの中をのぞき込み、内側の模様が描くイメージを見るとよい　占いの意味：真実
は重要だが、つらいかもしれない。伝えなければならないことを優しく伝え、それがまったく痛みのないも
のではないことも受け入れて　星座：蟹座　エンパワーメント：幻や偽の夢に隠れたりしない

　「結晶の母」と呼ばれ、母性と結びつけられる
ことから、母の日のすばらしい贈り物になります。
ひとり親であったり、健康や経済上の問題で育児
に苦労しているなら、より力を貸してくれるでし
ょう。娘が母になるときに贈るのも、よいアイデ
アです。
　歴史的には、最も早くから丸玉として使われた
石のひとつで、古代から眼鏡に使われたり、視力
を高めるためにまぶたに置かれたりしました。
　恋人やパートナーの誠実さを疑っているなら、

身につけるとよいでしょう。相手に誠実さをうな
がすとともに、根拠のない不安と暗示の違いを教
えてくれます。
　秘密を守る必要があるときも効果的です。天使
の石としての役割も担っており、月や女性の天使
とコンタクトできるように働きかけてくれます。

種類：ダイヤモンド、炭素（C）、立方晶系、硬度10。世界で最も硬い宝石鉱物

色：無色。金剛光沢があり、ファイアーと呼ばれるカラフルな光を反射する。黄、緑、青、ピンク、紫、黒、茶色のものもあるが、色が黒いのではなく、石墨のインクルージョンを含むため

心のヒーリング：輝く自分の価値の感覚を作り出す。自分のアイデンティティや価値を見失ったすべての人を助ける

チャクラ：頭頂部（第7）

Diamond
ダイヤモンド

ロウソクの色：白　香料：乳香、ユリ、白のハス、白のラン、ホワイトローズ　用途：誠実さのシンボルとされ、愛情が本物でなくなったり、身につけた人が不幸なら、くもるという。パートナーと話しあいをするときは身につけるとよい　仕事：ポジティブな存在感を高める。エネルギーを拡張する。大きなチャンスを招く。繁栄を引き寄せる　神秘的な意味：ネガティブな感情を防ぐ。イヤリングかペンダントを身につけるとよい　占いの意味：自分の能力を証明する機会は思わぬところからくる　星座：牡羊座　エンパワーメント：光と愛を引き寄せる

　伝統的に「勇気の石」とされ、古代ローマの兵士は肌に触れるように身につけ、恐怖心を克服したといわれています。

　思考と感覚を吸収するため、いろいろな能力を集中して用いたい場合、身につけたり、持ち歩くとよいでしょう。

　ポジティブで活気のあるエネルギーで心身を満たすため、まわりから常によい反応が得られるようになるでしょう。

　また、強いパワーをもつ「愛の石」としても知られています。

種類：ダングリ石、カルシウム・ホウ素・ケイ酸塩（CaB₂(SiO₄)₂）、直方晶系、硬度7

色：無色、白。磨くと輝く

心のヒーリング：ポジティブな感覚を与える。最高の成果を生み出す。自分にもまわりの人にも美点を見出させる

チャクラ：心臓（第4）、頭頂部（第7）

Clear Danburite
クリアダンビュライト

ロウソクの色：白　香料：ユリ、スズラン、ハス、ムスク、ホワイトローズ　用途：お祝いの石。喜びをもたらす。ダンビュライトのジュエリーの石言葉は「愛をささげる」であるため、高価なホワイトサファイアやダイヤモンド（P149）と同じくらい完璧なお祝いの贈り物　仕事：明快な知性の石。知識を呼び覚まし、与える　神秘的な意味：天使の石。自然光やロウソクの光で完全に透明になるクラスター（P344）は、強力な光のエネルギーを生み出し、まわりに守護天使の姿を描き出すという　占いの意味：高齢の家族の長所がはっきり見え、自分と共通する点がたくさんあると理解できるようになる　星座：水瓶座、獅子座　エンパワーメント：すべての人を友人と見なす

　1839年に最初に発見されたアメリカのコネチカット州ダンビュリーにちなんで名づけられました。この石には、透明な水晶がもつすべての力が備わっています。

　共感を生む石であるため、人とのかかわりを通じて協調性を育み、成長させます。

　気のあう人を引き寄せるとともに、ネガティブなエネルギーを発する人を遠ざけます。

　親身に愛情をもって相手に接するヒーラー、特に経験の浅い施術者に力を貸し、確かな癒やしを与えられるように働きかけます。

種類：風信子鉱（ジルコン）、ジルコニウム・ケイ酸塩（$ZrSiO_4$）、正方晶系、硬度6〜7½。人工のキュービックジルコニアと混同しないように。天然で大きく透明なものは極めて稀少

色：無色透明、白。ダイヤモンド（P149）と同じように輝く。通常ブラウンジルコン（P129）を熱処理したものだが、完全に純粋な天然石もまれに見られる

心のヒーリング：深い安眠をもたらす。ネガティブな感情を克服させる。生命力と、自然に生まれる喜びを感じさせる。あらゆるオーラを浄化させる

チャクラ：ルート（第1）、仙骨（第2）

Zircon
ジルコン

ロウソクの色：白　香料：リンゴの花、ブルーベル、サクラ、リリー、スズラン　用途：適した言動を行う知恵を与える。透明な石は、だれかを世話をする人をフォローする　仕事：明晰な思考をうながす。ネガティブなエネルギーを遠ざける。満足感をもたらす　神秘的な意味：ネガティブなエネルギーを察知させる。ネガティブなエネルギーを感じると、透明のジルコンはくもるという　占いの意味：選んだ人生と、これまで成功してきた能力に忠実に　星座：牡羊座、牡牛座、射手座　エンパワーメント：自分を導く内なる光に頼る

　マチュラダイヤモンドとも呼ばれ、ダイヤモンドの代替品としても好まれます。あらゆる地学的変動のプロセスに耐えられるため、放射年代測定に使える鉱物です。ちなみに地球上で最も古い鉱物と推定されたのが、このジルコンでした。

　過去の場所や隠された情報を明らかにするとともに、スピリチュアルなコミュニケーションを増幅させるといわれています。

　金星や女神ヴィーナスとよく結びつけられる石でもあり、恋する気持ちを確かなものにします。

ペタライト

種類：ペタル石、リチウム・アルミニウム・ケイ酸塩（$LiAlSi_4O_{10}$）、単斜晶系、硬度6〜6½。稀少

色：無色透明、白、ピンク、グレー

心のヒーリング：頭の中を整理し、静かな場所を作り出す

チャクラ：頭頂部（第7）

ロウソクの色：白　香料：アーモンド、クラリセージ、ローズウッド、バニラ　用途：分散したエネルギーを集中させる。石を手に取り、じっと立ちどまるとよい　仕事：休憩をうながす　神秘的な意味：守護天使とのコミュニケーションをうながす。耳にあてると、守護天使の声が聞こえ、聖地にでかけるときに持っていくと、日常の雑念をシャットアウトできるという　占いの意味：だれかの気持ちをはっきりさせる必要があるなら、おそれずに思っていることを打ち明けて　星座：水瓶座　エンパワーメント：聡明な内なる声を聞くとき

　デリケートな外見から、しばしば「天使の石」と呼ばれます。やわらかな自然光の中で石をのぞき込むと、天使の光を見ることができるでしょう。
　自然のエネルギーや、進化して高みに達した自然の存在と結びつけてくれます。ジュエリーにするにはやわらかいので、丁寧に包んで持ち歩きます。旅行や出張のスケジュールが慌ただしく、立ちどまって自然の音や内なる静けさに耳を傾けたりする時間がなさそうなら、持っていきましょう。思わぬ美を見出させてくれます。

クリアフローライト

種類：蛍石（ほたるいし）、フッ化カルシウム（CaF_2）、立方晶系、硬度4

色：無色透明

心のヒーリング：感情を落ち着かせる。ポジティブな思考を回復させる

チャクラ：眉（第6）

ロウソクの色：白、銀色　香料：カモミール、エルダー、没薬（もつやく）　用途：優しいエネルギーを与える　仕事：ストレスを明快な戦略に変える。不要なものを取り除く　神秘的な意味：痛みをやわらげる。ほかの石のエネルギーを強める。ヒーリングにおすすめ　占いの意味：人生を動かすような最高の取引を持ちかけられるかも　星座：魚座　エンパワーメント：優しい強さは山をも動かす

　体内の不純物や心身の閉塞感を取り除くように働きかけてくれます。フローライトの天使（P341）、丸玉、エッグストーン（P382）は優しくエネルギーを与え、私たちの世界と天使の領域を区別し、整理するのに役だちます。
　この石を使って瞑想すると、隠れた霊力を刺激して直感を向上させます。またこの間、バランスを調整し、ネガティブなエネルギーが入り込まないように守ってくれます。

Clear Topaz
クリアトパーズ

種類：黄玉（トパーズ）、フッ化水酸アルミニウム・ケイ酸塩（Al$_2$SiO$_4$(F,OH)$_2$）、直方晶系、硬度8

色：無色透明。輝きを放つ

心のヒーリング：スピリチュアルな存在にエネルギーを与える。感情を浄化させる。心のバランスを整える。明快な思考や洞察をもたらす

チャクラ：頭頂部（第7）

ロウソクの色：白　香料：安息香、カモミール、ヘザー、マリーゴールド　用途：自信をもたらす　仕事：情報を異なる角度から見るようにうながす　神秘的な意味：自分にとって大切なイメージやシンボルへ導く。満月の光にかざすとよい。水晶玉（P378）を読み解くとき、身につけると効果的　占いの意味：真実を見るとき。正邪を見分ける内なる声を聞くこと　星座：牡羊座、射手座　エンパワーメント：心に限界はない

　クリアトパーズはリングにすると、パワーアニマル（P342）との結びつきを深め、動物とのスピリチュアルなコミュニケーション能力をアップさせます。また、クリアトパーズを使った霊視は明確です。クリエイティブな、あるいはスピリチュアルな努力を限界まであと押しし、理想のレベルまであげてくれるでしょう。

　ダイヤモンド（P149）よりおだやかな愛の石であるため、初恋が実ったり、復縁して信頼が修復されたあとの約束のリングとしてプレゼントするのに最適です。

Grossular
グロッシュラー

種類：灰礬石榴石（グロッシュラー）、カルシウム・アルミニウム・ケイ酸塩（Ca$_3$Al$_2$Si$_3$O$_{12}$）、立方晶系、硬度6½〜7

色：無色、白、ピンク、赤、緑、クリーム色、ハチミツ色

心のヒーリング：強すぎる感情をやわらげる。これまでの恋愛関係がドラマティックでありすぎた人を助ける

チャクラ：心臓（第4）

ロウソクの色：白、緑　香料：ジュニパー、ローズマリー、ルー（ヘンルーダ）、白檀、バーベナ　用途：ロマンスとおもしろさ、情熱をアップさせる。恋のエネルギーをリフレッシュさせる　仕事：才能が認められるチャンスをもたらす。無色のものがおすすめ　神秘的な意味：ネガティブなエネルギーを遠ざける。赤い石は吸収の盾になるという　占いの意味：自分をもっと評価すること　星座：山羊座、水瓶座　エンパワーメント：自分に価値があると感じられれば、ほかの人の賞賛は必要ない

　「強さの石」とされ、起業に際して成功へと導きます。異なる色の石を置いて、ポジティブなエネルギーで満たしましょう。透明な石は新しいアイデアや顧客を呼び込み、緑の石は幸運を、赤の石はスタミナと決断をもたらします。

　よい雰囲気や気風を保ちながら、必要な利益を継続的にあげられるよう働きかけます。スピリチュアルな製品やサービスを提供する仕事により効果的です。

キャンドルクォーツ

種類：石英（クォーツ）、二酸化ケイ素（SiO2）、三方晶系、硬度7。ろうの溶けたロウソクに似た水晶

色：通常は不透明な白。酸化鉄が含まれるとピンクになることも

心のヒーリング：明日は別の日であり、一歩ずつ前進し、光に達することができると思い出させる

チャクラ：太陽叢（第3）

ロウソクの色：天然のミツロウの色　香料：アカシア、アニス、シナモン、クローブ、ショウガ　用途：家族に豊かさをもたらす。民間伝承では、家庭の守護天使の中心になるといわれている　仕事：契約先を選ぶのを助ける。小さな工房やひとりで経営する企業に効果的。交通安全のお守り　神秘的な意味：悲しみを癒やす。石のまわりに、小さな白のロウソクを並べて灯すとよい　占いの意味：人とつきあい、人生への情熱を取り戻すとき　星座：獅子座　エンパワーメント：闇の中にも光がある

　エレスチャル水晶（俗にいう骸骨水晶）の仲間。表面は、小さな結晶と、侵食や結晶の不均等な成長が原因で生じた凹凸でおおわれています。ロウソクの芯のような、とがった水晶のまわりに、溶けたロウのような、小さな水晶が並んでいます。

　光にかざすと、心と体の緊張を吸収し、代わりに静かなエネルギーで満たしてくれます。

　名声や幸運など、ポジティブなエネルギーに包まれるお守りとしても知られ、独立するときに力を貸しくれるでしょう。

スノークォーツ

種類：石英（クォーツ）、二酸化ケイ素（SiO2）。三方晶系、硬度7。半透明な水晶

色：透けて見える白。閉じ込められた微細な気泡や水の泡が白さを生み出す

心のヒーリング：家族を和解させる

チャクラ：眉（第6）

ロウソクの色：白　香料：アーモンド、アニス、マグノリア、ミモザ、ネロリ　用途：交通安全のお守り　仕事：デスクワークを円滑にする。財政難を遠ざける。キャッシュボックスに入れるか帳簿と一緒に置くとよい　神秘的な意味：恋愛に幸運をもたらす　占いの意味：注意しながら前に進んで　星座：山羊座　エンパワーメント：春がくるには、まず冬がこなければ

　ミルキークォーツとも呼ばれ、1月と2月の満月の石です。スカンジナビアでは、深い雪の前触れとされました。母神ホレまたはフルダが、氷柱の杖を振って大地を眠らせ、強く成長させるときに、杖からしたたり落ちたのがこの水晶だといわれています。

　ゆっくりと長続きするエネルギーをもつため、慌ただしい環境には不可欠な水晶です。この水晶の丸玉は、あらゆる人やものをペースダウンさせ、事故を遠ざけながら、生産性をあげるように働きかけます。

種類：魚眼石、含水フッ化カリウ
ム・カルシウム・ケイ酸塩（KCa4Si8
O20(F,OH)·8H2O)、正方晶系、
硬度4½〜5

色：通常は無色か透明。劈開が発達
していてその面で割れると、虹色や
真珠光沢があらわれる。薄緑もある
が、ほかの元素により、薄いピンク
などになることも

心のヒーリング：心身の一体感を覚
えさせる。アイデンティティを取り
戻すように導く

チャクラ：心臓（第4）、眉（第6）

Apophyllite
アポフィライト

ロウソクの色：白　香料：カモミール、レモン、ライム、ティーツリー、スミレ　用途：場所全体を浄化さ
せる。くつろぐ部屋にクラスター（P344）を置くとよい。清浄さを保つために月に1回、インセンスの煙
をただよわせて　仕事：正直さや正確さをもたらす。効率をアップさせる　神秘的な意味：パワーアニマル
（P342）から守護霊（指導霊）まで、異次元の存在との結びつきをうながす。無色の石を太陽か月、また
はロウソクの光にあてると、天使や守護霊とのコミュニケーションの機会が増えるという　占いの意味：計
画は何度もチェックして、書類やフォーマットが最新であることを確認すること　星座：双子座、水瓶座
エンパワーメント：創出の宇宙を待つより自分で行動する

　クラスターとしてはアメシスト（P225）同様に、
ほかの石や水晶が吸収したネガティブなものを排
出させます。
　クラスターは、人々の感情をひとつにまとめな
がら、家族関係や失恋を癒やします。
　大切にしていることでもめたり、外部の人が割
って入ってきたり、義理の家族の存在によって家
族が疎遠になっているときなどによいでしょう。
　ずっと欲しかった家を買ったり、キャリアを変
更したり、新しい家族を加えるといった、自分の

希望を満たす行動を取るときにも力を貸してくれ
ます。
　外国語学習もサポートしてくれます。
　ヒーリングとスピリチュアルな作業には、緑の
石が最適です。

スネークスキンアゲート

種類：めのう（潜晶質石英）、二酸化ケイ素（SiO2）、三方晶系、硬度7

色：白からクリーム色。緑のものを含め、表面にヘビ柄のようなしわやひびの模様がある

心のヒーリング：裏切られたり、傷つけられた心を癒やす。悪影響を防ぐ

チャクラ：ルート（第1）、眉（第6）

ロウソクの色：クリーム色　香料：アニス、バジル、クローブ、タラゴン、セージ　用途：ネガティブな場所を離れさせる。先のない関係を解消させる。禁煙をうながす　仕事：環境に安定をもたらす。上下関係を理解させる　神秘的な意味：存在感を消す　占いの意味：古い重荷を捨て、新しい戦略を考えるとき。物事はよいほうに変わっている　星座：蠍座　エンパワーメント：軽々と旅行できる

　北米の先住民は、白いこの水晶を賢いヘビにささげてきました。

　ほかの渦まき模様のアゲートと同じく夢の石として、瞑想とリラクセーションを助けます。目で模様を追い、頭を空っぽにしましょう。スタミナの石でもあるため、重労働に従事する人をエネルギーで満たしてくれます。特に建設業界の人が身につけると、事故も防いでくれるといいます。自然とふれあう目的で旅に出るなら、1個持っていきましょう。SNSなど、テクノロジーから離れられないときに、自然に目を向け、目覚めるように働きかけてくれます。

ホワイトセレスティン

種類：天青石、硫酸ストロンチウム（SrSO4）、直方晶系、硬度3〜3½

色：透明、霜のついた氷のような白

心のヒーリング：病気や死への恐怖を緩和させる。死について正しい知識を与える。現在の健康に目を向けさせる

チャクラ：眉（第6）、頭頂部（第7）

ロウソクの色：白　香料：ベルガモット、レモンバーム、レモンバーベナ、マグノリア、ネロリ　用途：調和をもたらす。ポジティブなかかわりあいを生み出す。議論の雰囲気を明るくする。クラスター（P344）を置くとよい　仕事：環境になじませる。自分のスタイルと職業倫理を守らせる　神秘的な意味：天使とのコミュニケーションをうながす。とがった透明な石は、強力なヒーリングのツールとなる一方、おだやかなエネルギーも含んでいるという　占いの意味：時間もストレスもかかるメインの作業に集中すること　星座：天秤座　エンパワーメント：今すぐ変えられないことはちょっと置いておく

　光を与える石とされ、直感と透視力をもたらすため、人やもの、出来事の全体を隅々まで見通すことができます。新しいチャンスの扉を開き、すべてを受け入れて寛容になるために身につけましょう。

　心身のバランスも整えてくれます。ネガティブな感情を遠ざけてもくれるため、ポジティブな思考を保つことができます。

　ヒーリングの際は、不快な場所に石を数分間あてます。食べ物のそばに置くと、ネガティブなエネルギーを取り除いてくれるといいます。

種類：苦灰石（ドロマイト）、炭酸
カルシウム・マグネシウム（CaMg
$(CO_3)_2$）、三方晶系、硬度$3\frac{1}{2}$〜4

色：乳白、無色、赤を帯びた白、茶
色っぽい白、黄っぽい白、グレー、
ベージュにピンクの模様

心のヒーリング：ポジティブな自己
イメージを回復させる。ネガティブ
な感情をやわらげる

チャクラ：眉（第6）

Dolomite blanche
ドロマイトブランシュ

ロウソクの色：白　**香料**：アーモンドの花、ユリ、谷のユリ、白のラン、バニラ　**用途**：調和、幸福、寛大
さ、利他主義をもたらす　**仕事**：最良の結果をもたらす。効率的な資産の運用をうながす　**神秘的な意味**：
赤ちゃんに安全をもたらす。チャンスへと導く。白くまばゆい丸玉またはエッグストーン（P382）を日光
にあて、その白さを見つめると、心の中にチャンスのイメージが浮かぶという　**占いの意味**：人生に豊かさ
が訪れようとしている。時間や持っているものに寛大になって　**星座**：牡牛座　**エンパワーメント**：正当な
理由にだけ自由を与える

　ホワイトドロマイトともいい、幸せと充実感を
与え、可能性を広げてくれます。白いこの石は、
やわらかいピンクドロマイト（P73）より強い
エネルギーをもっているため、本当に必要として
いる場合にのみ使用するようにしましょう。
　ネガティブなエネルギーを吸収し、創造的なイ
ンスピレーションや独創的な思考に変えてくれま
す。
　この石の装飾品を家に飾ると、家に幸運をもた
らすといわれています。

White Moonstone
ホワイトムーンストーン

種類：月長石（アルカリ長石の一種）、カリウム・アルミニウム・ケイ素酸素（KAISi3O8）、単斜晶系、硬度6〜6½

色：不透明な白。黄や茶色、青を帯びたものやグレーのものも。月のような、ほのかなきらめきがある

心のヒーリング：落ち着きとおだやかさをもたらす。効果的な対応をうながす

チャクラ：仙骨（第2）

ロウソクの色：銀色　香料：ユーカリ、ジャスミン、レモン、ポピー　用途：時差ボケを緩和する。海外旅行にでかけるとき、身につけるとよいとされる　仕事：緊張を緩和する　神秘的な意味：力をみなぎらせる　占いの意味：今こそ思いを伝えるとき　星座：蟹座　エンパワーメント：自分の心の満ち欠けを認める

　磨いた石にも天然石にも、同じエネルギーがあります。満月の夜に、ひと晩中外に置いておくか、月の見える窓辺に置いてエネルギーをチャージすると、よりパワフルに働いてくれます。
　子どもに力を与えてくれる石として知られ、子どもが慣れないベッドで寝るときに落ち着かせたり、悪夢を追い払い、よく眠れるように助けてくれます。また、子宝のお守りになる石でもあります。

Rainbow Moonstone
レインボームーンストーン

種類：月長石（アルカリ長石の一種）、カリウム・ナトリウム・アルミニウム・ケイ素酸素（(K,Na)AISi3O8）、単斜晶系・三斜晶系、硬度6〜6½

色：不透明な白。虹色の光沢やきらめきがある

心のヒーリング：ネガティブな感情を取り除く。安心感をもたらす

チャクラ：仙骨（第2）、眉（第6）、頭頂部（第7）

ロウソクの色：白、銀色　香料：ユーカリ、ジャスミン、レモンバーム、没薬、ネロリ　用途：植物が健康に育つように導く。満月の前の3日間か、虹を見たときに庭に埋めると、元気に育つという　仕事：問題を慎重に解決に導く。社内恋愛を成就させる　神秘的な意味：月の魔法をもたらす。この石は、気分とエネルギーの度合いに応じて、明るくなったり暗くなったりするという　占いの意味：自分をいたわり、リラックスする時間を取ること　星座：蟹座　エンパワーメント：幸せな瞬間を集める

　この白い長石は、ラブラドライト（P178）に似た、強い色のスペクトルのきらめきを発します。枕の下か月光を受ける場所に置くと、よい夢と安眠を助け、恋人を見つけるのにも役だちます。
　病気に対する継続的な強さを与え、自傷傾向にある人を支える石でもあります。さらには、子どもの学習態度を改善したり、市街地から離れた場所にある家を守る働きも担っているといいます。

種類：オパール、含水二酸化ケイ素（$SiO_2 \cdot nH_2O$）、非晶質、硬度5½〜6½。この名前は、乳白のプレシャスオパール、または明るい地色のオパールにつけられる

色：乳白、薄いグレー、半透明

心のヒーリング：妊娠や出産にまつわるネガティブな感情を取り除く

チャクラ：仙骨（第2）、心臓（第4）

Milky Opal

ミルキーオパール

ロウソクの色：クリーム色　香料：リンゴの花、サクラ、レモンバーム、レモンバーベナ、ネロリ　用途：子どものために、あたたかく安全な環境を作り出す　仕事：ネガティブな感情を取り除く　神秘的な意味：存在感を消す　占いの意味：プライドで助けを求められない、苦しんでいる友人や家族に手を差しのべて　星座：蟹座　エンパワーメント：自分のニーズを満たせる

　オパールという言葉は、サンスクリット語で「貴石」を意味するupalaに由来します。ヒンドゥーの伝説では、ブラフマー、シヴァ、ヴィシュヌの3神が、若い虹の女神を追いかけまわしたため、母なる女神が虹の女神の姿を変えてしまい、最初のオパールが誕生したといわれています。

　ミルキーオパールは、不透明な表面から虹色を時折のぞかせるため、特別な石と見なされています。

　多くの文化で「母なる女神の乳のしずく」と呼ばれ、母親になった人に贈る習慣もあります。第2子、第3子と赤ちゃんが生まれるたびに、新しいオパールが贈られます。

　ほかのオパール同様、身につけたほうが効果的ですが、使用する際は直接熱にさらされないようにし、時折湿ったやわらかい布で湿り気を与えるようにしましょう。

　子どもの写真を小さなこのオパールで囲み、愛情いっぱいの安全なエネルギーでおおうと、子どもも喜んで学校や保育園へ行くようになります。

　満月の日に、柳か果樹の下に埋めると、子宝に恵まれるともいわれています。

種類：スコレス沸石（ゼオライトの一種）、含水カルシウム・アルミノケイ酸塩（Ca(Al2Si3O10)·3H2O）、単斜晶糸、硬度5〜5½

色：白、黄、無色透明。すべて光沢がある

心のヒーリング：心身を落ち着かせる。これはリラックスした態度として表にも出る

チャクラ：眉（第6）、頭頂部（第7）

Scolecite
スコレサイト

ロウソクの色：白、銀色　香料：ユーカリ、楓子香、レモン、レモングラス、没薬　用途：統合の石。チームワークや共同作業、異なる世代間のコミュニケーションをもたらす。家族の写真と一緒に飾ると、家族がひとつにまとまるという　仕事：チームワークや共同作業をもたらす。責任感を軽減させる　神秘的な意味：よい夢を見させる。過去世の夢を呼び覚ます。恋人を呼び込む。研磨したワンド（P375）や握り石（P369）を眠る前に手にすると、鮮やかなよい夢を見られるという　占いの意味：大きな平和と幸せのとき。すでにあるか、これからか、すぐ先かは問わず、深く調和した恋愛関係や強い友情という形で、平和と幸せを感じられる　星座：山羊座　エンパワーメント：新しい経験には成長の可能性がある

　おだやかで静かな石と見なされ、そのエネルギーは染み渡るように浸透していきます。深く安らかな眠りを助けるため、眠りのレイアウトを作りましょう。寝室の四隅に磨かれた石を、ベッドの下の中心に自然の結晶を置きます。

　ヒーリングのテーブルの中心に置けば、夢や天空への旅、そして瞑想の最中に出会うスピリチュアルな存在とも、来世からやってきた家族とも、コミュニケーションを取ることができるといいます。複数のヒーラーと一緒に作業し、エネルギーを組みあわせると、目の前にいない人たちのヒーリングも可能にします。そうしたヒーリングは、ポジティブなエネルギーを必要としている人のために行うとよいでしょう。

　この石は、自分で課した制限や恐怖心といったものを超えて行動できるように働きかけてもくれます。

種類：真珠、炭酸カルシウム（CaCO₃）＋有機物、直方晶系、硬度2½〜4½。アラゴナイト（霰石）相当の炭酸カルシウムと有機物が交互に積み重なってできている。真珠層におおわれた核で、海水や淡水の母貝の中にある

色：白、グレー、薄いクリーム色、ピンク、青、黒。虹色の光沢があるものも

心のヒーリング：身体リズムと自然サイクルのリズムを結びつける。仕事に関するネガテイブな感情を克服させる

チャクラ：仙骨（第2）、心臓（第4）

Pearl

真珠

ロウソクの色：銀色　香料：アーモンド、リンゴの花、マグノリア、ミモザ、モモ　用途：ネガテイブな感情を克服させる。幸運をもたらす。歳を重ねるごとに1粒手に入れ、幸せを積み重ねていくとよい　仕事：幸運をもたらす。成功するごとに1粒を手に入れると、幸せのエネルギーが貯まっていくという　神秘的な意味：新しい粒を追加するごとに、アイデンティティを強くさせる。逆に、真珠の連なりから糸を抜くと、人生を破壊させてしまうことも。ただし同様の行いで、支配的な人や企てを弱めることもできる。再びつなげる場合、別の糸を用いること　占いの意味：見込みのないオファーをたくさんしたかもしれないが、探し続けること。希望のチャンスはすぐそこにある　星座：蟹座　エンパワーメント：幸運が自分を取りまく

　真珠は、母貝が砂粒などの異物を吸い込み、真珠層でコーティングすることで生まれます。真珠層は母貝の分泌物で、円心状の層となり、これが真珠になります。真珠は、海水産または淡水産の天然ものと養殖ものがあり、後者は母貝に核を入れて育てます。天然真珠は稀少かつ高価で、海水産は淡水産より高い価値があるとされています。

　ヒーリングおよびスピリチュアルなエネルギーは、天然でも養殖でも変わりがありません。

　古代ギリシャ人が結婚に幸せをもたらすと考え

たことから、幸せな結婚をした友人から真珠を借りて結婚式に臨むと、その人の幸せにあやかれるといわれています。

　白またはクリーム色の真珠は、統合をあらわします。家族の写真や出生証明書などの記録と一緒に保管するとよいでしょう。

　女性らしさの象徴でもあり、美しさと気品、母性を高めるとともに子宝にも恵まれるといいます。

ロダライト

種類：石英（クォーツ）、二酸化ケイ素（SiO_2）、三方晶系、硬度7。鉱物のインクルージョンがある。ガーデンクォーツともいう。産地が1か所しかないため比較的稀少

色：透明。色の混じったインクルージョンがある。しばしば、透明な水晶のドームの下に、巻き毛状の茶色っぽい中身がある

心のヒーリング：幼いころの記憶や過去世のトラウマによるネガティブな感情を克服させる。愛情あるポジティブなエネルギーを回復させる

チャクラ：頭頂部（第7）

ロウソクの色：白、銀色　香料：サクラ、コーパル、ユーカリ、没薬、白檀　用途：みんなをひとつにする。石のスペースやリラックスする場所に置くとよい　仕事：インスピレーションをもたらす　神秘的な意味：過去世へ導く。石をのぞき込むと、森や城などの風景が見えることがあるという　占いの意味：ほかの人に無駄だといわれても、人や状況に誠実であり続けること　星座：すべての星座。なかでも蠍座、水瓶座　エンパワーメント：信じれば魔法が本当になるかも

　「夢の石」ともいわれるロダライトはひとつとして同じ状態がないため、自分のエネルギーと同調するものを慎重に選びます。石の専門店以外で買うなら、よくチェックしましょう。
　シャーマンが使う石で、瞑想での幻視や心休まる夢へ誘います。守護霊（指導霊）からの優しい助けも得られるでしょう。
　最近家族を失ったなら、眠る前に手に取ると、故人の夢が見られます。庭に1個置いておくと、自然の精霊を引き寄せるといいます。

サテンスパー

種類：繊維石膏、含水硫酸カルシウム（$CaSO_4 \cdot 2H_2O$）、単斜晶系、硬度2。サテンスパーを磨いたものは、別のタイプのセレナイト（透明石膏）とまちがわれることがある

色：白。常に半透明の輝きをもち、揺れ動くサテンのような白い光の帯がある。あまり一般的ではないが、茶色、オレンジ色、ピンク、黄、緑のものもある

心のヒーリング：状況に応じて、感情の活性化と不活性化をうながす。子どもの心身と行動を安定させる

チャクラ：仙骨（第2）

ロウソクの色：銀色　香料：ジャスミン、レモン、ミモザ、没薬、ポピー　用途：恋愛、お金、旅行に幸運をもたらす。子宝のお守り。満月の光の下に置いてパワーをチャージさせるとよいとされる　仕事：あたたかい雰囲気を作り出す　神秘的な意味：平安をもたらす。満月か満月に近い月の光にあてると、石にエネルギーをチャージできるという　占いの意味：人の言葉やまわりのサインに隠されたメッセージを探し出して。必要な真実へと導く　星座：蟹座　エンパワーメント：節約できる時間はある

　古代ギリシャでサテンスパーは、月の女神のドレスの一部と考えられていました。女神が満月にあわせて踊ったときに、はがれ落ちたというのです。
　ワンド（P375）の形のサテンスパーは、ほかの石の上で時計まわりに動かすと、特定のヒーリングを与えることができます。使用後は反時計まわりに動かしてリセットします。スピリチュアルな人工物を浄化し、パワーを与えることもできます。おだやかなヒーリングのためには、サテンスパーを7つのチャクラ（P20〜22）の上に置きましょう。

Amblygonite
アンブリゴナイト

種類：アンブリゴン石、フッ化リチウム・アルミニウム・リン酸塩（LiAl(PO4)2F）、三斜晶系、硬度5½～6

色：白、クリーム色、透明。薄緑、薄紫、ピンク、黄のものもある

心のヒーリング：ネガティブな感情を取り除く。ただし、パワーが強いので長時間の使用はひかえること。子どもや動物には不向き

チャクラ：心臓（第4）

ロウソクの色：白、天然のミツロウの色　香料：リンゴの花、スズラン、マグノリア、ミモザ、バニラ　用途：落ち着きを与える。毅然とした行動をうながす　仕事：プレッシャーを軽減させる。集中させる。試験や面接などの際に身につけるとよい　神秘的な意味：予言力を高める。透明な石がおすすめ　占いの意味：人生のいらだちに、無理せずに対処する行動計画を立てる　星座：牡牛座　エンパワーメント：ストレスを感じる状況でも落ち着いて効率的でいられる

　透明なこの石のジュエリーは、愛のしるしと見なされています。石がデリケートなので慎重に取り扱いましょう。
　後半生に新しい恋をもたらしたり、困難な時期を経て愛を再燃させたりします。
　また、病気や不幸に見舞われても、常に感謝を示すように働きかけます。疲れきっているのに休めないときには、優しいエネルギーで満たしてくれるでしょう。スピーチをしなければならないときには、力を貸してくれます。スピリチュアルな幻視も可能にするといいます。

Azeztulite
アゼツライト

種類：石英（クォーツ）、二酸化ケイ素（SiO2）、三方晶系、硬度7。ミルキークォーツのめずらしい種類。アゼツライトとはトレードネーム

色：白、無色。水の微泡を含むため、ロウ光沢がある

心のヒーリング：閉塞感やトラウマを取り除く

チャクラ：心臓（第4）

ロウソクの色：白　香料：カモミール、オレンジ、ローズマリー、タイム　用途：自信をもたらす　仕事：自由をもたらす　神秘的な意味：天使とのコミュニケーションをうながす　占いの意味：不利でも発言すること。聞いてもらえるはず　星座：獅子座　エンパワーメント：ほかに別の現実がある可能性を受け入れる

　より高いスピリチュアルな次元で、遠く離れた人や場所にエネルギーを送ることのできる石。ヒーリングに用いれば、大天使のエネルギーや古代文明から進化し続ける守護霊（指導霊）の力を体感できるでしょう。
　この石は振動レベルが高いため、すべてのチャクラ（P20～22）においてエネルギーを調和させ、心身の回復をうながします。病気や悲しみ、不均衡といったネガティブなものによい影響を与えることができます。
　ただし、動物や子どもには力が強すぎるため、使わないようにしましょう。

Magnesite
マグネサイト

種類：菱苦土石、炭酸マグネシウム（MgCO₃）、三方晶系、硬度4

色：通常は白。グレー、茶色、カーキのマーブル模様

心のヒーリング：ほかの人への不寛容をやわらげる

チャクラ：眉（第6）、頭頂部（第7）

ロウソクの色：白　香料：サクラ、レモンバーム、レモンバーベナ、ネロリ、バニラ　用途：心身を落ち着かせる。小さな器に白い石を入れ、キッチンやダイニングテーブルに置くとよい　仕事：落ち着きの場を作り出す　神秘的な意味：瞑想をうながす。眉に白い石をかざし、目を閉じてリラックスするとよい　占いの意味：スローダウンして一歩引いて見ると、解決できないと思えていたこともコントロールできるようになる　星座：天秤座　エンパワーメント：すべて必ずうまくいく

　何世紀にもわたって、北米原住民の間で通貨として利用されてきました。カリフラワーのような形は、ターコイズ（P252）と似ているため、ターコイズ色に染めてジュエリーにも利用されています。
　白いロウソクを灯し、両手でこの石を4〜5個握って炎に集中すると、第6チャクラの眉（P21）と第7チャクラの頭頂部（P21）が開かれ、より高い次元で現状を理解することができます。眠れない夜を過ごす疲れた母親にも力を与えてくれます。

Banded Onyx
オニクス

種類：めのう（潜晶質石英）の一種で白の縞があり、熱処理に適さないもの、二酸化ケイ素（SiO₂）、三方晶系、硬度7

色：白。黒、グレー、クリーム色の縞模様がある。オレンジ色、茶色、緑のものも。白いものは、しばしば黒のオニクスの幅広の帯として見られる

心のヒーリング：人への信頼を回復させる

チャクラ：心臓（第4）、頭頂部（第7）

ロウソクの色：白　香料：リンゴの花、ユリ、スズラン、ハス、ミモザ　用途：愛するもの同士のいさかいを修復させる。小さなオニクスを交換し、身につけるとよい　仕事：思いやりのある環境を作り出す。窓辺にオニクスでできた花びんに花を生けるとよい　神秘的な意味：ハーブの効果をアップアップさせる　占いの意味：自分の将来について占ったら、信頼できるだれかに確かめて　星座：天秤座　エンパワーメント：自分の言葉と行動にもモチベーションを求めて

　長い間、装飾用、特にカメオに使われてきました。現在では膨大な数のオニクスが出まわり、天然もの以外にも染色や熱処理されたものがありますが、いずれも同様にネガティブなエネルギーを遠ざける力をもっています。また、この白い石でできた器やロウソク立てにも力が宿っており、器は中に入れた石や水晶の力を強くするとともに浄化し、ロウソク立てはロウソクの幸運を招く力や保護の力を高めます。

種類：玉髄（潜晶質石英）、二酸化ケイ素（SiO2）、三方晶系、硬度7

色：乳白

心のヒーリング：ネガティブな感情を取り除く。安眠をもたらす。妊娠中の女性や赤ちゃん、子どもを助ける

チャクラ：心臓（第4）

White Chalcedony

ホワイトカルセドニー

ロウソクの色：白、銀色　香料：アーモンドの花、リンゴの花、ユリ、スズラン、ハス　用途：水難を遠ざける。水への恐怖心を克服させる　仕事：心身を整える　神秘的な意味：ネガティブなエネルギーを遠ざける。インセンスの煙で、石の上に目の模様を描いて身につけるとよい　占いの意味：リラックスして。やってみたいことがなくても、必要なことはいずれ自然に訪れる　星座：蟹座　エンパワーメント：受け入れて、親切さを示す

　この石は、幼子キリストに授乳するときにしたたり落ちた聖母マリアの母乳からできているといわれ、純潔の誓いを立てた修道女が身につけていたことで知られています。

　睡眠をクリエイティブな時間に変え、問題の答えを夢に見させるともいいます。眠りにつく前に質問を白い紙に書き、磨かれたこの石を包み、枕の下かベッドのそばに置いてそっと質問を唱えましょう。夢の中か目覚めるときに、答えが得られるかもしれません。

　子宝にも恵まれるといいます。月に1回、満月にあて、パワーをチャージさせましょう。

　道は自分で築くもので、ほかの人に頼るのは弱い人間だと思っているなら、「なんとかなる」と思いとどまったり、必要な助けをこばむ前に、この石を手に取って落ち着きましょう。

種類：方解石（カルサイト）、炭酸カルシウム（CaCO$_3$）、三方晶系、硬度3。海洋生物の骨格

色：白

心のヒーリング：水への恐怖心を克服させる

チャクラ：仙骨（第2）

White Coral
白サンゴ

ロウソクの色：白　**香料**：ラベンダー、レモン、ユリ、スズラン、ミモザ　**用途**：ネガティブなエネルギーを遠ざける。サンゴは弱者と子どもを守るといい、母になる人や赤ちゃんへのプレゼントに最適　**仕事**：成功とポジティブなエネルギーを与える。水難を遠ざける　**神秘的な意味**：水や海にまつわる精霊とのつながりをもたらす　**占いの意味**：去ってしまった人やなくしたものは、よいタイミングに帰ってくる。どうしようもないことを悩んで時間を無駄にしないで　**星座**：魚座　**エンパワーメント**：失うことを受け入れ、得ることを歓迎して

　サンゴは何千年もの間、インドや古代エジプト、ポリネシア、オーストラリアなど多くの文化で、母なる海からの贈り物とされ、ネガティブなものから守り、幸運をもたらすお守りとされてきました。特に子どもに効果があると考えられています。

　スピリチュアルな世界では、古代エジプトの女神イシスと結びつけられ、女神の儀式や聖なる魔法と関係があるとされています。赤サンゴ（P89）は男性と関係づけられています。

　子宝に恵まれたいときは、磨いた白サンゴと天然の赤サンゴの枝を、赤い袋に入れてベッドの下に置いておきましょう。女性なら、白サンゴを身につけて神秘的魅力と輝きをアップさせれば、一生のパートナーや責任ある関係を引き寄せることもできます。

　サンゴが折れたら、パワーが弱まっている証拠なので海に戻します。サンゴは、伝統的に火曜日に最も力を増すといわれます。買うなら火曜日にしましょう。

ミルキーカルサイト

種類：方解石（カルサイト）、炭酸カルシウム（CaCO₃）、三方晶系、硬度3

色：乳白。よりはっきりした色のものはスノーカルサイトという

心のヒーリング：ネガティブなイメージを克服する。直感を信じるのを助ける。母親をサポートする

チャクラ：仙骨（第2）、心臓（第4）

ロウソクの色：白、天然のミツロウの色　香料：リンゴの花、ラベンダー、ユリ、スズラン、ネロリ　用途：ネガティブなエネルギーを吸収する。定期的に浄化すること　仕事：ストレスを低減させる　神秘的な意味：落ち着きをもたらす。近所にトラブルメーカーがいて落ち着かせるには、壁やフェンスの近くに数個置くとよい　占いの意味：古い敵と和解すること。ただし油断はしないで　星座：蟹座　エンパワーメント：人生で出会った、怒っている人に癒やしを送る

ロンドンの大英博物館には、紀元前3200～3000年ごろのメソポタミアのカルサイト製装飾印章があります。古代の世界では、儀式の器にしたり、食べ物や飲み物を清く保つために使われていました。

過去世のヒーリングに効果的で、自分の弱点とその原因がわかります。もやのかかったあたたかい朝、この石を手にし、屋外か白いロウソクの光のそばにすわり、心を遊ばせましょう。弱点やその原因をイメージできたら簡単に改善できるはず。過去世を信じなくても、上手にヒーリングできるでしょう。

オプティカルカルサイト

種類：方解石（カルサイト）、炭酸カルシウム（CaCO₃）、三方晶系、硬度3。複屈折と呼ばれる光学効果がよく観察できる

色：通常は無色透明。薄黄やピンク、ラベンダー色、緑のものもある。虹色が見えることも

心のヒーリング：許しを与える。痛みを解き放つように導く

チャクラ：頭頂部（第7）

ロウソクの色：白　香料：乳香、ユリ、ハス、ラン、スミレ　用途：隠語や隠れた意味、欺瞞を明らかにする　仕事：効率をアップさせる　神秘的な意味：ヒーリングなどにおいて、パワーとスピードをアップさせる　占いの意味：理想の実現を待つよりも、現実が与えているものとその目的を評価すること　星座：獅子座　エンパワーメント：とても運のよい人間だ

複屈折がよく見える石で、この石を通して1本の直線を見ると、2本の直線が見えます。つまりこの石を通すと、ものが二重に見えます。アイスランドでは、妖精のいたずらによってこの現象が起こると考えられたことから、アイスランドスパーとも呼ばれるようになりました。

チャンスの扉を開き、予想をはるかに超えた幸運を家庭やオフィスに呼び込みます。困難なとき、おおいに力を貸してくれる石です。

種類：ウレックス石、含水ナトリウム・カルシウム・ホウ酸塩（NaCa B$_5$O$_6$(OH)$_6$·5H$_2$O）、三斜晶系、硬度 2 ½

色：白、無色

心のヒーリング：自分の才能を認識させる。自己の尊厳を回復させる

チャクラ：第3の目（第6）

Ulexite
ウレキサイト

ロウソクの色：白　**香料**：安息香、ヒマラヤスギ、キク、フェンネル、ペパーミント　**用途**：本当の意味に気づかせる。見落としを回避させる。契約書や文書、手紙などの上に置くとよい　**仕事**：複雑な概念を説き明かす。技術情報を吸収させる。学ぶ能力を高める　**神秘的な意味**：欲しいものを引き寄せる。欲しいものを象徴するものの上に置いて願うとよい　**占いの意味**：これまで自分を避けてきたものが突然明らかになるとともに、すぐに対処法がもたらされる　**星座**：双子座　**エンパワーメント**：心はオープンで、神の領域から与えられるメッセージと直感をいつでも受け取れる

　厚さ2〜3cmのこの石の両面を磨き、たとえば本の上に置くと、石の中の繊維が光ファイバーのように作用し、本の文字が石の上にゆがまず写し出されます。このことから、テレビ石ともいわれています。

　霊視や直感をアップさせることから、第6チャクラの第3の目（P21）の上に置くとよいでしょう。はっきりしたイメージや視覚が必要な瞑想を行うときにも役だつでしょう。

　また、夢に見たことの意味がわからない場合、紙に書きとめてこの石を上に置いておくと、夢の意味がすんなり理解できるようになるといいます。

種類：オーケン石、含水カルシウム
・ケイ酸塩（Ca$_5$Si$_9$O$_{23}$·9H$_2$O）、
三斜晶系、硬度4½〜5。火山岩の
空隙にできる熱水鉱物で、その壁に
よって綿の玉のようなデリケートな
繊維を守っている

色：白、無色

心のヒーリング：自分に許しや癒や
しを与える。自尊心を回復させる

チャクラ：頭頂部（第7）

Okenite
オーケナイト

ロウソクの色：白　香料：カモミール、乳香、ユリ、スズラン、白檀（びゃくだん）　用途：意図せず受けた心の傷をやわらげる　仕事：ネガティブな感情を克服する知性とひらめきを与える　神秘的な意味：惑星や星座の英知への直感的なアクセスをうながす。惑星の大天使や星座の天使とのコミュニケーションをもたらす　占いの意味：次のステップに進む答えは自分の中にある　星座：射手座、乙女座　エンパワーメント：自分と家族にとってベストなものを知っている

　ふわふわした小さな雪の玉に似ていることから、「石の雪玉」とも呼ばれています。大地と宇宙のエネルギーを橋渡しする母なる大地の石です。とてもデリケートなので、外側の殻になる晶洞ごと買うと、保管や持ち歩く際に傷つける心配がありません。

　チャクラの自己回復エネルギーを純化し、統合するのに役だちます。晶洞をインセンスの煙で浄化したら利き手に持ち、足元から頭頂部へ向けて螺旋を描いていきましょう。頭まできたら同様に足元へ戻っていきます。

　家族が自分の生き方に口を出してきたり、闘病中で思うように動けないときなど、いらだちを解消できるように手助けしてもくれます。

種類：白雲母、水酸化カリウム・アルミニウム・アルミノケイ酸塩（KAl₂(Si₃Al)O₁₀(OH)₂）、単斜晶系、硬度 2 ½〜3 ½。ブラジル産の黄色い双晶が星形になったものは、スターマイカと呼ばれ、稀少

色：白、銀色、黄、緑、茶色。白にほかの色が混じることが多く、まれに赤、ピンク、紫。深緑のものはフクサイト（P279）という

心のヒーリング：自信喪失や不安をやわらげる。重要な人とのつながりをうながす

チャクラ：心臓（第4）

Muscovite
マスコバイト

ロウソクの色：白　香料：カーネーション、コーパル、楓子香、オレンジ　用途：ウソや誇張をあばく。SNSを使うときにコンピュータのそばに置いたり、財布に入れるとよいとされる　仕事：連絡や情報源をもたらす　神秘的な意味：透視において明瞭なイメージをもたらす。利き手でない手に持ち、水晶や水などの表面をのぞき込むとよい　占いの意味：強い直感的な考えが思い浮かんだら、それを信じて　星座：獅子座　エンパワーメント：人と文化の橋渡しをする

　この石は、これまで宗教施設の窓ガラスに使われてきた歴史があります。

　頭の回転をはやめ、問題解決力を高めるとされ、試験や面談の際のお守りにすると幸運をもたらします。

　外国語の学習やなじみのない用語ばかりの専門技術をマスターしなければならないときは、教材と一緒に置いておくとよいでしょう。

　ヒーリングを学ぶときにも力を貸してくれます。特に北米先住民、インド、中国の伝統的なヒーリング分野を学ぶのに役だちます。

アンハイドライト

種類：硬石膏（無水石膏）、硫酸カルシウム（CaSO4）、直方晶系、硬度 3 ½

色：白、グレー、青、薄紫、ピンク、赤、茶色を帯びた。無色のものも

心のヒーリング：新たな一歩を踏み出すときに幸運をもたらす

チャクラ：心臓（第4）、のど（第5）

ロウソクの色：青　**香料**：リンゴ、ラベンダー、ライラック、ローズウッド、バニラ、スミレ　**用途**：正しい人とチャンス、情報に導く。ネットサーフィンするときは、コンピュータのそばに置くとよい　**仕事**：効率をアップさせる　**神秘的な意味**：占いのシステムがどのように機能しているか見出させる　**占いの意味**：自分が2方向に目を向けていると思うかもしれないが、やがて正しい選択が明らかになる　**星座**：乙女座　**エンパワーメント**：状況を変えられないなら、それに適応する

　石膏から水が蒸発することで形成されます。地下水を吸収する岩塩ドーム上の岩盤から取れるものが最高品質です。薄紫を帯びた青いノジュール状になったもので、通常は磨かれます。水が加わって変質するため、乾燥した状態で保存します。

　こうした性質から、2つの生命をもつ石として知られ、信仰や恋愛関係など、自分の一部を秘密にしておかなければならない人を助けます。気候の変化に適応する必要がある場合にも力を貸してくれます。

クリーブランダイト

種類：曹長石（斜長石の一種）の変種、ナトリウム・アルミノケイ酸塩（NaAlSi3O8）、三斜晶系、硬度6

色：乳白、白、透明

心のヒーリング：自分の専門以外の人とのつながりをもたらす。孤独を取り除く

チャクラ：頭頂部（第7）

ロウソクの色：白　**香料**：ベルガモット、レモングラス、ネロリ、タイム、バニラ　**用途**：家族をひとつにする。双晶がおすすめ　**仕事**：大きな夢を叶える。補助金や奨学金などを応募するときは、書類と一緒に置いておくとよいとされる　**神秘的な意味**：超自然的体験をしたあと、日常生活に戻るのをうながす　**占いの意味**：夢を共有してくれる人はいなくとも、夢を叶えるために孤独になる必要はない　**星座**：水瓶座　**エンパワーメント**：見える世界とも、見えない世界とも一緒に歩む

　曹長石の双晶が刃のようになったもので、長い板状の結晶が重なりあい、ときに大きく育ちます。クラスター（P344）になると、雪片状のパターンになり、トルマリンなどの母岩になる場合もあります。

　スピリチュアルな世界を含め、旅に幸運をもたらす石で、壮大なアイデアを実行するのにもすぐれています。

　家庭には満足感をもたらし、ネガティブなエネルギーをポジティブなエネルギーに変えます。瞑想の際などには、白い部分を注視してみましょう。

種類：オパール、含水二酸化ケイ素（$SiO_2 \cdot nH_2O$）、非晶質、硬度5½〜6½

色：地の色は白。プレシャスオパールとも呼ばれ、光にあてて動かすとプレイオブカラーという遊色効果や、インナーファイアーと呼ばれる虹色のきらめきを放つ。一部の白のオパールには遊色効果がない（P159ミルキーオパール）

心のヒーリング：自己イメージを回復させる。食事に関する問題を緩和する。赤ちゃんとの絆を強める

チャクラ：眉（第6）、頭頂部（第7）

White Opal
ホワイトオパール

ロウソクの色：白　香料：アーモンド、イチジク、ミモザ、ネロリ、モモ　用途：永続的な愛情をもたらす　仕事：クリエイティブな力をもたらす　神秘的な意味：スピリチュアルな動きの習得をうながす。ヨガや太極拳を学ぶときにそばに置くと、動作がより内発的で自然なものになるという　占いの意味：新しい活動や勉強が難しいと感じても辛抱。もうすぐ解決策が見つかる　星座：蟹座　エンパワーメント：自分の感覚を理解し、尊重する

　このオパールは、不思議なものだと思われてきました。ローマ時代の博物学者であり歴史家の大プリニウスは、「オパールにはカーバンクル（ルビー、P82）よりやわらかいファイアーがあり、アメシスト（P225）の輝く紫もある。エメラルド（P262）の緑もある。すべてが信じられないような統一性を持って輝いている」と述べています。

　また、このオパールに見られる虹色は、水分とケイ素の微粒子が規則正しく積み重なり、その隙間で光線が分散され、異なるレベルで反射するために生じます。光の波長の違いが虹色を生み、一部は強調され、一部は互いに打ち消しあいます。カボションカットにされることが多く、遊色効果を増大させます。

　自己イメージがネガティブなものであったり、自信を失ったりしているときに、本来の自分に気づかせ、輝かせてくれます。また、子どもをもつ親、特に母親が困難の中にあるときに力を貸してくれるでしょう。

種類：曹長石（斜長石の一種）、ナトリウム・アルミノケイ酸塩（NaAlSi_3O_8）、三斜晶系、硬度6。ナトリウムの一部がカルシウムに置き換わっていることがある

色：通常は白。青、黄、オレンジ色、茶色のことも

心のヒーリング：不調を改善させる。精神を安定させる

チャクラ：仙骨（第2）、太陽叢（第3）

Albite
アルバイト

ロウソクの色：銀色　香料：ユーカリ、ジャスミン、レモン、没薬、ポピー　用途：幸せで安全な旅や滞在に導く。冒険心を与える　仕事：情熱を持ち続けるようにうながす。オープンな考え、的確な判断や行動に導く　神秘的な意味：女性の体調を整える。願いごとを叶える。月光の中で手に取り、次の満月か願いごとが叶うまでシンボルとして持っておくとよいとされる。パワーは満月のときに最も強くなるという　占いの意味：あらゆることに適切なタイミングがあるが、今はそれがいつだかわからない。もう少し待てば、行動や発言すべきときがわかる　星座：蟹座　エンパワーメント：どれぐらい待機し、いつ行動に起こすか、自分の直感を信じる

　心や体、仕事やプライベートなど、あらゆるバランスを整える石。自分の生活が何かに支配され、常に24時間走り続けているように感じたら、持ち歩くとよいでしょう。

　常に前進するのではなく、一歩引いて行動や発言を振り返ることで、人生がより生き生きとスムーズに流れていくのを助けてくれます。長時間働き続ける人や、リラックスできない人におすすめです。また、いつ行動し、発言するべきか教えてくれます。

　毎日が同じことの繰り返しのように思えるときは、人生に喜びを取り戻してくれるでしょう。いつもと違う突然の出来事も、おそれることなく受け入れられるようになります。

　大切なものを忘れたら、手に1個取りましょう。目を閉じると、その場所がはっきりと心に浮かんでくるといいます。行方不明になったペットを探すときに、どこを集中的に探せばよいか教えてくれるかもしれません。

種類：ハウ石、水酸化カルシウム・ケイ素ホウ酸塩（$Ca_2SiB_5O_9(OH)_5$）、単斜晶系、硬度 3 ½

色：白。クモの巣のようなグレーや黒のすじ模様がある

心のヒーリング：忍耐と粘り強さをもたらす。精神を安定させる

チャクラ：頭頂部（第 7）

White Howlite

ホワイトハウライト

ロウソクの色：白　香料：カモミール、ユーカリ、白檀、ティーツリー、カノコソウ　用途：学習意欲を高める。パワーアニマル（P342）など、この石の彫像を家に置くとよい　仕事：精神を安定させる。なごやかな雰囲気を作り出す。磨かれた石を身につけたり、机に置くとよい　神秘的な意味：家庭に祝福をもたらす。敷地の境界に埋めたり、玄関と裏口に置く伝統があり、テーブルに石の天使（P341）を置くと、豊穣を引きつけ、食事が楽しいものになるという　占いの意味：昔からの友人と故郷が、あたたかい安定の時間を与え、エネルギーと人生への自信を回復させるはず　星座：双子座　エンパワーメント：もう一度安心し、安定する

　この石は多孔質の石で、乾燥するとブルーハウライト（P246）のようになります。

　心身に落ち着きを与え、持ち歩くと継続的にストレスやいらだちを遠ざけてくれます。家庭やオフィスに、ネガティブなエネルギーが入り込まないように防いでくれるとともに、場を落ち着かせ、おだやかでポジティブなエネルギーで満たしてくれます。

　動物に対しても効果的で、首輪につけたり、寝床の下に置くと、夜、猫など庭や家を荒らす動物に効果があるとされてきました。

　あらゆる分野の芸術家にも力を貸し、才能を発揮できるように働きかけます。

デンドリティック
ライムストーン

種類：石灰岩の割れ目に、鉄やマンガン酸化物がしみ込んで樹枝状になったもの

色：白や乳白。黒い樹枝やシダのような模様がある

心のヒーリング：誤った根深い信念を取り除く。自信を回復させる

チャクラ：ルート（第1）、頭頂部（第7）

ロウソクの色：白　香料：アニス、ジュニパー、ラベンダー、パチョリ　用途：想像力を与える　仕事：安らぎを与える。握り石（P369）を置き、模様を5分間見つめるとよい　神秘的な意味：自分と内なる自己を結びつける。瞑想の際に、意識的に何かを思い描こうとせず、樹枝の模様を見つめるとよい　占いの意味：しばらく連絡していない人に連絡するのによいとき　星座：山羊座　エンパワーメント：スピリチュアルな直感を強要しなくてよい

　どの石も独特で美しく、同じものがないため、自然の神秘のひとつといわれています。アート作品を作る目的で集める人もいるほどです。
　自然との調和へ導き、生活にポジティブな感情のつながりをもたらしてくれます。生活や仕事をひとりでしていて人づきあいがあまりないなら、1個置いておくとよいでしょう。よい仲間に出会わせてくれます。

ツリーアゲート

種類：めのう（潜晶質石英）、二酸化ケイ素（SiO_2）、三方晶系、硬度7。樹状のインクルージョンを含む。磨いても極めて粒子が粗く、ごつごつしている

色：緑のシダまたは葉脈のような模様のある白。多くはないが、緑に白の模様がある場合も

心のヒーリング：心に平安をもたらす。心の傷を癒やす

チャクラ：心臓（第4）

ロウソクの色：薄緑　香料：ヒマラヤスギ、イトスギ、マツ、ティーツリー　用途：豊かさをもたらす。小さな木と一緒に植えるとよい　仕事：停滞した室内の空気を一新する　神秘的な意味：熱帯雨林とあらゆる木々を守る。緑のロウソクを灯し、新芽が伸びるのを具体的にイメージするとよい　占いの意味：ひとりにならないで、支援を求めて。だれも信じられないなら、自分のスピリチュアルなルーツに答えを求めても　星座：乙女座　エンパワーメント：常に新しい関係を求める

　ツリーアゲートは、正しくはデンドリティクアゲートといいます。樹枝になった鉱物をあらわすデンドライトと、古代ギリシャの木の精霊ドリュアスにちなんで名づけられました。古代ギリシャでは、種まきのときに畑に埋め、豊かな収穫を願ったといいます。
　家族の絆を強める石として知られ、疎遠になった家族の写真のそばにこの石を置いておくと、再会へと導きます。また、飛行機や車で旅するときのお守りにもなります。

種類：銀星石、含水アルミニウム・リン酸塩（Al$_3$(PO$_4$)$_2$(OH,F)$_3$·5H$_2$O）、直方晶系、硬度3½〜4

色：通常は白。緑、黄、茶色のものも

心のヒーリング：家族の絆のほころびを補い、絆を強める

チャクラ：太陽叢（第3）、心臓（第4）

Wavellite

ワーベライト

ロウソクの色：緑　香料：リンゴ、バラ、スミレ　用途：学びを手助けする　仕事：意志決定を助ける。ほかの人への理解を深める　神秘的な意味：直感を高める。新月と三日月の間、持ち歩くとよい。満月にかざすと、先に待っているチャンスが見えるという　占いの意味：長期的な将来に影響する決断をくだすかも　星座：水瓶座　エンパワーメント：準備する前に決定をくだすことにプレッシャーを感じないで

　大地の精霊からの贈り物とされています。放射状（車輪状）のクラスター（P344）は、石灰岩やチャートの割れ目に埋まった状態でしばしば発見され、光を反射して輝く星のような効果を生んでいます。

　北米先住民の伝説では、大地に落ちた星が岩に閉じ込められて、自分たちを守ってくれるとされてきました。

　よい夢をもたらすとともに、夢を思い出すのを助けます。

　過去世のヒーリングでは、過去世のトラウマを軽減させるのに使われています。

オリゴクレース

種類：灰曹長石（斜長石の一種）、ナトリウム・カルシウム・アルミノケイ酸塩（（$Na_{0.9〜07}Ca_{0.1〜0.3}$）（$Al_{1.1〜1.3}Si_{2.9〜2.7}$）O_8）、三斜晶系、硬度6〜6½。双晶が多い

色：無色、白、クリーム色、薄黄、ピンク、茶色を帯びた赤、グレー、まれに緑

心のヒーリング：自信を回復させる

チャクラ：太陽叢（第3）、頭頂部（第7）

ロウソクの色：白　香料：リンゴの花、カモミール、ジャスミン、マリーゴールド、ポピー　用途：自分のテリトリーの分断や支配的な傾向を弱める。家族の絆を深める　仕事：明快さと秩序をもたらす　神秘的な意味：守護霊（指導霊）とのコミュニケーションをもたらす　占いの意味：組織の中で統率したり、仲裁する役割を担う必要に気づくかも　星座：双子座　エンパワーメント：人々をひとつにまとめられる

　サンストーン（P129）やムーンストーンと非常に近く、よくまちがわれます。異なった結晶の層の間で屈折する光が干渉しあって起きる微光が同じだからです。実際、この石は、輝くサンストーンと半透明のムーンストーンの、太陽と月の要素をあわせもっています。このため、外的な成功と内的な調和、論理的で明快な思考を組みあわせ、日常生活をバランスよく過ごせるように導いてくれます。

コケ虫類化石塊

種類：おもに石灰質で、古生代に生きていた岩などに付着するコケ虫類が化石化したもの

色：ブルーグレー、グレー、茶色、黒。様々な模様がある

心のヒーリング：心をなぐさめ、癒やす

チャクラ：ルート（第1）

ロウソクの色：グレー　香料：イトスギ、ムスク　用途：感情的なプレッシャーを取り除く　仕事：新しいチャンスを与える　神秘的な意味：悪癖をやめさせる。石の数センチ上に手をかざして反時計まわりにまわし、悪癖がなくなるよう唱え、インセンスをたくとよいとされる　占いの意味：健康を損ねる悪癖ほどやめるのは難しいと感じるかもしれない。しかし、じきにやめられるから耐えて　星座：山羊座　エンパワーメント：自分の中核的信念や基準から揺るがない

　石や海草に付着して育つ小さな生物は、小さな触手で水中の植物プランクトンを取ってえさにし、海洋環境のフィルターの役割を担っています。化石は創造力を刺激し、伝統的な絵画や彫刻、歴史フィクションの作品制作などに刺激を与えます。

種類：曹灰長石（斜長石の一種）、ナトリウム・カルシウム・アルミノケイ酸塩（（Ca$_{0.5\sim0.7}$Na$_{0.5\sim0.3}$）（Al$_{1.5\sim1.7}$Si$_{2.5\sim2.3}$）O$_8$）、三斜晶系、硬度6～6½

色：灰緑、濃いグレー、黒、薄いグレー。青や赤、金色、オレンジ色、紫、緑の光沢がある

心のヒーリング：反社会的で無謀かつ衝動的な行動を軽減させる。

チャクラ：ルート（第1）、眉（第6）

Laboradite
ラブラドライト

ロウソクの色：青　香料：ヒマラヤスギ、コーパル、竜血、ジュニパー、レモングラス　用途：精神に安定をもたらす。家族の争いやオフィスの混乱の中心に置かれているとき、身につけるとよい　仕事：状況から最善のものを引き出せる。自分の立場や存在を確立させる。礼儀や配慮をもたらす。チームをひとつにする　神秘的な意味：透視の能力を与える　占いの意味：理想的でない状況を最善のものにしなければならないとき、すぐに物事を自分のやり方でできるようになる　星座：蠍座　エンパワーメント：自立しながら、ほかの人とつながる

1770年、北米へのモラヴィア兄弟伝道団によって発見されました。現地イヌイットの人々には、勇敢なイヌイットの戦士が槍でこの石を突くと、オーロラが生まれたという伝説があります。北極では、祖先の火が垂れて生まれたといわれ続けてきました。

結晶になる過程で2層に分かれ、光があたると異なる層で屈折し、光が干渉しあって特徴的な虹色を放ちます。

決まりきった日常に埋もれているときや責任に押しつぶされそうなときに、人生に楽しさと自発性を取り戻してくれます。また、冒険心を呼び覚まします。もしかしたら、はじめて起こる冒険心かもしれません。

独立した考え方や行動に導く石でもあるため、チェック中の書類やファイルのそばに置いておくと、ミスや誤りを見逃さないようにしてくれます。

Cloud Agate
クラウドアゲート

種類：めのう（潜晶質石英）、二酸化ケイ素（SiO2）、三方晶系、硬度7。稀少

色：グレー、ブルーグレー、明るいグレー、オフホワイト

心のヒーリング：心を落ち着かせ、頭を休ませる。安らぎを与える。ゆっくりフルパワーに戻るようにうながす

チャクラ：眉（第6）

ロウソクの色：グレー　香料：クラリセージ、シダ、ムスク　用途：秘密の恋のお守りになる。オープンにできない恋の相手に1個渡し、もう1個をその人の写真と一緒にグレーのシルクに包むとよい　仕事：集中をうながす。じゃまになる人やものを遠ざける。石に息を吹きかけるとよい　神秘的な意味：ネガティブな人やものを遠ざける　占いの意味：全面的に信用している相手に気をつけること　星座：双子座　エンパワーメント：沈黙を守るべきときを知っている

「仕事と家庭を切り離したい」「少ない人数で快適に過ごしたい」「じゃまが多い」「知りたがりの人がまわりにいる」「無思慮な隣人がいる」「常に音が聞こえる場所で仕事をしている」「人目につく仕事をしている」といったときに、恒常的な雑音から自分の感覚を遮断するのを助け、自分の生活や仕事を守ってくれます。

Fulgurite
フルグライト

種類：落雷によって土中の砂が溶け、電気が流れた通り道に沿ってガラスになったもの。閃電岩、雷管石ともいう

色：薄いグレーやスモーキーなグレー、つやのある黒。薄黄や茶色、白のものも

心のヒーリング：道を開く

チャクラ：ルート（第1）、頭頂部（第7）

ロウソクの色：グレー　香料：フェンネル、ラベンダー、セージ、ヤマヨモギ、スウェートグラス　用途：頑固な心をときほぐす　仕事：問題解決に導く。オフィスに置くとよいとされる　神秘的な意味：過去世や異次元とへのアクセスをうながす　占いの意味：行動のとき。復活するか、再生不可能なら逃げ出して。じっとしているときではない　星座：牡羊座　エンパワーメント：どんな問題もクリエイティブな考えで解決できる

ほかの石が何百万年もかけて形成されるのに対し、すさまじい温度によって瞬間的に生成される、最もダイナミックな石のひとつです。このため、エネルギー、集中力、創造力、健康、情熱、勇気など、何であっても必要なものを即座にもたらす石といわれています。

発明家や作家、抽象アーティストの石であるとともに、キャリアに行きづまった人に力を貸す石でもあります。

種類：石英（クォーツ）、二酸化ケイ素（SiO₂）、三方晶系、硬度７。シトリン（P102）とスモーキークォーツ（P134）がひとつの結晶の中で組みあわさった水晶。比較的稀少だが、手に入れる価値がある

色：グレーで半透明。カットや研磨した場合、金の粒のような輝きがある

心のヒーリング：豊かな感情を回復させる。精神を安定させる

チャクラ：ルート（第１）、太陽叢（第３）

シトリンスモーキークォーツ

ロウソクの色：グレー　香料：バジル、ローリエ、ベルガモット、レモングラス、ミント　用途：他者を尊重させる　仕事：自分のキャリアに関する悩みを取り除く。論理的で横断的な思考と注意力をもたらす。心身のバランスを整える　神秘的な意味：霊媒やヒーリングの効果を高め、保護する。霊媒の際は、利き手ではない手に持ち、石の先端を外に向けるとよい。自分と相手の間に石を置くと、相手も感覚を共有できるという　占いの意味：人生は暗いように思えるかもしれないが、不確実なものを乗り越え、解決を妨げるものを明確にすれば、そこには光がある　星座：双子座　エンパワーメント：闇にも常に光がある

シトリンは透明な石で、地球の中で自然に熱され、スモーキークォーツと同じ条件で生成されます。ほとんどは貫入火成岩に見られ、放射元素の痕跡があり、この放射がそれぞれの色を生んでいます。水晶部分に、幽霊のような像「ゴースト」が見られることもあります。成長の断続性によって錐面の跡が年輪のように見えるのです。濃い黄や薄い色のスモーキークォーツに、濃い黄のシトリンが融合している場合、スモーキークォーツとシトリンのエネルギーが強力に組みあわされています。

新しい友人や恋人に心を開いて接したいときに持っているとよいでしょう。慣れない社交の場に参加するときにもおすすめです。ネガティブなエネルギーをもつ人を遠ざけてくれます。

病気や喪失、裏切りなどつらい経験した場合、心をなぐさめながらネガティブなものから守り、ポジティブなエネルギーに満ちた新しい一歩を踏み出させてくれるでしょう。

種類：石墨、炭素（C）、六方晶系・三方晶系、硬度1½

色：銀色を帯びたグレー、黒

心のヒーリング：ストレスを取り除く

チャクラ：ルート（第1）

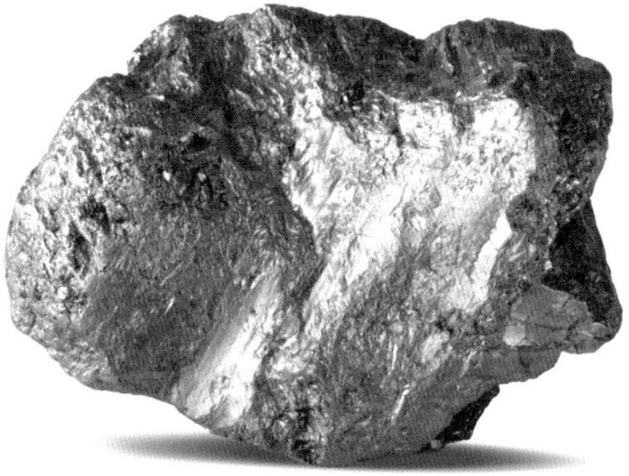

Graphite

グラファイト

ロウソクの色：グレー　香料：ヒマラヤスギ、クラリセージ、ベチバー　用途：節約をうながす。クリエイティブなアイデアをもたらす　仕事：機転やアイデアをもたらす。できるだけやわらかい石に触れるとよい　神秘的な意味：人生から有害なものや破壊的なものを追い出す。新しい鉛筆で白かグレーの紙に追い出したいものをごく薄く書き、上から石でそっとなでたあと、消しゴムで消して燃やすとよい　占いの意味：有益なものは、魅力的なものより価値のある場合がある。見た目にまどわされないで　星座：山羊座　エンパワーメント：お金でなく質を大事にする

ダイヤモンド（P149）同様、炭素元素からできていますが、原子の並び方が異なります。この石はやわらかく、光沢のあるグレーで、鉛筆の芯ようなものですが、ダイヤモンドは無色の輝く宝石で、最も硬い鉱物です。

知識やアイディアをクリエイティブに表現したいときに力を貸してくれます。また、ネガティブな感情や、必要のないものをおだやかに取り除いてくれます。

ダイエット中なら、健康を重視して作った食生活計画表と一緒に置いておきましょう。目標とする美しい人を思い出させ、やる気を高めてくれます。事故や災いを遠ざけるお守りにもなります。

種類：まっすぐに伸びた殻をもつオ
ウムガイやアンモナイト（P128）
に似た動物の化石。直角貝ともいう

色：グレー、黒

心のヒーリング：見通す力と受容を
もたらす

チャクラ：ルート（第1）、頭頂部
（第7）

Orthoceras
オルソセラス

ロウソクの色：白、グレー　香料：カーネーション、ゼラニウム、パチョリ　用途：計画や予算通りになる
ようにうながす　仕事：仕事へのプライドをうながし、成功に導く。ネガティブなエネルギーを取り除く
神秘的な意味：人とのつながりを強める。恋人と離れているとき、1個ずつ持つとよい　占いの意味：長い
月日をかけるのに値する進歩。もっと大声で自分をアピールしてもいいかもしれない　星座：乙女座　エン
パワーメント：時は近づいている、だからもう少し待てる

　この石はそもそも約4〜5億年前に生存した古
代の軟体動物で、イカの祖先にあたります。殻が
化石になったもので、通常、黒い石灰岩の母岩に
保存された状態で見つかります。
　1個ずつ磨かれることも、まとまって彫刻され
ることもあるため、ひとりや、だれかと一緒に瞑
想を行うのにも適しています。
　滑らかに磨かれたものは握り石（P369）にも
使え、老化や病気など体に関する不安を緩和して
くれます。

　また、大地のエネルギーを吹き込み、家庭やオ
フィスをなごやかな雰囲気に導きます。
　元旦の朝、屋外のお気に入りの場所に1個埋め
ると、自然界を癒やすこともできるといわれてい
ます。

種類：方鉛鉱、硫化鉛（PbS）、立方晶系、硬度２½

色：銀色を帯びたグレー。金属光沢がある

心のヒーリング：永遠の愛へと導く。別れの悲しみを克服させる

チャクラ：ルート（第１）

Galena
ガレナ

ロウソクの色：銀色　香料：イブキトラノオ、イトスギ、楓子香、ミモザ、没薬　用途：自分で設けた限界を取り除く。ステップアップさせる　仕事：制限や限界を取り除く。進化する力を与える。再びチャンスを与える　神秘的な意味：ネガティブなものや考えを吸収し、ポジティブなものに変える。身のまわりに１個置くとよい　占いの意味：失ったチャンスや手の届かなかったものをあきらめないで。また扉は開く　星座：山羊座　エンパワーメント：歓迎しない不穏なエネルギーから自分を守る

　方鉛鉱は、早くも紀元前3000年ごろには鉛を含む鉱石として利用されていました。古代ローマ人は、イングランド南部のバースにあったローマ時代の温泉など、聖なる水に鉛を投げ込み、盗まれた財産が返ってくるように祈ったといわれています。

　また、鉛はサターンへのささげ物でした。サターンは土星であり、キリスト教以前の所有、財政安定、ギャンブルの幸運の神です。

　方鉛鉱は、銀や亜鉛、カドミウムなどを含むほかの鉱物と一緒に産することが多く、フローライト（蛍石）やマーカサイト（P194）のような美しい石と一緒に見つかる場合もあるため、隠された財産を明らかにする力があるとされています。失われたもの、盗まれたもの、権利は自分にありながら手が出ないもの、予想外のギフトや貴重品などが手に入ったり、見つかったりするかもしれません。

注意：有毒であるため、エリクシール（P16）などを作らないように。

種類：輝水鉛鉱、硫化モリブデン（MoS2）、六方晶系・三方晶系、硬度1〜1½。やわらかいので紙や指に跡がつく

色：金属的なグレー、青を帯びた銀色、金属色。グラファイト（P181）に似ているがより明るく青みがある

心のヒーリング：封印した記憶を取り戻させる。恐怖心を克服させる。本来の自分と可能性を発見させ、成長させる

チャクラ：眉（第6）

Molybdenite
モリブデナイト

ロウソクの色：銀色　香料：楓子香、ゼラニウム、マグノリア、ミモザ、マグワート　用途：機転を効かせる。柔軟な対応をうながす。悪いニュースを伝えなければならないとき、そばに置くとよい　仕事：夢や目標を高める。自己成長させる。組織の能力を向上させる。安定と利益をもたらす　神秘的な意味：夢に答えを暗示する。古代エジプトや古代ギリシャでは、紙に質問を書き、上から石でなでたあと、紙を折ってベッドのそばに置き、眠りに落ちるまで静かに問いかけるとよいとされた　占いの意味：自分の夢に耳を傾けて。何度も見る夢は、真実に心を閉ざしている状況への警告かも　星座：水瓶座　エンパワーメント：夢は生きるためのもの

　比較的まれな金属で、レニウムが含まれることがあり、ジェットエンジンなどに使われます。しばしば水晶の母岩に付着し、石英脈中に発見されます。

　よい夢を呼び込むため、夢を用いたヒーリングや瞑想に使われます。自分を内側から眺め、生活におけるアンバランスやネガティブな影響を見極めることができます。

　ベッドのそばに置くとクリエイティブで平和な眠りが訪れ、睡眠に関するトラブルを克服できるでしょう。

　胸の中央にある第4チャクラの心臓（P21）付近に近づけると、心身の問題を取り除いてくれます。悩んでいる人や動物の姿を思い描き、石の上に手で名前を書いてそっとなでると、離れた場所からでもポジティブなエネルギーを送ることができるといいます。

　やわらかい石なので、慎重に扱いましょう。

ボージーストーン

種類：海生生物の化石が黄鉄鉱化し、球顆状になった
もの。微妙のパラジウム（Pd）を含むといわれている。
硬度6〜6½。ボージーストーンはトレードネーム

色：濃いグレー、黒、グレーと茶色

心のヒーリング：落ち着きと調和、幸福をもたらす

チャクラ：ルート（第1）、頭頂部（第7）

ロウソクの色：藍色、ワインレッド　香料：イトスギ
用途：落ち着きと調和、幸福をもたらす　仕事：集中
力を高める　神秘的な意味：スピリチュアルな力を活
性化させる。滑らかで丸い女性性の石は足の下、角張
った形で凹凸のある男性性の石は頭の上に置くとよい
占いの意味：物事が真っ暗なら、小さな奇跡を探すと
き　星座：蠍座、山羊座　エンパワーメント：自分は
地球の鼓動と調和している

　かつて内海だった場所から、化石に混じって
発見されました。雨で土が洗い流されると、植
物にのったような状態で発見されるため、生き
た石だと考えられてきました。
　滑らかで丸いものはより女性に効果のあるエ
ネルギーを含み、角張った形で凹凸のある、や
や重いものはより男性に効果のあるエネルギー
を含むとされています。力を保ち、割れないよ
うにするためには、定期的な手入れが必要です。
可能なら週に1〜2回太陽にあてましょう。自
然のヒーリングパワーが育つのを助けますが、
子どもやペットには適していません。

トリロバイト

種類：三葉虫の化石

色：グレー。ときに黒や茶色も

心のヒーリング：自分の内なる心につながるように導
く。幼いころの記憶を解放させる。誕生時の体験に基
づく問題を克服させる

チャクラ：ルート（第1）、第3の目（第6）、頭頂
部（第7）

ロウソクの色：白、黒、グレー　香料：シダ、ゼラニ
ウム、モス　用途：厳しい状況に耐える力をもたらす。
信頼が悪用されたとき、身につけるとよい　仕事：継
続的な努力をうながす。計画通りに進むように導く
神秘的な意味：過去世とのつながりをもたらす。古代
のエネルギーと調和させ、過去世を思い出すきっかけ
を作るという　占いの意味：手放すことへの恐怖心が
自分を食いとめているだけ　星座：蟹座、魚座　エン
パワーメント：自分の過去から最善のものを取り出す

　地球の初期の複雑な生命体のひとつで、5億
4000万年前から2億5000万円前まで生存し
ていた海生生物です。古代の英知と組みあわさ
れ、喜び、創造力、自己表現、寛大さ、インス
ピレーションなどをあらわします。このことか
ら、アーティストや作家がインスピレーション
を得たり、創造的なプロジェクトを実りあるも
のにできるように力を貸してくれます。また、
ネガティブなエネルギーや人からの保護を強め、
長続きする人間関係へと導きます。

種類：赤鉄鉱、酸化鉄（Fe₂O₃）、三方晶系、硬度5～6。金属鉄より少し硬い

種類：赤鉄鉱、酸化鉄（Fe_2O_3）、三方晶系、硬度5～6。金属鉄より少し硬い

色：金属色のグレー、銀色、黒

心のヒーリング：あらゆる恐怖心や強迫観念、恐怖症を緩和する

チャクラ：ルート（第1）

Haematite
ヘマタイト

ロウソクの色：銀色　香料：オールスパイス、バジル、竜血、ポピー、タイム　用途：幸運をもたらす。裁判や法律上の問題をかかえているとき、身につけるとよい　仕事：勇気や自信を増大させる　神秘的な意味：将来を予見する力や守護霊（指導霊）とのコンタクトをもたらす。古代エジプトやコロンブス以前のアメリカにおいて、将来を予見する魔法の鏡や、悪意を遠ざけるまじないなどに使われてきたという。ロウソクの光のもとで研磨した平らな石や丸玉、エッグストーン（P382）をのぞき込むとよい　占いの意味：圧力をかけてくる人は、本当の権威や根拠をもっているわけではない。つまらない嫌がらせやいじめは無視していい　星座：牡羊座　エンパワーメント：不当な圧力に屈しない

　硬い石でなでると、赤さび色の条痕があらわれます。古代ギリシャでは、なでると血を流す石だと信じられ、血を意味する言葉にちなんでヘマタイトと名づけられました。新石器時代には、母なる大地の血をあらわす石として、この石の粉に骨を埋めたといいます。
　また、赤い星と呼ばれる火星と共通点が多いことから、武勇にすぐれた火星を象徴します。
　成功を引き寄せ、賞賛や昇給など目に見える報賞をもたらすとされます。

　火星をあらわすヘマタイトと金星をあらわす銅を組みあわせると、約束のシンボルになります。カップルで身につけるとよいでしょう。

Anthracite
アンスラサイト

種類：無煙炭（石炭の一種）

色：濃いグレー。見た目はジェット（P213）に似ているが、磨くと銀色を帯びる。天然でも非常に光沢がある

心のヒーリング：心の傷を癒やす。引っ込み思案を克服させる

チャクラ：ルート（第1）

ロウソクの色：グレー　香料：シナモン、ショウガ、パチョリ　用途：事故を防ぐ　仕事：ネガティブなエネルギーを遠ざける。徒党を組ませない　神秘的な意味：十分な食料と燃料、衣類をもたらす。赤い袋に石を入れ、暖炉など熱源のそばに置くとよいとされる。大晦日の深夜に中身を交換し、古い石は埋めること　占いの意味：冷たい人が態度をやわらげる　星座：蠍座、山羊座　エンパワーメント：繁栄を引きつけ、共有する

　家庭に金運と幸運をもたらします。引っ越しを計画中で貯金をはじめるなら、通帳のそばに石を置いておきます。引っ越したあとは、支払いに関連する書類と一緒に保管すると、お金を呼び込んでくれるでしょう。
　離れて暮らす高齢の家族や友人の写真と一緒に置いておくと、ネガティブなエネルギーを遠ざけます。大きな物音や嵐などをこわがる子どもやペットを、落ち着かせてくれます。

Chiastolite
キアストライト

種類：空晶石（紅柱石［アンダルサイト］の変種）、アルミニウム・ケイ酸塩（Al$_2$SiO$_5$）、直方晶系、硬度6½〜7½

色：グレー。黒や茶色の長さの等しい十字形のインクルージョン（おもに炭素）がある

心のヒーリング：進歩をうながす。破滅的行動を取ってしまう人を助ける

チャクラ：ルート（第1）

ロウソクの色：茶色　香料：アーモンド、アニス、ローリエ、安息香、クラリセージ　用途：トラブルや危険を遠ざける。はっきりした十字形の模様のある石は、強力なお守りになるという　仕事：挑戦へと導く。進退の決断をうながす　神秘的な意味：悪意を遠ざける。邪悪な目を退け、超常的な害を防ぐために、身につけるとよい　占いの意味：選択と行動のとき。何もしないことは選択肢にない　星座：山羊座　エンパワーメント：賢い選択をするために自分の判断を信じる

　古くは東西南北の四方のシンボルであり、現代ではキリスト教と結びつけられています。
　十字形のこの石を家の中心に置くと、生命力をあらゆる方向に発散し、調和と健康をもたらします。守りの石でもあります。また、異次元どうしを結びつけるといわれ、特に霊媒術やヒーリングなどを学ぶときに力を貸してくれます。

種類：鉄隕石の場合、磁力をもつ宇宙からやってきた岩で、おもにニッケルや鉄の合金

色：外側はグレー、黒、こげ茶、赤茶。内側はしばしば銀色やグレー

心のヒーリング：精神に安定をもたらす。感情的な束縛から解放する

チャクラ：ルート（第1）、太陽叢（第3）

Meteorite

隕石

ロウソクの色：銀色　香料：乳香、グレープフルーツ、ライム、没薬、白檀　用途：火事や暴力など、ネガティブな出来事やエネルギーを遠ざける。家の入り口に置くとよいとされる　仕事：まわりへの理解を深める。リラックスした雰囲気を生み出す。アイデアをもたらす　神秘的な意味：スピリチュアルな力を増大させる　占いの意味：異常な状況やまったく異なる人生観をもつ人に対処するには、先入観を捨ててみて　星座：すべての星座。なかでも水瓶座、蠍座　エンパワーメント：やってみるべき経験がある

　隕石にはいくつかの分類がありますが、おもに火星と木星の間にある岩の破片からできた小惑星帯を根源としています。多数確認されているのは、小さな球状の組織をもつコンドライト（球粒隕石）で、太陽系ができたときから変化しておらず、地上のどんな石とも異なっています。

　古代から利用され、古代エジプト人は神聖文字とともにピラミッドを飾るのに使っていました。メッカのブラックストーンも隕石で、イスラムではアダムとイヴに、地上で最初の寺院の建設場所を示すため、天から贈られたと信じられています。

　自分や家族の夢を叶え、人生をより充実させるために、ライフスタイルを変化させたり、新しい一歩を踏み出せるように働きかけます。

　また、地球外生命体を信じていなくても、宇宙からのビジョンとメッセージをもたらし、世界をよりよい場所にするのを手助けするといわれています。

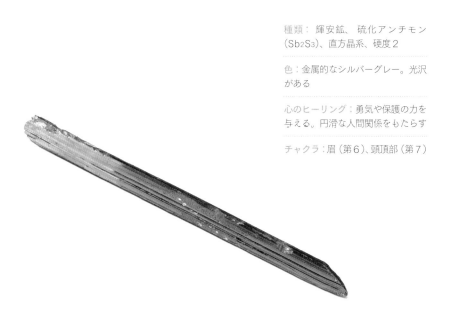

種類：輝安鉱、硫化アンチモン
（Sb₂S₃）、直方晶系、硬度2

色：金属的なシルバーグレー。光沢
がある

心のヒーリング：勇気や保護の力を
与える。円滑な人間関係をもたらす

チャクラ：眉（第6）、頭頂部（第7）

Stibnite
スティブナイト

ロウソクの色：グレー　香料：スイカズラ、ローズマリー、タイム　用途：金運を招く。浪費や負債を防ぐ。
自然光があたる場所に置くとよいとされる　仕事：集中力をもたらす。ネガティブな話題を遠ざける。部屋
の仕切りやデスクに置くとよい　神秘的な意味：なくしたもののありかへ導く。なくしたものや迷子になっ
たペットの写真の上に石を置き、見つかるようにイメージするとよいとされる　占いの意味：自信を取り戻
し、自分を支配しようとする人の影響力を取り除いて　星座：蠍座、山羊座　エンパワーメント：自分は強
く、守られている

　まわりの騒音や時間に気を取られることなく、
瞑想やヒーリングに集中させてくれます。
　真実の石ともいわれるため、根本的な原因がよ
くわからないときに役だつでしょう。クラスター
（P344）の上に、この石やこの石の振り子（P380）
をかざしく質問します。
　また、家やオフィスへネガティブなエネルギー
が侵入するのを防いでくれます。コンピュータの
そばにも1個置いておくと、ウィルスやハッカー
の侵入を阻止できるかもしれません。

注意：有害であるため、エリクシール（P16）な
どを作ったりしないように。素手でさわらないよ
うにしましょう。

アーセノパイライト

種類：硫砒鉄鉱、鉄・ヒ素・硫化物（FeAsS）、単斜晶系、硬度5½〜6。水晶を伴うことも

色：金属光沢のグレー、真鍮のような輝きの白。金属的

心のヒーリング：病気や障害、老化、死へのおそれを克服させる

チャクラ：ルート（第1）、頭頂部（第7）

ロウソクの色：銀色　香料：イトスギ、ユリ、ベチバー　用途：衝動を抑える　仕事：衝動や感情を抑える　神秘的な意味：自分やまわりの人をあやつろうとする人を遠ざける。玄関ドア近くに置くとよい　占いの意味：自分の欲望にしたがった代償は大きい。しかし、それも自分の選択　星座：蠍座、山羊座　エンパワーメント：自分の気持ちを伝えることをおそれない

　クラスター（P344）や双晶は美しく、光る十字形を生み出す一方で有毒です。美しい反面、危険を伴う石なのです。すべてのものには代償があり、完璧な愛や幸せ、家庭、仕事はないことを思い出させてくれます。
　この石は計画していることや、実行しようとしていることの真実の姿を見せてくれるため、バランスの取れた選択ができます。
　人間関係でいつも悪者になっているなら、状況を改善してくれるでしょう。
注意：有毒であるため、エリクシール（P16）などを作らないように。

シルバーオブシディアン

種類：黒曜石、二酸化ケイ素（SiO_2）に富む火山性ガラスの一種、非晶質、硬度6½

色：こげ茶、黒の表面にシルバーグレー。虹色の輝きも

心のヒーリング：母親との問題をなぐさめ、軽減させる

チャクラ：ルート（第1）、仙骨（第2）、のど（第5）

ロウソクの色：銀色　香料：ベルガモット、ゼラニウム、アイリス　用途：円滑な人間関係をもたらす。ホームパーティのときに置くとよい　仕事：自我の肥大を改善させる。自己反省へと導く。集中力を高める　神秘的な意味：透視の効果を高める。月光に照らすと、光が表面に反射し、知るべきことへ導くという　占いの意味：思い描くように振る舞えないからといって、自分のせいにしない。自信をもって　星座：蠍座、蟹座　エンパワーメント：エネルギーを無駄にしない

　荒々しい黒曜石に月が醸し出すミステリアスな雰囲気を加えた、魅力的な黒曜石。自分を信じる心をじゃまする意識の壁を取り除き、スピリチュアルな成長へ導きます。
　重圧のかかる仕事に従事し、フラストレーションがたまっているなら、持ち歩きましょう。いらだちを抑え、集中力を高めてくれます。
　また、合理的な方法で情報を伝え、個人の好き嫌いが意志決定に影響しないように働きかけてもくれます。

Braunite

ブラウナイト

種類：ブラウン鉱、マンガン・ケイ酸塩（$Mn_7O_8SiO_4$）、正方晶系、硬度6〜6½

色：シルバーグレー、茶色を帯びた黒。金属光沢もある

心のヒーリング：勇気や忍耐力をもたらす

チャクラ：ルート（第1）、心臓（第4）

ロウソクの色：銀色　香料：アニス、ニンニク、ハチミツ、パチョリ、タイム　用途：金運や賢い選択をもたらす　仕事：安定をもたらす。目的意識を与える。基準を打ちたてる　神秘的な意味：過去からの洞察をもたらす。人生を見なおす力を与える。瞑想に用いると、並はずれた効果をもたらすという　占いの意味：財政状態を改善するために、障害を過去へ押しやるとき。その唯一の方法が、働くこと　星座：山羊座　エンパワーメント：自分の目的からぶれない

　金運の石。ふたつきの容器にこの石を入れて小銭を貯め、繁栄のシンボルにしましょう。容器がいっぱいになったら、石とコイン1個を残して貯金し、また容器をいっぱいにしていきます。強さと辛抱の石ともされるため、最終的な目標に向けてゆっくりと歩んでいきましょう。

　タフな決定を助ける石でもあります。息苦しさを感じるときや自信のもてないときは、この石が気持ちを落ち着かせ、自分を強く保てるように力を貸してくれます。

　リビングルームに置いておくと、嵐や洪水、地震など自然災害から守ってもくれます。

Soapstone

ソープストーン

種類：滑石、水酸マグネシウム・ケイ酸塩（$Mg_3Si_4O_{10}(OH)_2$）、単斜晶系・三斜晶系、硬度1。おもにこの鉱物でできた塊で、マグネサイト（P164）、ドロマイト、サーペンティン（P268）などの不純物を含む。ステアタイトともいう

色：グレー、白、クリーム色、緑、ピンク、茶色

心のヒーリング：パニックを抑える。雰囲気に過敏な人を助ける。この石で作った小さな像を手にし、パニックが静まるまでゆっくり呼吸する

チャクラ：ルート（第1）

ロウソクの色：クリーム色　香料：アニス、カモミール、シダ、ラベンダー、モモ　用途：激しく無思慮な行動をおだやかに矯正する。過活動を改善させる　仕事：よいアイデアをもたらす。現実的な計画へ導く。決まった仕事の重要性に気づかせる　神秘的な意味：力を与える。インドとアフリカでは伝統的に人間、動物、神々を彫るのに使われ、この彫像を通じて日々の祝福が聖なるエネルギーを広げるという　占いの意味：計画を実現するために、今に集中して　星座：射手座　エンパワーメント：その日必要なことに簡単に対応できる

　固定的な考え方に多様性を与えてくれます。ほかの人のライフスタイルや信仰を尊重できるでしょう。また、この石で作られた動物や鳥の像は、不安にかられたり、活発すぎる子どもをなだめてくれます。おだやかで愛情深いパートナーを希望するなら、こうした像を1対、子どもが欲しいなら、希望する数だけ同じ種類の像を家に置いておくとよいでしょう。

種類：めのう（潜晶質石英）、二酸化ケイ素（SiO2）、三方晶系、硬度7

色：銀色、青を帯びたグレー、クリーム色、黒。銀色の半透明の渦まき模様がある

心のヒーリング：悪い記憶を取り除く。依存や恐怖心を克服させる

チャクラ：仙骨（第2）

Silver Leaf Agate

シルバーリーフアゲート

ロウソクの色：銀色　香料：ジャスミン、レモンバーム、ユリ、ハス、マグノリア　用途：水や船の恐怖心を克服させる。水難を遠ざける　仕事：豊穣へ導く。開拓した道で成功させる　神秘的な意味：新しい道での成功をもたらす。三日月の日に、3回まわして成功を願うとよい。月の石であるため、上弦の月のときに力は最強になるという　占いの意味：幻におぼれて現実を忘れないこと　星座：双子座　エンパワーメント：チャンスに挑めば、欲しいものを与えてくれる

　シルバーリーフアゲートは、はじまりの石です。新たなはじまりはもちろん、以前あきらめたり、先のばしにした情熱や計画を再びはじめるようにうながします。

　おだやかな夢を見させる働きのあるアゲートのひとつでもあるため、夜や幽霊をこわがる子どもに勇気を与えます。ベッドサイドに明かりと一緒に石を置いてあげましょう。

　大人にとってもよい夢の石で、人生の重要な瞬間にかつて見た夢を思い起こさせ、夢が伝えていたことを理解させてくれます。

　この石は、精神面に実りをもたらし、子どもや若い人が兄弟姉妹と価値観も共有できるように働きかけます。

種類：自然銀、銀（Ag）、立方晶系、硬度2½〜3。自然銀のほかに、人工的に精練された金属銀もある

色：銀色

心のヒーリング：自分の体を大切にするように導く

チャクラ：仙骨（第2）

Silver
銀

ロウソクの色：白、銀色　香料：ユーカリ、ジャスミン、レモン、没薬、ポピー　用途：愛情、繁栄を引き寄せる。あらゆる石のパワーを倍増させる。調和をもたらす。子宝のお守り。台座として使うと、より強力なエネルギーを発するという　仕事：忍耐をもたらす。根気を与える。ネガティブなやエネルギーから守る　神秘的な意味：幸運をもたらす。新居には鍵、恋愛にはハート、繁栄には宝箱、海外旅行には船や飛行機の、銀のモチーフをもつとよい。満月の夜、屋内の窓辺に置くと、パワーアップするという　占いの意味：小さな金運が待っているが、本当は自分でなんとかできるもの。だれかを助けるための力が枯渇しないように気をつけて　星座：蟹座　エンパワーメント：自分と直感を信じる

　月と、キリスト教以前の月の女神にささげられた金属で、上弦の月と満月のときにエネルギーが満ちます。月のエネルギーを銀に伝えるには、自然銀と、銀のジュエリーを三日月と満月の夜に銀色のロウソクで囲み、ロウソクが燃えつきるまで置いておさます。
　恋愛や子宝のお守りであるとともに、旅の聖人クリストファー像を作って持ってでかければ、旅のお守りにもなります。かつて吸血鬼や狼人間を銀の銃弾で退治していたといわれることから、旅の間、不穏なエネルギーを発する人やもの、出来事を追い払い、守ってくれます。

種類：白鉄鉱、硫酸鉄（FeS2）、直方晶系6〜6½。コックスコームマーカサイト（トサカのマーカサイト）と呼ばれるのは、オスのニワトリのトサカのような形であらわれた双晶群

色：メタリックなシルバーグレー、金色。きらめきがある

心のヒーリング：自尊心を高める。コンプレックスを克服する。ネガティブな感情をなだめる

チャクラ：ルート（第１）

Marcasite
マーカサイト

ロウソクの色：銀色、金色　香料：アニス、スイートピー、タイム　用途：時差ボケを防ぐ。手荷物に入れると、機内でくつろげるとされる　仕事：空気を循環させる。考えがまとまる。混乱状態に秩序が生まれる　神秘的な意味：夢を叶える　占いの意味：財政状況が心配なら、追加の収入源が見つかるかも　星座：牡羊座　エンパワーメント：ほかの人の感情に支配されない

　ときに「白いパイライト」と呼ばれ、パイライト（P195）と混同されますが、同じ化学組成でも結晶構造が違います。こちらのほうが、ふんわりともろく、薄い色をしています。
　インカの人々に珍重され、ジュエリーとして身につけられたほか、副葬品として埋められていました。
　磨いた鏡のような板も作られていましたが、おそらく太陽崇拝の儀式や占いに使用されたのでしょう。

　現在も、自然な霊力、透視力と予言力を目覚めさせるといわれています。

種類：黄鉄鉱、硫化鉄（FeS$_2$）、立方晶系、硬度6〜6½

色：金属色の銀色を帯びる

心のヒーリング：怒ったり混乱したりせずに戦う力を与える。力のバランスを一変させる

チャクラ：太陽叢（第3）

Pyrites
パイライト

ロウソクの色：金色、銀色　香料：コーパル、乳香、ショウガ　用途：愚かな決断をするのを防ぐ　仕事：賢い選択へ導く。リーダーシップを高める　神秘的な意味：透視に大きな効果をもたらす。板状の研磨したものは、鏡としてすぐれるという　占いの意味：最も必要なときに、よさそうな取引が訪れる。ただし、慎重にチェックするのを忘れないで　星座：牡羊座、獅子座　エンパワーメント：人生にポジティブなものしか受け入れないで

　貴重な素材と誤解されたことから、「愚か者の金」といわれてきましたが、本物の金と一緒に発見されることもあります。

　このことから、本当の愚か者は人生の予兆に目を向けず、好機を逃す者なのかもしれません。

　誤った判断を防ぎ、自分の努力で富を作り出す能力をもたらします。お守りとして持つとよいでしょう。

注意：化学反応を起こす可能性があるため、エリクシール（P16）などを作らないように。

種類：自然白金、白金（Pt）、立方晶系、硬度4～4½。自然の白金塊は非常に稀少で貴重。ジュエリーとしてのほっが一般的

色：シルバーグレー、白っぽいグレー。磨くと白にもなる

心のヒーリング：ネガティブな感情を克服させる

チャクラ：頭頂部（第7）

Platinum
プラチナ

ロウソクの色：銀色　香料：ヒマラヤスギ、コーパル、マツ、ミント、白檀　用途：信念を貫かせる　仕事：競争に勝つ力をもたらす　神秘的な意味：スピリチュアルな体験においてネガテイブなエネルギーを遠ざける　占いの意味：自分のキャリアが人によい印象や影響を与えたり、新しい分野のチャンスがやってくるとき。思っているより簡単なはず　星座：水瓶座　エンパワーメント：新しい考えや考え方に対して柔軟に

　天然のプラチナは常に少量の鉄やイリジウム、ロジウム、パラジウムなどを含み、ほかの鉱物と一緒に発見されることがあります。現代では外科手術や研究、医療器具に利用され、ごく最近、ある種のガンの治療に薬学的な突破口を与えました。

　銀（P193）と違って変色しないことから、不滅の愛のシンボルとして、一緒に苦労を重ねたり、結ばれるのを長い間待った恋人たちに選ばれてきました。

　悪意や呪い、脅迫といったネガティブなエネルギーを遠ざけてもくれます。もし常に強いストレスを感じているなら、持ち歩いてネガティブなエネルギーをはねのけ、高揚感いっぱいのポジティブなエネルギーで満たしましょう。

　考古学的な遺物や地下水を探すダウジングにも適しています。

　細いプラチナの指輪やチェーンを身につけるとよいでしょう。振り子（P380）にすると、直感を高めてくれます。

種類：微細石のインクルージョンを含む石英（クォーツ）、二酸化ケイ素（SiO2）、三方晶系、硬度7

色：薄いグレー。銀色のきらめきがある

心のヒーリング：心を癒やす。自分の体を愛して大切にするように導く

チャクラ：仙骨（第2）、眉（第6）

Silver Aventurine

シルバーアベンチュリン

ロウソクの色：銀色　香料：クラリセージ、ポピー　用途：インターネットに潜むネガティブなものや人、エネルギーを遠ざける　仕事：起業を助ける　神秘的な意味：願いを叶える。三日月の下で手に取り、3回まわし、願いが叶うまで銀の布に包んでおくとよい。望みは秘密にすること。月夜に最も魔法を発揮するという　占いの意味：秘密を話したい衝動に負けないで　星座：蟹座　エンパワーメント：夢は叶うと信じる

　遠距離恋愛と、秘密の恋の石とされています。パートナーと、対になったこの石を交換してもっていると、恋を長続きさせ、実る日を迎えることができるといいます。
　欧米ではこの石のジュエリーを、大人の女性になったことを歓迎する贈り物や、賢い女性のシンボルとして、初潮を迎えた女の子や閉経した女性に贈ることもあります。

Bismuth
ビスマス

種類：自然ビスマス、ビスマス（Bi）、三方晶系、硬度2〜2½。人工的に作られたビスマスの結晶も多い（写真）

色：銀色、白。虹色も示す

心のヒーリング：感情的かつスピリチュアルな孤独感を緩和する。地域社会への復帰をうながす

チャクラ：ルート（第1）、頭頂部（第7）

ロウソクの色：金　香料：アカシア、コーパル、白檀　用途：変化する状況に安定と幸運、精神的な安定、協力をもたらす。引っ越しのとき、最後に持ち出し、新居に最初に持ち込むとよい　仕事：統率力をもたらす。イベントを開催するときや集団をリードするとき、身につけるとよい　神秘的な意味：人生を変えるときに力を与える　占いの意味：変化は必ずしも混乱を招かない　星座：獅子座、水瓶座　エンパワーメント：変化を拒否せずに受け入れて。人生はわくわくしたものになる

　第1チャクラのルートチャクラ（P20）と第7チャクラの頭頂部（P21）を開き、疲労や責任に押しつぶされそうな感覚を取り除いてくれます。
　また、母なる大地と宇宙のパワーを勢いよく流れさせ、心臓で交わるようにうながすため、解放感と生きる喜びに満たされるでしょう。「絶対に無理」「できるはずがない」など、ネガティブな意見をもらったときは、手に取って叶えたいことを心の中で唱えます。24時間以内にもう一度唱えると、解決策やよい代替案を得られるといいます。

Nuumite
ヌーマイト

種類：直閃石、水酸マグネシウム・ケイ酸塩（$Mg_7Si_8O_{22}(OH)_2$）、直方晶系、硬度5½〜6。礬土直閃石、水酸マグネシウム・アルミニウム・ケイ酸塩（$Mg_5Al_2(Si_6Al_2)O_{22}(OH)_2$）、直方晶系、硬度5½〜6。角閃石の仲間である、この2つの石からおもに構成される変成岩。稀少

色：黒白、グレー、白。銅色などの模様がある

心のヒーリング：些細でも長く抱えているネガティブなものを取り除く

チャクラ：太陽叢（第3）

ロウソクの色：白　香料：オールスパイス、シナモン、ショウガ、サフラン　用途：新しい場所に安定をもたらす　仕事：直感的な反応をうながす。ネガティブな感情を取り除く　神秘的な意味：心の言葉を導く　占いの意味：内なる自己の声に耳を傾けて　星座：蠍座　エンパワーメント：自分の意見の正しさを信じて

　非常に強い野生的なエネルギーから強力な守りの力を与え、本能をにぶらせて技術を通信する現代の都市生活の中で、ありのままの自然にアクセスできるようにうながします。
　家の熱源の近くに置くと、家を災害から守ってもくれます。
　大きな計画の実行日や疲れがたまっているときに、一日をエネルギッシュに過ごさなければならないなら、持ち歩きましょう。額の中心にかざして自然のエネルギーを足まで送り込むと、元気がよみがえります。

種類：緑泥石、蛇紋石、白雲母、輝石、ヘルシナイト（鉄スピネル）、磁鉄鉱、灰長石が組みあわさった岩石

色：黒。白の斑点がある。スノーフレークオブシディアン（P202）に似ているが、この石では白い部分が雪片のような形ではないところが異なる

心のヒーリング：自分の殻を破るのを助ける。ネガティブな感情をコントロールできるように導く

チャクラ：ルート（第1）、頭頂部（第7）

Blizzard Stone

ブリザードストーン

ロウソクの色：白　**香料**：サクラ、ユリ、スズラン、ミモザ、ラン、ホワイトローズ　**用途**：日常的に悪意のある、ネガティブな人を遠ざける。家に置くと、気質や優先事項に関係なく、家族をひとつにできるという　**仕事**：ネガティブなエネルギーを遠ざける。コンピュータや電話のある場所に置くとよい　**神秘的な意味**：願いを引き寄せる。願いを書いた紙のそばに置き、満月の夜、ロウソクで照らしたあと、紙を燃やすとよい　**占いの意味**：望みのものを手に入れられる。道をそれたり、まちがった方向に行かないように気をつけて　**星座**：山羊座　**エンパワーメント**：望みは手の届くところにある

　学術的には斑れい岩（ガブロ）とも呼ばれ、地中深くでゆっくり冷えてできた火成岩です。

　ブリザードという名前が示すように、人生のつらいときに力を貸し、忍耐力を高め、普段は味方と思わない人からも協力を得ることができます。

　欲望のバランスを取るのによい石で、欲望が身近になりすぎて、まちがいを犯さないようにうながしてくれます。

　タフな愛の石でもあり、家を出たがらない成人した子どもや、仕事がしたいといいながら実際には努力しない家族や友人を変えてくれます。

　過去世とつながり、同じ過ちを繰り返さないように導きます。支配的なパートナーから守り、強迫観念をもつ人を助け、仕事やお金のことで圧迫されている人をリラックスさせてくれるでしょう。

　屋内の窓辺に置いておくと、ネガティブなエネルギーを遠ざけるのに役立ちます。

種類：天然のガラスで、より稀少な
グリーンモルダヴァイトと性質が似
ている。隕石（P188）の地表への
衝突で、地球の岩石が溶けて空中に
飛び、ガラスとなって地表に落下し
たもの

色：黒、ごく濃いグレー。外側は滑
らかで光沢があるが、つやのにぶい
ものも

心のヒーリング：精神的な満足感を
与える。精神を安定させる。自信と
やる気をもたらす。人生を切り開い
ていく力を与える

チャクラ：頭頂部（第7）

Tektite
テクタイト

ロウソクの色：とても濃いグレー　香料：ヒマラヤスギ、クローブ、ショウガ、ジュニパー、マリーゴール
ド　用途：家内安全や旅のお守り。家の玄関と裏口に置いたり、飛行機に乗る際に身につけるとよいとされ
る　仕事：幸運をもたらす　神秘的な意味：テレパシーの力を強める。石を第6チャクラの第3の目（P21）
に数秒置くと、愛する人とコンタクトが取れるという　占いの意味：愛する人の態度の意味がわからず、あ
り得ないことまで考えないように　星座：牡羊座、射手座　エンパワーメント：ほかの人を心から愛するた
めには、自分自身の要求を満たすこと

　　天からの落下物の衝撃で生まれ、地上に根源を
もつことから、手に取ると意識が体を離れ、時間
と空間を旅することができるといわれています。
　　枕の下に置いてみましょう。不思議な旅を体験
するかもしれません。
　　外の世界からきた石であるため、地上外の力と
関係づけられています。超常現象が起こるとされ
る地域では、この石を身につける人もいます。
　　過去世を思い出し、悪い記憶がよみがえるのを
避けさせてもくれます。

種類：黒曜石、二酸化ケイ素（SiO₂）
に富む火山性ガラスの一種、非晶質、
硬度6½。溶岩（P142）が急激に
硬化し、結晶質の鉱物がまったくで
きなかったもの

色：黒。光沢がある

心のヒーリング：精神を安定させる

チャクラ：ルート（第1）

Black Obsidian
ブラックオブシディアン

ロウソクの色：ワインレッド　香料：安息香、アラビアゴム（アカシア）、ミント、パセリ、マツ、マツヤニ、
白檀　用途：ほかの人からのネガティブな要求を遠ざける　仕事：ネガティブな感情やエネルギーを取り
除く。オフィスに外向きに置くとよい　神秘的な意味：問題解決へ導く。リラックスして石を見つめて願う
とよいとされる　占いの意味：新たな道に歩み出すのをおそれないで。現状や関係を改善する大きな力に恵
まれる　星座：蠍座　エンパワーメント：炎で満たされている

「魔女の石」と呼ばれ、多くの魔法と関係づけ
られてきました。マヤやアステカでは、お告げの
鏡がこの石で作られていましたが、現代の西洋化
された魔術においても人気があります。

古代エジプトでは、獅子の頭をもつ女神セクメ
トを飾る7つの矢が、この石で作られていました。
女神につかえる祭司や巫女が、悪人に対抗しよう
と贈ったのです。

このことから、7本の矢になった加工した石を
半円状に並べたり、ワインレッドのロウソクのま
わりに内向きに並べると、エネルギーと健康を呼
び込みます。よりよい仕事を引き寄せるともいい
ます。

また、ペットの寝床の下に置くと、神経質なペッ
トが外の騒音や人に触られることに驚かなくな
るといわれています。

黒曜石の矢

種類：火山ガラス。黒曜石を加工したもの

色：黒

心のヒーリング：本当の道へと導く。軌道に乗るのを助ける

チャクラ：ルート（第1）

ロウソクの色：黒　香料：アカシア、シナモン、竜血、サフラン、セージ　用途：悪夢やネガティブなエネルギーを遠ざける。ベッドのまわりに外向きに置くとよい　仕事：円滑な進行をうながす　神秘的な意味：願いを叶える。7本の矢を、希望を書いた紙のまわりに外向きに3日、内向きに3日置き、7日目に4個を外向きに、3個を内向きに置いて、8日目に紙を燃やすとよい　占いの意味：望むものを行動して手に入れて　星座：射手座　エンパワーメント：まっすぐに真実を目指す

黒曜石は古代から矢尻の材料に用いられてきました。

泥棒よけになることから、コンピュータのまわりに内向きに並べると、ウィルスやハッカーから守るのに役だちます。

いじめに対抗する石でもあり、自分に対するものでも家族に対するものでも、状況がよくなるまで持っているとよいでしょう。

スノーフレーク オブシディアン

種類：黒曜石、二酸化ケイ素（SiO₂）に富む火山性ガラスの一種、非晶質、硬度6½。小さな白の模様があるが、これは放射状にクラスター（P344）になったクリストバライトのノジュール

色：黒。白かグレーの斑点か、雪片状の模様がある

心のヒーリング：決意をうながす。ネガティブな感情を克服する

チャクラ：ルート（第1）、仙骨（第2）、太陽叢（第3）

ロウソクの色：白　香料：楓子香、ハイビスカス、ミモザ、セージ　用途：あたたかさ、繁栄をもたらす。屋外に埋めるとよい　仕事：停滞や情熱不足、テンションの低さを改善する。団結させる　神秘的な意味：長引く病気をやわらげる。新たな成長をもたらす　占いの意味：突然、新しく出会った人がどんな人なのかがわかる。賢明な判断ができる　星座：山羊座、乙女座　エンパワーメント：どんなおわりにも新たなはじまりがある

表面の雪片模様は、火と氷を組みあわせ、相反するものの融合をあらわします。難しい決断をしなければならないとき、人生の異なる部分をひとつにするのによい石です。

ルートチャクラの第1、仙骨の第2、太陽叢の第3の、各チャクラ（P20）と結びついているため、心身を癒やすのに力を発揮します。あお向けに横たわり10〜15分かけて、はじめは足とふとももの間、次はおへその上、そして胃の上部の中心に石を置いていきましょう。閉じ込められていたネガティブな感情を石が流し去り、ポジティブな考えを生み出します。つまっていた感情が流れるにしたがって、幸福感に満たされるでしょう。

種類：火山ガラス

色：黒。光沢がある。しばしば鏡に
され、半透明の黒からスモーキーな
色

心のヒーリング：自分の力と可能性
に気づかせる

チャクラ：ルート（第1）

Black Obsidian Mirror
黒曜石の鏡

ロウソクの色：グレー　**香料：**アニス、クローブ、ヒソップ、ミント、マツ　**用途：**エネルギーを浄化させ
る。家やオフィスの入り口付近に置き、毎週、やわらかい布で反時計まわりにふき、布を洗うとよい　**仕事：**
エネルギーを浄化させる。静けさとおだやかさをもたらす。1日5分でも小さなこの石の鏡を見るとよい
神秘的な意味：守護霊（指導霊）とのコンタクトをもたらす。ロウソクの光の下で鏡を見つめ、守護霊に会
いたいと願うとよい　**占いの意味：**実際の状況を知ったら、おそれていたよりもはるかによい状況のはず。
人生で完了していないことを整理しはじめて　**星座：**蠍座　**エンパワーメント：**自分の本当の性格をおそれ
ないで

　黒曜石の鏡に問いかけると、将来についてわか
ると信じられてきました。アステカでは、空の神
テスカトリポカ（「煙を吐く鏡」という意味）が
世界と天で起こったすべてのことを、この鏡を通
して見たといわれています。また、将来のビジョ
ンと自分の姿を映し出すと考えられていました。
　黒曜石の鏡を使うと、祖先とつながり、将来の
可能性について答えをもらうことができます。
　過去世を見ることもできるといいます。鏡に向
かって集中してみましょう。

　向かいあわせの壁にこの鏡をかけると、家庭を
守り、バランスを与え、家族にも訪問者にも落ち
着きと活動のエネルギーをもたらしてくれます。

種類：透輝石、カルシウム・マグネシウム・鉄・ケイ酸塩（Ca(Mg,Fe)Si$_2$O$_6$）、単斜晶系、硬度5½～6½

色：黒、こげ茶から緑を帯びた黒。カボションカットにして磨くと4本の星が見えるが、ファセットをつけると消える。キャッツアイが見えることも。稀少

心のヒーリング：悲しみや嘆きを解放させる。癒やしをもたらす。男性の感情を自由にする

チャクラ：ルート（第1）

Black Star Diopside
ブラックスターダイオプサイド

ロウソクの色：深緑　香料：イトスギ、レモンバーム、ヨモギ、没薬、ティーツリー　用途：落ち着きをもたらす。天然石はペットにより効果的　仕事：突破口やチャンスをもたらす。時間のかかる事柄を成功に導く　神秘的な意味：願いごとを叶える。異次元への入り口へ導く。細いたいまつの光か、ロウソクの光にあて、光が心の金色の玄関にのびるまで、スピリチュアルな心の旅をするとよい　占いの意味：努力をけなす人の非協力的な態度には、感じたことをはっきり伝えて　星座：魚座　エンパワーメント：感じることには意味がある。否定されるべきではない

　ほとんどがインドで発見されるため、ブラックスターオブインディアとも呼ばれます。6本ではなく4本の星が見える石で、この点が、よく似たブラックスターサファイアとの違いです。

　エネルギーを二重にもち、創造力を高めるとともに論理と分析をうながし、成功へと導きます。

　天然石は、思い通りにならないとぐずる幼児や気分屋の大人におすすめです。頑固な態度をやわらげてくれるでしょう。

　根の深い恐怖、闇や幽霊、子どものころにはじまった恐怖症なども緩和してくれます。

　また、保守的すぎるパートナーや年配の家族に、新しいことを試みるように励ますときにも役だちます。男性にも効果的な石です。

Lodestone
ロードストーン

種類：磁鉄鉱などに落雷など強い電流が流れて磁力が強まった天然磁石。男性に効果的な男性性の石はとがっており、女性に効果的な女性性の石は四角いか丸みを帯びる。1個ずつ対で買うこと

色：黒、濃いグレー、まれに薄い茶色

心のヒーリング：無力感を自信に変える。毎朝この石のペアを1個ずつ手に持つとよい

チャクラ：ルート（第1）、太陽叢（第3）

ロウソクの色：赤　**香料**：バジル、ローリエ、ジュニパー、レッドローズ、タイム　**用途**：ネガティブな感情を取り除く。赤い袋に入れて対で家に置くとよい　**仕事**：繁栄をもたらす。とがった石をドアが道に面した窓に向けるとよい　**神秘的な意味**：誠実な愛情をもたらす。とがった石と丸みのある石、またはどちらかの形の石2個を赤い袋に入れるとよい　**占いの意味**：直感にしたがうこと　**星座**：乙女座、大杵座、山羊座　**エンパワーメント**：自分の感覚、直感にあっている

　象徴的に幸運やお金、愛を引き寄せるのに使われてきました。ヒーリングでは、体の不調を取り除くといいます。男性性の石のとがった先を下に向けて不調の部分をなでましょう。おわったら、水に浸けたあと、水を流します。まだ不調を感じるなら、女性性の丸い石で体を円状になでましょう。
　ベッドのマットレスの下に対で置くと、子宝に恵まれるといわれています。伝統的に男性性の石は、満月の夜にパチョリの香油を1滴たらし、翌朝、洗い流すと、男性力を高めるとされています。

Black Spinel
ブラックスピネル

種類：尖晶石（スピネル）、酸化マグネシウム・アルミニウム（$MgAl_2O_4$）、立方晶系、硬度7½～8

色：濃い黒、金色からこげ茶も。ガラス光沢がある。磨かれた石は稀少

心のヒーリング：ネガティブな感情をコントロールできるように導く

チャクラ：ルート（第1）

ロウソクの色：白　**香料**：アーモンド、アニス、サクラ、マグノリア、ネロリ　**用途**：人間関係を修復させる。問題を解決させる。尊厳をもって行動させる。ネガティブな感情を取り除く　**仕事**：逆境に立ち向かう力を与える。母岩についた天然石を身につけるとよい　**神秘的な意味**：ネガティブなものをはねのける力を与える　**占いの意味**：ひとつの扉が閉まっても、ほかのチャンスの扉が開いている。その前でためらわないで　**星座**：牡牛座、蠍座　**エンパワーメント**：ネガティブなコメントは受け入れなくてもよい

　一から改めて築きなおすのによい石であるため、事情があって別れた人と再会するとき、互いに理解しあえるように働きかけます。相手にプレゼントするのもよいでしょう。
　独立後、一時的にでも再び両親と暮らすとき、互いにメリットのある関係を築いたり、自立心を保てるように導いてもくれます。

種類：石英（クォーツ）、二酸化ケイ素（SiO₂）、三方晶系、硬度7。透明な水晶で、内側に幽霊のような像「ゴースト」や、影のような水晶があらわれる。内側の暗い影はスモーキークォーツ（P134）、ゲーサイト（P91）、ヘマタイト（P186）など

色：水晶の色やその濃さは、内部の黒いゴーストの大きさと外側の水晶の透明度による

心のヒーリング：ネガティブな感情を取り除く。ネガティブな感情に盲目的に反応しないように導く

チャクラ：ルート（第1）、眉（第6）

Black Phantom Quartz

ブラックファントムクォーツ

ロウソクの色：濃いグレー　**香料**：カーネーション、クランベリー、ユリ、スズラン、サフラン　**用途**：住環境を改善させる。ネガティブなエネルギーを取り除く。幸運をもたらす。家の中心に置くとよい　**仕事**：将来の基礎を築かせる。起業に導く　**神秘的な意味**：エネルギーの流れやネガティブなものに圧倒されない保護の力を呼び起こす。ヒーリングの際にテーブルに置くとよい　**占いの意味**：過去の失敗や失望のために、現在の幸せや可能性を否定しないで。イエスということ　**星座**：蠍座　**エンパワーメント**：自分の中に将来の種がある

　ファントムクォーツ（P353）の仲間の中で、一番スピリチュアルな力をもつ水晶です。ネガティブな超常的霊やエネルギーを家から取り除いてくれます。易経や太極拳、ヨガなどのスピリチュアリティなどを学ぶときに使いましょう。

　小さなとがった石を持つと、魂が共鳴するスピリチュアルな家族を引き寄せます。

　過去世を信じるなら、これまでのどの時代においても一緒に歩んできた人を呼び寄せるでしょう。信じなくても、強い親しみを感じる人を引きつけます。

　また、古い出来事や早く忘れるべきことを嘆いたり、言い争ったり、時間を無駄にするのを防いでくれます。とがったこの水晶1〜2個を玄関ドアに向けて置くと、すぐにもめごとをもち込む隣人や家族を遠ざけてくれるでしょう。

種類：エジリン輝石（錐輝石）、ナトリウム・鉄・ケイ酸塩（$NaFeSi_2O_6$）、単斜晶系、硬度6〜6½

色：黒、茶色っぽい黒、深緑

心のヒーリング：心の傷を癒やす。人生や責任に圧倒される感覚を克服させる。ネガテイブな感情をやわらげる

チャクラ：ルート（第1）、太陽叢（第3）

Aegerine

エジリン

ロウソクの色：深緑　香料：リンゴの花、スイカズラ、バラ、タイム、スミレ　用途：情熱と団結力をもたらす　仕事：先入観を克服させる。女性に優しい石とされる　神秘的な意味：ほかの人からのネガティブな感情を遠ざける。週に1回、この石のワンド（P375）を利き手に持ち、あらゆる方向に向けて願うとよい　占いの意味：不安や行きづまりを感じて、ネガティブにならないで。とがめられても、受け入れないこと　星座：魚座　エンパワーメント：どんなプレッシャーがあっても、自分に忠実でいる

　最初に発見されたのがノルウェーの沿岸地帯だったことから、北海の神エーギルにちなんで命名されました。レイキなどヒーリングに効果のある石です。

　変わらないものや変えられないものを受け入れるのを助け、自分とほかの人をありのままに受けとめられるように導きます。

　また、正しいとわかっていることのために立ちあがる力を与え、しきたりと決別しても我が道を行く勇気をもたらします。

　自己発見の旅にこの石を持ってでかけましょう。スピリチュアルな旅でも、現実の場所にでかけるのでもかまいません。ネガティブなエネルギーや敵対的な場所や人から守ってくれます。

種類：方解石（カルサイト）、炭酸カルシウム（CaCO3）、三方晶系、硬度3。高度に磨いて半透明のつやを出し、ヒーリングストーンやジュエリーにする。稀少

色：黒

心のヒーリング：心をなぐさめ、癒やす

チャクラ：ルート（第1）

Black Coral
黒サンゴ

ロウソクの色：濃いグレー、紫　**香料**：イトスギ、レモンバーム、ヨモギ、没薬、スウィートグラス　**用途**：幸運をもたらす。ネガティブなエネルギーをポジティブなエネルギーに変える。家と部屋のドアに、サンゴの枝で触れたあと、玄関ドアの内側につるすとよい　**仕事**：問題を解決に導く。交渉を成功させる　**神秘的な意味**：英知とヒーリングの力を高める　**占いの意味**：人の意図が確実にわかるまで、目立たないようにし、話すより聞くほうを大切にしてみて　**星座**：魚座　**エンパワーメント**：正しい理由のもと自分の才能を使う

　古代エジプトでは、粉にして土の肥料に使われていました。ナイル川の洪水が引いたら地面にまき、土地に養分を与えていたのです。

　エジプトではまた、黒は死の色ではなく実りの色とされ、アラビア語の黒はやわらぎや幸福を意味することから、身につけた人に明晰さを与えるとともに、ネガティブなエネルギーを吸収すると信じられていました。中東では穀物と野菜の神オシリスにささげられたといいます。

　貴重な海の資源であることから、カットしたり

収穫したりせず、自然に折れて海岸に打ちあげられたものを使っている人もいます。

　幸運をもたらすだけでなく、悪天候から守ってくれる石としても知られ、自然災害のお守りになります。

　ただし、子どもには適しません。また、定期的に相性のよい香料を使って浄化するようにしましょう。

Apache Tear
アパッチティア

種類：黒曜石、二酸化ケイ素（SiO_2）に富む火山性ガラスの一種、非晶質、硬度6½

色：手に取ると黒いが、光にかざすと濃いグレーや茶色。十分に透明で、透けて見える

心のヒーリング：ネガティブな感情を解放する。石に悲嘆を注ぐと色が濃くなることがあるため、その場合、石を洗い、光にかざして前進すること

チャクラ：ルート（第1）

ロウソクの色：グレー　**香料**：イトスギ、レモンバーム、マグノリア、ムスク、没薬　**用途**：幸運をもたらす。挑戦する力を与える。ネガティブなエネルギーをポジティブなエネルギーに変える　**仕事**：ビジネスチャンスをもたらす。器に入れて置き、毎週洗うとよい　**神秘的な意味**：ネガティブなエネルギーを遠ざける。夜に旅行するときに身につけるとよい　**占いの意味**：正す力があるのだから、まちがったことにとらわれないで　**星座**：蠍座　**エンパワーメント**：明日は別の日だと思って

　1870年代、アメリカのアリゾナ州で起きた、騎兵隊が75人のピナルアパッチ族を攻撃した事件にちなんで命名されました。死亡したアパッチ族の妻たちは1か月間泣き続け、その涙をグレートスピリットが岩に閉じ込めて石にしたといわれています。
　石が悲しみを吸収してくれるため、心に安らぎが訪れます。不穏なエネルギーからも守ってくれるでしょう。また、両足の間に置くと、気ぜわしい毎日のペースをスローダウンさせてくれます。

Flower Stone
フラワーストーン

種類：黒の変成岩（ホルンフェルス）、雲母化したコーディエライトあるいは紅柱石（アンダルサイト）の結晶が、花びらのように見えるもの。稀少

色：黒白、またはごく薄い色つき

心のヒーリング：ほかの人とのつながりを信じられるように導く

チャクラ：ルート（第1）、仙骨（第2）

ロウソクの色：ワインレッド　**香料**：キク、ゼラニウム、ヒヤシンス、ライラック、スズラン　**用途**：将来の可能性へと導く。後半生に新たな関係やはじまりをもたらす　**仕事**：可能性の扉を開く　**神秘的な意味**：心の奥へ導く。ロウソクの光の下で石の模様を見つめるとよい　**占いの意味**：思わぬチャンスがくる。ためらわないで　**星座**：水瓶座　**エンパワーメント**：思わぬことが待っている

　自分の夢を追えるのは自分だけであること、人生にはリハーサルはないことを思い出させ、歩み出す勇気を与えてくれます。
　色のある花の植木鉢や、花びらのたくさんついた花をいけた花びんのそばに置くと、幸運を招きます。花がしおれたらすぐに取り替えましょう。
　週に1回白いロウソクを灯し、この石を手に取って繁栄と幸運を願います。ロウソクは燃えつきるまでそのままにしておきます。チャンスがやってくるでしょう。

Black Kyanite
ブラックカイアナイト

種類：藍晶石、アルミニウム・ケイ酸塩（Al₂SiO₅）、三斜晶系、硬度4～7½

色：黒、スチールグレー

心のヒーリング：思考の悪循環やネガティブな感情を取り除く。つらい離婚や、不仲な人が和解しないまま亡くなった人を助ける

チャクラ：ルート（第1）

ロウソクの色：銀色　**香料**：アニス、楓子香、ヨモギ、没薬、タイム　**用途**：ネガティブな感情を取り除く。とがった石の先を外向きにして窓辺に置くとよい　**仕事**：公私の区別をつけられない人を遠ざける　**神秘的な意味**：幸運で満たす。とがった石の先を外向きに窓辺に置くと、ネガティブなエネルギーを遠ざけ、内向きに置くと、ポジティブなエネルギーを呼び込むとされる　**占いの意味**：自分にとって悪いものに思われたものが、よいものになって返ってくる　**星座**：水瓶座、魚座　**エンパワーメント**：星がインスピレーションで満たしてくれる

　ヒーリングのあと、オーラのエネルギーフィールドと部屋のエネルギーを浄化するのに役だつ石です。体の上でこの石を動かすと、チャクラのパワーシステムを浄化し、円を描きながら髪から頭、肩へと動かすと、オーラを修復してくれます。また、スピリチュアルなエネルギーを刺激する一方で、霊へのおそれを取り除いてくれます。体に沿って石を縦に動かし、自分をしずめましょう。睡眠中、夢の旅を安全なものにする石でもあります。

Merlinite
マーリナイト

種類：黒の二酸化マンガン（MnO₂）が染み込んだめのう（潜晶質石英）、二酸化ケイ素（SiO₂）、三方晶系、硬度7

色：黒に白のインクルージョン、白に黒のインクルージョン、黒に濃いグレーや濃青に白のインクルージョンがあるものなど

心のヒーリング：自分に許しや癒やしを与える

チャクラ：眉（第6）

ロウソクの色：白、グレー　**香料**：アカシア、コーパル、乳香、スウィートグラス　**用途**：安住の地に導く　**仕事**：迷いを取り除く。状況や雰囲気を変える勇気やスタミナを与える　**神秘的な意味**：儀式のささげ物になる　**占いの意味**：幸運な出口はまれに魔法のように訪れるが、そのチャンスが近づいている　**星座**：蠍座　**エンパワーメント**：自分の魔法を作る

　スピリチュアルな成長をうながす石で、錬金術や魔術と結びつき、知識を学んで活用できるように導きます。多くの魔術師は、魔法の根源と結びつくために、この石のジュエリーを儀式で身につけたといいます。丸い塊は女神マーリナイトと呼ばれ、魔法や霊力で人をあやつる邪悪な考えの人々を遠ざけるとされてきました。

種類：めのう（潜晶質石英）、二酸化ケイ素（SiO₂）、三方晶系、硬度7

色：黒

心のヒーリング：ネガティブな感情やエネルギーを取り除く。自分に許しや癒やしを与える

チャクラ：ルート（第1）

Black Agate
ブラックアゲート

ロウソクの色：グレー　香料：リンゴの花、ヒマラヤスギ、イトスギ、没薬、オークモス、パチョリ、ベチバー　用途：心身に落ち着きを与える　仕事：ストレスに対抗する力や落ち着きを与える　神秘的な意味：ジンクスや連続した不運を取り除く　占いの意味：過去の後悔を手放し、自由に将来に向かって動き出して　星座：山羊座　エンパワーメント：自分は正しいという落ち着きと確信をもって、自分のテリトリーに立っている

　石の中心に白い円や目の模様があるものは、多くの社会で、超常的な悪、暗闇への恐怖、人間の悪意、天災など、ネガティブなエネルギーや出来事から守ってくれると考えられています。

　この石でヘビの彫像を作り、お守りにすることもあります。この像の上にインセンスの煙で、目の模様やヘビを描くと、困難から守ってくれるといいます。

　難しい決断をするとき、タフな愛情を示さなければならないときは、心を落ち着かせてくれます。

　また、競争に勝ちたいときにも力を貸してくれるでしょう。

　危険をおよぼす可能性のあるものを使って仕事をするときにも持っていれば、落ち着いて安全に作業できるでしょう。

種類：ガーネットのうち、チタン（Ti）を含む灰鉄石榴石（アンドラダイト）、カルシウム・鉄・ケイ素塩（Ca3Fe2 (SiO4)3）、立方晶系、硬度6½〜7

色：黒

心のヒーリング：豊かな愛情表現へ導く。男性を助ける

チャクラ：ルート（第1）

Melanite
メラナイト

ロウソクの色：グレー　香料：アニス、竜血、ムスク、ヨモギ、セージ　用途：人間関係を現実的に解決させる。和解またはおだやかな別れに導く。ネガティブなエネルギーを遠ざける　仕事：スタミナ、忍耐力、戦う力、成功をもたらす　神秘的な意味：黒魔術や呪い、妖術、悪意など、ネガティブなエネルギーを遠ざける　占いの意味：まだ見えない将来の事柄や勝利に飛びつくより、集中して目の前にある問題を片づけて　星座：山羊座　エンパワーメント：完全に現実に根ざして行動する

　最も大地とのかかわりの強いガーネットとされ、現実的な努力や新しい挑戦をはじめる強さを引き出します。

　クリエイティブな作品を強力な基盤に立たせ、商品として現実的な価格をつけて有益なものにします。

　現実により強く導いてくれるのは、母岩についた天然石です。まわりに現実を見ない人がいるなら、プレゼントしましょう。

　部屋の浄化にも役だち、純粋でないものを吸収します。ヒーリングルームや霊的な集まりで透視する際は、テーブルに置いておくと、ネガティブなエネルギーから守ってくれます。

　しばしば男性向けのガーネットといわれ、体力と気力をもたらします。長い一日を乗りきりたいときは、持ち歩くとよいでしょう。

種類：磨かれて光沢をもつ石炭（褐炭〜瀝青炭）

色：黒、非常に濃い茶色

心のヒーリング：ネガティブな考えや被害妄想を取り除く。とてつもなく大きな悲しみを克服する

チャクラ：ルート（第1）

Jet
ジェット

ロウソクの色：黒、天然のミツロウの色、こげ茶　**香料**：イトスギ、楓子香、ミモザ、没薬、パチョリ　**用途**：ネガティブなエネルギーを遠ざける。精神的に弱った家族がいる場合、その家族が最も長く時間を過ごす場所に置くとよい。週に1回、インセンスの煙で浄化させること　**仕事**：幸運と成功を招く。ネガティブな感情を遠ざける　**神秘的な意味**：ネガティブなエネルギーを遠ざける。首のまわりにつけるとよい　**占いの意味**：失敗したと思っていた以前の仕事や勉強、経験から、思わぬ財政的安定が訪れる　**星座**：山羊座　**エンパワーメント**：おだやかに過去を手放すことができる

　古代から邪悪な存在を遠ざける石とされ、有史以前の墓所からも多数発見されています。ヨーロッパの船乗りの妻たちは、夫の海での安全を願うお守りとして身につけました。

　北欧の女性は、糸車にこの石を使い、守りを与える魔法の歌を口ずさみながら、夫の衣類を編んだといわれています。

　ヴィクトリア女王が、喪中のジュエリーを作ったのもこの石です。この石はおだやかな旅立ちに導くと考えられたことから、ジュエリーは、伝統的に持ち主の死後、一緒に埋葬されます。受け継いだ場合、洗って屋外で乾かすという作業を3週間行いましょう。

　金運をあげる石でもあります。お金や銀行の取引明細と一緒に置いておくと、出費や借金がかさまないように働きかけてくれます。

Ferberite
ファーベライト

種類：鉄重石、鉄・タングステン酸塩（$FeWO_4$）、単斜晶系4〜4½。タングステンの鉱石

色：黒、赤茶、黒っぽい茶色

心のヒーリング：支配的すぎる行動やネガティブな感情を取り除く

チャクラ：ルート（第1）、仙骨（第2）

ロウソクの色：グレー　**香料**：アカシア、ジュニパー、マヌカ、プラム、バニラ　**用途**：別の視点を認めさせる。独立心をもたらす　**仕事**：適応力と成功をもたらす。精神を安定させる　**神秘的な意味**：正しい選択や判断をうながす。振り子（P380）を石の上にかざし、問いかけるとよい　**占いの意味**：決断には時間をかけて　**星座**：山羊座　**エンパワーメント**：すべてを支配する必要を手放す

　動機や原因があいまいだったり、隠れていたりするときに、真実を理解する手助けをしてくれます。また、ある人を思い描きながらこの石に集中すると、その人の人間性が見えてくるといいます。何事にもパニックにならず、迅速に対応できるお守りにもなります。感情的な負担や、賢明でない執着を軽減してもくれます。忘れたほうがよい恋人がいるなら、写真の上に1個のせ、布でくるんで引き出しにしまい、7日後、関係するものすべてを箱につめて片づけます。力が強いので、エリクシール（P16）を作ったり、子どもに与えないようにしましょう。

Black Onyx
ブラックオニクス

種類：めのっ（潜晶質石英）、二酸化ケイ素（SiO_2）、三方晶系、硬度7

色：炭素などを含むと自然な黒、熱処理するとグレーや黒になる。天然では茶色、グレー、黒白のものも

心のヒーリング：ネガティブな感情を克服させる

チャクラ：ルート（第1）

ロウソクの色：グレー　**香料**：ベルガモット、カモミール、コーパル、ミモザ、ムスク　**用途**：ネガティブなエネルギーを発する人やものを遠ざける　**仕事**：集中力で満たす。自分に許しを与える　**神秘的な意味**：問題を解決へ導く。願いを叶える。磨かれた握り石（P369）に3回息を吹きかけるとよいとされる　**占いの意味**：幸せはすぐそこにある　**星座**：獅子座　**エンパワーメント**：愚かな衝動に抵抗できる

　精神を安定させるといわれています。ネックレスやブレスレットなど、ジュエリーとして身につけると、大地のエネルギーを得て、現代社会のせわしいペースに流されず、地に足のついた生活を送ることができます。
　ポジティブなエネルギーで満たされるため、外見も前向きになり、成功する機運も高まります。
　部屋やコンピュータのそばに置いておきましょう。ネガティブなエネルギーやウィルス、ハッカーを遠ざけてくれるといいます。
　オニクスは定期的に浄化する必要があり、その際はインセンスの煙でいぶすのが一番です。

種類：鉄電気石、水酸ホウ酸ナトリウム・鉄・アルミニウム・ケイ酸塩（$NaFe_3Al_6(Si_6O_{18})(BO_3)_3(OH)_4$)、三方晶系、硬度 7 ～ 7 ½。ブラックトルマリンともいう

色：黒

心のヒーリング：精神を安定させる。あらゆる自傷行為や恐怖症を克服させる

チャクラ：ルート（第1）

Schorl

スコール

ロウソクの色：黒　**香料**：アーモンド、アニス、ヒソップ、ラベンダー、レモングラス　**用途**：ネガティブなエネルギーを発する人やものを遠ざける　**仕事**：ネガティブなエネルギーをポジティブなエネルギーに変える。集中力をもたらす　**神秘的な意味**：純化と保護をうながす。小さな天然石8個で輪を作り、エネルギーを引き寄せるとよい　**占いの意味**：あいまいで混乱した問題がクリアになってはじめて、問題を乗り越える直感をもらえる　**星座**：天秤座、蠍座　**エンパワーメント**：自分の心からあらゆる混乱と心配を追い出す

　この石は、時間と土星の神、古代ローマのサターンに結びつけられています。かつての魔術師は、この石を使って悪魔から身を守っていました。現代では、外部のネガティブなエネルギーや内なる争いを遠ざけるために使われています。

　第7チャクラの頭頂部（P21）から第1チャクラのルートチャクラ（P20）まで、全身のバランスを整えます。大地のエネルギーと人間の精神をつなげ、より高い次元で直感を得る能力を呼び起こします。

　ヒーリングや瞑想のあと、現実世界と距離があるように感じるなら、手に取りましょう。現実世界にしっかり連れ戻してくれます。

種類：石英（クォーツ、角閃石の繊維状集合体を置換）、二酸化ケイ素（SiO2）、三方晶系、硬度7

色：黒、非常に濃青。濃いグレーを含むことも。染色したものもある。角閃石に含まれる鉄が酸化したものは、タイガーズアイ（P120）の特徴である金色を生み出し、角閃石のままのものは、黒から青黒になる。ホークスアイ（P240）のごく濃い青のものも。タイガーズアイの仲間で最も稀少

心のヒーリング：深刻な感情的かつ心理的挫折や、死別に際して生じた大きな悲しみを癒やす。人生を新しいやり方で一歩ずつ再建させる。男性を助ける

チャクラ：ルート（第1）

Black Tiger's Eye
ブラックタイガーズアイ

ロウソクの色：濃いグレー　**香料**：アニス、クローブ、グレープフルーツ、ライム、ティーツリー　**用途**：逆境に屈しない根性や意地を与える。一番暗い時間帯に、この水晶に触れるとよい　**仕事**：状況を救う力を与える。最善の結果へ導く　**神秘的な意味**：敵意をはね返し、ネガティブな感情やエネルギーを遠ざける。眉やのど、心臓にあて、主要なチャクラやエネルギーセンターを封印するとよい　**占いの意味**：オッズが不利に見えても続けること。やがて別の面が見えてくる　**星座**：蠍座　**エンパワーメント**：勇気を持って逆境を克服する

　非常にめずらしいタイガーズアイで、仲間であるホークスアイよりはるかに強いエネルギーをもっています。たとえ染色されたものであっても、つやのある外見と、ネガティブなエネルギーをはねのける力に変わりはありません。落ち着きを与え、自分の力が最大に発揮されるように導いてもくれます。

　最後の砦の石といわれるほど強力で、ネガティブなエネルギーや感情を、送られてきたときの倍の力ではね返すと同時に、心身をポジティブに活性化させます。

　自分の強さと、まわりの人への真心を高めるため、争いごとの最前線にいる人に力を与えます。

　夜遅く帰宅せねばならなかったり、治安の安定しない地域に住んでいるなら持ち歩きましょう。

Cassiterite
キャシテライト

種類：錫石、酸化スズ（SnO_2）、正方晶系、硬度6〜7。スズの鉱石。鉱床の中に母岩についた状態や、砂礫の中に砂や小さな礫としても産する

色：黒、茶色で非常に輝きが強く、金属的な銀色。まれに赤や黄、グレーの場合もある

心のヒーリング：満足感を与える。ネガティブな感情を克服させる

チャクラ：ルート（第1）

ロウソクの色：銀色、濃青　**香料**：フェンネル、スイカズラ、セージ、白檀　**用途**：物事をやりとげるエネルギーをもたらす　**仕事**：成功へ導く　**神秘的な意味**：スピリチュアルな感性を高める。占いを読み解くときに、そばに置くとよい　**占いの意味**：新しいチャンスに成功できる可能性がある　**星座**：射手座　**エンパワーメント**：あらゆるものをもっている

　キャシテライトは、危険から守ってくれる石です。旅をしたり、危険な場所を訪れるときは、荷物の近くに置いておきます。運転でスピードを出しがちな人、エクストリームスポーツをする人、工事現場など危険と隣りあわせの仕事に従事する人などにもおすすめです。慎重にことを運ぶようにうながすため、計算や書類記入の際にミスすることもなくなるでしょう。
　裏切られ、拒否された人を落ち着かせ、再びチャンスを与える石でもあります。カップルを仲直りさせたり、ライフスタイルが近い人を引き寄せたりします。

Larvakite
ラルビカイト

種類：青色閃光を放つアルカリ長石を含む深成岩

色：黒とグレー、青とグレー、グレー。いずれもつやがあり、虹色に輝く。銀色を帯びた青に光ることも

心のヒーリング：合理性をうながす

チャクラ：ベース（第1）、のど（第5）、眉（第6）、頭頂部（第7）

ロウソクの色：青、銀色　**香料**：没薬、ポピー、ローズマリー、セージ、スウィートグラス　**用途**：学習と仕事を両立させる。新たな技能の習得や学習に集中力を与える　**仕事**：精神を安定させる。ネガティブなエネルギーを遠ざける。的確な判断へと導く　**神秘的な意味**：呪いなど、ネガティブなエネルギーを遠ざける　**占いの意味**：借金の理由と返済方法に納得できない場合、お金を貸さないこと　**星座**：獅子座、射手座　**エンパワーメント**：賢くあらゆるものに興味をもつ

　発見されたノルウェーの町ラールヴィクにちなみ、ラルビカイトと名づけられました。「ノルウェーのムーンストーン」という別名もあります。
　大きな夢をもってスタートしようとする人を応援します。また、大地につながるエネルギーをもち、自然と深いつながりがあることから、人工的な刺激や音、光への反応をやわらげてくれます。祖先や守護霊（指導霊）、過去世へと導き、過去の人生をなぐさめるとともに、夢が伝えるメッセージを理解できるように働きかけます。睡眠中に癒やしてもくれます。

種類：黒雲母、水酸カリウム・マグネシウム・鉄・アルミノケイ酸塩（K(Mg,Fe)$_3$(Si$_3$Al)O$_{10}$(OH)$_2$）、単斜晶系、硬度2〜3。風化してレンズ状にふくらむことがある。バーシングストーンともいう

色：黒、茶色、グレー、深緑

心のヒーリング：子どもの心の傷を癒やす

チャクラ：仙骨（第2）、頭頂部（第7）

Biotite
バイオタイト

ロウソクの色：白、クリーム色　**香料**：リンゴの花、レモンバーム、レモンバーベナ、モモ　**用途**：混乱状態に秩序をもたらす。春の大掃除や片づけ、風水を行う1〜2日前に家の中心に置くとよい　**仕事**：秩序と安定をもたらす。ケアレスミスを軽減させる　**神秘的な意味**：心の傷を癒やす。再生させる　**占いの意味**：時間や資産を投資した結果が出るまで、時間がかかるかもしれない。もうすぐ効果があらわれるから、あきらめないで　**星座**：山羊座　**エンパワーメント**：アイデアを実現する

　ポルトガル北部の山地が形成されたときに生まれた石。夏の暑さで表面にあるバイオタイトがレンズ状にふくらみ、自然に岩から弾け出たものです。このため、出産や子どもの誕生と結びつけられています。

　出産の近づいた妊婦がお守りにすると、出産中の痛みを軽減し、安産になるといいます。家庭や病院、水中などでの、あらゆるタイプの出産に力を貸してくれます。

　母子が帰宅したら、子ども部屋に置きましょう。家になじみやすくし、眠りを助けます。赤ちゃんと一緒に退院できない場合、先にこの石を家に持ち帰ると、赤ちゃんの存在を常に意識させてくれます。

　また、鍼や指圧、リフレクソロジー、そのほか触れることを伴うセラピーの効果を高めます。

種類：翡翠（ジェーダイト、P278）。小さな結晶は密接にからみあってできている。その結晶粒の間に炭素が入っている。ミャンマー産の翡翠は稀少

色：黒

心のヒーリング：独立した生活をうながす。活発さをもたらす

チャクラ：ルート（第1）

Black Jadeite

ブラックジェーダイト

ロウソクの色：藍色　香料：レモングラス、ヨモギ、没薬、ポピー、ベチバー　用途：尊敬の念をもたらす。支配的な雰囲気を取り除く。ひとり1個用意して小さな器に入れ、インセンスの煙で定期的に浄化すると、人々が尊重しあえるようになるという　仕事：支配的かつ不合理な雰囲気を取り除く。力に貪欲な相手から守る　神秘的な意味：繁栄や安全をもたらす。天然石を熱源付近や家の北側、玄関ドアの内側に置くとよい。ほかの石と違い、保護力のある石であるため、取り替える必要がなく、ずっと家の守護石であり続けるという　占いの意味：無視されたり、災難になるとわかっている決断を迫る相手をかわすには、毅然として　星座：蠍座、山羊座　エンパワーメント：光の対になる存在として闇を歓迎する

　マヤの人々が魔法の石として珍重したように、様々な文化で悪霊や人間の悪意などネガティブなものを遠ざけるために活用してきました。

　ブラックジェーダイトは、黒い石の中でも最もヒーリングの力があるため、ネガティブな感情を吸収し、ポジティブな感情へ変化させます。不安やおそれを感じるときは、持ち歩きましょう。

　月に1回、満月の夜に、窓辺に置いて浄化させます。

　ちなみに、硬玉（翡翠）と軟玉（ネフライト）は一見似ていますが、慣れてくると質感が違うので区別できます。あえて区別する必要がない場合、2つともジェードと呼ばれます。どちらもすばらしいお守りになります。

種類：鋼玉（コランダム）、酸化アルミニウム（Al₂O₃）、三方晶系、硬度9。6本の星のスター効果を示すものも（P316スターサファイア）

色：黒、茶色を帯びた黒。くもったものから半透明まで。黒というより深緑やこげ茶、青のものも

心のヒーリング：死別に際して生じた大きな悲しみを癒やす。退職後の問題を解決へ導く。男性を助ける

チャクラ：ルート（第1）

Black Sapphire
ブラックサファイア

ロウソクの色：こげ茶　**香料**：アニス、クローブ、竜血、ジュニパー　**用途**：ほかの人の威圧的な態度や攻撃を遠ざける。静かな強さや勇気を与える　**仕事**：ネガティブな感情や人、ものを遠ざける。現実的な共感力をもたらす　**神秘的な意味**：ネガティブな感情を遠ざける。第4チャクラの心臓（P21）か、第5チャクラののど（P21）にあて、エネルギーを放出させるとよい　**占いの意味**：物事がネガティブに見えるなら、まだ決断のときではない。自分をいたわり、一旦問題や争いから手を引くこと　**星座**：山羊座　**エンパワーメント**：幸せな感情と同じくらい悲しみを受け入れ、大切にする

　混乱した人や状況に遭遇しても、平常心でいられるように働きかけてくれます。また、原因を明確にし、何をしなければならないか判断するのを助けます。

　この石と一緒に暗黒の闇で瞑想するとき、闇の恐怖を克服させてくれます。

　夜行性のパワーアニマル（P342）に力を借りて、ネガティブなものや感情を取り除きたいときは、天然石を使いましょう。三日月が出る前の3日間に、この石を使って翌月に持ち越したくないものを追い出します。

　守る力が非常に強いので、安全な霊媒にも適しています。

　力が強いため、子どもには向いていません。猫には愛される石であるため、猫が夜に迷子になるようなら、このサファイアで前足をなでましょう。

スファレライト

種類：閃亜鉛鉱、硫化亜鉛（ZnS）、立方晶系、硬度
3½～4。ほぼ鉄分を含む。亜鉛のおもな鉱石

色：黒、濃いグレー、赤、茶色、黄

心のヒーリング：確かな愛に目覚めさせる。性別など
性に関する問題を解決へ導く

チャクラ：ルート（第1）、仙骨（第2）、太陽叢（第
3）

ロウソクの色：濃いグレー、藍色　**香料**：アーモンド、
ベルガモット、ラベンダー、スズラン、ペパーミント
用途：ポジティブなエネルギーで満たす　**仕事**：環境
の変化や移行に順応させる　**神秘的な意味**：スピリチ
ュアルな能力を高める。占いやチャネリングのときに、
スピリチュアルなメッセージや直感を読み解けるよう
にうながすという　**占いの意味**：全員を喜ばせること
はできない。だれの気分を害するかでなく、自分がど
うしたいかを考えて　**星座**：蠍座　**エンパワーメン
ト**：自分で選び、守る

　黒いものはブラックジャックと呼ばれ、ほか
の色のものより鉄分が高く、非常に強く大地と
結びついています。安定的ではない状況におい
て、地に足をつけさせ、目を覚まさせてくれる
でしょう。
　対照的にルビージャックと呼ばれる赤い石は、
ほとんど鉄分がなく、変化と発明の才能、独立
心をもたらします。
　真実の石でもあるため、この石で瞑想するか、
手に持つと、幻や欺瞞から真実を見出させます。
裏切りからも守ってくれます。

ライラッククンツァイト

種類：リチア輝石、リチウム・アルミニウム・ケイ酸
塩（LiAlSi$_2$O$_6$）、単斜晶系、硬度6½～7

色：薄紫、濃青紫、紫

心のヒーリング：独立心をもたらす

チャクラ：眉（第6）

ロウソクの色：紫　**香料**：ラベンダー、ライラック、
マグノリア、スミレ　**用途**：交通安全のお守り。運転
の緊張をやわらげる。車に置くとよいとされる　**仕
事**：ネガティブなエネルギーを遠ざける。集中力をも
たらす　**神秘的な意味**：直感を高める。スピリチュア
ルな守りを高めるよいチャネルになる　**占いの意味**：
高価な買い物の前にはよく考えること　**星座**：魚座、
牡牛座　**エンパワーメント**：幸せになるのにお金を使
う必要はない

　クンツァイトは退色するため、仲間の石も含
め、日光を避けるようにしましょう。性質上、
傷のない宝石質の石を見つけることはまれです。
しかしクンツァイトのジュエリーには、高価な
宝石にはないヒーリングの力があります。身に
つけていると、ネガティブなエネルギーを遠ざ
けます。一緒に人生を冒険してくれるパートナ
ーを引き寄せてもくれます。

種類：尖晶石（スピネル）、酸化マグネシウム・アルミニウム（MgAl₂O₄）、立方晶系、硬度7½〜8。一部は人工石で、ヒーリングやエンパワーメントにはあまり向いていない

色：薄紫、濃いすみれ色、ラベンダー色

心のヒーリング：ネガティブな経験から生じた感情を軽減する

チャクラ：眉（第6）

Purple Spinel

パープルスピネル

ロウソクの色：紫　**香料**：アカシア、コーパル、アジサイ、ジュニパー、セージ　**用途**：世代間の融和と独立心をうながす。個人の生活スペースを守る　**仕事**：エネルギーを与える。ネガティブなエネルギーを遠ざける　**神秘的な意味**：スピリチュアルな体験や関心を共有できる人を引き寄せる　**占いの意味**：ほかの人を考慮して決断しなければならないが、初心を忘れないで　**星座**：蠍座、魚座　**エンパワーメント**：どんな状況でもベストのものを見つけられる

　「小さなトゲ」「小さな火」を意味する名前のパープルスピネルは、スピリチュアリティとスピネルのダイナミックな再生力をあわせもつ石です。第2のキャリアとしてスピリチュアルな事業を立ちあげ、生業にするときなどに、おおいに力を貸してくれるでしょう。

　ネガティブなものやエネルギーを遠ざけますが、相手やまわりの人に対してそれらを増幅したり、有害なものを送り返したりせず、この石を持つ人の盾として役割を果たします。

　天然石を使ったり、ジュエリーとして身につけると、まったく異なるライフスタイルや考えの人とつきあうときに、流されることなく、自分の信念を保たせてくれます。

　また、現代社会は理解しにくく生きにくいと感じる高齢者に、大きな自信を与えてもくれます。

種類：銅、コバルト、マンガン、ク
ロムを含有している人工ガラス

色：青、緑。金色のガラスの粒がま
き散らされたかのように点在し、星
空のように見える。ただし実際は、
ガラスは無色

心のヒーリング：自分の実現してき
たことやこれから実現できることを
思い起こさせる

チャクラ：のど（第5）、眉（第6）、
頭頂部（第7）

Blue Goldstone
ブルーゴールドストーン

ロウソクの色：金色　**香料**：ユリ、ハス、マグノリア、ラン、バニラ　**用途**：自然な睡眠と起床の習慣をう
ながす。暗闇に抱くネガティブな感情を克服させる。石の天使（P341）やエッグストーン（P382）、磨か
れた石を夜空のシンボルとして手にしたり、ベッド脇に置くとよいとされる　**仕事**：大きなチャンスをもた
らす。成功へ導く　**神秘的な意味**：古代世界のビジョンや幸運をもたらす。お守りとして身につけ、星空の
下でエッグストーンを見つめるとよい。現代の魔術では、古代エジプトの空の女神ヌトと結びつけられてい
るため、女性のエンパワーメントの石となっているが、男性にも効果的　**占いの意味**：自分が人生のステー
ジの中心にいると気づいたとき、やることはわかっているはず。決してためらわないで　**星座**：射手座　**エ
ンパワーメント**：過去の期待以上に歩み出している

　占星術や天文学に興味があったり、実践してい
る人に力を貸してくれます。数か月持ち歩くと、
自分の人生が見え、昔の過ちや自分を不幸にする
人間関係をどうするべきかわかるでしょう。小さ
なことに思えるかもしれませんが、運を好転させ
てくれます。
　願いごとの石でもあるため、新しい職や資格に
応募するときは、履歴書や職歴書、資格証明書と
一緒に置いておきます。
　星空の夜にはこの石に願いごとをするとよいで

しょう。息を吹きかけ、願いを唱えたら、いつも
持ち歩くようにします。星が明るい夜に再び唱え
ると、願いが叶うといわれています。
　10分間この石を体のまわりに置いておくと、
体にエネルギ がみなぎり、頭をすっきりクリア
にしてくれます。

種類：碧玉（不純物を多く含む微細な石英の集合体）、二酸化ケイ素（SiO₂）＋不純物、三方晶系、硬度7。ほかの鉱物などの不純物を含み、様々な模様になる

色：紫。羽根飾りのような模様がある。濃い紫に茶色とベージュの渦巻き模様があるものは、インペリアルジャスパーという。ほかの紫のジャスパーも同じ性質をもつ

心のヒーリング：明快な意志決定や行動に導く。葛藤や矛盾した気持ちを取り除く。強い気持ちをもたせる

チャクラ：眉（第6）、頭頂部（第7）

Royal Plume Jasper
ロイヤルプルームジャスパー

ロウソクの色：紫　香料：アカシア、ハス、ラン、白檀　用途：個人のアイデンティティを尊重させる。家庭に愛情をもたらし、一体感を作り出す。ひとり親におすすめ　仕事：権威を保たせる。正しい決断へ導く　神秘的な意味：スピリチュアルな英知をもたらす。異なる文化の大天使や神々とのつながりをもたらす　占いの意味：ふたりの人物または2つの状況から選ぶように求められるかもしれないが、まだ準備のできていないことに責任をもったり、プレッシャーを感じる必要はない　星座：蠍座、射手座　エンパワーメント：不忠にならずに不同意になれる

　時間をかけて蓄積された、ゆっくりと作用するエネルギーをもっています。仮に、若くて経験の浅い人が、高い社会的地位についたときなど、英知と権威を与えてくれます。耳や首まわりのアクセサリーとして長時間身につけるとよいでしょう。公私にわたり、経験が評価されないと感じている年配の人にも力を貸してくれます。

　子どもに正直で聞き分けのよい子になるよう言い聞かせたり、健康によくない悪習慣をやめようとしているときにも役だちます。また、この石でできた握り石（P369）や磨かれた石を持っていると、心のリズムをゆるめてくれます。

　瞬間的に言いたいことを忘れてしまったり、相手の名前を何度も忘れてしまうこともなくなるでしょう。

　パープルジャスパーとも呼ばれています。

種類：紫水晶（石英）、二酸化ケイ素（SiO2）、三方晶系、硬度7

色：不純物の鉄を含むことによって、薄赤紫、ラベンダー色、深い紫、紫。白のものもある

心のヒーリング：ネガティブな感情をやわらげる

チャクラ：眉（第6）

アメシスト

ロウソクの色：紫　**香料**：アカシア、アーモンド、ラベンダー、シダ、ユリ　**用途**：建物の下のネガティブな大地のエネルギーを抑える。植物の育たない場所や動物が嫌がる場所に、天然石や晶洞を置くとよい　**仕事**：ネガティブな感情をやわらげる　**神秘的な意味**：ネガティブなエネルギーを遠ざけ、幸運をもたらす。ラベンダーのインセンスの煙で、石の上に太陽と三日月を描くとよい。両方の力を得られる　**占いの意味**：気分よくいるために、自分への見返りを必要としないこと　**星座**：水瓶座　**エンパワーメント**：自分の情熱をコントロールできる

　古代ギリシャ語で「酔わない」という意味をもつアメシストスは、誠実な恋の水晶とされ、聖バレンタインは、クピド（キューピッド）の像を彫ったこの水晶のリングをつけていたといわれています。婚約指輪や忠誠を誓うエタニティリングとして プレゼントするとよいでしょう。

　寝室に磨かれていない水晶を置くと、悪夢から守ってくれます。子どもが夜や暗闇をこわがるときは、額の中央や両目の間の少し上にある第6チャクラの第3の目（P21）を、この水晶で反時計まわりになでましょう。落ち着きを与えてくれます。ホームシックのときも効果的です。

　眉の間に置くと、想像力が高まります。また、磨かれていない水晶をほかの石や水晶のそばに置くと、ほかの石のパワーを再チャージすることができます。

　瞑想やレイキの治療にも役だちます。

チャロアイト

種類：チャロ石、含水カルシウム・ナトリウム・カリウム・マンガン・ストロンチウム・バリウム・ケイ酸塩（(K,Sr,Ba,Mn)$_{15\sim16}$(Ca,Na)$_{32}$Si$_{70}$(O,OH)$_{180}$(OH,F)$_4$·nH$_2$O)、単斜晶系、硬度5〜6。稀少。世界で唯一の産地は、ロシアのチャロ川地域

色：紫、薄紫。青紫の渦まき模様

心のヒーリング：病気や痛みへのおそれ、死への恐怖、強い孤独感、疎外感を緩和する

チャクラ：頭頂部（第7）

ロウソクの色：薄紫　**香料**：ラベンダー、ライラック、ムスク　**用途**：家族との絆を深める。家族と離れて働いていたり、ひとり暮らしをしているとき、家に置くとよい　**仕事**：新しい業務に慣れるのを助ける　**神秘的な意味**：テレパシーの力を強める。磨かれた石を手に取って目を閉じ、コンタクトしたい相手を思い描いて話しかけるとよい　**占いの意味**：旧友や恋人のニュースが舞い込む。ポジティブな関係を築くチャンス　**星座**：魚座　**エンパワーメント**：どこでもくつろげる

　逆境での忍耐となぐさめのシンボルとされ、再スタートをはかる勇気を与えると考えられています。素行に問題をかかえる子どもとの絆も深められます。病人や高齢者の世話をしている介護者の石としても知られ、介護者だけでなく、病院などで居住型ケアを受けている人や、入寮している子どもにも力を貸してくれます。また、持っていると、ポジティブな直感へと導き、災害を必要以上に気にしたり、取り越し苦労をしなくなるでしょう。

パープルトルマリン

種類：リチア電気石、水酸ホウ酸ナトリウム・リチウム・アルミニウム・ケイ酸塩（(Na(Li,Al)$_3$Al$_6$(Si$_6$O$_{18}$)(BO$_3$)$_3$(OH)$_4$)、三方晶系、硬度7〜7½。シベライトと呼ばれることもある

色：薄赤紫、濃青紫。すべてのトルマリンは側面から見ると透明だが、両端側から見るとほとんど半透明

心のヒーリング：ネガティブな感情を克服させる。強迫的行動を軽減させる。リラックスさせる

チャクラ：心臓（第4）、眉（第6）

ロウソクの色：紫　**香料**：サクラ、ラベンダー、ライラック、モモ、スミレ　**用途**：想像力を与える　**仕事**：想像力やインスピレーションを与える　**神秘的な意味**：自然とのつながりを深める　**占いの意味**：社交イベントやパーティの企画に挑戦させる。本当に記憶に残るものにするには、大金を投じるより、想像力を駆使するほうがずっと効果的　**星座**：魚座　**エンパワーメント**：将来の幸せをはっきり思い描ける、だから幸せを引き寄せられる

　視覚の力を強め、望みのものを引き寄せることができます。献身の象徴ともされるため、パートナーに贈るのもよいアイデアです。プレゼントする前に、一緒に築いていく未来を思い描くようにします。
　自分の直感を信じるのが難しいときも力を貸してくれます。いつも持ち歩くようにしましょう。ネガティブな感情も克服させてくれます。

Amesite
アメサイト

種類：アメス石（カオリナイト、P268サーペンティンの仲間）、マグネシウム・アルミニウム・アルミノケイ酸塩（$(Mg,Al)_3(Si,Al)O_5(OH)_4$）、三斜晶系、硬度2½～3。稀少

色：クロムを含むことによって、ラベンダー色、紫、濃い紫。無色やピンク、緑のものも

心のヒーリング：ネガティブな感情を取り除く

チャクラ：ルート（第1）、眉（第6）

ロウソクの色：紫　**香料**：サクラ、ハイビスカス、ジュニパー、ライラック、スミレ　**用途**：死別に際して生じた大きな悲しみを癒やす。ネガティブな感情を取り除く　**仕事**：心身のバランスを整える。徹夜仕事をするなら、オフィスに置くとよい。家に持ち帰り、ベッドのそばに置くとゆっくり休める　**神秘的な意味**：幸運をもたらす。棚に置き、週に1回おろして願いを唱え、3回息を吹きかけるとよい　**占いの意味**：いつチャンスを得られるか知りたいなら、直感を信じること　**星座**：山羊座　**エンパワーメント**：幸運が取りまいている

　まわりで起こっていることへの感覚を強め、行動すべきときを本能的に知ることができます。運気を変え、幸運を招くには最高のお守りです。毎朝手に取り、「運はよいほうに向かっている」と唱えましょう。宝くじなどランダムな数字を選ぶときにも役だちます。また、エネルギーを枯渇させるネガティブな感情や人を遠ざけてくれます。

Violan
ヴィオラン

種類：透輝石、カルシウム・マグネシウム・ケイ酸塩（$CaMgSi_2O_6$）、単斜晶系、硬度6。稀少

色：マンガンを含むことによって、青紫から薄青まである。ラベンダー色からピンクっぽい紫のものも。白と銀色のすじ模様が入る

心のヒーリング：ネガティブな感情を克服させる

チャクラ：眉（第6）

ロウソクの色：紫　**香料**：ラベンダー、ライラック、ミモザ、モモ、ポピー　**用途**：安心感を与える。精神を安定させる。ロウソクの光のもとにすわり、石で体をなでると、不安がやわらぐという　**仕事**：情熱と力を与える　**神秘的な意味**：精神を安定させる。青のロウソクをバスタブのまわりに並べ、石を手にしてイルカの効果音をかけるとよい　**占いの意味**：仲間や愛する人たちと過ごす時間があるときは、心おだやかに楽しんで　**星座**：天秤座　**エンパワーメント**：自分の静かな時間をもっと大事にする

　ストレスを軽減させるエネルギーがあり、現代社会の気ぜわしさに悩まされている人に人気があります。また、家をネガティブな影響から守ってくれるとともに、静かなオアシスにしてくれます。これによって、日常を快適に効率的に過ごせるようになるでしょう。

　パートナーの浮気が気になるなら、寝室に置いておきます。かつて互いに抱いていた相手への愛情を呼び起こしてくれます。

種類：水晶の表面に、高温で金（Au）、ニオブ（Nb）、インジウム（In）を蒸着させたもの

色：藍色。アクアオーラ（P245）より少し色が薄い

心のヒーリング：ネガティブな感情やエネルギーを克服させる

チャクラ：心臓（第4）、のど（第5）、眉（第6）、頭頂部（第7）

Tanzanite Aura

タンザナイトオーラ

ロウソクの色：紫　**香料**：サクラ、ラベンダー、ユリ、タイム　**用途**：可能性や意欲をもたらす　**仕事**：ネガティブなエネルギーを取り除く。ひらめきや良策をもたらす　**神秘的な意味**：謎とあらゆるものの奥義をあらわす大天使ラジエルとのつながりをもたらす。比較的新しい天使の石　**占いの意味**：時間は足りなくなっている。しかし望んでいたものなど、よいものを提供してもらえる　**星座**：射手座、山羊座　**エンパワーメント**：物事を修復する方法はいつだってある

　タンザナイトオーラ、タンザンオーラ、インディゴオーラなど、多くの名前をもつこの水晶は、どこにいても人類の英知や内なる知識の源へ導いてくれます。

　自然界とスピリチュアルな世界を近づけ、日常世界で正しい答えを察知する感覚や直感力を高めてもくれます。成功するために本当に必要なものを認識し、主張できるようになるでしょう。

　瞑想や霊媒に力を発揮する石としても知られ、スピリチュアルな世界を安全に学んだり、体験できるように働きかけるとともに、この分野の研究者がさらなる成果をあげられるように力を貸してくれます。

種類：紫石、リン酸マンガン（$MnPO_4$）、直方晶系、硬度4〜4½

色：青紫、ピンクっぽい紫

心のヒーリング：積極性と自信を与える。精神を安定させる。ネガティブな感情を取り除く

チャクラ：眉（第6）、頭頂部（第7）

Purpurite

パープライト

ロウソクの色：赤紫、青紫　**香料**：ベルガモット、イブキトラノオ、アイリス、没薬、白檀　**用途**：自信を与える　**仕事**：リーダーシップや自信を与える。直感を高める。繁栄をもたらす　**神秘的な意味**：石を使ったヒーリング能力を高める。問題の根源へ導く　**占いの意味**：とてもよいオファーがある。事前に計画をしっかり立てて無理をしないこと　**星座**：乙女座　**エンパワーメント**：おとなしくする必要はない

　リチオフィライトという鉱物が変質してできた石。鉱物の形状はそのままに、異なる化学組成や構造をもつ新しい鉱物になる、仮像という現象が起きてできた石です。このため、変化に対し、非常にポジティブに対応する強い力を宿しています。

　ネガティブな感情や記憶を取り除き、心を解放させ、新たな道へ踏み出そうとする人を最大限に応援します。

　恋愛に関して強力で、失恋をなぐさめつつ、新しい恋に向かう勇気を与えてくれるでしょう。ま

た、繁栄を引き寄せるとともに、いくつになっても自分の力で新しい道を築けるように手助けしてくれます。

　スピリチュアルな力を統制し、透視力や霊媒力を高めてもくれるでしょう。

種類：藍銅鉱、水酸銅炭酸塩（$Cu_3(CO_3)_2(OH)_2$）、単斜晶系、硬度 3½〜4

色：一般的に鮮やかなアズールブルーに濃紺が混ざっている

心のヒーリング：劣等感を克服させる。自分を大切にさせる

チャクラ：のど（第5）、眉（第6）

Azurite
アズライト

ロウソクの色：鮮やかな青　**香料**：クラリセージ、ハス、ラン、ヤマヨモギ、白檀　**用途**：家庭で世代間の緊張をやわらげる。調和させながらひとつにさせる　**仕事**：成功をもたらす。長期的なキャリアプランを成功させる　**神秘的な意味**：グレゴリオ聖歌や讃美歌など、宗教音楽を通じて聖なる力とのつながりを深める　**占いの意味**：目の前の利益や結果でなく、長期的なメリットを考えること　**星座**：射手座　**エンパワーメント**：勝敗に関して気高くいられる

　古代中国では、この石が天の門を開くと信じられていたため、人々は「天の石」と呼びました。古代エジプトでは、この石の顔料を使って、若き天の神ホルスのお守りの目を額に描いたといわれています。

　現代では、勉強、集中、記憶をうながす石として活用されています。特に大人が仕事をしながら勉学に励むときに力を貸してくれるでしょう。

　自宅や施設で、ひとりで暮らす高齢者が、独立心を保ちながら健康に過ごせるように働きかけて

もくれます。

　長期的な繁栄をもたらす石としても知られ、富をもたらすには、次のことを行うとよいでしょう。比較的やわらかいこの石を乳鉢に入れて乳棒で砕き、銅のコインを9枚加えて混ぜます。密封容器に移し、コインを裏返してさらに混ぜ、ふたをして次の夏至まで保存します。夏至がきたら同様にし、容器の中身を取り替えます。古いコインと粉は木の下に埋めます。旅行や海外への引っ越しにも幸運をもたらすとされています。

種類：緑柱石（ベリル）、ベリリウム・アルミニウム・ケイ酸塩（Be3Al2Si6O18）、六方晶系、硬度 7 ½～8。青が濃く純粋であるほど、価値は高くなる

色：透明な水色、青緑

心のヒーリング：精神を安定させる。ネガティブな感情を克服させる。やる気を与える

チャクラ：心臓（第4）、のど（第5）

Aquamarine

アクアマリン

ロウソクの色：アクアマリン　香料：ラベンダー、レモングラス、ミモザ、ムスク　用途：落ち着きをもたらす　仕事：問題を解決へ導く。円滑な進行を助ける。不当な批判やネガティブな感情を取り除く　神秘的な意味：幸運と愛情を引き寄せ、保たせる。満月の夜に石と水を用意し、それぞれ月光にあて、翌朝、石に水をかけると、お守りとしての力がアップするという　占いの意味：理想的なチャンスやタイミングを待つより、提示されているものを手にして進むこと　星座：魚座　エンパワーメント：心を開いて許す

　ラテン語の名前aqua marinusは「海の水」に由来し、きらめく海のような色を指します。「人魚の石」といわれ、水にまつわる場所で働く人や旅する人を守り、旅の遅れを最小限にとどめてくれます。

　また、年齢を問わず、水泳を学ぶ人をあと押しします。

　大地に水が流れるかぎり忠誠を保つとされ、恋愛中のけんかを防ぎ、かかわりを強めるように働きかけてくれます。永遠の愛のしるしに、この石のリングを贈りあうのはよいアイデアです。

　交渉における正義の石でもあるため、もめごとを解決するときに、静かな勇気と、確かな根拠に基づいた言葉を与えてくれます。交渉にでかけるなら持ってでかけましょう。

　文章のやりとりで解決をはかるなら、相手方の文章も自分の文章も、まずはこの石をのせておき、そのあと検討したり送付するとよいでしょう。

Blue Holley Agate
ブルーホリーアゲート

種類：めのう（潜晶質石英）、二酸化ケイ素（SiO₂）、三方晶系、硬度7

色：青、薄紫、濃青紫。縞模様があることも

心のヒーリング：失った事実を認めさせる

チャクラ：のど（第5）

ロウソクの色：青　**香料**：ベルガモット、ラベンダー、ライラック　**用途**：適切な判断に導く　**仕事**：集中力を与える　**神秘的な意味**：透視の能力を高める　**占いの意味**：古い心配ごとから解放される。それを新しい心配に置き換えないで　**星座**：乙女座　**エンパワーメント**：自分の心も世界も、平穏でいられる

　仲間であるブルーレースアゲート（右）に似ているのは、鉱物の組成だけではありません。それぞれの石が、自分や自分の愛する人を庇護する独自の天使とつながりをもっています。

　はじめてヒーリングを行うなら、この石がおすすめです。ヒーリングをしたことがなくても、うまくできるでしょう。

　仕事や家庭内に争いがあるなら、テーブルの中央に天然石を置きます。その場にいる全員に、ほかの人の考え方や気持ちが理解できるように働きかけ、和解をもたらします。話しあいの際に発言するときは、この石を手にするように頼みましょう。相互理解がさらに深まります。

　ベッドの脇に磨かれた石を置いておくと、安眠をもたらすとともに、夢を思い出しやすくしてくれます。

Blue Lace Agate
ブルーレースアゲート

種類：めのう（潜晶質石英）、二酸化ケイ素（SiO₂）、三方晶系、硬度7

色：薄青。明るい青に、白や茶色の縞模様があるときも

心のヒーリング：ストレスを軽減させる。円滑なコミュニケーションをうながす

チャクラ：のど（第5）

ロウソクの色：青白　**香料**：シダ、ラベンダー、スターアニス、バーベナ、ベチバー、ヤロウ　**用途**：だれかの世話をする人をフォローする。忍耐力をもたらす　**仕事**：円滑なコミュニケーションをうながす。器に入れてテーブルに置くとよ　**神秘的な意味**：スピリチュアルな聴力を活性化させる。守護天使の言葉を聞くことができるようになるという　**占いの意味**：心の中にある気持ちを正直にあらわすと、好ましい反応を得られる　**星座**：水瓶座　**エンパワーメント**：真実を優しく話す

　キリスト教以前のスカンジナビアとデンマークでは、大地の母ネルトゥスにささげられていました。

　コミュニケーション能力を高める石で、緊張せずに自分の感情を表現できるようになります。逆に、まわりにおしゃべりな人やうるさい人、よく吠える犬、いつも鳴いている猫がいるなら、この石を器に入れて置いておきましょう。落ち着きをもたらしてくれます。だれかを守って欲しいなら、写真の上にのせます。

種類：翡翠（ほぼ翡翠輝石からなる）、ナトリウム・アルミニウム・ケイ酸塩（NaAlSi₂O₆）、単斜晶系、硬度6〜7

色：薄青、青

心のヒーリング：よい睡眠をもたらす。心身の負担を軽減させる

チャクラ：のど（第5）、眉（第6）

Blue Jadeite
ブルージェーダイト

ロウソクの色：青　香料：ベルガモット、ブルーベル、ラベンダー、ハス、ローズマリー　用途：落ち着きをもたらす。会議の場なら、話をする前に、大きな握り石（P369）を5分間手に持ってから話すとよい　仕事：オアシスを作り出す。場を落ち着かせる。計画や優先順位を尊重させる　神秘的な意味：ストレスを軽減させる。宗教的なアイコンや天使、イルカやハトなど、この石の彫像を、石のスペースや寝室に置き、ストレスを感じたらさわるとよい　占いの意味：自分に対する不正や権力の乱用が、自分に有利に解決する　星座：天秤座　エンパワーメント：ほかの人の意見を尊重しても、受け入れる必要はない

　英知の石とされ、ドラムや鈴、声楽など、音を使うヒーラーに愛される石です。体に触れる療法に抵抗があるなら、この石を使った療法はおすすめかもしれません。

　離婚や親権訴訟など、相手のいる個人的な訴訟で正義を勝ち取りたいなら、持っているとよいでしょう。

　長期のもめごとで反目する相手がまったく納得していないときも、生活に今以上影響をおよぼさないように力を貸してくれます。

　屋外の窓辺に置くと、野鳥を呼び寄せるといわれています。

種類：ゾイサイトの一種。水酸カルシウム・アルミニウム・ケイ酸塩（$Ca_2Al_3Si_3O_{12}(OH)$）、直方晶系、硬度6½〜7。微量のバナジウムを含む。天然石は、どんどん稀少で高価になっている。多くは人工処理品

色：青、青紫

心のヒーリング：精神を落ち着かせ、なだめる。コミュニケーションの問題を克服させる

チャクラ：のど（第5）、眉または第3の目（第6）、頭頂部（第7）

Tanzanite

タンザナイト

ロウソクの色：青、紫　香料：レモンバーベナ、ライラック、ミモザ、バニラ、スミレ　用途：性格の新たな面を引き出すのを助ける　仕事：問題に解決策をもたらす　神秘的な意味：守護霊（指導霊）や故人とのつながりを深める　占いの意味：自分の直感を信じること。ほかの人がごまかそうとしても、正しい方向に導いてくれる　星座：双子座、天秤座、射手座　エンパワーメント：隠れた能力は思わぬ方法であらわれる

　1967年、タンザニアのキリマンジャロ山麓で、マサイ族の牛飼いが、落雷による山火事で焼けた茶色のゾイサイトの中からこの石を発見したことにちなんで命名されました。伝説では「神の贈り物」とされています。

　事実、天然のものは珍しく貴重で、市販されている多くが、茶色のゾイサイトを熱加工したものです。しかし、人工処理品でもネガティブなエネルギーから守ってくれる力の強さに差はありません。

　瞑想やヒーリングを通じてスピリチュアルな世界を旅するなら、眉の間にこの石で時計まわりに円を描き、第6チャクラの第3の目（P21）を開きましょう。ネガティブなエネルギーを遠ざけてくれます。反時計まわりに円を描いて第3の目を閉じれば、リラックスできます。

ブルーアンデスオパール

種類：オパール、含水二酸化ケイ素（$SiO_2·nH_2O$）、非晶質、硬度5½〜6½。一部は染色したもの

色：青。やわらかな色合いで真珠光沢がある。一般的なオパールのため、遊色を示さない

心のヒーリング：自分で定めた制限を取り除く。創造力をもたらす

チャクラ：のど（第5）

ロウソクの色：青　**香料**：ヒマラヤスギ、コーパル、ラベンダー、ライラック　**用途**：責任感をもたらす。ネガティブな感情を克服する　**仕事**：アイデアをもたらす　**神秘的な意味**：解決へと導く　**占いの意味**：自分の才能を信じないと、ほかの人に信じてもらうことはできない　**星座**：天秤座　**エンパワーメント**：人生において、自分が今どこにいるかを知っている

　交渉者の石とされ、人間関係でも仕事でも、うまくいかない点を明確にする手助けをしてくれます。また、不平等に直面したときに勇気を与え、友好的な協力者を見つけ出してくれます。
　外見に悩む若い女性へのプレゼントにもおすすめです。

青サンゴ

種類：方解石（カルサイト）、炭酸カルシウム（$CaCO_3$）、三方晶系、硬度3

色：薄青、青。白の斑点や模様がある

心のヒーリング：年齢や外見への悩み、ネガティブな感情を克服させる。更年期を迎えた女性を助ける

チャクラ：のど（第5）

ロウソクの色：青　**香料**：ケルプ、ラベンダー、レモン、ハス　**用途**：旅のお守り　**仕事**：機転をもたらす　**神秘的な意味**：リラックスさせる。バスルームで青いロウソクを灯してイルカの効果音を流し、青サンゴを手にしてバスタブに横たわるとよい　**占いの意味**：だれかの意見に強く反対かもしれないが、今はそれを発言するときではない。物事が自分のやり方になるまで待つこと　**星座**：魚座　**エンパワーメント**：人生の波にのることをおそれない

　おもな産地のひとつ、フィリピンでは、海の女神ディワタ・ング・ダガットにささげられ、神聖なものと見なされています。
　女性に落ち着いた強さを与え、不調を改善してくれるといいます。男性にも効果的で、いらだちを取り除いてくれます。小さな子どもがいるなら、磨かれた青サンゴを家に置いておきましょう。水難事故を防ぐお守りになります。

ラピスラズリ

種類：青金石。おもにラズライト（P242ラズライトとは異なる）、ソーダライト（P261）、カルサイト、パイライト（P195）など、複数の鉱物で構成されている変成岩

色：豊醇な青、ロイヤルブルー、青紫、緑を帯びた青。金の斑点（パイライト）がある

心のヒーリング：自己反省をうながす

チャクラ：のど（第5）、眉または第3の目（第6）

ロウソクの色：青、金色　**香料**：ゼラニウム、ハス、マグノリア、ラン　**用途**：名声をもたらす　**仕事**：昇進へ導く　**神秘的な意味**：第6チャクラの第3の目（P21）を開く。眉の間に置くとよい　**占いの意味**：前向きになるとき。自分の才能を大物に見せられるかどうかが鍵　**星座**：乙女座、天秤座　**エンパワーメント**：星に届く

6000年にわたってアフガニスタンの産地で採掘されてきました。ジュエリーとして最初に用いられた石のひとつです。

「真実の石」といわれ、「話す」「書く」のいずれにおいても、言葉に正直さが宿るように働きかけます。深いコミュニケーションを望むなら、持ち歩きましょう。相手がだれであろうと、本心で語りあえます。

「友情の石」ともいわれ、どんな関係にも調和をもたらし、長続きさせます。

コベライト

種類：銅藍、硫化銅（CuS）、六方晶系、硬度1½〜2

色：藍色、群青、ほとんど黒。青い金属光沢がある

心のヒーリング：現実と向きあうようにうながす

チャクラ：のど（第5）、眉（第6）

ロウソクの色：濃青　**香料**：ヒマラヤスギ、白檀、イランイラン　**用途**：心身に強さとスタミナをもたらす　**仕事**：建設的かつクリエイティブな解決法をもたらす　**神秘的な意味**：再生をうながす。盲点を克服させる　**占いの意味**：より大きな善が個人的な欲望より優先されるとき。長期的には自分のためになる　**星座**：射手座、天秤座　**エンパワーメント**：実現までもう少し待って

神が介在する大地の力を得て夢を実現し、希望のないところに希望をもたらす小さな奇跡の石で、コベリンとも呼ばれます。

大きな不安を克服したいときは、この石を手に取り、成功は必ずやってくると自分に言い聞かせましょう。

ヒーリングや瞑想を行う中で行きづまったり、知識が直感やスピリチュアルなメッセージをさえぎってしまうときにも役だちます。

Ajoite Quartz
アホーアイトクォーツ

種類：アホー石、含水カリウム・ナトリウム・銅・アルミニウム・ケイ酸塩（$(K,Na)_3Cu_{20}Al_3Si_{29}O_{76}(OH)_{18} \cdot 8H_2O$）、三斜晶系、硬度 $3\frac{1}{2}$ 。アホー石がホワイトクォーツのインクルージョンとして入っているもの。極めて稀少

色：青、青緑、ターコイズ色

心のヒーリング：心の傷を癒やす

チャクラ：心臓（第4）、のど（第5）、眉（第6）、頭頂部（第7）

ロウソクの色：ターコイズ色　香料：アカシア、安息香、コーパル、白檀　用途：嫉妬や嫌味に強力に対抗する力を与える　仕事：最高の基準を保てるように手助けする　神秘的な意味：故人とつながりを深める。テレパシーのシグナルを送ることができるという　占いの意味：だれかが常に不公平に甘んじている。自分にベストな成果を出すことに集中　星座：乙女座　エンパワーメント：上昇するときも地に足をつける

　心身を癒やす効果の強い石のひとつです。銅または水晶ベースの石を並べ、中央にこの石を置いて、家の内も外も平和と調和のエネルギーで満たしましょう。はじめに、紙に家の間取りを描き、その上に布をかぶせてから並べるようにします。
　またこの石は、自分で育てたハーブがもたらす効果も高めてくれます。

Blue Quartz
ブルークォーツ

種類：青い色を出させる様々なインクルージョンを含む透明な水晶

色：薄青、青。人工石はシベリアンクォーツといい、鮮やかなコバルトブルー

心のヒーリング：ネガティブなエネルギーを取り除く

チャクラ：のど（第5）

ロウソクの色：青　香料：ユーカリ、ラベンダー、ライラック、ティーツリー　用途：落ち着きを与える　仕事：すぐれたものへの追求心をうながす　神秘的な意味：霊媒能力を高める　占いの意味：仕事に圧倒されている気がするかもしれないが、自分の時間をもてばやり過ごせる　星座：天秤座　エンパワーメント：物事をうまくやることに充実感を見出す

　混乱した人と状況に調和と秩序をもたらし、複雑に入り組んだ考えを、簡単でわかりやすいものにします。企画書や報告書などを作るときに力を貸してくれるでしょう。
　あらゆるジャンルの音楽に携わる人と音楽を楽しむ人に幸運をもたらします。

種類：藍晶石、アルミニウム・ケイ酸塩（Al2SiO5）、三斜晶系、硬度4〜7½。透明な宝石質のものは稀少

色：青、青緑。すじがあり、黒の縞模様があることも。全体的にガラス光沢があるが、劈開面上は白っぽい真珠光沢のようなつやがある

心のヒーリング：ネガティブな感情を克服させる。落ち着きをもたらす

チャクラ：のど（第5）、眉（第6）

Blue Kyanite
ブルーカイアナイト

ロウソクの色：青　**香料**：ベルガモット、ヒマラヤスギ、アイリス、ジュニパー、ペパーミント　**用途**：ネガティブなエネルギーを遠ざける。円滑な人間関係をもたらす。縞模様のある石を、服の近くに置くとよい　**仕事**：コミュニケーション能力やリーダーシップを高める　**神秘的な意味**：幸運をもたらす。願いを叶える。月のはじめから1か月間身につけ、毎日声に出して願い、翌月の2日目に、人目につく場所に置くとよい　**占いの意味**：本心を打ち明けるとき。ただし、聞く耳をもたない人に話すのは無駄　**星座**：魚座　**エンパワーメント**：自分の人生の目的を理解している

　人生に迷ったり、思い描いていたことと違うことをしていると思うときは、この石を並べましょう。改善策やよいアイデアが、自然に浮かんできます。
　まずテーブルの中央に1個、そこから放射状に6個並べ、6本の道を作ります。毎晩、この6本の道から違う1本の道を選び、その道を通って自分の心の中に入っていきます。ただし初日は、放射状に1番目に置いた石からはじめます。6本すべての道を通りおわっても良案が浮かんでこなか

ったら、1日おいてもう1回繰り返します。納得するまで続けましょう。
　また、必要なことが思い出せないときは、この石のとがった先で眉の間に触れると、記憶がよみがえるといわれています。

種類：風信子鉱（ジルコン、P151）、ジルコニウム・ケイ酸塩（ZrSiO₄）、正方晶系、硬度6〜7½

色：薄いパステルブルー、青、強く濃い青。わずかに緑のトーンがある。ほとんどが褐色系のものと熱処理したもの

心のヒーリング：心に平安をもたらす。自尊心を回復させる

チャクラ：のど（第5）

Blue Zircon
ブルージルコン

ロウソクの色：青　**香料**：ハチミツ、スイカズラ、ヒヤシンス、ラベンダー、ライラック　**用途**：旅のお守り。土地の真の姿と文化を発見させる　**仕事**：理解をもたらす。仕事と勉学を両立させる　**神秘的な意味**：警告を与える。避けられない危険を予見することはできないが、石は危機が迫ると色を失うという　**占いの意味**：いろいろ情報を探しても、不確実になりそうなら、専門家に相談する　**星座**：射手座　**エンパワーメント**：祖先から強さを受け継ぐ

　この石の色はスターライトと呼ばれ、何百年にもわたってジュエリーとして珍重されてきました。ヴィクトリア時代の人々に大変愛され、1880年代には、リングやブローチを飾る大型の石として珍重されました。

　祖先とのつながりを深める石です。家族の出自を調べたり、祖先の出身地などを訪れるときは、持っているとよいでしょう。

　賢い女性の石でもあり、スピリチュアルな学びを深める年配の女性や、パートナーと死別したあとにひとりで暮らす女性に力を貸してくれます。最初の孫や、やしゃごが誕生した際に、女性に贈るとすばらしいプレゼントになります。また女性を讃えてプレゼントすると喜ばれるでしょう。

　正義のシンボルでもあります。増築や新居建設の許可を申請する計画があるなら、書類の上にのせ、万事うまくいくことを願いましょう。

シャッタカイト

種類：シャッタク石、水酸銅ケイ酸塩（Cu5(Si2O6)2(OH)2）、直方晶系、硬度3½

色：深い青、ターコイズ色。ときに鮮やかな青や茶色の縞模様がある

心のヒーリング：前進する勇気を与える

チャクラ：のど（第5）、眉（第6）

ロウソクの色：青　**香料**：サクラ、コーパル　**用途**：思いを打ち明けるのを助ける。恋人たちが身につけるとよい　**仕事**：明確なコミュニケーションをうながす　**神秘的な意味**：自動筆記能力を高める。利き手に緑のインクのペンを、反対の手に石を持つとよいという　**占いの意味**：決して起こらないとわかっていることを待つより、過去に別れを告げて　**星座**：水瓶座　**エンパワーメント**：愛する人と自分の最も奥深くにある感情を共有できる

　アリゾナや一部のアフリカの先住民の間で、この石は魔法のヒーリングと愛の象徴とされてきました。
　チャネリングや霊媒をしている間に、ネガティブなエネルギーが入り込まないように守ってくれます。また、現世でスピリチュアルな成長をはばむ過去世の問題を解決し、過去の世界から強さを取り戻して、現在かかえている悩みから助けてくれるともいいます。

ホークスアイ

種類：鷹目石、単斜晶系、硬度6～7½。青色のアルカリ角閃石の繊維状集合体が石英化したもの。タイガーズアイ（P120）は、角閃石の中の鉄が酸化して褐色から金色になったもの。ファルコンズアイともいう

色：つやのある青、緑っぽいグレーも。緑のタイガーズアイのような石は、キャッツアイ（P321）と呼ばれることも

心のヒーリング：ネガティブな感情を克服させる。自分で定めた制限を取り除く

チャクラ：のど（第5）

ロウソクの色：青　**香料**：アグリモニー、アニス、スイカズラ　**用途**：旅のお守り　**仕事**：成功へ導く　**神秘的な意味**：悪意を遠ざける　**占いの意味**：直感的洞察が破綻した問題を解決する　**星座**：射手座　**エンパワーメント**：自分が最も行きたい場所へ、心の中で旅することができる

　日のあたる屋外でこの石と瞑想すると、心に平安をもたらしてくれます。また、スピリチュアルな世界へ導き、自分や世界に関するビジョンや直感を伝えてくれるでしょう。もしまわりにウソをついている人がいたり、ネガティブな感情が渦まいていたら教えてもらえます。
　横たわって第6チャクラの眉（P21）にこの石を置き、数分間リラックスしましょう。ストレスがやわらぎます。透視や遠視にも効果を発揮するとされ、離れている人や場所の様子が見えるようになるといいます。

種類：碧玉（不純物を多く含む微細な石英の集合体）、二酸化ケイ素（SiO₂）＋不純物、三方晶系、硬度7

色：様々なトーンの青。しばしば青に、もっと濃い色の模様や、すじの入った渦まき模様があることも。硫酸コバルトなどを使った人工処理品

心のヒーリング：強い決心をうながす。あらゆる依存を克服させる

チャクラ：のど（第5）、眉（第6）

Blue Jasper
ブルージャスパー

ロウソクの色：濃青　**香料**：安息香、ベルガモット、レモン、レモングラス、没薬　**用途**：年齢やはじめる時期を問わず、仕事と勉強を両立させる。集中力を与える　**仕事**：ストレスを取り除く。ほかの人の幸福のために働く人は身につけるとよい　**神秘的な意味**：守護霊（指導霊）とのつながりを深める。スピリチュアルな学びを高める。石を手に取り、目を閉じて願うとよい　**占いの意味**：物事を難しく考えず、トラブルにおちいっている身近な人を助けてあげられるか決めて　**星座**：射手座　**エンパワーメント**：おそれることなく真実を語る

　かつて王族や聖職者はこの石を身につけ、自分たちが豊かな知識と高い理想をもっていることを示そうとしました。

　不正や偏見に対して発言したり、弱いものを守るために信念を貫く勇気を与えてくれる石です。慈善事業や公正な社会を目指して活動するときに力を貸してくれるでしょう。

　愚かな行為への誘惑に打ち勝つ強さも与えてくれるため、10代の子どもや成人したばかりの若者におすすめです。リスクのある状況におちいらないように導いてくれます。

　動物にも効果的で、首輪につけておくと、ほかの動物から攻撃を受けないように力を貸してくれます。

　まわりの人が誠実さに欠けるなら、持っていましょう。流されることなく、自分の信念とルールを守ることができます。

　いたわりと誠実さをあらわす石でもあります。

カバンサイト

種類：カバンシ石、含水カルシウム・バナジウム・ケイ酸塩（CaVOSi4O10·4H2O）、直方晶系、硬度3〜4。クラスター（P344）か球状になる。稀少

色：鮮やかな青

心のヒーリング：ネガティブな感情やエネルギーを、ポジティブなものに変える手助けをする

チャクラ：のど（第5）、眉（第6）

ロウソクの色：鮮やかな青　**香料**：ベルガモット、レモングラス、ヨモギ、ムスク、バニラ　**用途**：緊張を取り除く　**仕事**：やる気をもたらす　**神秘的な意味**：心を解放させる　**占いの意味**：害をもたらす人が道に立ちはだかるなら、ほかの道を探して　**星座**：天秤座　**エンパワーメント**：なんとかして自分のゴールにたどり着く

　比較的最近発見された石で、母なる大地が現代社会の気ぜわしさに対応できるように与えてくれたと考えられています。
　1対1でヒーリングやカウンセリングを行うなら、机の上などに置いておきます。相手のネガティブな感情がどんなに強力でもよい方向に変えることができるでしょう。
　発言してから考えるタイプの人に、熟考をうながす石でもあります。

ラズライト

種類：大藍石、水酸マグネシウム・鉄・アルミニウム・リン酸塩（(Mg,Fe)Al2(PO4)2(OH)2)、単斜晶系、硬度5⅓〜6。石英中のインクルージョンとしても見られる。稀少

色：青、アズールブルー、群青、水色、青緑

心のヒーリング：人を信じる心や純粋さをもたらす

チャクラ：眉（第6）

ロウソクの色：濃青　**香料**：アニス、ローリエ、安息香、サクラ、ハチミツ　**用途**：冷静に戦う力を与える　**仕事**：平静さと自信をもたらす　**神秘的な意味**：おだやかな気持ちをもたらす　**占いの意味**：イエスに傾く気持ちが少しもないなら、きっぱりとノーといって　**星座**：天秤座　**エンパワーメント**：同意しないときでもほかの人の意見を尊重する

　よく似た青と金色のラピスラズリ（P236）と混同しないようにしましょう。
　1対1の関係や家庭生活に難しさを感じる人、特に男性に力を貸してくれます。反抗的な10代の子どもがいるなら、この石を水晶玉（P378）と一緒に器に入れて置いておきましょう。
　男女を問わず、中年以降の体の不調にも効果を期待できます。

Blue Apatite

ブルーアパタイト

種類：フッ素燐灰石、フッ素・カルシウム・リン酸塩（Ca5(PO4)3F）、六方晶系、硬度5

色：青、水色、鮮やかな青、群青。ときに同一の石の中に無色、グレー、茶色、ピンク、紫が見られる。まれに白の葉脈模様があるものも

心のヒーリング：いらだちを緩和させる。健全なダイエットへ導く。治療における恐怖心を克服させる

チャクラ：ルート（第1）、のど（第5）

ロウソクの色：青　**香料**：ヒマラヤスギ、ローズウッド、白檀、バニラ、ベチバー　**用途**：冷静に戦う力を与える　**仕事**：静かな闘志、忍耐力を与える。幸運をもたらす　**神秘的な意味**：同時性を高める　**占いの意味**：ゆっくりと進歩するときがやってくる　**星座**：双子座、天秤座　**エンパワーメント**：満足するために夢中になりすぎないで

　記憶力と集中力を向上させ、勉学に効果を発揮するといわれています。どんなプロジェクトでも、現実的なスケジュールを助けます。また、ビジネスコンサルタントや会計マネージャー、投資マネージャーに力を貸してくれる石でもあります。

Euclase

ユークレース

種類：ユークレース石、水酸ベリリウム・アルミニウム・ケイ酸塩（BeAlSiO4(OH)）、単斜晶系、硬度7½。稀少

色：青、青緑、薄緑、黄を帯びた色、無色

心のヒーリング：不健康な生活パターンを改善させる

チャクラ：のど（第5）

ロウソクの色：青　**香料**：シナモン、コーパル、サフラン、セージ、タイム　**用途**：社交的な人を引き寄せる。自発的なつきあい、幸福、健康をもたらす　**仕事**：論理的思考をもたらす　**神秘的な意味**：ヒーリングを高める。のどの近くにかざすと、光や希望が心に入り込み、体内を流れるという　**占いの意味**：ケアレスミスは高くつく。正確に行動して　**星座**：射手座、天秤座　**エンパワーメント**：幸せが待っている

　無限の可能性をもたらす石です。人生がもたらすあらゆることを喜んで受け入れ、大きく成長できるように導いてくれます。感情が閉鎖的になっているなら、新しい考えや変化を受け入れられるように働きかけてくれます。また、聖地を探訪する際には持ってでかけましょう。その地への理解を深められるといいます。

種類：珪孔雀石、含水銅・アルミニウム・ケイ酸塩（(Cu,Al)$_2$H$_6$Si$_2$O$_5$(OH)$_4 \cdot n$H$_2$O）、直方晶系、硬度2〜4。めのうやオパールと混じりあったものがあり、ジェムシリカ（P259）と呼ばれる

色：青と青緑が混ざった色。ターコイズ（P252）の代用品になる場合も

心のヒーリング：弱い感情を克服させる

チャクラ：心臓（第4）、のど（第5）

Chrysocolla

クリソコラ

ロウソクの色：ターコイズ色　香料：ユリ、ハス、ラン、バニラ、スミレ　用途：ネガティブな感情や言葉、エネルギーを遠ざける　仕事：尊厳をもって柔軟に対応させる　神秘的な意味：世界平和をもたらす　占いの意味：好きでない人でも、気持ちを傷つけないために、寛容になって　星座：牡牛座　エンパワーメント：自分の人生経験をほかの人を導くために使う

　賢明な女性へと導く石です。年配の女性が自分の知識や経験を、文章、絵画、音楽、工芸、演劇などで表現する手助けをしてくれます。

　はじめて祖母や曾祖母になった人に贈ると、新たな役割とこれまでの自由や独立心とのバランスを取るのに役だちます。ひとり暮らしで、神経質になりがちの高齢者にもよいでしょう。

　音楽家のシンボルとして、年齢にかかわらず、新しく楽器に挑戦したり、合唱団やオーケストラ、劇団グループに参加する人に力を貸し、上達させるとともに、人前で演奏する自信をもたらします。

　自然に人間性が成熟していくように導いてもくれます。中年になって体の不調を抱える人にもおすすめです。

Aqua Aura

アクアオーラ

種類：水晶の表面に金を蒸着させたもの。青色人工着色水晶

色：蛍光色の青、スカイブルー

心のヒーリング：秘密を取り除く。心身とスピリチュアルな力を調和させる

チャクラ：のど（第5）

ロウソクの色：明るい青　香料：ラベンダー、セージ、ヤマヨモギ、タイム、スミレ　用途：ネガティブな影響を遠ざける　仕事：夢を叶える　神秘的な意味：守護霊（指導霊）や天使とのつながりを深める言葉を与えられる。利き手ではない手に振り子（P380）を持ち、紙の上に置くと、言葉が示されるという　占いの意味：今は疑っていることに対して正直になるほうがいい　星座：水瓶座　エンパワーメント：ポジティブな考えで起こることを変えられる

　可能性と思考の枠を広げ、制限をチャンスに変えます。本来の自分が輝き出し、尊重してくれる人や理想のライフスタイルを引き寄せます。人生で飛躍するために、物質的に満たされるより、精神的に満たされましょう。
　閉塞した家族の中で、相手への愛情と尊敬をオープンに表現できるように、力を貸してもくれます。

Blue Calcite

ブルーカルサイト

種類：方解石（カルサイト）、炭酸カルシウム（$CaCO_3$）、三方晶系、硬度3

色：水色、青。白の模様が入ることもある

心のヒーリング：公私を上手に切り替えさせる

チャクラ：のど（第5）

ロウソクの色：水色　香料：ブルーベル、マグノリア、ローズマリー、スミレ　用途：痛みを緩和させる　仕事：明快で落ち着きのあるコミュニケーションをもたらす　神秘的な意味：スピリチュアルな能力を高める。磨かれた丸玉やラフにカットした石を両手に持ち、水を凝視すると、心に知るべきことが浮かんでくるという　占いの意味：機密情報を明かす誘いにのらないこと　星座：魚座　エンパワーメント：ストレスフルな状況にも過剰反応しない

　家とオフィスを侵入者から守ります。家では磨かれていない石を道路に面した窓辺に置き、オフィスでは磨かれた石をバッグやポケット、袋に入れて持っておくと、ネガティブなエネルギーやもの、人を遠ざけてくれます。
　特別な日の前に、神経を落ち着かせるのにも効果的です。また、明快で示唆に富んだ言葉をもたらすため、交渉や会議のときに反対意見に対して効果的に対応できるでしょう。

種類：ハウ石、水酸化カルシウム・ケイ素ホウ酸塩（Ca₂SiB₅O₉(OH)₅）、単斜晶系、硬度3½

色：人工的な着色による鮮やかなスカイブルー。模様があることも

心のヒーリング：成功へ目を向けさせる。成功への決意を与える

チャクラ：ルート（第1）、のど（第5）

Blue Howlite
ブルーハウライト

ロウソクの色：青　**香料**：アカシア、ヒマラヤスギ、コーパル、セージ、白檀　**用途**：魅力や真剣さ、信頼を高める　**仕事**：成功や目標へ目を向けさせる。成功や目標への決意、情熱、集中力を与える　**神秘的な意味**：スピリチュアルな世界とのつながりを深める。ポジティブな夢へ誘う。眠る前に手に取るとよい　**占いの意味**：本当に欲しいものでなくても、次善だとがっかりしないように。思わぬメリットが明らかになる　**星座**：射手座　**エンパワーメント**：思わぬ人と場所に、隠された宝がある

　人工的な着色によるブルーハウライトは、ホワイトハウライト（P174）の強さと、最もよく似たターコイズ（P252）の性質をもちあわせています。ターコイズよりゆっくりとおだやかにエネルギーを形成することから、女性と若い人に向いています。特に、双子や三つ子、未熟児や常にケアが必要な病児の母親を助けてくれます。

　口ごもりがちな大人や子ども、逆に自意識過剰になってしまう人にもおすすめです。人前で話をしたり、テストを受けるときに、はっきりとした口調でスピーチをしたり、受け答えできるようになるでしょう。

　家の増築や改築、家具や車の修繕や取り替えのときにも力を発揮します。クリエイティブにグレードアップできるようにうながします。アンティークや古い建物の修復を仕事にしている人や、このジャンルに進みたい人のお守りにもなります。

種類：キノ石、含水カルシウム・銅・ケイ酸塩（$Cu_2Ca_2Si_3O_{10}\cdot2H_2O$）、単斜晶系、硬度5。クラスター（P344）で見つかることが多く、水晶や方解石の中にアポフィライト（P155）やダイオプテース（P303）など、ほかの鉱物を伴っていることも。稀少

色：水色、濃青。常に単一色

心のヒーリング：ネガティブな感情を克服させる。大きな可能性をもたらす

チャクラ：のど（第5）

Kinoite
キノアイト

ロウソクの色：水色　**香料**：ローリエ、ゼラニウム、ヤマヨモギ、タイム、バーベナ　**用途**：強みを最大限に発揮し、弱みを認識するのを助ける。できることとできないことに折りあいをつけさせる　**仕事**：正しい行動の道を示す洞察力を与える。正しい判断へと導く　**神秘的な意味**：スピリチュアルな世界とのつながりを深める。スピリチュアルな能力を高める。瞑想中や天使とのチャネリング中、より高い次元ではっきりとしたコンタクトを取り、心に聞こえる言葉としてメッセージを受け取ることができるという　**占いの意味**：経済状態をよくするチャンスだが、この先しばらくは、かなり働く必要があるかも　**星座**：魚座　**エンパワーメント**：すぐれたもののために奮闘する

　アメリカのアリゾナ州クリスマス鉱山など、わずかな場所でしか産出しない非常に稀少な石です。イエズス会宣教師であり探検家の、エウセビオ・フランシスコ・キノにちなんで名づけられました。

　多くの文化において愛の女神の石とされ、ゆっくり育む愛と人類愛をもたらすとされています。後者は、ボランティアや人権活動に向かわせることがありますが、スピリチュアルな能力が高まるとともに、さらに大きな愛が自分にもまわりの人にも与えられるでしょう。

　この石のおだやかな性質は、睡眠の問題にも力を発揮します。枕もとと足もとに置くと深い眠りが訪れ、癒やされるでしょう。

　日常が無機質だと感じている人の世界を豊かにしてくれます。

Blue Aventurine
ブルーアベンチュリン

種類：石英（クォーツ）、二酸化ケイ素（SiO₂）、三方晶系、硬度7。石英と微細なインクルージョン

色：水色、濃青、濃紺のものも

心のヒーリング：精神を安定させる

チャクラ：のど（第5）

ロウソクの色：青　**香料**：ココナッツ、ラベンダー、ライム、バニラ　**用途**：望んでいた旅行計画を実現させる。荷物に1個入れると、旅行がスムーズになるという　**仕事**：リーダーシップや集中力を与える　**神秘的な意味**：守護霊（指導霊）や天使とのつながりを深め、感謝の気持ちを芽生えさせる　**占いの意味**：思いがけず旅行のチャンスが訪れる。断ると後悔するかも　**星座**：天秤座、射手座　**エンパワーメント**：無限の可能性を開く

アベンチュリンの中で最も優しい色の石で、大天使ラファエルにささげられています。この石のジュエリーを身につけたり、平らな握り石（P369）を手にすると、集中力を高め、ベストなパフォーマンスができるようになります。人前でスピーチをしたり、スポーツ大会や音楽イベントに出場するときなど、おおいに力を貸してくれるでしょう。

いくつになっても冒険心をかきたて、やる気を与えてくれます。　この石のエリクシール（P16）は、部屋を浄化するのに役だちます。

Benitoite
ベニトアイト

種類：ベニト石、バリウム・チタン・ケイ酸塩（BaTiSi₃O₉）、六方晶系、硬度6½

色：青、紫を帯びた青。無色や黄色味を帯びたもの、蛍光色もある。白の縞模様があるものも

心のヒーリング：自分を愛する心、自信、自分の体へよいイメージをもたらす。本来の自分の価値に目覚めさせる

チャクラ：のど（第5）

ロウソクの色：青　**香料**：ライラック、ハス、ラン、ポピー、白檀　**用途**：大きな喜びをもたらす。最高の瞬間へ導く　**仕事**：スタミナを与える　**神秘的な意味**：天空への旅に誘い、充実させる。モルダヴァイト（P295）と一緒に使うとよい　**占いの意味**：アイデアがひらめき、実現すべきとき　**星座**：射手座　**エンパワーメント**：毎日、新しい一日と経験を楽しむ

1906年に発見されたとき、強く美しい青色からブルーサファイア（P260）の一種と考えられていました。しかし結晶は小さく、一緒に産出されたネプチュナイト（P397）ともども稀少な鉱物です。

勇気を呼び覚ます石として知られ、挑戦するときに生じる恐怖心など、ネガティブな感情を克服させてくれます。仕事で新しい計画を実行に移すときはもちろん、ロッククライミングなど、大自然の中でアクティブに過ごすときにも持っているとよいでしょう。

Blue Spinel

ブルースピネル

種類：尖晶石（スピネル）、酸化マグネシウム・アルミニウム（MgAl$_2$O$_4$）、立方晶系、硬度 7 ½〜8

色：鉄や亜鉛を含むことによって、青から濃青。天然のコバルトブルーのものは稀少

心のヒーリング：喜びをよみがえらせる。ネガティブな感情を克服させる。ネガティブな習慣をやめさせる

チャクラ：のど（第5）

ロウソクの色：スカイブルー　**香料**：ベルガモット、カーネーション、ヒマラヤスギ、レモングラス、ライラック　**用途**：新しい決意を高める。週、月、季節、年の初日に身につけるとよい　**仕事**：やる気や集中力をもたらす。専門知識の勉強を成就させる。知識を仕事に結びつける。キャリアを前進させる　**神秘的な意味**：健康と長寿、金運、学業成就をもたらす。磨かれた石をいつも肌身離さず持っていると、効果がアップするとされる　**占いの意味**：健康上の心配はいらないが、もっと健康的な生活をはじめて　**星座**：射手座　**エンパワーメント**：些細なことでパニックにならない

　愛情に関してポジティブな石で、新しい情熱を目覚めさせたり、パートナーへの愛を回復させてくれます。まだよい相手にめぐりあっていないなら、思いやりのある生涯のパートナーを引き寄せてくれるでしょう。この石のリングには、贈り主が心変わりすることなく、永遠の愛を誓うという意味があります。

　年齢を問わず、新しいことをはじめたり、学んだりするときに、やる気を呼び起こし、集中力をもたらします。ヒーリングには、天然石を使いましょう。人工石はあまり適していません。空の旅や空に関する活動のお守りとしても知られています。

Blue Wernerite

ブルーヴェルナライト

種類：柱石（スカポライト）、塩素・炭酸・ナトリウム・カルシウム・アルミノケイ酸塩（((Na,Ca)$_4$(Al$_{3〜6}$Si$_{9〜6}$)O$_{24}$(Cl,CO$_3$))、正方晶系、硬度 5 ½〜6

色：水色、濃青。パイライト（P195）の細かい点が見えることも

心のヒーリング：自己反省や責任を負う覚悟をうながす

チャクラ：のど（第5）

ロウソクの色：スカイブルー　**香料**：ユーカリ、ラベンダー、ユリ、ローズマリー、バニラ　**用途**：忍耐をうながす。自立を励ます　**仕事**：心と精神を目標に向かわせる。粘り強さをもたらす　**神秘的な意味**：天使や守護霊（指導霊）とのつながりを深める。聖書や詩の本、聖典の上に石を置いて知りたいことを問い、その後、石を手に取り、メッセージにたどり着いたと感じるまでページをめくり続けると、天使や守護霊からの言葉がもたらされているという　**占いの意味**：思っているより多くのことを知っているはず　**星座**：天秤座　**エンパワーメント**：答えを知っている

　どんな難題に対しても落ち着きを与えてくれます。目の前の不正に対するいらだちを取り除き、勇気を与え、バランスの取れた行動ができるようになります。

　専門知識の蓄積や、起業に関する資金の獲得、リーダーシップを必要とするポジションへの応募など、キャリアを前進させるときにも力を貸してくれます。

　協力関係を拡大させたり、多岐にわたる事業をひとつに統合させたり、複数の大きな仕事を並行して進めるときにも役だつでしょう。

Blue Moonstone
ブルームーンストーン

種類：月長石（アルカリ長石の一種）、カリウム・ナトリウム・アルミニウム・ケイ素酸素（(K,Na)AlSi$_3$O$_8$）、単斜晶系、硬度6〜6½。ムーンストーンの中で最も稀少

色：淡い青。微光がある

心のヒーリング：心におだやかさをもたらす。長期間激務が続き、切り替えられない人を助ける

チャクラ：仙骨（第2）

ロウソクの色：青　**香料**：ユーカリ、ラベンダー、マグノリア、ミモザ　**用途**：安心感を与える。恋人にリングを贈るとよい　**仕事**：安らぎを与える　**神秘的な意味**：幸運をもたらす。アジアの伝説では、21年に1回、最高の石が高潮で打ちあげられるという　**占いの意味**：幸運のチャンス。タイミングが理想的でなくてもイエスと答えること　**星座**：蟹座　**エンパワーメント**：純粋な喜びのときがある

伝統的に満月の夜に行う占いに使われてきました。この青みを帯びた丸玉を黄色い布にのせ、月光のもと表面に月を映し出すと、心の中に像が見え、メッセージが聞こえてくるといいます。月の周期内に起こる出来事について知らせてくれるのです。この占いは、銀色のロウソクのもとでも行えます。

日常の小さな混乱や危険に対し、落ち着いて行動できるように導いてくれる石でもあります。まわりに小さなことを大げさに騒ぐ人がいれば、プレゼントしましょう。また、旅行者の石ともいわれています。

Vivianite
ビビアナイト

種類：藍鉄鉱、含水鉄リン酸塩（Fe$_3$(PO$_4$)$_2$·8H$_2$O）、単斜晶系、硬度1½〜2

色：青、緑。最初は無色で、光にあてると濃青や紫になる

心のヒーリング：自分の本当の魅力に気づかせる。落ち着きを与える

チャクラ：仙骨（第2）、のど（第5）

ロウソクの色：ターコイズ色　**香料**：フクシア、ハイビスカス、ラベンダー、ジュニパー、ローズマリー　**用途**：忍耐を与える　**仕事**：事態を改善させる。色の濃い布に包んでおくとよい　**神秘的な意味**：古代の世界とのつながりを深める。この石を使い、瞑想したり、視覚化するとよい　**占いの意味**：年上の人が問題を引き起こすかもしれないが、ユーモアのセンスで状況はなんとかなる　**星座**：蟹座、山羊座　**エンパワーメント**：自分の将来を築くために、祖先からの宝を手に入れる

ビビアナイトは、光、特に日光にさらすと色が濃くなり、ほとんど黒くなってしまうため、ヒーリンググリッド（P26）にはあまり適していません。ヒーリングやエンパワーメントに使うときは、暗い場所で行うか、暗い色の絹布に包んで鮮やかな色が失われないようにしましょう。ほかの石の力を増大させるため、アンモナイト（P128）などの化石や、茶色、緑、黄のアゲートまたはジャスパーを使ったヒーリングの反応がにぶいときは、この石と一緒に使うとよいでしょう。

非常に根深い問題も解決に導いてくれます。

種類：リチア電気石、水酸ホウ酸ナトリウム・リチウム・アルミニウム・ケイ酸塩（$Na(Li,Al)_3Al_6(Si_6O_{18})(BO_3)_3(OH)_4$）、三方晶系、硬度7〜7½

色：青、濃青、まれにターコイズ色

心のヒーリング：心の傷を癒やす。ネガティブな感情を克服する。よい夢と安眠をもたらす

チャクラ：のど（第5）、第3の目（第6）

Indicolite

インディコライト

ロウソクの色：青　香料：ディル、ラベンダー、レモンバーベナ、ライラック、ネロリ　用途：心のバランスを保たせる。ほかの人との違いや弱点に関し、寛容な態度と忍耐をうながす　仕事：仕事への意欲や情熱、コミュニケーション能力を高める　神秘的な意味：スピリチュアルな力や霊視力を高める　占いの意味：思わぬところからよいアドバイスを得られる　星座：天秤座、蠍座　エンパワーメント：より高い次元から自分を導く力に心を開いて

　ブルートルマリンとも呼ばれ、美しい輝きからジュエラーやコレクターが切望する石で、ヒーリングにおいても人気があります。

　保護のエネルギーを高めるだけでなく、心をオープンにし、体の不調やうまくいかないことの原因を見つけ出し、理解させる手助けをしてくれるといいます。

　枕の下に置くと安眠へ導き、示唆に満ちた夢、鮮やかな夢に導くでしょう。

　誠実さの石でもあるため、結婚や結婚記念日のお祝いに最適です。

　明快で正直なコミュニケーション能力を開花させてもくれるため、持っていれば、心の内を話す勇気もわいてきます。

種類：トルコ石、含水銅・アルミニウム・リン酸塩（$CuAl_6(PO_4)_4(OH)_8 \cdot 4H_2O$）、三斜晶系、硬度5〜6。わずかな鉄を含むことがある。天然で未処理のものは極めて稀少

色：青緑。斑模様（まだら）のものもある

心のヒーリング：心におだやかさをもたらす。ネガティブな感情を克服する

チャクラ：のど（第5）

Turquoise

ターコイズ

ロウソクの色：青、緑　**香料**：ヒマラヤスギ、スイカズラ、マツ、セージ、白檀（びゃくだん）　**用途**：クリエイティブな能力を高める。動物を従順にさせる。ペットが迷子になったり、盗まれるのを防ぐ　**仕事**：コミュニケーションやリーダーシップを高める　**神秘的な意味**：潜在意識にアクセスさせる　**占いの意味**：自由になるためには、正直さと誤解の解消が必要　**星座**：射手座、山羊座　**エンパワーメント**：失敗したり倒れたりしない

　古代エジプト人やアステカ人、北米原住民、中国人は、何千年にもわたり、英知と高貴さ、不死の力のシンボルとして珍重してきました。ツタンカーメンのデスマスクにもターコイズが散りばめられています。また、16世紀はじめのアステカ最後の統治者モクテスマ2世の、象眼を施した頭骨、盾、神像には、ターコイズが権力と富のシンボル、そして不死の神としての地位を認めるものとして用いられています。男性力のシンボルと考えられがちですが、古代エジプトの母神ハトルは

ターコイズの女性と呼ばれていました。
　ターコイズは、男女ともに力を与えてくれます。ジュエリーとして身につけるか、小さな袋に入れて持ち歩くと、大きな幸運、成功、お金、名声、野心、創造力のお守りになります。
　正義の石でもあるため、法廷をはじめ人生のあらゆる場面で公正で平等な扱いが受けられるように、力を貸してくれます。

種類：黄玉（トパーズ）、フッ化水酸アルミニウム・ケイ酸塩（Al₂SiO₄（F,OH)₂)、直方晶系、硬度8

色：水色、濃青。天然石は、非常に稀少で色も薄いことが多い。色の濃いものは、人工処理されている

心のヒーリング：感情を表に出させる。ネガティブな感情を克服させる。よいコミュニケーションをうながす

チャクラ：のど(第5)、第3の目(第6)

Blue Topaz

ブルートパーズ

ロウソクの色：青 **香料**：ベルガモット、カモミール、ユーカリ、ラベンダー、白檀 **用途**：ネガティブなエネルギーを遠ざける。よい夢や正しい情報をもたらす。枕の下に置いたり、触れるとよい **仕事**：リーダーシップを高める。明快なコミュニケーションと自然な権威づけをうながす **神秘的な意味**：幸運をもたらす。毎晩、月に向かってトパーズをかかげて願い、青い小さな袋に入れて身につけるとよい **占いの意味**：自信をもって真実を話すと、状況をコントロールし、自分に有利に変えられる **星座**：射手座、天秤座 **エンパワーメント**：自分にふさわしい正義を受ける

　ブルートパーズは月を、インペリアルトパーズ（P117）は太陽を象徴する石です。両方を一緒に小さな袋に入れるか、1個ずつ手に取ると、論理と直感、パワーと優しさ、心の創造的な面と分析的な面のバランスを調整してくれます。

　行きづまった関係や友情に対しては、優しさをもって正直になるのを助け、わだかまりを残さずに解消できるように働きかけます。

　また、感じやすい子どもや若い人が、ネガティブな状況を乗りきれるように、前向きになる力を与えてくれます。

　動物に対しては、鳥を保護するときに役だつことで知られています。

種類：ソーダ珪灰石（ペクトライト）、水酸ナトリウム・カルシウム・ケイ酸塩（NaCa₂Si₃O₈(OH)）、三斜晶系、硬度4½〜5

色：青、水色、スカイブルー、青緑、紺、ときにターコイズ色。白の縞模様や赤の斑点のあるものも。人工着色品が多い

心のヒーリング：医療に関するあらゆる恐怖心を克服させる。医療関係者との明快で自信に満ちたコミュニケーションをうながす

チャクラ：のど（第5）

Larimar

ラリマール

ロウソクの色：青、銀色　**香料**：ギレアデバーム、サクラ、クラリセージ、ユーカリ、白檀　**用途**：円滑な人間関係をうながす　**仕事**：雇用に関する不安を克服させる　**神秘的な意味**：ヒーリングの力を高める。大地、海、空、イルカとの結びつきを深める　**占いの意味**：おだやかだが退屈しない時間が待っている　**星座**：魚座　**エンパワーメント**：自分とまわりの人々を癒やすことができる

　瞑想や睡眠中に、古代アトランティスの英知に触れることができるといわれています。海沿いに腰をおろし、この石を手にすると、自分の内なる潮流の満ち引きとつながります。

　家にエリクシール（P16）を吹きかけると、落ち着きをもたらすとともに、エネルギーのバランスを整えてくれます。ヴィンテージの石を買ったときにも、吹きかけるとよいでしょう。自分にしっくりとなじんでくれます。

　ブルーペクトライトとも呼ばれています。

エンジェライト

種類：42℃以上の高温で海水蒸発してできた硬石膏、ストロンチウム硫酸塩（SrCaSO₄）、直方晶系、硬度3½

色：水色、青、薄紫、青紫、白やグレーを帯びた紫も。まれに赤の斑点がある

心のヒーリング：円滑なコミュニケーションをうながす。天使のヒーリングを伝える

チャクラ：のど（第5）

ロウソクの色：水色　**香料**：リンゴの花、マグノリア、モモ、バラ、スミレ　**用途**：安眠をもたらす。ベッドの四隅に置き、天使が睡眠中に守ってくれるように願うとよい　**仕事**：環境になじませる　**神秘的な意味**：透視の効果、天使とのチャネリング、霊媒の力を高める　**占いの意味**：攻撃的にならずに、思っていることを伝えて　**星座**：天秤座　**エンパワーメント**：日常生活においてサポートをもらう

　天使とのつながりを深めてくれる石です。ネガティブなエネルギーの盾となって守ってくれるとともに、神からの導きを願うときに力を貸してくれます。また、どんな状況でも正しい言葉で話ができるように働きかけてもくれます。
　引っ越しをする人がいるならプレゼントしましょう。家の守り神とつながり、幸運を授けてもらえます。

ブルーバライト

種類：重晶石、硫酸バリウム（BaSO₄）、直方晶系、硬度2½〜3½

色：水色

心のヒーリング：感情を共有させる。感情を解放させる

チャクラ：のど（第5）

ロウソクの色：水色　**香料**：ブルーベル、スズラン、バニラ、スミレ、フジ　**用途**：自信を与える。大勢の前で話したり、交渉するとき、身につけるとよい　**仕事**：ポジティブなコミュニケーションをうながす　**神秘的な意味**：透視の能力を高める。手に取って目を閉じ、心に流れ込んでくる言葉に耳を傾けるとよい　**占いの意味**：自分に反対する人の意見に耳を傾けて。言い方が違うだけで同じことかもしれない　**星座**：天秤座、水瓶座　**エンパワーメント**：真実を聞くことをおそれない

　大地と空を癒やす、自給自足の石といわれ、エコロジーで健全な生活に向かわせてくれます。
　子どもたちが自分の人生を生き、賢明な決断ができるように導きます。
　家族で意見がまとまらないときは、ひとりずつこの石を持つとよいでしょう。自由に発言しながら、ほかの人の意見にも耳を貸すように働きかけてくれます。

種類：蛍石、フッ化カルシウム（Ca F2）、立方晶系、硬度4

色：青。単色か縞模様、またはブルージョンを典型とする紺や、青紫と黄の縞模様がある

心のヒーリング：コミュニケーションをうながす

チャクラ：のど（第5）、眉（第6）

Blue Fluorite
ブルーフローライト

ロウソクの色：青、紫　**香料**：ヒヤシンス、スイカズラ、ラベンダー、ライラック、フジ　**用途**：おだやかな正直さや礼儀をもたらす　**仕事**：論理的思考をもたらす　**神秘的な意味**：多角的な透視に導く。単色の石を使うこと　**占いの意味**：秘密主義の人に思いきって質問してみて　**星座**：魚座　**エンパワーメント**：傷つけずに正直に話す

　最も有名なフローライトは、仕切りや縞模様のあるブルージョンと呼ばれるもので、英国ダービーシャーのキャッスルトンのすぐ近くで発見されました。少なくとも14の異なる縞模様や葉脈模様があり、様々な縞に関連して青紫、グレー、黄などの色をしています。

　フローライトは、のどや眉にのせると、透視力や透聴力を高めるといわれています。

　子どもがおとぎ話と現実を区別できるように導いてもくれます。

　行政や司法において、なかなか進展しない事柄を解決するのにも役だちます。

ブルーアズリサイト

種類：玻璃長石（サニディン）、カリウム・アルミノ
ケイ酸塩（KAISi₃O₈）、単斜晶系、硬度6

色：透明な青、灰緑。閃光があるものは、月長石として扱われることがある

心のヒーリング：ほかの人の無関心や理解不足によるネガティブな感情やエネルギーを克服させる

チャクラ：のど（第5）、眉（第6）

ロウソクの色：スカイブルー　**香料**：フクシア、ライラック、モス、ムスク　**用途**：持ち物の整理をうながす　**仕事**：復元をうながす　**神秘的な意味**：天使や守護霊（指導霊）、故人とのつながりをもたらす　**占いの意味**：人生において価値があると思っているものと財産を守り、それ以外は手放して　**星座**：天秤座　**エンパワーメント**：人生は量より質を必要とする

　明晰な思考をもたらす石とされ、仕事や人間関係において新たな方向性を与えてくれます。仕事においては、個人の感情が公平さを阻害しないように導きます。
　批判よりポジティブな言葉と賞賛をうながし、反抗期の10代の子どもがいる家庭には、円滑な親子関係をもたらすとされます。

ブルーカルセドニー

種類：玉髄（潜晶質石英）、二酸化ケイ素（SiO₂）、
三方晶系、硬度7

色：やわらかな青

心のヒーリング：ネガティブな感情を克服する。精神を安定させる

チャクラ：のど（第5）

ロウソクの色：水色　**香料**：アーモンドの花、セイヨウカノコソウ　**用途**：落ち着きをもたらす。旅のお守りになる。**仕事**：外国語の習得を助ける　**神秘的な意味**：裁判を勝利へ導く。13〜14世紀、裁判で幸運を招くために使われたことから、裁決の必要な書類の上に磨かれた石をのせ、指で宙に勝利や幸運のイメージを描いたあと、書類と石を一緒にしまうとよい　**占いの意味**：もめごとは有利に決着する　**星座**：天秤座、蟹座　**エンパワーメント**：正義の行いを受け入れる

　「深い青の水の石」とも呼ばれ、瞑想力を高めてくれます。石の奥を見つめ、心に語りかけてくる内なる声に耳を傾けましょう。
　平和と和解の石でもあり、家に争いが絶えないなら、この水晶を置いておきます。静けさと落ち着きをもたらしてくれるでしょう。毎日気ぜわしくストレスの多い生活をしているときも、同様の効果を期待できます。

セレスティン

種類：天青石、硫酸ストロンチウム（SrSO₄）、直方晶系、硬度3〜3½

色：薄青、青、白、まれに緑

心のヒーリング：精神を安定させる。ネガティブな感情を克服させる

チャクラ：のど（第5）、眉（第6）

ロウソクの色：水色　**香料**：レモングラス、ヨモギ、没薬、ネロリ、スウィートグラス　**用途**：現代生活をスローダウンさせる　**仕事**：強い心をもたらす　**神秘的な意味**：過去世とのつながりを深める　**占いの意味**：今日は、昨日心配していた明日だが、生きている　**星座**：天秤座　**エンパワーメント**：静かに沈黙するための時間を作る

ブルーハライト

種類：岩塩（ハライト）、塩化ナトリウム（NaCl）、立方晶系、硬度2

色：青、藍色

心のヒーリング：健康を妨げる自傷行為を改善させる

チャクラ：のど（第5）、眉（第6）

ロウソクの色：青　**香料**：ジュニパー、ラベンダー、ローズマリー、白檀　**用途**：思わぬ贈り物を引き寄せる　**仕事**：ストレスを取り除き、落ち着きをもたらす　**神秘的な意味**：過去とのスピリチュアルなつながりをもたらす　**占いの意味**：一歩引いて、自分のまわりの物事を落ち着かせる必要がある　**星座**：天秤座、魚座　**エンパワーメント**：放っておかれるのではなく、自分を切り離すことができる

　セレスティンはセレスタイトともいいます。天使と結びつきが深いため、天使とコミュニケーションが取れるように導いてくれます。また、生活のあらゆる事柄について、心配しすぎる傾向をやわらげます。夜にパニックを起こして目覚めてしまうなら、ベッドの脇に置いておきましょう。心が解決不可能な問題で堂々めぐりをしてしまうときは、眠る前に手に取って心を落ち着かせましょう。

　子どものポケットやバッグにこの石を入れておくと、保護のエネルギーで満たし、ネガティブなエネルギーから守ってくれるといいます。

　純粋さと不朽をあらわすこの石は、ほかの石やスピリチュアルなもののそばに置くと、常に浄化をうながし、力を与えてくれます。この石の置いてある空間に、聖なるものを感じることもあるでしょう。

　夜遅くまで仕事をしたり、心があせってよく眠れないなら、寝室に置いてみましょう。睡眠を守ってくれるでしょう。リビングに置くと、動物を含めた家族全員が静かに過ごせるといいます。

種類：石英分がしみ込み、硬化した宝石質のクリソコラ（P244）。珪孔雀石、含水銅・アルミニウム・ケイ酸塩（(Cu,Al)$_2$H$_6$Si$_2$O$_5$(OH)$_4$・nH$_2$O）、直方晶系、硬度2〜4。高品質なものは比較的稀少

色：鮮やかな青、青緑。通常のクリソコラより透明感があり、より半透明に近い

心のヒーリング：コミュニケーションをうながす

チャクラ：のど（第5）

Gem Silica
ジェムシリカ

ロウソクの色：明るい青　香料：ヒヤシンス、ラベンダー、ライラック、バラ、ローズマリー　用途：繁栄をもたらす。運気を回復させる　仕事：明快で調和の取れたコミュニケーションをもたらす。混乱や誤解、不快な感情を引き起こすために言葉を使う人を遠ざける　神秘的な意味：将来の失意を遠ざける。依存心の少ない人を引き寄せる。この石のジュエリーを、第4チャクラの心臓（P21）や手首、指のあたりにつけるとよい　占いの意味：新しい友情や恋愛関係は、ゆっくりとはじめること。なんでもすぐに与えてしまわないで　星座：牡牛座、射手座　エンパワーメント：ポジティブなことだけ人とやり取りする

　石英が入っているので、通常のクリソコラより硬く、簡単に加工できるため、ジュエリーや彫刻に使われてきました。マラカイト（P294）など、ほかの銅鉱物が埋まっていることもあります。クアットロシリカと呼ばれる非常に稀少なものには、インクルージョンとしてシャッタカイト（P240）、マラカイト、ダイオプテース（P303）が含まれています。

　カボションカットや磨かれた大きく美しいこの石は、ヒーリンググリッド（P26）の中心石に最適です。目の前にいない人を癒やすこともできます。まわりに、ヒーリングの石を円形に並べていきましょう。

　平和と和解をもたらすため、家に置いておくと、家族とすべての訪問者に調和と幸福をもたらします。

　家やオフィスが空気のよくない場所にあるなら、持ち歩いたり、置いておくようにしましょう。空気を浄化してくれます。

種類：鋼玉（コランダム）、酸化アルミニウム（AI₂O₃）、三方晶系、硬度9。高品質なものは稀少

色：水色、群青

心のヒーリング：閉塞感を解放させる。本来の自分や要求を表現できるようにうながす。愛情にオープンになれるように導く

チャクラ：のど（第5）

Blue Sapphire

ブルーサファイア

ロウソクの色：青　**香料**：レモンバーム、レモンバーベナ、ユリ、ハス、ラン　**用途**：愛情、約束、誠実さをもたらす　**仕事**：幸運をもたらす。契約や交渉のときに身につけるとよい　**神秘的な意味**：ヒーリングの効果を高める　**占いの意味**：最近会った人を信じてよいか迷っているなら、もう少し時間をかけて判断して。まだすべてを知っているわけではないのだから　**星座**：乙女座、天秤座　**エンパワーメント**：真実は信頼の鍵、信頼は真実の鍵

　ソロモン王の魔法の指輪がブルーサファイアだったことから、英知のシンボルとされてきました。また、古代ギリシャ人は「太陽神アポロの宝石」と呼び、デルフォイの神殿でアポロのお告げを受けるとき、その意図が理解できるように身につけたといいます。

　インド北部とパキスタン北東部に広がる山岳地帯カシミールで産出される、ヴェルヴェットのようなコーンフラワーブルーのブルーサファイアは、最も理想的なサファイアで非常に高価です。身に

つける人に、落ち着きや癒やし、幸運をもたらします。愛と約束、そして誠実さの石であるため、婚約指輪としても人気です。

　変化に直面したときに今後どうすればよいか、明快な考えを持ち続けるように働きかけてもくれます。

　誠実さのシンボルでもあることから、法律や正義にかかわるすべての事柄に関し、スピーディで有利な解決法へと導いてほしいときの、お守りにするとよいでしょう。

Dumortierite
デュモルティライト

種類：デュモルティ石、アルミニウム・ホウケイ酸塩（$Al_7BSi_3O_{18}$）、直方晶系、硬度7〜8

色：深い青、青紫。ときに黒のインクルージョンがある。ピンクを帯びた茶色の場合も

心のヒーリング：閉塞した感情をおだやかに解放させる。アンガーマネジメントのセラピーにおすすめ

チャクラ：のど（第5）、眉（第6）

ロウソクの色：紫　**香料**：アーモンドの花、ラベンダー、ラン、スミレ　**用途**：望みのない状況に希望をもたらす　**仕事**：整理整頓をうながす　**神秘的な意味**：相思相愛の人との出会いをもたらす。天然石かこの石のジュエリーのまわりに、青紫のロウソクを並べて火をつけ、灯の中心で石をかかげるとよい　**占いの意味**：自分の心の内を話して。不正が問われないままでいるより、少し波風を立てたほうがいい　**星座**：獅子座、水瓶座　**エンパワーメント**：自分の日常生活に聖なるものを見つける

　1800年代末に、フランスの古生物学者ウジェーヌ・デュモルティエに発見されたことから名づけられました。天王星と結びつけられ、思わぬ方法で変化をもたらすとされています。
　散歩中や来客に過度に興奮する犬を落ち着かせてくれるといいます。磨かれたこの石を首輪に装着し、寝床にも1〜2個置いてみましょう。

Sodalite
ソーダライト

種類：方ソーダ石、塩素ナトリウム・アルミノケイ酸塩（$Na_4(Al_3Si_3O_{12})Cl$）、立方晶系、硬度5½〜6

色：濃い藍色に白の縞模様がある。ときに赤紫からグレーの模様も。白の割合には大きな幅がある

心のヒーリング：加齢にまつわる問題を軽減させる

チャクラ：のど（第5）、眉（第6）

ロウソクの色：濃青、藍色　**香料**：ベルガモット、クチナシ、ジュニパー、ラベンダー、マツ　**用途**：落ち着きを与える。旅のお守り　**仕事**：自信をもたらす。人生の節目に力を与える　**神秘的な意味**：新しい人生の段階に入るのを助ける。賢明な女性の石で、より女性に効果的　**占いの意味**：伝えなければならないことがある。ただし、正しい言葉を使うこと　**星座**：蟹座、射手座　**エンパワーメント**：人生における英知の成長を歓迎する

　頭と感情のバランスを調整してくれるため、作家になりたい人におすすめの石です。また、年相応の成長をうながします。家に置いておくと、あたたかい家庭の基盤を築くことができるといいます。枕の下に置くと、安眠をもたらします。

パープルフローライト

種類：蛍石、フッ化カルシウム（CaF_2）、立方晶系、
硬度4

色：紫、濃青紫、薄赤紫

心のヒーリング：強迫観念を克服する

チャクラ：眉（第6）

ロウソクの色：紫　香料：サクラ、セージ、スイカズ
ラ、ラベンダー、スイートピー　用途：毎日のやるこ
とに意識を集中させる　仕事：働く意味、お金を稼ぐ
必要性を認識させる　神秘的な意味：制限の中で力を
発揮できるようにうながす　占いの意味：現実的では
なくとも、原則をまげないで　星座：魚座　エンパワ
ーメント：ほかの人の中にベストのものを見出す

古代中国では、邪悪な霊から守ってくれると
信じられていました。長く使うほど保護の力を
増すといわれ、ストレスや精神的な不快感、身
体的な閉塞感を緩和してくれます。
　病院嫌いな人が医療検査を受けるときに持っ
ていると、落ち着きを保てます。フローライト
の中で、最もおだやかな気持ちにさせてくれる
石です。

エメラルド

種類：緑柱石（ベリル）、ベリリウム・アルミニウム・
ケイ酸塩（$Be_3Al_2Si_6O_{18}$）、六方晶系、硬度7½〜8

色：明るい緑

心のヒーリング：劣等感など、ネガティブな感情を克
服させる。自分の魅力に気づかせる。自信を回復させ
る

チャクラ：心臓（第4）

ロウソクの色：緑　香料：ヒソップ、モモ、バラ　用
途：情熱を回復させる　仕事：事実を思い出させる。
天然石や磨かれた石を毎日5分手に持つとよい　神秘
的な意味：スピリチュアルなメッセージをもたらす。
聖書の上にこの石を5分置き、ランダムにページを開
くと、最初の文章がもたらされたメッセージであると
いう　占いの意味：劣等感を招く中傷を、成功で払い
のける　星座：牡牛座　エンパワーメント：自分の達
成したことを誇りに思う

古代エジプトでは、永遠の命のシンボルとさ
れてきました。早くも紀元前1300年には、紅
海沿岸に鉱山が存在し、クレオパトラがこの石
を愛したことから、「クレオパトラの鉱山」と
呼ばれていました。
　心臓の近くの見えないところに身につけるか、
小さな袋に入れて持っていると、後半生に愛情
を引き寄せてくれます。遠ざかった愛を呼び戻
すには、この石を口に近づけて願いをつぶやき、
封筒にメッセージと一緒に入れて封印し、愛す
る人へ贈りましょう。

宝石のエメラルド

種類：緑柱石（ベリル）の宝石質のもの、ベリリウム・アルミニウム・ケイ酸塩（Be₃Al₂Si₆O₁₈）、六方晶系、硬度7½〜8。わずかな傷は本物のしるし

色：輝くような濃緑。微量のクロムの痕跡が生み出す

心のヒーリング：年齢を重ねて生じるネガティブな感情を克服する

チャクラ：心臓（第4）

ロウソクの色：緑　香料：カーネーション、ハス　用途：ネガティブなエネルギーから守る　仕事：成功をもたらす　神秘的な意味：永遠の愛をもたらす。エメラルドのリングをバラの花びらで取り囲み、2本の緑のロウソクを灯し、リングをそれぞれのロウソクの上で振りながら永遠の愛を誓い、ロウソクを消すとよい　占いの意味：最近だれかの真心を疑ったかもしれないが、心配しなくていい　星座：牡牛座　エンパワーメント：あらゆる人間関係に誠実さがあると信じ、行動する

　永遠の命と美のシンボルであると同時に、古代エジプト人は、英知と結びつけていました。知の神トートからの贈り物だと考えていたのです。また、1世紀ごろのエジプトの魔術師といわれるヘルメス・トリスメギストスは、純粋なエメラルドで作られた石板に、魔術の秘訣として「上にも下にも同じように」と彫ったといいます。こうしたことから、エメラルドは宇宙と大地をつなぐ魔法の石とされました。

　アイデアと願いを現実のものにしてくれます。

グリーンアゲート

種類：めのう（潜晶質石英）、二酸化ケイ素（SiO₂）、三方晶系、硬度7

色：緑で半透明。しばしば様々な緑や深緑の縞模様がある

心のヒーリング：バランスをもたらす、回復させる。衝動を抑える

チャクラ：心臓（第4）

ロウソクの色：緑　香料：バジル、ローリエ、ヒマラヤスギ、シダ、モス　用途：バランスをもたらす。回復させる　仕事：幸運をもたらす。公正さをうながす　神秘的な意味：子宝のお守り。双子や三つ子が欲しいなら、この石で作られたカエルの像を置くとよいとされる　占いの意味：たくさんの祝福を分かちあえるようになる。ほかの人が同じように寛大になれるように行動して　星座：乙女座　エンパワーメント：世界はすべて正しい

　モスアゲート（P266）よりはるかに稀少で、古代ギリシャ人は、印章、お守り、リング、装飾的な器の材料として珍重しました。ハート形に彫刻し、乾燥したバラの花びらで取り囲むと、誠実な愛の力が宿るといいます。色の濃いものほど、ゆっくり成長して長続きする愛を引き寄せます。信頼を回復し、和解をもたらす石でもあります。

種類：燐灰石、フッ化水酸カルシウム・リン酸塩（Ca$_5$(PO$_4$)$_3$(F,Cl,OH)）、六方晶系、硬度５。美しい緑のものは、スウェーデンのマルムベリエトにあるプリンツキオルド鉱山で産出される。黄は稀少

色：緑、黄緑、黄

心のヒーリング：ネガティブな感情を克服させる。体型を気にしすぎる女性の心を解放する。健全なダイエットへ導く

チャクラ：ルート（第１）、心臓（第４）

Green Apatite
グリーンアパタイト

ロウソクの色：緑　香料：バジル、ローリエ、モス、ローズマリー　用途：植物の生長をうながす。天然石を埋めるとよいとされる　仕事：情熱と集中力をもたらす。オフィスの観葉植物のまわりに円にして並べたり、そばに１個置くとよい　神秘的な意味：動物とのコミュニケーション能力を高める。動物のヒーリングに効果をもたらす　占いの意味：新しい友情や関係に心を開き、人生を愛する気持ちを取り戻させる　星座：乙女座、天秤座　エンパワーメント：人生を力強く突き進む

　アパタイトには様々な種類があり、ほかの鉱物と混同されやすかったことから、ギリシャ語の「だます」という意味の言葉をもとに名づけられました。
　「大地の骨」とも呼ばれ、大地を癒やすとともに、ハーブや花のエッセンシャルオイルから最高の癒やしが得られるように働きかけます。個々の癒やしの特性を高めたり、ほかの石を使ったヒーリングの効果もアップさせます。ヒーリンググリッド（P26）の中心石としてもすぐれています。

　イベントやパーティなどへの参加をうながすともいい、招待状や、招待状を作るコンピュータやプリンターのそばに置いておくとよいでしょう。

種類：コニカルコ石、水酸カルシウム・銅・ヒ酸塩（CaCu(AsO₄)(OH)）、直方晶系、硬度4½。稀少

色：鮮やかな緑、薄緑、黄緑

心のヒーリング：有意義なコミュニケーションをもたらす。主導する計画を成功させる。会話によるセラピーにおすすめ

チャクラ：心臓（第4）

Conichalcite
コニカルサイト

ロウソクの色：緑　香料：ヒマラヤスギ、クラリセージ、ユーカリ、ジュニパー、マツ　用途：愛情や、より自由で感情的なつながりをもたらす　仕事：柔軟に対応できる適応力や想像力をもたらす　神秘的な意味：自然とのつながりを深める。黄や赤の褐鉄鉱が散りばめられたカラフルな石は、自然の中での瞑想やヒーリングにより効果的　占いの意味：そもそも人生はおもしろいもの。わずかな想像力で、もっとおもしろくなる　星座：牡牛座、乙女座　エンパワーメント：自分の人生の質をあげる

　銅鉱石の酸化帯に生成される石です。酸素の豊富な水分が黄銅鉱などと反応して、マラカイト（P294）やアズライト（P230）など、銅をベースにしたカラフルな鉱物を作り出します。さらに硫化鉄鉱があると、この石のようなヒ酸塩鉱物を生み出します。

　鉱物が酸化する力は、自分で無意識のうちに作った制限を超え、想像力を刺激して、行動に移す自信をもたらすといわれています。

　人生に色やおもしろみを与え、手にしている能力やものの質を高め、より豊かな生活が送れるように導いてもくれるでしょう。

　自制の効いた愛とも結びついています。

注意：有毒であるため、エリクシール（P16）などを作らないように。

種類：めのう（潜晶質石英）、二酸
化ケイ素（SiO₂）、三方晶系、硬度
7。マンガンや鉄鉱物のインクルー
ジョンを含む

色：深緑。コケや地衣類に似た細か
い模様に成長した、デリケートな緑
のインクルージョンや、青っぽいイ
ンクルージョンがある

心のヒーリング：新たなはじまりや
目標へ導く。成長や再成長、信頼を
もたらす。ネガティブな感情を克服
させる

チャクラ：心臓（第4）

Moss Agate
モスアゲート

ロウソクの色：深緑　**香料**：スギ、ジュニパー、モス、ローズウッド、ローズマリー、セージ　**用途**：自然
とのつながりを深める　**仕事**：新たな事業を引き寄せる。拡大と成長へうながす。繁栄をもたらす　**神秘的
な意味**：妖精のエネルギーや自然とのつながりを深める。ハーブ療法の効果を高める　**占いの意味**：健康や
恋愛、お金、仕事まで、今、人生で最も必要としているものを成長させる幸運のきざしがある　**星座**：乙女
座　**エンパワーメント**：自然界から強さと調和を引き出す

あらゆる文化において植物の生長をうながす石
とされてきたことから、ガーデニングや園芸のシ
ンボルとなっています。

また、数字にまつわる問題をかかえているとき
に力を貸してくれます。お金に関する書類や通帳
などと一緒に置いておくと、節約をうながしてお
金の流出を防ぎます。

性格の似た人との新たな友情をもたらします。
この石のジュエリーを身につけたり、毎晩眠る前
に胸の上に置くと、新しい恋を引き寄せたり、お

わった恋を再燃させるともいいます。

緑の小さな袋に乾燥させたローズマリー少量と
この石を2個入れ、ベッドのそばに置くと、着実
に成長する誠実な愛をもたらすでしょう。

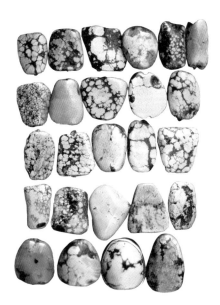

種類：トルコ石、含水銅・アルミニウム・リン酸塩（$CuAl_6(PO_4)_4(OH)_8\cdot4H_2O$）、三斜晶系、硬度5〜6

色：緑、水色、濃青（最も価値が高い）、青緑のものも。しばしばクモの巣状の黒、濃いグレー、茶色の模様がある

心のヒーリング：ヒステリーを抑える。反応しすぎる気持ちを落ち着かせる。ほかの人を尊重するようにうながす

チャクラ：太陽叢（第3）、のど（第5）

Tibetan Turquoise

チベッタンターコイズ

ロウソクの色：ターコイズ色　香料：アカシア、コーパル、乳香、楓子香、白檀　用途：繁栄と幸運をもたらす。幸運とお金、健康を引き寄せる　仕事：賢明なリーダーシップ、誠実な発言や行動へ導く　神秘的な意味：持ち主の状態を知らせる、投影する。持ち主の健康状態や気分が変わると、石の色が変わり、うれしい気分のときに触れると、幸福を増大させるという　占いの意味：リーダーシップのある役職に就くことや昇進を望んでいるのか、ほかのことで人生を充実させて幸福を得たいのか、よく考えること　星座：射手座　エンパワーメント：今もこれからも健康

　チベットの女神ドルマは、タラとも呼ばれ、青と緑を組みあわせて描かれることの多い創造主であり、星の女神です。チベットでターコイズは、この女神と関係が深く、ジュエリーとしてだけでなく、聖なる祈りを込めて男女ともに身につけられます。楽器や祈祷用の輪や鈴の装飾にも使われ、ロサリオは、あらゆる神を呼び込む祈りに欠かせないものです。

　この石は、伝統的に買うよりも贈ることが多く、贈られることで幸運を呼ぶ力を受け継ぐといいます。そのため、自分で買う場合は、自分への贈り物と考え、数分間手に取って石のもつ幸運の力を自分の人生に移しましょう。

　ターコイズのジュエリーは、恋人やパートナーに対する誠実さと保護を意味します。

　ほかの石に力を与えるヒーリングの中心石になるとされ、銅や銀（P193）の中に置くと、ヒーリング力を高めてくれます。胃の中心にある太陽叢に置くと、力が全身にみなぎります。

サーペンティン

種類：おもに蛇紋石鉱物（含水マグネシウム・ケイ酸塩）から構成された岩石

色：様々なトーンの緑。より濃い色の斑点や葉脈模様があるものも。油のような、ぬめりのある質感でわかる

心のヒーリング：ネガティブな感情を克服させる

チャクラ：ルート（第1）、心臓（第4）、頭頂部（第7）

ロウソクの色：緑　香料：アカシア、楓子香、ジュニパー、マツ、タイム　用途：ネガティブなエネルギーを発する人を遠ざける　仕事：再スタートへ導く　神秘的な意味：スピリチュアルな世界とのつながりを深める　占いの意味：自分の隠れた一面を見せる新しいチャンス。ポジティブに、自分のイメージを作りなおすことができるはず　星座：蠍座　エンパワーメント：感情の荷物を引きずる必要はない

名前はヘビのような色合いに由来します。新石器時代にはすでに採掘され、病気や黒魔術などから身を守る石とされてきました。中世には、医師による治療の効果を高めるために使われたといいます。

現在では、最も万能な保護石のひとつとされ、誤った情報に出会ったときなど、自分の判断を信じるように働きかけます。ジュエリーにして身につけると、自分への自信が深まります。

バーダイト

種類：おもにクロムを含む、白雲母で構成された岩石

色：通常は濃緑。エメラルド色や金茶を含む、緑のものも。白、赤、黄、薄緑の模様が入る場合もある

心のヒーリング：ネガティブな感情を克服させる

チャクラ：心臓（第4）

ロウソクの色：緑　香料：安息香、ハス、セージ　用途：賢い買い物ができるように手助けする　仕事：真実へ導く。心臓近くにかかげると、真相がわかるという　神秘的な意味：故人とのつながりを深める。子宝のお守り　占いの意味：自分の問いに答えてくれるように友人に頼んでみて　星座：乙女座　エンパワーメント：新しい問題はない。新しい解決策がある

南アフリカとジンバブエで産出する、地表に露出した最も古い岩石のひとつで、その歴史は35億年前にさかのぼります。有史以前からこの岩石は、祖先の像を作るのに使われてきました。

家族と一緒に暮らしているなら、家のまわりに、この石の小さな彫像を並べましょう。家族の絆を呼び起こしてくれます。

種類：チタン石（くさび石）、カルシウム・チタン・ケイ酸塩（CaTiSiO5）、単斜晶系、硬度5〜5½

色：緑、黄、茶色、白黒。オレンジ色、ごくまれに赤。赤とオレンジ色の縞模様のものも（赤とオレンジ色は加熱処理でも出せる）

心のヒーリング：感情とスピリチュアルなエネルギーを整え、バランスと調和を作り出す。古代由来のヒーリングの効果を高める

チャクラ：眉（第6）、頭頂部（第7）

Titanite

チタナイト

ロウソクの色：緑、黄　香料：ペパーミント、マツ、ローズマリー、ローズウッド、バニラ　用途：エネルギーで満たす。眉の間に数分間かかげるとよい　仕事：問題を解決へ導く。物流、研究、知的活動を活発にする。明快なリーダーシップと秩序をもたらす　神秘的な意味：占いの学習を助ける。古代の英知とのつながりを深める　占いの意味：優先事項を考えて、混乱した状況を秩序だてて。ウィットが大切　星座：乙女座、天秤座　エンパワーメント：光に包まれている

　白の顔料の二酸化チタンの材料として、長い間利用されてきました。北米など、先住民族のスピリチュアリティが発達した場所には必ず、この石があるといいます。
　家に置いておくと、若い人が祖先から受けついだものや自分たちの文化遺産を尊重するようになります。
　瞑想に際し、この石のジュエリーを身につけると、現在かかえている問題やジレンマに関係する過去の出来事や記憶を呼び起こします。

　レイキでは、大地とつながる石として使われ、エネルギーのバランスを調整する手助けをします。
　光をもたらす石でもあり、自分の存在と人生を楽観的に受けとめ、喜びで満たせるように導いてくれます。

クロライトファントム

種類：緑泥石（クロライト）のインクルージョンを含むファントム水晶。幽霊のような像「ゴースト」や、淡い結晶の輪郭が内側に見える。ときには透明な水晶のファントムが、クロライトに包み込まれている。いずれも結晶成長が断続的に行われてできる

色：薄緑、水のような透明な白に薄緑のゴースト

心のヒーリング：感情の停滞を取り除く

チャクラ：心臓（第4）

ロウソクの色：緑　香料：ヒマラヤスギ、モス　用途：子どもの成長や独立がもたらす親のさびしさをなぐさめる　仕事：新鮮さをもたらす。新しいアイデアを与える　神秘的な意味：地下に眠る自然のエネルギーとのつながりを深める。夕闇のころ、丘陵に持っていくと、木の精霊につながることができるという　占いの意味：古傷は忘れ、友情のチャンスを選んで　星座：乙女座　エンパワーメント：古くさい怒りを手放す

この水晶は、結晶ができる初期段階で、緑泥石が被膜のように結晶のまわりに付着したあと、再び水晶が大きく外側に向かって成長し、緑泥石を包み込んでしまうことでできあがります。

ヒーリングの際に体にかざすと、問題の原因を探し出すとともに、自己治癒力を刺激してくれます。

セリフォスクォーツ

種類：水晶の中に灰鉄輝石をもつ、カルシウム・鉄・ケイ酸塩（$CaFeSi_2O_6$）、単斜晶系、硬度5½〜6½。稀少

色：しばしば灰鉄輝石という鉱物のインクルージョンを含むことによって、薄緑、緑、濃緑

心のヒーリング：ネガティブなエネルギーを遠ざける。ネガティブな感情を落ち着かせる

チャクラ：心臓（第4）、眉（第6）

ロウソクの色：緑　香料：アーモンドの花、レモン、ネロリ、タイム　用途：ネガティブなエネルギーを遠ざける。人里離れたところで暮らしたり、アウトドアにでかけるなら、身につけるとよい　仕事：ネガティブなエネルギーを遠ざける　神秘的な意味：スピリチュアルなつながりを深める。緑豊かな場所、海沿いで手に取るとよい　占いの意味：すべてを投げ出したくなるかも。もっとリラックスして　星座：牡牛座、乙女座　エンパワーメント：自然にスピリチュアルな満足を見出す

ギリシャのセリフォス島の洞窟内で、潮が引いたときにだけ採掘されることから、地下水の世界と結びつけられています。クオリティ・オブ・ライフに導く石とされ、入手すると、生活をシンプルにしたり、田舎での暮らしを考えはじめたりするかもしれません。

天使にインスパイアされて行うヒーリングに重宝する石でもあります。

種類：緑簾石（エピドート、P306）のインクルージョンがあるもの。緑簾石が水晶をおおっているもの

色：薄緑、青っぽい緑。磨かれた石では、もっと濃い色の模様があるものも

心のヒーリング：希望を取り戻させる

チャクラ：眉（第6）

Epidote Quartz

エピドートクォーツ

ロウソクの色：緑　**香料**：ヒマラヤスギ、レモングラス、モス　**用途**：自分をいたわるように手助けする。夢の実現に向けて準備させる　**仕事**：努力や学習によって、野望を実現に近づける。キャリアチェンジをサポートする　**神秘的な意味**：故人や天使とのつながりを深める。見たい夢を見させ、はっきりと夢を思い出させる。ネガティブなあらゆるエネルギーを遠ざける　**占いの意味**：実現まで長く時間がかかるにしても、過去の失敗や現在の問題のために、将来設計をやめないで　**星座**：魚座　**エンパワーメント**：豊かさを証明できる

　行動力と才能を与え、現実の領域と可能性を近づけます。日中は持ち歩いて、才能をうらやむネガティブな人やエネルギーを遠ざけ、夜は、古代エジプト時代から実践されてきたドリームインキュベーション（夢の潜伏）を行い、現在かかえている問題を解決へ導きましょう。

　眠る直前に紙に問題を書き、ベッドサイドに置いて上からこの石をのせ、眠りに落ちるまで唱えます。すると、夢の中か、その後の日常生活の中ではっきりと答えを示してくれるでしょう。

　この石を持っていると、本当のチャンスや自分に友好的な人に、直感が働くようになります。石が、有害な影響や行きづまりから引き離すレーダーの役割を果たしてくれるのです。

　ドリームクォーツとも呼ばれています。

種類：緑閃石（アクチノライト、角閃石の一種）、水酸カルシウム・マグネシウム・鉄・ケイ酸塩（Ca2(Mg, Fe)5Si8O22(OH)2）、単斜晶系。硬度5～6。水晶内のインクルージョンとしても見られる（日本では草入水晶という）

色：薄緑、深緑、灰緑、黒

心のヒーリング：目標や夢から遠ざかっているような感覚を取り除く。ネガティブな感情を克服させ、ポジティブなエネルギーで満たす

チャクラ：緑は心臓（第4）、黒はルート（第1）

Actinolite
アクチノライト

ロウソクの色：鮮やかな緑　香料：フェンネル、シダ、グレープフルーツ、ラベンダー、ライム、オレンジ　用途：ネガティブなエネルギーを発する人やものを遠ざける。窓辺に置くとよい　仕事：ネガティブなエネルギーに対する盾になる。濃い色の石や黒い石を置くとよい　神秘的な意味：ネガティブな感情を克服させる。黒や深緑の握り石（P369）を親指で触れると、心配を取り除くという　占いの意味：新しい契約、グループ、ネットワークを探すこと。仕事でも、プライベートでも、必要な入り口を与えてくれる　星座：蠍座　エンパワーメント：人類愛に興味をもつように

　物理的構造と、エネルギーがオーラを通して光を放つ様子から、しばしば「光線の石」と呼ばれます。また、水晶内に見られることもあります。
　人や宇宙とのポジティブなつながりを増大させるといわれ、現代世界では善意を広げ、異なる信仰や政治理念をもつ人々の間の理解と忍耐をうながします。
　旅に持ってでかけると、旅先の生活や習慣を理解するのを助け、その場所のエネルギーを調整して溶け込みやすくしてくれます。

　望まない変化を経験したり、トラウマをかかえているときは、安心感を与え、新しいチャンスに向かって歩み出せるように導いてくれます。

種類：緑泥石、水酸鉄・マグネシウム・アルミニウム・アルミノケイ酸塩（$(Mg,Fe,Al)_6(Si,Al)_4O_{10}(OH)_8$)、単斜晶系、硬度２〜３。鉱物のグループ名で、Mg>Feはクリノクロア石、Fe> Mgはシャモス石という

色：緑。ときに白、黄、赤、薄紫、黒

心のヒーリング：隠されたネガティブな感情を克服させる。ポジティブな感情をもてるように手助けする

チャクラ：心臓（第４）

Chlorite
クロライト

ロウソクの色：緑　**香料**：リンゴの花、クラリセージ、ヒマラヤスギ、ローズウッド、タイム　**用途**：意見の相違や不和を取り除き、ネガティブな感情を取り除く。自分本位な人を遠ざける　**仕事**：偽の友人や隠れているネガティブな感情、エネルギーを知らせる　**神秘的な意味**：失われた内なる自己を再発見させる。魔法の世界や、森でのヒーリング、守護霊（指導霊）のいるシャーマニズムの旅に誘う　**占いの意味**：育ちつつある争いに巻き込まれないよう、うわさ話に耳を貸さない、広めない　**星座**：乙女座　**エンパワーメント**：自分の中の英知を求める

　水晶やカルサイト、そのほかの鉱物のインクルージョンまたは被膜として、最もよく見られる濃い緑の鉱物です。

　ベジタリアンと有機食品の石とされ、水晶と一緒になったクロライトを器に入れ、ダイニングテーブルに置いておくと、健康な食生活をうながすといわれています。飲食店をはじめたいときにも役だつでしょう。

　どの種類のクロライトでもテーブルに置いておくと、神経質で懐疑的な人でもヒーリングの効果を受けやすくなります。

　ネガティブなエネルギーに悩まされるときは、家の四隅にこの石を置き、エリクシール（P16）をまきましょう。

種類：クリソコラ（P244）、マラカイト（P294）、ターコイズ（P252）が混合した石。ときにアズライト（P230）、銀（P193）、銅類（P94）が含まれる。原産地であるイスラエル産は、もはや入手不可能

色：青緑、ターコイズ色。深緑の渦まきに青の線。具体的な色は、種々の鉱物の割合による

心のヒーリング：人間関係に関して知恵を与える。ネガティブなエネルギーを発する人を遠ざける

チャクラ：太陽叢（第3）、心臓（第4）、のど（第5）

Eilat Stone

エイラットストーン

ロウソクの色：ターコイズ色　香料：安息香、コーパル、乳香、楓子香、白檀　用途：強力なエネルギーを伝える。愛情と尊敬をもたらす。仕事で輝く自信を与える　仕事：ネガティブなエネルギーを発する人を遠ざける。知恵や配慮、抑制する習慣をもたらす　神秘的な意味：ネガティブなエネルギーを吸収する。カラーセラピーやヒーリングでは、熱い色と冷たい色を統合する。魔法の石として働く　占いの意味：非常に子どもっぽい振る舞いをする人と同じレベルにおいて報復しないこと。かんしゃくが収まるまで静観したあと、言いたいことを伝えればいい　星座：射手座　エンパワーメント：賢く話し、賢く行動する

　聖書の賢王ソロモン王と、王の紅海近くの本拠地と結びついたイスラエルの国の石で、知恵と権威の石として珍重されてきました。

　歌手や言葉を使って仕事をする人、霊媒やコミュニケーションの技術を教える人を成功へ導くといいます。判事、法律専門家、研究者、考古学者、歴史家、教師、教育管理者、聖職者、大使館で働く人にも力を貸してくれるでしょう。

　歴史に名を刻んだ都市や国への巡礼へとかりたて、その道中の安全を守ってもくれます。強く引きつけられる場所への旅を考えているなら、最適です。絶滅した言語や難しい言語の理解を助けながら、古代文化の文献や聖典の探求を深めてくれます。

種類：サーペンティン（P268）の一種である非常に硬いアンチゴライト、水酸マグネシウム・鉄・ケイ酸塩（(Mg,Fe)$_3$Si$_2$O$_5$(OH)$_4$）、単斜晶系、硬度2½〜3½。ニュージェードともいう

色：薄緑、緑

心のヒーリング：高いところや暗闇など、認知できる物理的な危険を過剰におそれることを克服させる。ネガティブな習慣を克服させる

チャクラ：心臓（第4）

Bowenite

ボウェナイト

ロウソクの色：薄緑　香料：バジル、ローリエ、ユーカリ、レモン、レモングラス　用途：新しい活動に挑戦する自信を与える。新しい人間関係になじませる　仕事：オーバーワークを抑える　神秘的な意味：関係をじゃまされたり、横恋慕されるのを防ぐ　占いの意味：ほかの人を助けたいという気持ちが、身近な人の自立心をじゃましているかも　星座：蟹座、水瓶座　エンパワーメント：攻撃的にならずに主張できる

　ロシア革命以前、ロシアの宮廷で、強さと美しさをあわせもつ石として尊ばれていました。
　ネガティブなエネルギーを発する人を遠ざけてくれます。
　まわりの人を甘やかすのが愛ではなく、自立のために毅然とした態度を取るのが愛だと気づかせ、適切な態度が取れるようになります。
　家の売買にも効果のある石であるため、公文書と一緒に置いておくと、法的作業の遅れを助けてくれます。

　眠る前後に手に取りましょう。はっきりと夢を思い出させ、夢の意味が理解できるでしょう。この石で眉の上を反時計まわりになでると、漠然とした不安が取り除かれるといいます。

種類：おもに緑閃石、透閃石からなる岩石、軟玉。一般的にはネフライトと呼ぶ

色：鉄分が多いと、緑や濃い緑。マグネシウムが多いと、クリーミーな色。白や黒のものもある

心のヒーリング：ネガティブな感情を取り除く

チャクラ：ルート（第1）、心臓（第4）

Nephrite Jade
ネフライトジェード

ロウソクの色：緑　香料：カーネーション、クロッカス、バラ、スイートピー、バニラ　用途：病気やネガティブなエネルギーを発する人を遠ざける。究極の幸運をもたらす。緑のジェードがおすすめ。おだやかな石なので、小さなブレスレットなどは、子どもの最初のジュエリーに最適　仕事：新しい事業を引き寄せる。成功と繁栄をもたらす。農業などでは、植物の生長をうながす　神秘的な意味：強さ、保護、幸運、繁栄、平和をもたらす。大地のヒーリングの石であり、パワーアニマル（P342）に彫られることが多いため、性質が自分に近い動物の像や仏像を身につけるとよい　占いの意味：自分の長期的な将来を考え、これまで避けてきた約束や投資を検討すべきとき　星座：牡牛座、魚座　エンパワーメント：今もこれからも健康

　ジェードとは、ネフライト（軟玉）、ジェーダイト（硬玉、P278）、サーペンティン（P268）など、緑の宝飾石の総称です。

　腎臓によい効果があるとされ、「腎臓」をあらわすnephroからネフライトという言葉がつけられました。ジェードの別名はlapis nephriticus（腎臓石）といいます。

　専門家が軟玉と硬玉を区別できるようになったのは、1800年代になってからのことで、外見が非常に似ていたため、1800年代以前の中国で出まわっていたのは、ほとんど軟玉でした。

　紀元前3000年の古代中国では「王の宝石」「玉」と呼ばれ、気を含むと考えられていました。紀元前206年〜220年の漢の時代には、死後の体を守り、魂に永遠の命を与えようと、この石で皇族の死装束が作られました。

　今では、健康と長寿のシンボルとされています。

種類：おもに緑閃石、透閃石からなる岩石、軟玉。一般的にはネフライトと呼ぶ

色：様々なトーンのオリーブグリーン

心のヒーリング：ジェードの中で最も平和をもたらす。ネガティブな感情を取り除く

チャクラ：心臓（第4）

Jade olive
オリーブジェード

ロウソクの色：薄緑　香料：サクラ、ハチミツ、レモンバーム、ネロリ、オリーブの花　用途：家庭に平和をもたらす。攻撃的または衝動的な感情を落ち着かせる。この石の仏像と香りの高い白い花を一緒に置くとよい　仕事：運気をあげる。幸運をもたらす。濃いオリーブグリーンの石がおすすめ　神秘的な意味：瞑想の効果を高める。ネックレスを用意し、石を1個ずつ指で触りながら願いを唱えると、深いリラックス状態になるという　占いの意味：攻撃してきた人と和解して。これ以上、相手の無神経にいらだっているのは時間の無駄　星座：乙女座　エンパワーメント：平和は攻撃より強力

　寛大さと共有のジェードといわれ、家のまわりに磨かれた石を置くと、時間とお金を含め、あらゆることに寛大になったり、ほかの人と共有する心が呼び起こされます。

　旅行の石でもあり、和解の石でもあります。仲たがいして音信不通になっている人や、かつての恋人、若いころに恋愛感情を抱いていた人を呼び戻してくれます。この石のネックレスやブレスレットを、そうした人と自分の写真の前に置きましょう。旧友のSNSを見るときもそばに置いておくと、一緒に幸せになれる相手として引き寄せてくれるといいます。

種類：翡翠輝石からなる岩石

色：緑、白（純粋なもの）。薄紫、ピンク、茶色、赤、黒、オレンジ色、黄。ジェードともいい、エメラルドグリーンのジェードは、インペリアルジェードと呼ばれる

心のヒーリング：攻撃性を取り除く

チャクラ：ルート（第1）、心臓（第4）

Jadeite

ジェーダイト

ロウソクの色：緑　香料：ローリエ、クラリセージ、シダ、モス、ローズウッド　用途：心の傷を癒やす。長続きする愛情をもたらす　仕事：強さや平和をもたらす　神秘的な意味：理想の気高さをもたらす。ネガティブなエネルギーを遠ざける　占いの意味：将来の自分のために、善意をためているときだから、今はだれかのために振る舞って。個人的な不便は、ほとんどすぐに報われておつりがくる　星座：天秤座、魚座　エンパワーメント：精神的に豊かだ

　メキシコや中南米の先住民に尊ばれ、紀元前800年ごろには神の仮面が彫られたり、儀式用の器物が作られました。水を豊かに得ようと、水の精霊へのささげ物として、井戸に投げ込まれもしました。

　硬くて密であるため、カットしたり、磨いて鋭くした歴史があり、日本では縄文時代から弥生時代にかけて、勾玉などが作られました。

　この石のジュエリーを身につけると、老若男女を問わず、恋に破れた心を癒やしてくれるといいます。

　強い心で立ち向かわねばならないときにも、力を貸してくれるでしょう。

種類：白雲母、水酸カリウム・アルミニウム・アルミノケイ酸塩（KAl2（Si3Al）O10（OH）2）、単斜晶系、硬度2½〜3½。マスコバイト（P170）に少量のクロムが入ったもの

色：エメラルドグリーン。一部の高品質なものは、しっかりした緑のきらめきに金色のハイライトが入る

心のヒーリング：感情に安定をもたらす。立ちあがって努力することを励ます。あらゆる依存を取り除く

チャクラ：心臓（第4）、のど（第5）

Fuchsite

フクサイト

ロウソクの色：緑　香料：アグリモニー、アニス、ラベンダー、ローズマリー、セージ　用途：スケジュールを整理させる　仕事：行動パターンを見直すように働きかける。植物の生長をうながす　神秘的な意味：植物のエネルギーを高める。樹木や花のエッセンシャルオイルを使うヒーリングに、ポジティブで喜びに満ちたエネルギーをもたらす　占いの意味：いらだつ問題は消え、新しい人々と場所への熱意だけが残る　星座：天秤座、水瓶座　エンパワーメント：自分の考えで幸運を引き寄せる

　なでると緑の光と金色のきらめきを放つため、「妖精の石」とも呼ばれています。

　家に置いておくと、調和をもたらし、人生における楽しみ、リラックス、喜びの重要性を思い出させてくれます。小さな布の袋に入れて持ち歩くと、家族ででかけるときに、楽しみが増すでしょう。

　小さな奇跡を願う、願いごとの石でもあります。

　やわらかい鉱物なので、ジュエリーには向きませんが、歴史的な場所や美しい場所などで大地のエネルギーを強く感じさせてくれたり、屋外での瞑想に使えます。

　ほかの石のエネルギーを高めてもくれます。

種類：少量の鉄が入った苦灰石（ドロマイト）、炭酸カルシウム・マグネシウム（CaMg(CO$_3$)$_2$）、三方晶系、硬度3½～4。稀少

色：オリーブグリーン、様々な緑

心のヒーリング：あらゆる依存や自傷行為を克服させる。健康的な食生活へ導く

チャクラ：心臓（第4）

Green Dolomite

グリーンドロマイト

ロウソクの色：緑　香料：カモミール、クラリセージ、スイカズラ、マヌカ、スウィートグラス　用途：長続きする誠実な愛情をもたらす　仕事：親しくもプロ意識のある関係、健全な関係をうながす　神秘的な意味：自然の精霊を呼び込む。植物の力を高める。植物由来の薬や治療と組みあわせる。薬草や水薬、植物オイルやエッセンスと一緒に置くとよい　占いの意味：パートナーが迷っているなら、優しく問いかけて。自分の魅力に自信がないだけかも　星座：乙女座　エンパワーメント：配慮される価値がある

　健康な心臓や脈拍のように確かなエネルギーをもち、落ち着きと集中力を与えてくれます。
　友好的な雰囲気を醸し出す石でもあるため、新しい仕事をはじめたり、引っ越しをしたときなど、孤独を感じるなら、持ち歩くようにしましょう。心の通じる友人を見つけることができます。窓辺に1個置くと、近所の仲間意識を高めてくれるでしょう。
　寛大な心やチャンスをもたらす石でもあります。

種類：灰クロム石榴石、カルシウム・クロム・ケイ酸塩（$Ca_3Cr_2Si_3O_{12}$）、立方晶系、硬度 7 ½

色：エメラルドグリーン。宝石質は稀少だが、常に緑色をしたガーネットはこの石のみ。非常に稀少

心のヒーリング：自尊心を与える

チャクラ：心臓（第４）

Uvarovite
ウバロバイト

ロウソクの色：緑　香料：ヒマラヤスギ、ローズウッド、タイム　用途：孤独感を克服させる　仕事：繁栄をもたらす　神秘的な意味：精神的な愛情を人生に呼び込む。多くの微細な結晶におおわれた晶洞がおすすめ　占いの意味：思わぬ幸運が、自分が手を抜いていた分野で、成長と繁栄をもたらす　星座：牡牛座、山羊座　エンパワーメント：ここまでこれたし、これ以上にも行ける

　ツァボライト（P283）に似ていますが、化学組成が異なります。小さな結晶で、しばしば群晶で見つかります。これは小さな輝く結晶が、表面の被膜となって岩の隙間をおおったもので、美しいジュエリーに加工されることもあります。
　石がファセットカットしてあるか、磨いてあるなら、まちがいなくツァボライトです。ウバロバイトは大変稀少です。
　長続きするもののシンボルであるため、愛する人に贈ると特別な石になるでしょう。

種類：灰鉄石榴石、カルシウム・鉄ケイ酸塩（Ca₃Fe₂Si₃O₁₂）、立方晶系、硬度6½〜7。ロシア産は、ホーステイルと呼ばれるクリソタイル（P336）の、金茶の糸状結晶のインクルージョンがある。非常に稀少で、非常に価値が高い

色：濃いエメラルドグリーン（最も貴重で稀少な色）、様々なトーンの緑や薄緑

心のヒーリング：孤独感や孤立感を軽減させる

チャクラ：心臓（第4）

Demantoid

デマントイド

ロウソクの色：緑　香料：ヒマラヤスギ、ユリ、ハス　用途：不安が関係に緊張を与えないように手助けする　仕事：人間関係が仕事に影響しないように手助けする。恋愛上のパートナーと仕事をするとき、身につけるとよい　神秘的な意味：恋愛の障害を取り除く。緑のロウソクを灯し、この石をかざし、ロウが溶けはじめたら願いを唱えるとよい　占いの意味：頑固な人が再びあらわれ、また立ち去るなら、自分に道理がある　星座：水瓶座　エンパワーメント：物事を実現するために介入する必要はない

　購入が難しく極めて高価ですが、ラフにカットした石なら通販でも手に入ります。アンティークジュエリーを購入するという選択もあるでしょう。アンティークの場合、樹木のインセンスでいぶすと、自分にしっくりなじむようになります。

　美しい輝きから、「ダイヤモンド（P149）に似たもの」を意味する「ガーネットの星」とも呼ばれ、永遠の愛を誓う石とされています。

　自分のために買って自分の価値を大事にするように努めると、ほかの人からも認められるようになるでしょう。

種類：灰礬石榴石（グロッシュラー、P153）、カルシウム・アルミニウム・ケイ酸塩（$Ca_3Al_2Si_3O_{12}$）、立方晶系、硬度6½〜7

色：透明な緑。薄緑からエメラルドグリーン

心のヒーリング：ネガティブなサイクルやエネルギー、感情を取り除く

チャクラ：心臓（第4）

Tsvarolite
ツァボライト

ロウソクの色：緑　香料：ブルーベル、楓子香、ゼラニウム、スイカズラ、ミモザ　用途：喜びの感情やポジティブな考え方を強める。繁栄を引き寄せる　仕事：過度の責任感やコンプレックスを克服させる　神秘的な意味：片思いの相手や失った恋人を引き寄せる。毎週、恋愛の女神ヴィーナスの日である金曜日に、イヤリングや磨かれた石を身につけ、緑のロウソクを灯して願うとよい　占いの意味：新しい興味や活動について、近しい人からの反対にあうかもしれないが、粘れば反対は弱まる　星座：乙女座　エンパワーメント：今回は自分を喜ばせる

　この石を使って瞑想すると、より高いスピリチュアルな次元とのコミュニケーションをスムーズにします。定期的に瞑想に使うと、直感を強めてくれるでしょう。
　トラウマや無能感など、ネガティブな感情を取り除き、人や自分の人生をもっと信頼したり、円滑な人間関係を築けるように働きかけます。
　激しい争いや競争も軽減してくれるでしょう。

種類：碧玉(へきぎょく)（不純物を多く含む微細な石英の集合体）、二酸化ケイ素（SiO2）＋不純物、三方晶系、硬度7

色：薄緑、深緑。トカゲの皮膚に似た模様がある

心のヒーリング：悪い状況からやりなおしたり、希望を生み出したりする決意を与える

チャクラ：ルート（第1）

Arizona Lizard Jasper
アリゾナリザードジャスパー

ロウソクの色：緑　香料：ヒマラヤスギ、マツ、セージ　用途：人生の節目に幸運をもたらす　仕事：グループ化や再結成など、事業の節目に幸運をもたらす　神秘的な意味：古代世界を透視で呼び覚ます　占いの意味：自己の利益を優先する人に気をつけて。助けても、高い代償を払うことになるかも　星座：蠍座　エンパワーメント：失ったものを取り戻せる

　しばしば生物にちなんで名づけられるジャスパーです。この石もほかの仲間と同様に、名前の示す生物、トカゲに由来する力をもっています。

　トカゲに尾を再生する力があるように、人生の再生、再建、変質の力をもたらすと考えられています。

　やるべきときがくるまで待つ忍耐力や、燃えつきないように、バランスを調整する力も与えてくれるでしょう。

　バックパッカーの旅の安全を守ることでも知られています。

種類：バリシア石、含水アルミニウム・リン酸塩（AIPO$_4$·2H$_2$O）、直方晶系、硬度4½

色：薄緑、鮮やかな緑、青緑、ターコイズ色。しばしば表面に薄い茶色やこげ茶の葉脈模様がある

心のヒーリング：ネガティブな感情を克服させる。新たな友人を引き寄せる

チャクラ：太陽叢（第3）、心臓（第4

Variscite
バリサイト

ロウソクの色：緑　香料：アニス、バジル、ゼラニウム、ジャスミン、タイム　用途：ネガティブな感情を取り除く。平安をもたらす　仕事：忍耐力を与える　神秘的な意味：ヒーリングに集中させる　占いの意味：外部に助けを求めるより、自分の内なる資産や才能を引き出して　星座：牡牛座、双子座　エンパワーメント：恐怖心を解消し、心と体と魂に調和をもたらす

　ドイツのザクセン州にあるフォークトラントにちなんで名づけられました。この地の伝統的な春祭で踊り子たちが着る衣装と、この石の色が同じだからです。
　磨かれた平らなものは、すぐれた握り石（P369）になり、なでると心配ごとが減るといわれています。困難な状況におちいったら、石を手に取り、心の中で願いを唱えましょう。
　また、落ち着きをもたらすため、新しい土地に引っ越したり、新しい仕事をはじめるときに力を貸してくれます。

種類：緑閃石（アクチノライト、角閃石の一種）、水酸カルシウム・マグネシウム・鉄・ケイ酸塩（Ca2(Mg, Fe)5Si8O22(OH)2）、単斜晶系、硬度5〜6。変成岩の中に見つかることが多い。稀少

色：緑

心のヒーリング：自分の価値観と達成感を高める

チャクラ：太陽叢（第3）

Aura argent
オーラアージェント

ロウソクの色：銀色　香料：アーモンドの花、アプリコット、クランベリー、マンゴー、ローズマリー　用途：恋の相手を引き寄せる。長所も欠点も受けとめる現実の愛に目覚めさせる　仕事：人の長所に目を向けさせ、引き出させる　神秘的な意味：可能性の範囲を広げる。スピリチュアルな成長をとげさせる　占いの意味：小さな奇跡を信じていれば、うれしい驚きがあるかも　星座：牡牛座　エンパワーメント：あらゆることでベストな結果を得られる

　人と幸運を信じる気持ちを回復させるため、小さな奇跡の石といわれています。
　感情のつまりを取り除き、内なるエネルギーが調和するように働きかけてくれます。自分の内面や外見によいイメージをもっていない人、被害妄想があって被害者と加害者という観点でしか物事を見ない人を助けます。
　家に置いておくと、満足感と幸福感を生み出してくれるでしょう。

種類：石英（クォーツ）、二酸化ケイ素（SiO₂）、三方晶系、硬度7。微細な石英粒からなる岩石

色：にぶい薄緑、リーク（西洋ねぎ）色

心のヒーリング：衝動的な怒りをしずめる

チャクラ：心臓（第4）

Prase
プレーズ

ロウソクの色：薄緑　**香料**：ローリエ、クラリセージ、ゼラニウム、ヒヤシンス　**用途**：ネガティブなエネルギーを取り除く　**仕事**：落ち着きをもたらす　**神秘的な意味**：植物の精霊とのつながりを深める。静かな瞑想力を高める。忍耐と根気をもたらす　**占いの意味**：挑発されても、ネガティブな対応を取る前に落ち着いて。急いで発した言葉は、自分に返ってきて自分を傷つける　**星座**：乙女座　**エンパワーメント**：思慮深く、冷静に話す

　最初にこの石に言及したローマの歴史家プリニウスは、すばらしい春のようなエネルギーから、「リークのような緑の石」と呼びました。ドイツでは女神エスターにささげられています。エスターは春分のころに春の門を開く、イースターの語源にもなっている女神です。人々は毎年、一番はじめに見つけた卵を装飾し、収穫したばかりの野菜とこの石をエスターの祭壇にささげました。

　母なる大地の石とされ、小さな石を庭に埋めると、土地を癒やし、豊かな恵みをもたらします。

　また、子どもたちが円滑な人間関係を築けるように働きかけます。動物にも効果的で、落ち着きを与えてくれます。

Mariposite
マリポサイト

種類：少しケイ酸が多い白雲母の変種。ややケイ酸分に富むフェンジャイト（白雲母の変種）にクロムが少し入ったもの

色：明るい緑に白。ときに白に紫

心のヒーリング：パニックを引き起こす、ネガティブな感情を克服させる

チャクラ：心臓（第4）

ロウソクの色：緑　香料：アカシア、アーモンド、ヒマラヤスギ　用途：利益をもたらす　仕事：忍耐強さをもたらす　神秘的な意味：石の見え方から答えを得る、シャドウスクライングの効果を高める　占いの意味：これまで時間を費やしてきたのだから、続けて。結果を見るのはまだ早い　星座：水瓶座　エンパワーメント：道が明らかになるのを信じる

　調和をもたらすとされ、過度なストレスを取り除いてくれます。
　交通量の多い道路のそばに住んでいるなら、玄関ドアやベランダなどに置きましょう。落ち着いて生活できるようになるといいます。

Nebula Stone
ネブラストーン

種類：石英、エジリン輝石、リーベック閃石、アノーソクレースなどから構成された火成岩。稀少

色：濃い深緑、黒

心のヒーリング：確かな根拠を与える

チャクラ：頭頂部（第7）

ロウソクの色：緑　香料：ヒマラヤスギ、ヨモギ、ムスク、没薬、バレリアン　用途：くつろぎを与える。定着させる　仕事：慎重に効果的な対応をうながす　神秘的な意味：宇宙のエネルギーとの一体化を強める。星が見えるときに岩石を手に取り、星に注目するとよい　占いの意味：あらゆることを当然と思わないこと。探していたものが見つかるかも　星座：蠍座　エンパワーメント：自分はより大きな創造の一部と考える

　1990年代中盤、カレン・ニュールンベルクとロン・ニュールンベルクによって、メキシコのへき地で発見されました。そこは、魔法の世界のようにすばらしい土地だったといいます。
　この石には星雲のような模様が見られ、心の閉塞感を取り除いてくれます。

種類：風信子鉱（ジルコン、P151）、
ジルコニウム・ケイ酸塩（ZrSiO$_4$）、
正方晶系、硬度6〜7½

色：鮮やかな緑、黄緑、茶色を帯び
た緑。不透明なことがある

心のヒーリング：ほかの人への過度
な興味や、感情的依存を克服させる

チャクラ：心臓（第4）

Green Zircon
グリーンジルコン

ロウソクの色：緑　香料：バジル、クラリセージ、ローズマリー、タイム　用途：新たな友情をもたらす。
友情や関係の再生をうながす　仕事：美を増大させる。秩序の回復や創出に解決策をもたらす　神秘的な意
味：盗難と紛失から守る。最強のジルコンのひとつといわれる　占いの意味：小さくても美しいものを買っ
たり、自分や家族のために美しい環境づくりを工夫すると、気力を高められる　星座：乙女座、天秤座　エ
ンパワーメント：醜さから美を作り出す

　人生のあらゆる面で繁栄と成長をもたらす石で
あるため、見込みのない状況でも、美と調和を生
み出します。
　夢を共有し、その実現に協力してくれるパート
ナーを引き寄せるといいます。やりなおしの石で
もあるため、再びよい関係を築かせてもくれるで
しょう。
　既存の分野に新しいものを導入するとき、たと
えば、従来の医療などに新しい取り組みやケアを
取り入れるときなどにも力を発揮します。

　相手が共感性に欠けたり、威圧的な場合、自分
の話に耳を傾けるように働きかけてもくれます。

種類：ルビー（P82）とその周囲に生成したフクサイト（P279）

色：緑。赤のインクルージョンがある

心のヒーリング：混乱や緊張のあとに立ちあがるのを助ける。過剰な反応を軽減させる。ありのままの状況に対処させる

チャクラ：心臓（第4）

Ruby in Fuchsite

ルビーインフクサイト

ロウソクの色：緑、ピンク　**香料**：バジル、ローリエ、サクラ、ラベンダー、バラ　**用途**：想像もしなかった新しい状況への適応力をもたらす　**仕事**：最善策で問題解決に導く　**神秘的な意味**：長続きする愛を呼び込む。昔の愛を呼び戻す　**占いの意味**：新しい人や計画に夢中でも、物事はゆっくり進めて。自分の感覚を忘れないで　**星座**：水瓶座　**エンパワーメント**：毎日新しい方向に成長する

　クロムを豊富に含む緑の石で、マスコバイト（P170）の仲間です。ルビーをインクルージョンとして含むと、非常にダイナミックな石となり、見た目がよく似たゾイサイト中のルビーより活発に働きます。フクサイトは自然の精霊と大地、大気の石、ルビーは愛と情熱、火の石で相性がよいのです。

　心と体そして魂を若返らせてくれます。願いを叶えようと前進する力をもたらし、人生のあらゆる場面でやる気と強さを与え、成功させてくれるでしょう。

　マッサージの際に使うと、心と体の緊張をほぐし、ネガティブな感情を取り去り、調和と熱意で満たしてくれます。

種類：緑の緑簾石とピンクの長石などで構成される岩石

色：緑、ピンク

心のヒーリング：根深いネガティブな感情をゆっくりおだやかに取り除く。あらゆる依存を克服させる。現実に目を向けさせ、今に集中させる

チャクラ：太陽叢（第3）、心臓（第4

Unakite
ユナカイト

ロウソクの色：ピンク、緑　香料：ブルーベル、ゼラニウム、マグノリア、バラ、バーベナ　用途：パニックで固まった心を解きほぐす。今に集中させる。新鮮な解決策をもたらす　仕事：調和の取れたパートナーシップをうながす。恋人や友人と仕事をしているとき、身につけるとよい　神秘的な意味：幸運をもたらす。リスクを冒さなければならないとき、身につけるとよい　占いの意味：不安かもしれないが、退くことはまちがい。古い問題が再燃してしまうかも　星座：蠍座　エンパワーメント：昨日の失敗でなく、明日の約束に集中する

　幸せで長続きする関係をもたらすといわれています。この石に乾燥したヤロウの花びらを振りかけて袋に入れ、婚約と結婚のシンボルとする伝統もあります。

　この石を枕の下に置いておくと、子宝にも恵まれるといわれています。妊娠したら、定期的に子宮のあたりに1個のせ、これから生まれてくる赤ちゃんとの絆を築いていきましょう。産室に持っていくと、安産になるといいます。

　健康上の問題にも解決策をもたらしてくれるでしょう。

種類：橄欖石（オリーブ石）、マグネシウム・鉄・ケイ酸塩（(Mg,Fe)$_2$SiO$_4$）、直方晶系、硬度 6½〜7。オリビンは鉱物群の名称であるが、多くは苦土オリーブ石（フォースタライト）と鉄オリーブ石（ファヤライト）をいう。より半透明で油分を感じさせる、小ぶりで透明な緑のペリドット（P293）を指すこともある

色：含有する鉄分の割合によって、特徴的なオリーブグリーン、薄黄緑、茶色を帯びた緑。ときに黄

心のヒーリング：ネガティブなエネルギーを遠ざける。10代の若者を助ける

チャクラ：心臓（第4）

Olivine
オリビン

ロウソクの色：緑　香料：アーモンド、アニス、バジル、フェンネル、タイム　用途：愛情を深める。誠実さをうながす。パートナーと離れているとき、互いに身につけるとよい　仕事：ミスやど忘れを防ぐ　神秘的な意味：金運をもたらす。砂状にして、毎朝、器にひとつまみか小さな粒をひとつ加え、器がいっぱいになったら、砂を風に散らすか川や流水に流す。新しい砂で繰り返し行うとよい　占いの意味：お金は少しずつ貯まっていくが、出ていくときは一瞬なので気をつけて　星座：牡牛座　エンパワーメント：小さな一歩はどれも、成功に近づく一歩

　この石は、石質隕石や石鉄隕石、一部の月の石、火山活動で表面にあらわれた岩に見られます。

　結晶は、ハワイの火山をつかさどる女神ペレの涙といわれ、小さいことが多く、この石の宝石質であるペリドットより比較的安価なので、ヒーリングや儀式で使われています。黄色いものは、クリソライトとも呼ばれます。

　毎週金曜にガラスのロウソク立てにこの石の砂を入れ、緑のロウソクを立てて灯すと、幸運が増すといわれています。この石の砂は、ハワイのサウスポイントでも自然に見られますが、インターネットでも購入できます。

　また、子どもや若い人があらゆるプレッシャーに負けないように力を貸してくれます。服のポケットや裏地に1個縫いつけておくとよいでしょう。

種類：橄欖石（オリーブ石）、マグネシウム・鉄・ケイ酸塩（(Mg,Fe)₂SiO₄）、直方晶系、硬度6½〜7。オリビン（P292）の宝石質のもの

色：通常は鮮やかな緑。含有する鉄分の割合によって変化する

心のヒーリング：過去の悲しい出来事から生じる、破壊的な嫉妬を克服させる

チャクラ：太陽叢（第3）、心臓（第4

Peridot

ペリドット

ロウソクの色：オリーブグリーン　香料：ローリエ、ヒマラヤスギ、ジュニパー、レモンバーム、レモンバーベナ　用途：賢明なお金の使い方をうながす　仕事：取引に幸運をもたらす　神秘的な意味：SNSを通じてよい出会いをもたらす　占いの意味：後ろにさがっているよりも、幸運を信じ、新たなチャンスをつかんで　星座：牡牛座、天秤座　エンパワーメント：人からポジティブに対応してもらえる

　早くも紀元前1580年ごろ、古代エジプトでジュエリーに使われていたといいます。エジプトなど多くの文化で「太陽の石」と見なされ、お金や健康、成功、愛情を引き寄せると考えられていました。

　ネガティブなエネルギーを発する人やものを遠ざけてくれます。また、スチームバスやサウナ、温石など、熱やあたたかさを利用するヒーリングにおいて効果を高め、ポジティブなエネルギーで満たしてくれます。

　ローマ人は、安眠を呼び込むために、金（P113）の台座にこの石をセットしたリングを身につけていたといいます。悪夢を繰り返し見て困っているなら、非常に効果的です。また、台座の金は、普段は親切とはいえない人からポジティブで有益な反応を引き出すなど、メリットを引き寄せます。

　役所のような無機質なところとコンタクトを取る場合にも、身につけるとよいでしょう。

Malachite
マラカイト

種類：孔雀石、水酸銅・炭酸塩（Cu₂(CO₃)(OH)₂）、単斜晶系、硬度3½〜4

色：エメラルドグリーン、緑。黒や薄緑の縞模様、渦まき模様、マーブル模様がある

心のヒーリング：ネガティブな感情への抵抗力を与える。心の傷を癒やす。愛に基づく健全な関係へ導く

チャクラ：心臓（第4）

ロウソクの色：鮮やかな緑　香料：ヒマラヤスギ、コーパル、マツ、セージ　用途：健康をうながす。ネガティブなエネルギーを吸収する。電子レンジやテレビのそばに置くとよいとされる　仕事：ネガティブなエネルギーを遠ざける。騒音のひどい場所に置くとよい　神秘的な意味：飛行機旅行の恐怖心を克服させる。旅行前に石を手に取り、大天使ラファエルの翼に乗った自分を想像するとよいとされる　占いの意味：過去を手放し、最も望んでいるものに向けて前進して　星座：蠍座　エンパワーメント：自分の心にしたがう意志がある

　北欧の愛と美の女神フレイヤなど、最も強力な愛の女神の石とされています。悩みの原因を見つけるように励まし、ネガティブな行動をやめさせ、憂うつや不安と戦うのを助けます。毎日石を手に取って恐怖心や悲しみを声に出しましょう。石からネガティブな気持ちを追い出すには、屋外の屋根のある場所に、ひと晩、置いておきます。

Vesuvianite
ベスビアナイト

種類：ベスブ石、水酸カルシウム・アルミニウム・マグネシウム・鉄・ケイ酸塩（Ca₁₉(Al,Mg,Fe)₁₃Si₁₈O₆₈(O,OH)₁₀）、正方晶系、硬度6½。透明なものは稀少でジュエリーにされる

色：通常は緑、オリーブグリーン。ただし黄、茶色、赤、青を含む。青のものはシプリン、緑の宝石質のものはカリフォルナイトという

心のヒーリング：怒りやいらだちを取り除き、根拠のない罪悪感を克服させる

チャクラ：心臓（第4）

ロウソクの色：緑、アースカラー　香料：ヒマラヤスギ、バレリアン　用途：家族への忠節と愛国心をうながす　仕事：努力をうながす。対決を回避させる　神秘的な意味：オーラを浄化させる。エネルギーを与える。オーラをよりはっきり見えるようにうながす。スピリチュアルな自然とのつながりを深める　占いの意味：人生の本当の道が明らかになる。信念にしたがって　星座：射手座、山羊座　エンパワーメント：いつでも一歩ゆずる

　南イタリアのベスビオ火山で発見されたことから名づけられました。怒りを解放し、ネガティブなものを追い払います。また、人間関係の行きづまりから生じる様々な恐怖心を取り除いたり、自分が縛られている心の鎖を取り払ってくれます。感情的な原因で過食を起こしている場合、健全なダイエットへ導きます。

アダマイト

種類：アダム石、水酸亜鉛・ヒ酸塩（$Zn_2(AsO_4)$
（OH））、直方晶系、硬度 3½

色：最も一般的なものはライムグリーン、黄緑、黄

心のヒーリング：自由なコミュニケーションをうなが
す。ネガティブ感情を発する人を遠ざける

チャクラ：心臓（第4）、のど（第5）

ロウソクの色：緑　香料：レモン、レモングラス、ラ
イム、マツ、イチヤクソウ、ウィッチヘーゼル　用途：
冷淡な相手を遠ざける。じゃまを排除する　仕事：新
たなアイデアをもたらす　神秘的な意味：スピリチュ
アルな力を高める。この石の振り子（P380）は、正
しい決定へ導くという　占いの意味：困っているなら、
話して　星座：蟹座　エンパワーメント：自分の選択
と信念をもつ権利がある

　19世紀フランスの鉱物学者ジルベール・ジ
ョゼフ・アダムにちなんで命名されました。こ
の石の変化する蛍光の性質から、知恵の探求や、
アダムの天国を取り戻したいという欲望に結び
つけられています。
　既存の才能を発揮させることで、富と成功を
もたらし、正当な評価をうながすといいます。
注意：有毒であるため、エリクシール（P16）
などを作らないように。素手でさわらないよう
にしましょう。

モルダヴァイト

種類：テクタイト（P200）の一種。産出場所が世界
でひとつしかなく、稀少。どんどん稀少になっている

色：通常は深い透明な緑。光沢がある

心のヒーリング：原因へ導く

チャクラ：心臓（第4）、眉（第6）、頭頂部（第7）

ロウソクの色：緑　香料：シナモン、乳香　用途：ヒ
ーリング効果を高める　仕事：冷笑主義に対抗する力
を与える　神秘的な意味：宇宙の不思議とのつながり
を深める　占いの意味：人生がよいほうに、ドラマテ
ィックに変わる　星座：水瓶座　エンパワーメント：
空からのインスピレーションを求める

　かつては伝説の聖杯と結びつけられ、中世を
通じて非常に珍重されたため、貴族や王族しか
身につけることが許されませんでした。火と母
なる大地がひとつになって生成されると考えら
れたことから、大地とスピリチュアルな性質が
融合していると見なされています。持ち歩くと、
地に足のついた成長と、スピリチュアルな成長
をもたらします。
　検討したことのない解決策へ導き、特にお金
にまつわる問題に関して、心配ごとを取り除い
てくれるといいます。

アレキサンドライト

種類：稀少な種類の金緑石（クリソベリル、P106）、ベリリウム・アルミニウム・酸化物（BeAl₂O₄）、直方晶系、硬度8½

色：太陽光下では豊かで透明な緑、白熱灯下では赤

心のヒーリング：安心感を与える。嘆きを緩和する

チャクラ：仙骨（第2）、心臓（第4）

ロウソクの色：緑と赤の縞模様のあるもの、または緑と赤のロウソクを各1本使う　香料：アーモンドの花、安息香、ベルガモット、マリーゴールド、スウィートマジョラム　用途：車酔いを軽減させる　仕事：ストレスや怒りを軽減させる。主体性をうながす。オーバーワークを軽減する　神秘的な意味：透視力を高める。スピリチュアルな学びを深める。身につけたり、テーブルに置いたり、占いのツールなどと一緒にしておくとよい　占いの意味：思わぬ幸運を楽しむとき。おわりがくることを心配して楽しむ時間を無駄にしないで　星座：蠍座、双子座　エンパワーメント：自分を無限の可能性の中に置く

　1830年、ロシア皇帝アレクサンドル2世の即位の日に、ロシアのウラル産地ではじめて発見されました。

　持ち主に幸運をもたらす石です。毎月、満月の日の正午に自分にささげ、石を手にしながら力と保護を得られるように願いましょう。

　日光があたったときに最も強力な幸運を呼び込むとされています。トラブルを起こしそうな嫉妬深い人など、ネガティブなエネルギーを発する人から守ってくれます。

グリーンアベンチュリン

種類：緑糸の雲母が含まれる石英

色：薄緑、濃緑。金属的な光沢がある

心のヒーリング：憂うつと不安を取り除く。幸福や希望をもたらす

チャクラ：心臓（第4）

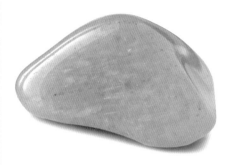

ロウソクの色：緑　香料：ヒマラヤスギ、ローズウッド、イチヤクソウ　用途：幸運をもたらす。最強の幸運を招くといい、四つ葉のクローバーや緑のアマゾナイト（P297）と一緒に持ち歩くと、さらによいとされる　仕事：幸運をもたらす。チャンスをつかむ準備ができているなら、最強の幸運を呼び込む　神秘的な意味：幸運をもたらす。妖精の宝物といわれ、器に3個入れてノーム像と一緒に庭に置くとよい　占いの意味：これからのためによく考えて　星座：乙女座、牡牛座　エンパワーメント：人生に幸運を引き寄せる

　書きもののスキルをあげてくれます。

　子宝を授かるのに最高の石ともいわれ、排卵日が近いなら、庭に小さな穴を掘り、卵を1個割って殻ごと入れ、卵の殻に石をのせて埋めます。

　高いヒーリング効果をもたらす石でもあることから、都会の中心部に住んでいたり、働いているなら、家や会社に置いておきましょう。ストレスから解放されるといいます。

種類：微斜長石、カリウム・アルミノケイ酸塩（KAISi3O8）、三斜晶系、硬度6

色：青緑、ターコイズ色、濃い緑。白の線がある。半透明のものも

心のヒーリング：自尊心を高める。セルフネグレクトの傾向を軽減させる。ネガティブな感情をポジティブに行動にする力に変える

チャクラ：心臓（第4）、のど（第5）

Amazonite

アマゾナイト

ロウソクの色：ターコイズ色　香料：バジル、ベルガモット、フェンネル、ヒヤシンス、ミント、パチョリ　用途：スタミナを与える。ストレスを軽減させる。複数の仕事をこなすとき、身につけるとよい　仕事：チャンスをもたらす　神秘的な意味：突然の幸運をもたらす。競争やくじなど、勝負ごとの際に、身につけるとよい　占いの意味：強い立場にいるのだから、立ちあがって。大切だと思うものを捨てないで。偏見や不正と戦うとき　星座：乙女座　エンパワーメント：ほかの人からの公平な扱いと配慮を期待する

　アマゾンの女性戦士の盾を飾る石であったことにちなんで名づけられ、「勇気の石」とも呼ばれています。

　この石で幸運の守り袋を作りましょう。この石3個に乾燥したバジル、ミントを少量加え、小さな袋に入れたら、ターコイズ色のロウソクの前に置き、ロウソクが燃えつきるまでそのままにしておきます。重要書類を書いたり、メールでコンテストに応募したり、インターネットでくじを買うときなど、そばに置いておくとよいでしょう。

　オフィスに小さな石9個を円形に並べると、新しい仕事と繁栄を呼び込みます。女性への隠れた偏見を克服するときにも役だちます。この9個の石を握って9回振ると、新しい力を呼び込むとともに、集中力も高めることができるといいます。

　キッチンのテーブルに置くと、家族が手伝ってくれるようになり、子どもの寝室に1個隠しておくと、子どもがきれい好きになるといわれています。

Atlantisite
アトランティサイト

種類：スティヒト石、含水マグネシウム・クロム・炭酸塩（$Mg_6Cr_2(OH)_{16}(CO_3)\cdot4H_2O$）、三方晶系、硬度 1½〜2。サーペンティン（P268）とスティヒタイトが組みあわさったもの

色：緑のサーペンティンに、ピンクや紫のスティヒタイトのインクルージョン

心のヒーリング：不安や被害者意識を克服させる

チャクラ：太陽叢（第3）

ロウソクの色：紫　香料：シロヤマモモ、ハイビスカス　用途：落ち着きをもたらす　仕事：適切な発言をうながす　神秘的な意味：様々な時代の知識にアクセスさせる。アトランティスと関係の深い古代の英知の石とされ、古代のヒーリングをより簡単に学ぶことができるという　占いの意味：自分の過去に関係のあった人が呼び戻され、今の人生を豊かにしてくれる人とめぐりあわせてくれる　星座：獅子座　エンパワーメント：子どもの自然さを楽しむ

　伝説の島アトランティスと結びつけられたこの石は、古代の英知に満ちた石とされています。
　ひとりで暮らしているなら、家の中に幸せな、あたたかい雰囲気を作り出し、自分だけの時間と場所を楽しめるようにしてくれます。
　また、「内なる火の石」ともいわれ、胃の上のあたりにある太陽叢の中心に置くと、命のエネルギーを強くし、行動を起こす力を活性化させ、成功へと導きます。
　大きな仕事がきたり、すぐにパワーアップする必要があるときは、この石を使ってエネルギーをチャージしましょう。

Brochantite
ブロシャンタイト

種類：ブロシャン銅鉱、水酸銅・硫酸塩（$Cu_4(SO_4)(OH)_6$）、単斜晶系、硬度 3½〜4。アズライト（P230）やマラカイト（P294）などと同じように、銅鉱床の酸化帯で生成される。ブロシャン石ともいう

色：エメラルドグリーン、黒、緑

心のヒーリング：お金と愛に寛容になるのを助ける

チャクラ：心臓（第4）

ロウソクの色：緑　香料：ヒマラヤスギ、ジュニパー、ローズウッド　用途：日常の仕事や人間関係を助ける。仕事：善意をもたらす。約束を守るようにうながす。高い基準のサービスを提供するように働きかける　神秘的な意味：スピリチュアルなものと物質的なもの、思考と感情をひとつにする　占いの意味：近しい人がいらだっていても、自分で問題を片づけさせて　星座：天秤座　エンパワーメント：人生を自分に引き寄せる

　1824年、フランスの地質図を作成したことで高名な鉱物学者ブロシャン・ド・ヴィリエールにちなんで名づけられました。多方面に働きかける石で、人間関係を善意の上に築かせたり、愛を行動で表現させたり、約束が実現するようにうながしたりします。
　口で言うだけで、行動に移さない人にやる気を与えます。しばしば双晶として発見されるため、孤独を感じさせない相手を引き寄せてもくれるでしょう。

パイロモルファイト

種類：緑鉛鉱、塩化鉛・リン酸塩（Pb$_5$(PO$_4$)$_3$Cl）、六方晶系、硬度3½。六角柱状結晶のクラスター（P344）

色：鮮やかな緑、黄、茶色

心のヒーリング：心からネガティブなエネルギーのつまりを取り除く。喜びの感覚をもたらす

チャクラ：太陽叢（第3）、心臓（第4）

ロウソクの色：緑　香料：ヒマラヤスギ、バーベナ　用途：幸運をもたらす。お金を引き寄せる　仕事：夢を叶える。勝利へ導く　神秘的な意味：自然とのつながりを深める。守護神の祝福を引き寄せる　占いの意味：感情ではなく合理的に　星座：牡羊座　エンパワーメント：前進できる

自然とのつながりが深まるため、特に園芸、農業、保存活動など、自然にかかわる仕事をしている人におすすめの石です。

利用可能な資源を最大限に活用できるように働きかけ、仕事に必要なスタミナを与えてくれます。

ほかの石の効果を増大させるため、ほかの石と一緒に用いられることが多い石です。

注意：有毒であるため、エリクシール（P16）などを作らないように。素手でさわらないようにしましょう。

ベルデライト

種類：リチア電気石、水酸ホウ酸ナトリウム・リチウム・アルミニウム・ケイ酸塩（Na(Li,Al)$_3$Al$_6$(Si$_6$O$_{18}$)(BO$_3$)$_3$(OH)$_4$）、三方晶系、硬度7～7½。グリーントルマリンともいう

色：緑、青緑、黄緑。緑の色が深いほど稀少で貴重

心のヒーリング：男女のエネルギーのバランスを取るようにうながす。嫉妬とねたみを克服させる

チャクラ：心臓（第4）

ロウソクの色：緑　香料：リンゴの花、ペパーミント、ローズマリー　用途：スタミナを与える　仕事：投資の成功を引き寄せる　神秘的な意味：ネガティブなエネルギーを遠ざける　占いの意味：今は忍耐のとき　星座：天秤座、蠍座　エンパワーメント：自分を大切にする

最初の魔法の石と考えられてきました。加熱すると、極性が生まれて静電気が発生し、一端にイオウ（P111）の粉を引きつける一方で、もう一端はそれらをはねつけるからです。

緑は、あらゆる幸運と繁栄を引き寄せる色であることから、趣味が副業になるなど、収入を得るチャンスをアップしてくれます。

Infinite Stone
インフィニットストーン

種類：サーペンティン（P268）の仲間で、一部はクリソタイル（P336）に分類される

色：薄い不透明または濃い半透明の緑。様々なトーンの緑で、一部はグレー、茶色、黒を含む

心のヒーリング：疑いや恐怖心など、ネガティブな感情を取り除く。勇気を与える。一歩踏み出させる。心身をサポートする

チャクラ：ルート（第1）、眉（第6）

ロウソクの色：薄緑　**香料**：アーモンド、アニス、バジル、レモングラス、タラゴン　**用途**：恐怖心を取り除く　**仕事**：孤独感をやわらげる　**神秘的な意味**：自然や生命とのつながりを深める　**占いの意味**：一度だけ、自分不在でやらせてみる。そして自分の小さな計画を思い出してみる。できるだけ早く日を決めて、少なくとも一度実行して　**星座**：牡羊座、魚座　**エンパワーメント**：無限のものに向かって手をのばす

　発見者スティーヴン・ローズリーは、この石の強力なヒーリング力にちなんでインフィニットストーン（無限の石）と名づけたといわれています。ヒーリングに使うと、神経質な人にも深いリラクゼーションと瞑想をうながします。不規則な時間の仕事で日中に眠らなければならなかったり、時差のある旅をしたり、幼児がいて睡眠が定まらない場合は、石の表面を見つめると、リラックスして眠りに誘われるでしょう。

Prehnite
プレーナイト

種類：ぶどう石、水酸カルシウム・アルミニウム・アルミノケイ酸塩（Ca$_2$Al(Si$_3$Al)O$_{10}$(OH)$_2$）、直方晶系・単斜晶系、硬度6〜6½。劈開が発達し、その面には真珠光沢がある

色：薄緑、黄緑。グレー、白、無色のものも

心のヒーリング：無条件の愛を与える。心配ごとに関する不安をやわらげる。健康へ導く

チャクラ：太陽叢（第3）、心臓（第4）

ロウソクの色：緑、白　**香料**：レモン、カノコソウ、バニラ、バーベナ　**用途**：要求を断る勇気を与える　**仕事**：緊張を緩和する　**神秘的な意味**：予想をうながす。タロットなど占いを読み解くときに、この石の振り子（P380）を使ったり、置いておくとよい　**占いの意味**：痛みを伴う記憶を手放すとき。立ちどまらせている原因かもしれない　**星座**：乙女座　**エンパワーメント**：非合理的な要求にノーといえる

　18世紀、オランダの鉱物学者ヘンドリク・フォン・プレーンによって南アフリカで発見され、先住民のサンゴマや民間治療師の人々からは、「予言とシャーマニズムの石」と見なされていました。
　瞑想のとき、保護の力を与え、思考がさまよわないようにしてくれます。
　夢の石でもあることから、枕の下に置くと、よい夢を見ることができます。ごく幼い子どものころを思い出すときにも効果的です。
　活発すぎる子どもや動物を落ち着かせたり、コミュニケーションに問題をかかえる子どもを助けたり、袋に入れておけば、盗難を防ぐこともできるとされています。

種類：碧玉（不純物を多く含む微細な石英の集合体）、二酸化ケイ素（SiO₂）＋不純物、三方晶系、硬度7。ヘリオトロープ、血石ともいう

色：深緑。赤やオレンジ色の斑点、ときに白の模様がある

心のヒーリング：心身ともに長期にわたる苦痛を取り除く。子どもとの絆を築くのを助ける

チャクラ：ルート（第1）、仙骨（第2）、心臓（第4）

Bloodstone
ブラッドストーン

ロウソクの色：赤　香料：コーパル、シナモン、クミン、竜血、ショウガ　用途：スタミナを与える　仕事：非現実的な目標達成のプレッシャーを遠ざける　神秘的な意味：過去世を思い出させる。天候を活用させる。身につけると、風で変化をもたらし、雨で悲しみを流し去るといったことができるようになるという　占いの意味：話を聞いてもらえるまで話し続けると、わかってもらえる　星座：牡羊座　エンパワーメント：チャレンジを歓迎する

　キリストの磔刑に関連し、ブラッドストーンと名づけられたといわれています。また別名ヘリオトロープとは「太陽にあわせる」という意味で、この石を浸した水は多くの文化において、どんな傷や血の病も治す太陽の力が宿っていると信じられてきました。

　母なる女神の石でもあるため、家族の写真のそばに置くと、親子関係や子育てに関する困難をやわらげてくれるといいます。子どもが円滑な人間関係を築くよう、小さな石を身のまわりのものに縫いつけてもよいでしょう。

　感情の問題を根本から解決してくれるため、健全なダイエットやデトックスにも効果的です。

　また、ガラスの器に1個入れて日光のあたる場所に置いておくと、金運を引き寄せます。

　スポーツの大会や試合にも幸運をもたらしてくれます。

グリーンオブシディアン

種類：黒曜石、二酸化ケイ素（SiO₂）に富む火山性
ガラスの一種、非晶質、硬度6½

色：透明な緑、クリーミーな不透明の緑。純粋な緑は
稀少

心のヒーリング：自分の問題に取り組む力と自信をもた
らす

チャクラ：太陽叢（第3）、心臓（第4）

ロウソクの色：緑　香料：ヒマラヤスギ、クラリセー
ジ　用途：個人的な問題や危機に引きずり込もうとす
る人を遠ざける　仕事：国際事業をうながす　神秘的
な意味：怒りのネガティブなエネルギーを落ち着かせ
る。スピリチュアルな力を高める　占いの意味：近し
い人の世話で手いっぱいなら、しばらくの間は、自分
のことに優先順位をつけて　星座：蠍座　エンパワー
メント：植物や自然に身をおくことから癒やしを得る

　表面に緑っぽい光沢がある、真珠岩質の黒曜
石として発見されました。この石は決してみず
からを邪悪なものや人のために使わせないため、
ネガティブなエネルギーを遠ざけてくれます。
　面倒な人たちと仕事をするなら持ち歩き、自
分のエネルギーをポジティブに保ちましょう。

プラシオライト

種類：石英（クォーツ）、二酸化ケイ素（SiO₂）。三
方晶系、硬度7。大部分はアメシスト（P225）を加
熱処理して緑にしたもの。まれに溶岩（P142）など
の熱で、緑になった天然の稀少な石が見つかる

色：オリーブグリーン、薄黄緑

心のヒーリング：健全なダイエットやライフスタイル
をもたらす

チャクラ：心臓（第4）

ロウソクの色：緑　香料：安息香、ベルガモット、カ
モミール、シナモン、オレンジ、ペパーミント　用途：
繁栄や幸運をもたらす　仕事：仕事を高い水準に引き
あげる　神秘的な意味：ネガティブなエネルギーを吸
収する　占いの意味：小さな奇跡が起こる。希望を捨
てないで　星座：すべての星座。なかでも乙女座　エ
ンパワーメント：愛と感謝をはっきり表現することは
プライスレス。そして、大きな価値がある

　アメシストに備わっている力に加え、緑の再
生、生殖、健康、輪廻の力をもっています。こ
のため、小さな奇跡を起こしてくれる水晶とし
て知られています。
　体と心のかけ橋にもなるといいます。

ダイオプテース

種類：翠銅鉱、含水銅・ケイ酸塩（$Cu_6Si_6O_{18} \cdot 6H_2O$）、二方晶系、硬度5。宝石としてはやわらかすぎる

色：エメラルドグリーン、緑、濃く豊かな緑。ガラス光沢が強い

心のヒーリング：心身の要求を聞くようにうながす。よくない食生活や生活習慣を改善させる

チャクラ：心臓（第4）

ロウソクの色：ターコイズ色、濃いピンク　香料：ピンクローズ、バニラ　用途：将来のために最高のものを選ぶようにうながす　仕事：病気や育児休暇、失業のあと、仕事への復帰を簡単にする　神秘的な意味：仲たがいした恋人や失った愛情を引き寄せる　占いの意味：もっと自分に構うこと　星座：牡牛座　エンパワーメント：自分もほかの人も大事にする

エンスタタイトインダイオプサイド

種類：頑火輝石、マグネシウム・鉄・ケイ酸塩（$(Mg, Fe)_2Si_2O_6$）、直方晶系、硬度5〜6。透輝石の中に頑火輝石が含まれる

色：緑、黄、無色

心のヒーリング：自分と身近な人を大切にする心を育む

チャクラ：心臓（第4）、頭頂部（第7）

ロウソクの色：深緑　香料：クローブ、ジュニパー、ティーツリー　用途：勝利をもたらす　仕事：勇気をもたらす　神秘的な意味：意志を伝えられるように手助けする　占いの意味：正義は勝利より大事かもしれない。正義のために努力すること　星座：牡羊座　エンパワーメント：何よりも誠実と信頼を大切にする

　この石を見つけられない場合、純粋なエンスタタイト（P388）を手に入れましょう。ファセットカットできる品質のものがあり、カボションカットにされていたりします。純粋なエンスタタイトは、この石と非常に似た性質である上、保護の力が強く、心身をポジティブなエネルギーで満たしてくれます。

　現実的な愛の石とされ、自分やほかの人の強さも弱さもありのまま受けとめるようにうながします。いつも完璧な恋人を探して見つからなかったり、尊敬していた人にがっかりするときは、小さなやわらかい袋にこの石を入れて持ち歩くとよいでしょう。

　今を生きる石でもあるため、以前うまくいかなかったことに立ち戻ったり、将来起こるかもしれない災害をおそれたりせず、毎日を楽しむようにうながしてくれます。

グリーンカルサイト

種類：方解石（カルサイト）、炭酸カルシウム（$CaCO_3$）、三方晶系、硬度3

色：薄緑、緑。ときにエメラルドグリーンや鮮やかな緑

心のヒーリング：未熟な行動を改善させる。愛や時間、内面的な資産など、物質的にほかの人に分け与えられないものに関する問題を解決へ導く

チャクラ：心臓（第4）

ロウソクの色：薄緑　香料：ユーカリ　用途：リラックスさせる　仕事：幸運をもたらす。屋外で作業する際の安全のお守り　神秘的な意味：お金や幸運を引き寄せる。石のまわりをコインで円形に囲み、さらにコインのまわりに7本の緑のロウソクを立て、夜に1本のロウソクを灯して願い、火を吹き消す。毎晩1本ずつ灯すロウソクを増やしていくとよい　占いの意味：もうすぐお金が入る　星座：乙女座　エンパワーメント：惜しみなく与える

　北米からスカンジナビアにいたるまで、大地の精霊と大地のヒーラーにささげられています。ヒーリンググリッド（P26）に加えるのによく、質の高いスピリチュアルなエネルギーを体内に優しく送り込み、ヒーリング効果を発揮できるようにうながします。
　10代の若者や子ども、小動物にも効果をもたらします。磨かれていない石をキッチンに置くと、栄養豊かな食生活が送れるように働きかけてくれます。

グリーンフローライト

種類：蛍石、ノッ化カルシウム（CaF_2）、立方晶系、硬度4

色：緑

心のヒーリング：悲しみを解放させる。解放された感情を癒やし、新たな成長をもたらす。食物に関する問題を克服させる

チャクラ：心臓（第4）

ロウソクの色：緑　香料：ギレアデバーム、ユーカリ　用途：けんかを最小限にする　仕事：ネガティブなエネルギーを吸収する　神秘的な意味：ほかの石にヒーリングパワーをチャージする。ヒーリング効果を高める　占いの意味：真の思いやりと誤った感情を混同しないように　星座：魚座　エンパワーメント：不必要な感情で揺さぶられない

　500年以上前、中国では、この石を器に彫刻したり、ジェードの代わりに使っていました。
　純粋なフローライトと同様に、ポジティブなエネルギーを発するため、空気の悪い場所が遊び場や通学路になっているなら、子どもに与えましょう。
　庭に1個置いておくと、蝶を呼び寄せるといいます。

バズストーン

種類：灰礬石榴石（グロッシュラー、P153）の仲間だが、ジェードに似ている。アフリカンジェード、トランスバールジェードとも呼ばれる

色：濃い豊かな緑、薄緑。ときに斑点入り

心のヒーリング：忍耐力とスタミナをもたらす。幼い子どもや病児、高齢者の世話をする人を助ける

チャクラ：心臓（第4）

ロウソクの色：深い濃緑　香料：フェンネル、ヒヤシンス、ラベンダー、ライラック、ローズマリー　用途：調和とエネルギーを与える　仕事：信頼をもたらす。効率をアップさせる　神秘的な意味：アフリカの生物の美や強さ、勇気を人生に呼び込む　占いの意味：過去の対立は脇へ追いやり、かつてのライバルや敵と親しく話すチャンス　星座：乙女座　エンパワーメント：自分の内なる疑いの声から自由になれる

　ジンバブエと南アフリカのトランスバール地方で産出され、ジェードのように不透明ですが、より活発なエネルギーをもっています。
　幸福感やすべてうまくいくという自信を呼び覚ましながら、確かな成長へと導きます。
　寝室に置くと、よい睡眠へ誘います。
　定期的に体のまわりで振って、ネガティブなものを取り除きましょう。また、あらゆる点で自立をうながします。足の悩みにも効果的です。

ガスペアイト

種類：菱ニッケル鉱、ニッケル炭酸塩（NiCO₃）、三方晶系、硬度4½～5。マグネシウム（Mg）を少し含む。茶色のサーペンティン（P268）を含む場合も

色：薄緑、鮮やかな緑、ライムグリーン。茶色を含む場合も

心のヒーリング：混乱の最中でも、変えられないものを受け入れる気持ちと、晴れやかさをもたらす。愛情を保ちやすくする

チャクラ：心臓（第4）

ロウソクの色：緑　香料：ヒマラヤスギ、イトスギ、レモン、ライム、イチヤクソウ　用途：ストレスを緩和させる。落ち着かせる。重要な情報や連絡などを待っているとき、身につけるとよい　仕事：需要と職業倫理のバランス、仕事と個人的な時間のバランスを調整させる　神秘的な意味：日常的な成功とスピリチュアルな道を歩むことのバランスを調整させる。忙しい人がスピリチュアルな力を育てるのを助ける　占いの意味：人生のバランスが崩れているかも。1～2日仕事を離れて、リフレッシュして　星座：牡牛座　エンパワーメント：スピリチュアルな人生は大切

　1966年、この石が特定されたカナダのケベック州ガスペ半島にちなんで名づけられましたが、オーストラリアのアボリジニは、古くから幸運とよい夢をもたらすお守りとして使っていました。西オーストラリアでも発見され、アルーラと呼ばれることもあります。
　2つの世界を調和させる石で、この石のジュエリーを身につけると、長続きする友情や恋、仕事を引き寄せます。静かなときや見えない世界、自然とのつながりを大切にするとよいでしょう。

Epidote
エピドート

種類：緑簾石、水酸カルシウム・アルミニウム・鉄・ケイ酸塩（$Ca_2Al_2FeSi_3O_{12}(OH)$）、単斜晶系、硬度 6½。宝石質のもまれにある

色：オリーブグリーン、薄緑、深緑

心のヒーリング：思考を「できない」から「できる」に変えさせる。言葉より行動をうながす。ネガティブな感情を克服させる

チャクラ：心臓（第4）

ロウソクの色：緑　**香料**：バジル、ヒマラヤスギ　**用途**：ポジティブなエネルギーをもたらす　**仕事**：現実に目を向けさせる　**神秘的な意味**：願いを叶える。人生に呼び込みたいものの写真のまわりを石で円形に囲み、さらに石のまわりに8本の緑のロウソクを立て、ロウソクを灯して燃えつきるまで置いておくとよい　**占いの意味**：選ぶのは自分。しかし計画を行動に移す前に、疑いすぎないで　**星座**：双子座　**エンパワーメント**：毎日自分のチャンスを増やす

　1800年代はじめに発見され、自分の可能性と世界の不思議に目覚めさせると考えられてきました。伝説では、よい心をもつ人間なら、目に見えない自然の精霊の世界が見えるといわれています。
　家に健康と繁栄のヒーリンググリッドを作りましょう。天然石を中心に、緑の様々な石を加えて十字を作り、新鮮な空気が循環する場所に置きます。

Greenstone
グリーンストーン

種類：緑の岩石。おもにネフライトジェード（P276）。一部はボウェナイト（P275）、またはサーペンティン（P268）

色：薄緑。もっと薄い緑でクモのような縞模様があるものも。ごく半透明の強い緑と半透明の真珠（P161）のような白もある

心のヒーリング：聖なる力とのつながりを深める。ペンダントは持ち主の一部で聖なる宝と見なされる

チャクラ：心臓（第4）

ロウソクの色：緑　**香料**：ヒマラヤスギ、キウイ、ラベンダー　**用途**：幸運、愛、健康をもたらす　**仕事**：チャンスを引き寄せる。伝統的な釣り針のデザインのペンダントであるヘイマタウを身につけるとよい　**神秘的な意味**：運を好転させる。マオリの人をモチーフにした彫像ヘイティキを置くとよい　**占いの意味**：自分の将来はコントロールできる　**星座**：乙女座、山羊座　**エンパワーメント**：人生には多くの美がある

　ニュージーランド南島でしか発見されず、マオリがアオテアロア（ニュージーランド）に到着して以来、道具や武器、装飾品に用いられてきました。発祥については、様々な伝説がありますが、伝説上のマオリの故郷ハワイキから、嫉妬深い妻に追い出された首長ンガフエがもたらしたとされています。
　使わないときは革袋に入れ、定期的にオイルを塗って水分を保ちましょう。手に持つと石とのつながりが強まります。
　だんだん稀少になっている石です。

クリソプレーズ

種類：宝石質の玉髄（潜晶質石英）、二酸化ケイ素（SiO₂）、三方晶系、硬度7

色：微量のニッケルを含むことによって、明るい緑。ときに薄緑、レモン色

心のヒーリング：裏切りのあとで関係に命を吹き込む

チャクラ：心臓（第4）

ロウソクの色：ミントグリーン　香料：ヒマラヤスギ、クラリセージ　用途：一年中ポジティブなエネルギーをもたらす。家の窓を開け、エリクシール（P16）をまくとよい　仕事：幸運をもたらす　神秘的な意味：占いの読み解きの際に思わぬ答えに導く。占いのツールと一緒に置いておくとよい　占いの意味：行きづまっても新しいチャンスが訪れる　星座：牡牛座　エンパワーメント：新しいはじまりに自分を開く

　退色を避けるため、長期間直射日光にあてないようにします。ときどき湿らせたコットンで水分を与えましょう。

　問題の解決策や新しいアプローチを見つけ出すときに力を貸してくれます。特に広告のプランナーや作家など、クリエイティブな仕事を行う人におすすめです。

　自然との距離を近づけ、深い理解をもたらすため、東欧ではこの石を通じて、は虫類とコミュニケーションができるようになると信じられてきました。

グリーンダイオプサイド

種類：透輝石、カルシウム・マグネシウム・鉄・ケイ酸塩（Ca(Mg,Fe)Si₂O₆）、単斜晶系、硬度5½～6½

色：薄緑、緑っぽい茶色、濃い深緑。ガラスのような光沢や真珠光沢がある。白いものも

心のヒーリング：あらゆる依存を克服させる

チャクラ：心臓（第4）

ロウソクの色：緑　香料：ヒマラヤスギ、ティーツリー　用途：大変な毎日の暮らしをサポートする　仕事：失業のショックをやわらげる。新たなスキルを学び、自分を売り込むのを助ける　神秘的な意味：情報を与える。発見へ導く　占いの意味：すでに探した場所を探して。なくしたものはまだそこにある　星座：双子座、乙女座　エンパワーメント：新たな目で世界を見る

　スター効果やキャッツアイ効果をもつ石は、宇宙の秘密を伝えると考えられ、「謎の石」と呼ばれてきました。伝説によると、そうした秘密は、石の持ち主の夢の中でやがて明かされるといいます。

　キャッツアイ効果があるこの石には、小さな針のようなルチルのインクルージョンが見られます。夜など暗い時間帯に移動を行う際に守ってくれるでしょう。

種類：鉄化合物の殻におおわれた緻密な砂岩。サイズはビー玉から野球ボールの大きさまで様々。モチマーブルともいう

色：茶色っぽい黒、カーキ、明るい赤茶

心のヒーリング：大地と社会に属している感覚をもたらす

チャクラ：ルート（第1）

Moqui
モキ

ロウソクの色：茶色　**香料**：カモミール、シダ、モス、ムスク、セージ　**用途**：ネガティブなエネルギーや人、ものを遠ざける。玄関ドアの内側の両脇に置くとよい　**仕事**：信じられる人を引き寄せる。身につけると、注意しながら進まなければならないときに警告のサインを与えてくれるという　**神秘的な意味**：自然とのつながりを深め、心を落ち着かせる。心配ごとを取り除く　**占いの意味**：まちがった方向に導かれるのをおそれないこと。自分で気をつけているかぎり、信頼性の低い情報源でも満足いく結果を引き出せる　**星座**：山羊座　**エンパワーメント**：ほかの人々とつながっていても、その人たちにまどわされない

　北米先住民のホピ族の伝説では、世を去った祖先の賭けごとの石とされ、日没時にこの石で遊ぶために故人が帰ってくるといわれていました。
　地球のような形から、天文学者、占星術師、そのほかUFOなどに関心のある人におすすめの石です。
　夜勤やシフト勤務の人の睡眠に効果的で、不眠症の人にも役だちます。眠る前の数分間、石を手に取り、茶色や黄の砂の海をイメージし、心を流し込むようにしましょう。

だんだん稀少になってきています。

ピクチャージャスパー

種類：碧玉（不純物を多く含む微細な石英の集合体）、二酸化ケイ素（SiO2）＋不純物、三方晶系、硬度7

色：クリーミーな砂色、カーキ、茶色。縞模様などの模様がある

心のヒーリング：心に隠れた恐怖を克服させる

チャクラ：ルート（第1）、眉（第6）

ロウソクの色：茶色　**香料**：アーモンド、バジル、セージ　**用途**：土地になじむのを助ける　**仕事**：環境保護をうながす　**神秘的な意味**：守護霊（指導霊）を描く画家に力を与える　**占いの意味**：大きな目標に集中すること　**星座**：獅子座、山羊座　**エンパワーメント**：最終結果に集中する

　石化したケイ酸塩の流動体が生み出した、見事な縞模様や流れるような模様が混ざった石です。ときには葉脈状のインクルージョンを含みます。

　やる気を引き出すのに最高の石のひとつで、持ち歩くと、自信や創造的な計画、応用力を与え、事業を立ちあげるなら成功へと導きます。

　禁煙中、タバコを吸いたい誘惑にかられたら、手に取って石の模様に集中し、深呼吸して石の力を吸収するとよいでしょう。

スパイダージャスパー

種類：碧玉（不純物を多く含む微細な石英の集合体）、二酸化ケイ素（SiO2）＋不純物、三方晶系、硬度7。稀少

色：茶色。白や、もっと濃い色のクモの巣状の模様がある

心のヒーリング：悪意ある秘密から解放されるのを助ける。ネガティブな感情を克服させる

チャクラ：ルート（第1）

ロウソクの色：茶色　**香料**：アニス、バジル、ローリエ、竜血、ヨモギ、ムスク　**用途**：人々が打ち解けるのをうながす　**仕事**：利益と成功をもたらす　**神秘的な意味**：悪夢を遠ざける。ドリームキャッチャーに1個つけ、ベッドの上につるすとよい　**占いの意味**：ゴシップを避けること　**星座**：蠍座　**エンパワーメント**：みな同じ宇宙の家族

　この石は名前が示す通り、北米先住民の女神とされる「クモの祖母」に代表されるような賢いクモの力をもっています。言い伝えでは、クモの祖母は、地上の4つの国をあらわす4色の土から人間を創造し、地下から地上へ導いたとされています。人間はその後、地上に出たときに、太陽の祖父から命を与えられたといいます。

　この石を持ち歩くと、クモなど、はいまわる昆虫への恐怖心を克服できます。また、理由が何であれ、家族やパートナーへ隠している秘密を明らかにするときにも力を貸してくれます。

オーシャンジャスパー

種類：碧玉（不純物を多く含む微細な石英の集合体）、二酸化ケイ素（SiO_2）＋不純物、三方晶系、硬度7。石全体に完璧な円を描く碧玉を指す。極めて稀少

色：緑、赤、オレンジ色、黄、クリーム色、白、茶色など複数の色に、球状のインクルージョンがある

心のヒーリング：怒りや閉塞感を、おだやかに徐々に克服させる

チャクラ：心臓（第4）

ロウソクの色：白、銀色　**香料**：安息香、ラベンダー、レモン　**用途**：自分を含め、人により忍耐強くなるようにうながす　**仕事**：ライバル心を抑えるようにうながす　**神秘的な意味**：瞑想の効果を高める。瞑想のとき、磨かれた丸玉を銀色のロウソクか、月光の下で使うとよい。月の表面に似ていることから、「月の宝石」と呼ばれることも　**占いの意味**：ほかの人を巻き込むような行動の過程で、なんらかの責任を負わなければならないかも　**星座**：蟹座、魚座　**エンパワーメント**：自分の内なる流れにのる

　「球状」を意味する言葉がついてオービキュラージャスパーと呼ばれることもあります。ポピージャスパー（P78）やレパードスキンジャスパー（P122）にも見られる、雄牛の目のような模様があるためです。オーシャンジャスパーという名前は、マダガスカルの沖合で引き潮のときにだけ取れる石につけられました。引き潮以外では、海が石を隠しています。
　この石は、ポジティブで優しい慈愛のエネルギーに満ちているため、身につける人が自分を愛し、ほかの人に共感する力を育ててくれます。

ピカソジャスパー

種類：碧玉（不純物を多く含む微細な石英の集合体）、二酸化ケイ素（SiO_2）＋不純物、三方晶系、硬度7

色：黒、茶色、赤茶、クリーム色などが、抽象模様で混ざっている

心のヒーリング：喜びをもたらす。まわりの人やものの美点に気づかせる。人や人生をあきらめてしまった人を助ける

チャクラ：ルート（第1）

ロウソクの色：茶色　**香料**：ブルーベル、ライラック、パチョリ　**用途**：旧友とのつながりをもたらす。共通の興味をもつ新しい友人を引き寄せる　**仕事**：インスピレーションをもたらす　**神秘的な意味**：守護霊（指導霊）のいるヒーリングにおいて、心の向きをそろえさせる　**占いの意味**：いつも以上に社交のチャンスをつかんで。楽しいときが待っている　**星座**：牡牛座、乙女座　**エンパワーメント**：楽しい時間を作り出す

　生成中の熱と圧力で大きな変化をとげた変成岩は、人生を満喫するのに遅すぎることはないと思い出させてくれます。
　招待を断ろうとしていたり、自分の時間を取ることに罪悪感を感じるときは、磨かれたこの石の握り石（P369）を手にしましょう。
　ヒーリングなどでは、軽いトランス状態に導きます。天使や守護霊とコンタクトが取れたり、深い瞑想状態に入れるようにうながします。

種類：碧玉（不純物を多く含む微細な石英の集合体）、二酸化ケイ素（SiO_2）＋不純物、三方晶系、硬度7

色：薄いグレー、クリーム色、ベージュ、茶色に黒の斑点入り。同名の犬の毛色に似ている

心のヒーリング：禁煙をうながす。楽しみやユーモアの感覚を呼び起こす。人生に疲れた人を助ける

チャクラ：ルート（第1）

Dalmatian Jasper

ダルメシアンジャスパー

ロウソクの色：茶色　香料：ブルーベル、ゼラニウム、スイカズラ、パチョリ、スウィートマジョラム　用途：自分の居場所に幸せをもたらす。家族に忠実さをうながす。大きな石を家のくつろぎの場所に置くとよい　仕事：ペット関連の仕事に力を貸す。犬により効果的　神秘的な意味：すべての動物とのつながりを深める。迷子のペットやなくしたもののありかへ導く。狼など、犬の仲間のパワーアニマル（P342）を身につけるとよい　占いの意味：楽しい関係はもっと続くはず。楽しむ気持ちを活発にして　星座：乙女座　エンパワーメント：真の友を大切にする

　保護力が高く、癒やしを与えてくれる石です。
　効果を持続するエネルギーで満ちているため、長く使い続けるとよいでしょう。
　がっかりするようなことや、冷笑的な人、懐疑的な人に対抗する力も与えてくれるため、家族や同僚へのよい贈り物になります。
　悪夢、特にこわい怪物の夢を子どもが見るのを防ぎ、犬への恐怖心を克服するのを助けてくれるといいます。
　家族の絆や長期的な友情、特に幼なじみとの友情を強めてくれるでしょう。
　仕事ではチームに努力と協力をうながします。石の中にある決断力が、アイデアの実行を手助けしてくれるので、会社や事業を立ちあげる際のお守りにするのもおすすめです。

種類：紅鉛鉱、クロム酸鉛（PbCr
O4）、単斜晶系、硬度２½〜３。通
常、母岩についている。稀少

色：オレンジ色と赤、しばしば鮮や
かな色。ときにオレンジ色、赤、黄

心のヒーリング：喜び、楽しみ、楽
観主義を回復させる。まじめすぎる
人や、人生から大きな幸せを奪われ
てしまった人を助ける

チャクラ：仙骨（第２）、太陽叢（第
３）

Crocoite
クロコアイト

ロウソクの色：金色　**香料**：アニス、乳香、ハチミツ、マリーゴールド、ヒマワリ　**用途**：社交や婚活の際
にふさわしい相手を引き寄せる　**仕事**：自分のイメージを一新させる。語学や新技術の習得をうながす　**神
秘的な意味**：ダンスなどを用いた、アクティブなスピリチュアリティへ導く　**占いの意味**：自分のアイデア
が抵抗にあいそうなら、チャンスをつぶされないよう、ゆっくり進めること　**星座**：牡羊座　**エンパワーメ
ント**：新しい幸せの源を受け入れる

　気分を高揚させる石。心を解放させ、カリスマ
性を強めてくれます。内気な性格で人づきあいが
苦手な人におすすめです。恋に前向きになれるよ
うに導き、退職など、大きな変化を経験したあと
も応援します。

　朝、目覚めたときに無気力で元気が出ないなら、
この石をおへそに置きましょう。けんかや失恋な
ど、つらい状況でも、普通に生活しなければなら
ないときは、太陽叢に置きます。

　自分の体型や外見に悩みがあるときも、ありの

ままの自分を受け入れて大切にし、ポジティブで
現実的な体のイメージを作り出せるように働きか
けてくれます。

注意：有毒であるため、エリクシール（P16）など
を作らないように。また、やわらかくもろいので、
ほかの石と一緒にしないようにしましょう。

種類：古代の炭酸カルシウム（CaCO_3）でできたサンゴが次第に二酸化ケイ素（SiO_2）に置き換わって生成されたもの

色：白、ピンクから金色を帯びた黄。アゲートに小さな花のような模様がある

心のヒーリング：あらゆる依存やネガティブな感情を克服させる

チャクラ：ルート（第１）、仙骨（第２）

Agatized Coral
めのう化サンゴ

ロウソクの色：クリーム色　香料：ユーカリ、スウィートグラス　用途：環境や状況になじませる。過敏な反応をやわらげる　仕事：協力をうながす　神秘的な意味：難しい状況でも気楽さを与える。両手に石を持って願うとよい　占いの意味：面倒な相手に優しく対応しておくと、近いうちによい結果を生む　星座：蟹座　エンパワーメント：人生を変えつつ、大切なものを保つことができる

　サンゴの化石のめのう化は、世界各地で起こり、その起源は３億9500万年前までさかのぼれるといわれています。

　想像力を高めてくれるため、作家などクリエイティブな仕事を行う人におすすめです。思いのままアイデアを表現しながら一貫性を保てるでしょう。

　家族がぎくしゃくしているときは、互いに受けた心の傷を癒やしながら、前進する力を与えてくれます。

　10代の若者の寝室に１個置いたり、アクセサリーとして贈ると、落ち着きをもたらしてくれるでしょう。

種類：黄鉄鉱、硫化鉄（FeS_2）、立
方晶系、硬度6〜6½

色：メタリック、濃いグレー、黒。
表面が微細な鉱物の集晶でおおわれ
ている。虹色に輝き、金色、緑、ロ
ーズピンク、青などを生む

心のヒーリング：円滑なコミュニケ
ーションをもたらす。社会的な関係
をつくれるように手助けする

チャクラ：太陽叢（第3）

Russian Rainbow Pyrites
ロシアンレインボーパイライト

ロウソクの色：銀色　**香料**：バジル、竜血、ニンニク、ショウガ　**用途**：ポジティブな認知力をもたらす
仕事：スタミナと勇気、創造力を与える　**神秘的な意味**：ネガティブなあらゆるものを遠ざける　**占いの意
味**：挑戦が難しい新しい活動や趣味を試してみては。心から楽しめて、自分に勇気があるとわかる　**星座**：
牡羊座　**エンパワーメント**：新しい活動を楽しむ

　この石は、比較的最近ロシアのヴォルガ川沿い
のウリアノフスクで発見されたものですが、虹色
に輝くほかの石と同様に伝説をもっています。大
地または水の精霊が残した宝物という説と、虹が
落としたものという説です。

　そのため、幸運の石とされ、虹が出ているとき
に願いごとをすると、幸運を呼び込むと考えられ
ています。二重に虹がかかっているときは、さら
に強運をもたらします。

　自分と反対の意見や感情をもつ人に、自分と同

じ熱意を与えてくれます。

　まわりにアクティブな旅をする人や、危険と隣
りあわせのスポーツを行う人がいるなら、プレゼ
ントしましょう。安全を守り、楽しい時間を与え
てくれます。

注意：有毒であるため、エリクシール（P16）な
どを作らないように。

種類：宝石質のオパール、含水二酸化ケイ素（SiO$_2$·nH$_2$O）、非晶質、硬度5½〜6½

色：虹色（遊色）

心のヒーリング：あらゆる苦痛を緩和させる。希望や救いがないと思う感覚を解消させ、自立をうながす

チャクラ：眉（第6）

Rainbow Opal
レインボーオパール

ロウソクの色：銀色、青　**香料**：ヒヤシンス、ラベンダー、ネロリ、モモ、バニラ　**用途**：幸せをもたらす。ユーモア、ポジティブさ、活力を与える　**仕事**：改善策をもたらす。ネガティブな感情をポジティブに変える　**神秘的な意味**：願いごとを叶える。幸運をもたらす。気分を高揚させる。不運をおわらせる。空に虹がかかっているときに石に願いごとをすると、幸運に恵まれるという　**占いの意味**：ちょうどあきらめたときに幸運が戻ってくる。長く持続できるように、チャンスは最大限に生かすこと　**星座**：蟹座　**エンパワーメント**：自分の願いが叶うように行動できる

　宝石のオパールの9割以上は、オーストラリア産で、オーストラリアの国の宝石となっています。
　現地のアボリジニの伝説では、創造神が大地にはじめて足をおろしたときに、岩が虹色になり、オパールに変わったとされています。虹色の遊色効果は、背景の色が明るくても暗くてもあらわれ、明るい場合はホワイトオパールに、暗い場合はブラックオパールになります。
　レインボーオパールは、オパールの中の最高級品です。最も幸せをもたらす石とされています。

　よい夢の石でもあるため、よく眠れなかったり、繰り返し嫌な夢を見るときに、落ち着きと安眠をもたらしてくれます。
　スピリチュアルな力を自然に開いて高める石でもあり、瞑想に力を発揮します。

種類：めのう（潜晶質石英）、二酸化ケイ素（SiO_2）、三方晶系、硬度7

色：赤茶、オレンジ色、グレー、茶色、黄、オーク色、クリーム色、乳白などが混ざっている

心のヒーリング：クモなど、はいまわる昆虫への恐怖心を克服させる。自尊心を高める。感情の痛みを取り除く

チャクラ：のど（第5）、眉または第3の目（第6）

Crazy Lace Agate
クレージーレースアゲート

ロウソクの色：多色（複数の色が混ざったもの）　**香料**：コーパル、竜血、サフラン　**用途**：笑いと楽しさをもたらす　**仕事**：直接的なコミュニケーションや一体感をもたらす　**神秘的な意味**：恋愛運をあげる。古いクモの巣の下に、毎月1回24時間置くとよい　**占いの意味**：リラックスする時間を取って。即席のパーティに人を招いてみて　**星座**：水瓶座　**エンパワーメント**：人生が暗いときでも喜びと笑いを忘れない

　明るいメキシコの祭事やダンスと結びついており、身につけた人に喜びをもたらすため、「笑いの石」と呼ばれています。

　エネルギーが停滞し、不調から抜け出したいと考えているなら、持ち歩くようにしましょう。毎日のエネルギーの流れを変えるとともに、整えてくれます。

　運命との関係性が強いため、古い場所を訪ねるときは持ち歩きましょう。過去の世界や魂に出会っても、悪霊におどされたり、ネガティブなエネルギーをもらわないように守ってくれます。

Rainbow Quartz
レインボークォーツ

種類：透明な水晶内に、プリズムのような割れ目が入ったもの

色：虹色。内部構造によるプリズム効果で光が反射される

心のヒーリング：楽観性をもたらす。深い失望や幻滅を克服させる

チャクラ：眉（第6）、頭頂部（第7）

ロウソクの色：白　**香料**：コーパル、乳香、レモン、オレンジ、白檀　**用途**：自信を与える　**仕事**：雰囲気の悪さや責任感の欠如を改善させる。光のあたる場所に置くとよい　**神秘的な意味**：初心者を占いに導く　**占いの意味**：幸運の女神がほほえむとき　**星座**：蟹座、獅子座　**エンパワーメント**：将来は明るい

　透明な水晶のダイナミックな力と、虹のエネルギーがひとつになっています。7色の光は、白が力を、赤が勇気と自信、オレンジが創造力、黄が論理性と企業家精神、緑が愛と幸運、青がキャリアと正義、紺がスピリチュアルな力と想像力、紫が人生の飛躍をとげる能力を高め、幸運をもたらします。

Dendritic Quartz
デンドリティッククォーツ

種類：水晶。シダや植物のように見える黒の酸化マンガン（おもにMnO）のインクルージョン。樹状水晶ともいう

色：透明度はインクルージョンの割合による。一部の水晶は黄を帯びたり、スモーキーになる

心のヒーリング：ほかの人への依存を軽減させる

チャクラ：ルート（第1）

ロウソクの色：白　**香料**：クレマチス、ツタ、ベチバー　**用途**：性格の似た人を引き寄せる　**仕事**：事業拡大や成功へ導く　**神秘的な意味**：幸運をもたらす。樹状水晶を月光にかざし、一番近くの木の幹に押しあてると、スピリチュアルなメッセージがもたらされるという　**占いの意味**：状況によって息がつまるように感じるかも。逃げ出すより、数歩さがってそっと自分のスペースを作って　**星座**：魚座　**エンパワーメント**：いつも一緒の仲間を必要としない

　自然回帰の水晶とされ、おだやかな日光のもとで手に取ると、自然界のエネルギーとつながり、自分を最も純粋な生命力で満たすことができます。田舎や海沿いを旅したり、住みたくなったら、この水晶を持ち歩くと、あらゆるアイデアを広げ、思わぬチャンスを引き寄せてくれるでしょう。

　子どものコミュニケーション力と社交性も高めてくれるといいます。内気な子どもや、幼稚園や学校に行くのが好きではない子どもに効果が期待できます。

種類：クリード石、含水フッ素・カルシウム・アルミニウム・硫酸塩（$Ca_3Al_2(SO_4)(OH)_2F_8 \cdot 2H_2O$）、単斜晶系、硬度4。稀少

色：無色透明、紫、オレンジ色、赤

心のヒーリング：過度の責任感を軽減させる

チャクラ：のど（第5）、頭頂部（第7）

Creedite
クリーダイト

ロウソクの色：白　香料：サクラ、バニラ、ホワイトローズ　用途：失恋を癒やす。正しい恋愛に導く　仕事：目標の実現や成功へ導く。仕事の質をアップさせる　神秘的な意味：スピリチュアルな世界とのつながりを深める。輝く白または紫の石を部屋の高い場所に置き、ランプで照らすと、スピリチュアルな世界への入り口になるという　占いの意味：幸せをじゃまする人から自由になれる　星座：乙女座　エンパワーメント：だれも傷つけずに自分の望む生き方ができる

　先のばしにしている計画や決定を実行に移し、成功へ導く石です。

　オレンジ色の石は仕事のキャリアや引っ越しでよい結果をもたらします。独立が課題である場合によいでしょう。

　紫の石は、自信と決断を与え、日常とスピリチュアルな世界における自己成長のために時間を作るように働きかけます。

　無色透明の石は、望まない変化、たとえば長期のハードなフィットネス計画などを実現できるように

うにうながします。

ウォーターメロントルマリン

種類：リチア電気石、水酸ホウ酸ナトリウム・リチウ
ム・アルミニウム・ケイ酸塩（$Na(Li,Al)_3Al_6(Si_6O_{18})$
$(BO_3)_3(OH)_4$）、三方晶系、硬度 $7 \sim 7\frac{1}{2}$

色：すいかのような色（外側に緑の皮、内側に赤やピン
ク）

心のヒーリング：チャクラのバランスを整え、浄化す
る

チャクラ：心臓（第4）

ロウソクの色：ピンク、緑　**香料**：リンゴの花、サクラ、ゼラニウム、バラ、タイム　**用途**：円滑な人間関係をもたらす。子どもにも効果が期待できるため、1個持たせるとよい　**仕事**：平和と人々の交流をもたらす　**神秘的な意味**：願いを叶える。この石のワンド（P375）の先端から宇宙に向けてエネルギーを放出させると、望むものを引き寄せられるという　**占いの意味**：世界のいろいろな美を楽しんで　**星座**：天秤座、蠍座　**エンパワーメント**：自分の中に幸せと喜びの種をまく

　自尊心を高め、報われなかった恋の傷を癒やします。いつも理想の恋を夢見たり、恋人に期待しては失望する人の手助けをします。
　ピンクの優しさと緑の成長のエネルギーは、陰陽の性質であるため、家庭の混乱や病気のあと、または負担が大きいことをやりおえたあとに、人生に喜びを呼び込んでくれます。
　身体的な意味だけでなく、より充実して生きるという意味でも、生殖力や達成力を高める石です。

ヒーラーズゴールド

種類：パイライト（P195）と磁鉄鉱が組みあわさったもの

色：黒に銀色または金色。ときに白のインクルージョンがある

心のヒーリング：エネルギーを枯渇させる人や、心が疲弊する状況を遠ざける

チャクラ：太陽叢（第3）

ロウソクの色：金色　**香料**：カモミール、コーパル、没薬　**用途**：幸運をもたらす。悲しみをやわらげる。再建を助ける　**仕事**：ネガティブなエネルギーを吸収する。仕事と休息のバランス調整をうながす　**神秘的な意味**：スピリチュアルなヒーリング力を高める　**占いの意味**：過剰な働き方と不要なものを捨てる厳しい決断をし、必要なものを呼び込んで　**星座**：獅子座　**エンパワーメント**：プレッシャーにあらがう力をもっている

　必要なものを呼び込み、不要なものを遠ざけてくれます。
　誠実さと愛を引き寄せるには、乾燥したローズマリーの枝を小さな袋に入れ、この石のペンダントと一緒にベッドの上につるします。ハーブは毎月取り替え、古いハーブはまきます。また、毎月、乳香か没薬のインセンスで石の上に螺旋を描きながらいぶしましょう。

種類：おもに方解石でできた変成岩。大理石

色：純粋なものは白だが、黒、緑、オレンジ色、赤、黄など、多くの色の組みあわせがある

心のヒーリング：ストレスや精神的疲労を取り除く。明晰さと集中力を回復させる。心をおだやかにし、適度な休みを与える

チャクラ：眉（第6）、頭頂部（第7）

Marble
マーブル

ロウソクの色：白　**香料：**アニス、ヒマラヤスギ、ラベンダー、レモングラス、タイム　**用途：**落ち着きを与える　**仕事：**集中力とクリエイティブな力を与える。注意をうながす　**神秘的な意味：**日常生活に聖性をもたらす。家庭でも大理石を活用するのがおすすめ　**占いの意味：**感情的な問題や葛藤は、常識で解決できる　**星座：**双子座、蟹座　**エンパワーメント：**自分の先入観を脇へ置き、真実を見る

　生物起源の変成岩で、何千万年もかけて生成されます。通常、最初は石灰岩で、多くの地質学的変化をとげてできています。白大理石は、多くの時代と文化において、純粋さと不朽のシンボルとして、寺院や彫像に用いられました。たとえば、古代ギリシャ・ローマの神像、教会の天使像、ヴィクトリア時代の教会の品々など。墓碑や十字架に使われたことも、大理石の不滅さや天国とのかかわりを強めました。

　大理石は、現在でも祭壇に使われています。触れると精神を自由にし、内面の英知の源とつながることができます。小さな丸玉を持ち歩くと、物理的にも精神的にも、危険な道や未知の世界をひとりで歩まなければならないときに守ってくれるでしょう。

　白大理石は、マッサージ用の石やワンド（P375）として、チャクラを整えるとされるため、近年、セラピストに人気です。天使やヒーリングガイドといった、より高いスピリチュアルなエネルギーをヒーラーにもたらしてくれます。

Amethyst Chevron
アメシストシェブラン

種類：紫と白が山形模様（シェブラン）になった水晶

色：濃い紫と白。山形模様で白が先端にあるものは、しばしばドッグトゥースアメシスト（犬の歯のアメシスト）と呼ばれる

心のヒーリング：過剰な気分や行動を取り除く

チャクラ：眉（第6）、頭頂部（第7）

ロウソクの色：紫　香料：アカシア、レモン、ハス、メドウスイート、パピルス　用途：忍耐力とよい精神をうながす　仕事：心配ごとを取り除く。スタミナをアップさせる。心配ごとには色の濃い水晶、スタミナには白い水晶がおすすめ　神秘的な意味：スピリチュアルな世界の旅のお守り。両手に1個ずつ持ち、両手の間にも1個置いて祈るとよい　占いの意味：ストレスフルな状況から身を引き、それから行動すれば、自分の中に平安が見つかる　星座：水瓶座　エンパワーメント：どこにでも美を見つけることができる

　紫と白の部分は異なる働きをします。痛みや緊張を取り除くなら、紫のほうを使い、部分的なヒーリングでは、不調や問題をかかえる場所の上で反時計まわりに動かし、全身のヒーリングでは、背中の下のほうからゆっくりとあがって肩から胸へおりるように動かします。
　白いほうは、エネルギーを与えることができます。紫のほうで行うときと逆に動かします。
　生命力は、白であらわされる頭頂部を通って、紫であらわされる眉に入り、心と体にエネルギーを与え、調和させるため、この水晶は、スピリチュアルなヒーリングにおいて大切な白と紫の2つをもっています。ヒーリングの力を体内により効果的に導くことができる水晶です。

Cat's Eye
キャッツアイ

種類：石や宝石の種類による。もともとはクリソベリル（P106）だけがキャッツアイと呼ばれたが、今ではトルマリンキャッツアイなど、ほかのものも、宝石のトレードネームをつけて呼ばれる

色：石や宝石の種類によって様々。キャッツアイ効果を必ず示す

心のヒーリング：まわりの影響を遠ざける

チャクラ：心臓（第4）

ロウソクの色：緑　香料：リンゴの花、キャットミント、ヒマラヤスギ、ライラック、白檀（びゃくだん）　用途：忘れもののありかへ導く。正しい評価をもたらす　仕事：独立をうながす。チャンスを察知させる　神秘的な意味：幸運をもたらす。インドでは、悲しみ、貧困、病気、隠れた敵から守る幸運のお守り　占いの意味：忠実な友人とうわべの友人を見分けて　星座：魚座　エンパワーメント：人の不愉快な振る舞いは受け入れなくていい

　石の中に、小さな管状の空間や針状鉱物の繊維状組織があり、同じ向きで並んでいる場合、光があたったときに1本の光の帯が垂直に反射し、キャッツアイ効果を生み出します。
　中東や中近東では、邪悪な目から守ってくれると考えられてきました。同時に、身につけた人の姿を見えなくしたり、富を引き寄せるといわれています。
　キャッツアイの石やジュエリーを身につけると、驚くほどの金運をもたらすといい、悪意やねたみなど、ネガティブな感情から守ってくれます。同じキャッツアイを長年身につけるほど、幸運を呼ぶ力は高まり、伝統的に水曜、木曜、金曜のいずれかに買うとよいでしょう。

種類：アメシスト（P225）とシトリン（P102）をあわせもつ水晶。どんどん稀少になっている

色：輝くような黄と優しい紫が混じっている

心のヒーリング：禁煙やダイエット中の衝動的欲求を軽減させる。欲求が強くなったら、おへその上に1〜2分のせる

チャクラ：太陽叢（第3）、眉（第6）

Ametrine

アメトリン

ロウソクの色：黄　**香料**：ベルガモット、ラベンダー、レモングラス、レモンバーベナ、ミント　**用途**：個人を尊重させる。尊厳を守る。差別を遠ざける　**仕事**：仕事と休息や家族の世話のバランスを調整させる
神秘的な意味：願いを叶える。水晶を手に取り、人生でうまくいかないことをつぶやいたあと洗い、日光にかかげ、人生に呼び込みたいことを願うとよい　**占いの意味**：倫理的によくない方法に頼らなくても勝てる
星座：双子座　**エンパワーメント**：自分で選択し、自分の欲望に振りまわされない

太陽の力と月のおだやかさをあわせもつため、ストレスを感じずに熱意と勢いを保ってくれます。アメシストは痛みや緊張を取り除き、シトリンは心と体にエネルギーと幸福感を与えるため、ヒーリングに最適です。

紫と白のアメシストシェブラン（P321）より、エネルギーの与え方がおだやかです。

天使や守護霊（指導霊）との道をつなげる水晶である一方で、金運の水晶でもあります。満月の日の正午から日が暮れるまで日光にあて、ひと晩、月光にあててエネルギーを吸収させたら、財布に入れましょう。宝くじを買ったり、事業をはじめるときに効果を発揮します。

風邪やインフルエンザなど、病気への免疫力を高めるともいい、ネガティブなエネルギーを遠ざけてもくれます。

ウーバイト

種類：灰電気石、水酸ホウ酸・カルシウム・マグネシウム・アルミニウム・ケイ酸塩（$CaMg_3(Al_3Mg)(Si_6O_{18})(BO_3)_3(OH)_4$）、三方晶系、硬度 7 ½

色：黄や茶色、薄い茶色から濃い茶色、深緑から黒

心のヒーリング：自信を与える

チャクラ：ルート（第1）、太陽叢（第3）、心臓（第4）

ロウソクの色：アースカラー　香料：コリアンダー、竜血　用途：環境の保護をうながす　仕事：忍耐力を与える。客観性を高める。価値観と職業倫理を保たせる　神秘的な意味：個人の責任を目覚めさせる　占いの意味：お金が一番ではない　星座：牡羊座、蠍座　エンパワーメント：自分の持っているものに満足している

　トルマリン族の鉱物で、スリランカのウヴァ地方にちなんで名づけられました。マグネシウム分が豊富で、ドラバイト（P130）やスコール（P215）、エルバイト（P338）など、ほかのトルマリン族と異なり、ナトリウムがカルシウムに置き換わっています。長細い柱状結晶をもつ通常の典型的トルマリンの結晶より、ごつごつしています。
　忍耐力、客観性、自信を与えてくれます。

ハイアライトオパール

種類：オパール、含水二酸化ケイ素（$SiO_2 \cdot nH_2O$）、非晶質、硬度 5 ½～6 ½。玉滴石ともいう

色：無色で光沢がある

心のヒーリング：自分の体へのよいイメージを回復させる。体への過剰な自意識を取り除く

チャクラ：仙骨（第2）、心臓（第4）

ロウソクの色：銀色　香料：クラリセージ、ローズウッド、スウィートグラス　用途：資源やお金、友人など、必要なものを引き寄せる　仕事：人を見る目を育てる　神秘的な意味：ネガティブなエネルギーを遠ざける。夜に銀色のロウソクを灯して石を照らし、ロウソクが燃えつきるまでそのままにしておくとよい　占いの意味：自分自身のままでいい　星座：蟹座　エンパワーメント：今の自分の体が一番

　このオパールは、ブドウ状の塊のような奇妙な形をし、ほかの鉱物をおおっている状態で見つかります。紫外線の下で蛍光性を示し、小さな丸玉のようになるため、非常にめずらしいオパールといえます。
　オパールの不思議な性質と美しさをもちあわせながら、身につける人の個性を引き立たせ、輝かせてくれます。内なる輝きこそ、本来の美しさだと気づかせるとともに、内面の美しさを引き出してくれるのです。

ピーターサイト

種類：石英（クォーツ）、二酸化ケイ素（SiO_2）、三方晶系、硬度7。どんどん稀少で高価になっている

色：青黒、青、金色、金茶のタイガーズアイ（P120）と水晶が組みあわさったもの

心のヒーリング：あらゆる依存を克服させる

チャクラ：第3の目（第6）、頭頂部（第7）

ロウソクの色：濃青　**香料**：バジル、ヒマラヤスギ、オレンジ、白檀、セージ　**用途**：悪天候がおよぼすネガティブな影響を取り除く　**仕事**：ネガティブなエネルギーや人、ものを遠ざける　**神秘的な意味**：幻視体験と予見をもたらす　**占いの意味**：新しい光を得て見えるものがあるかも　**星座**：射手座　**エンパワーメント**：スピリチュアリティは休まず経験を伝えてくれる

　成功をじゃまする自信のなさを克服させ、才能を遺憾なく発揮できるように働きかけます。
　悪天候が招く不運や精神的な不調を取り除いてくれるとともに、長時間コンピュータを使って仕事をしている人など、エネルギーの悪影響から守ってくれます。

サードオニクス

種類：めのう（潜晶質石英）、二酸化ケイ素（SiO_2）、三方晶系、硬度7。通常、赤と白の縞模様になったものをいう

色：模様を含め様々

心のヒーリング：被害者意識を取り除く。先のばしにしていることを実行させる

チャクラ：ルート（第1）

ロウソクの色：茶色　**香料**：フェンネル、ムスク、タイム　**用途**：断絶を修復させる　**仕事**：勉強や研究を助ける　**神秘的な意味**：勇気や力を与える。磨かれた石を手に取り願うとよい　**占いの意味**：永遠の幸せに導く。思わぬ新しい友人ができる　**星座**：牡羊座、乙女座、山羊座　**エンパワーメント**：簡単に目標を達成できる

　古代ギリシャ人やローマ人は、この石で戦いの神アレスの像を彫り、お守りとして戦地に持っていったといいます。
　幸運のシンボルで、特に結婚と恋愛に力を発揮します。独身でこの石を贈られたなら、年内に結婚するといわれています。また、この石からできたリングは究極の誠実さを意味します。
　訴訟や正義においても、幸運をもたらすとともに、不正や誤りを正す勇気を与えてくれるでしょう。

種類：微細な石英粒からできた石。どんどん稀少になっている

色：様々なアースカラー

心のヒーリング：男女のエネルギーを統合させる。バランスの調整をうながす

チャクラ：眉（第6）

Shiva Lingham
シバリンガム

ロウソクの色：藍色　**香料**：アーモンド、リンゴ、ブルーベル、オレンジ、バラ　**用途**：相思相愛の人や性格の似た人を引き寄せる。元旦か月の初日に、石に息を3回吹きかけながら願い、深い湖か引き潮に投げ込むとよい　**仕事**：不愉快な緊張や対立、ネガティブな感情を取り除く　**神秘的な意味**：スピリチュアルな愛をもたらす　**占いの意味**：嵐は過ぎ去り、新しいポジティブなエネルギーが落ち着きをもたらす　**星座**：蠍座　**エンパワーメント**：自分と共鳴しあう人を歓迎する

　インドの寺院オムカーマンダタには、聖なるナルマダー川が流れています。年に一度乾季に、選ばれたわずかな地元の人々が浅くなった川に入り、この石を川底から集めます。様々なサイズの石は慎重に選別され、手作業で精巧に磨かれて正しい比率に整えられ、非常に強力なお守りの石やヒーリングの石となります。
　風水では、この石が収集されるまで、聖なる川の流れを受けていたことから、家のエネルギーの流れをよくするために使われています。

　家に置くと、家族の絆や愛情も深めてくれます。寝室に大きな石を1個、その隣に小さな石を1個置いておくと、子宝に恵まれるともいいます。

種類：ルビー（P82）の結晶を含む灰簾石。アニョライトともいう

色：緑、濃いピンクから赤、黒

心のヒーリング：性に関する問題を解決へ導く

チャクラ：太陽叢（第3）、心臓（第4）、頭頂部（第7）

Ruby in Zoisite

ルビーインゾイサイト

ロウソクの色：緑、赤　**香料**：リンゴ、リンゴの花、ショウガ、ジャスミン、マグノリア　**用途**：性に関する問題を解決へ導く。情熱を回復させる　**仕事**：目標と締切を達成へ導く。男女の調和を生み出す。男女の差を軽減させる　**神秘的な意味**：愛情や絆を深める　**占いの意味**：すぐに行動したい衝動、安全な場所で待つこと、様子を見ることの、3つのバランスを取って　**星座**：牡羊座、牡牛座　**エンパワーメント**：情熱と現実のバランスを取る必要を認める

　緑のゾイサイトの中に赤のルビーの結晶が入った美しい組みあわせで、火のエネルギーと大地のエネルギー、情熱と忍耐、短期と長期の人生をそれぞれ統合しながらバランスを取ってくれます。

　夢を追いながらも地に足のついた生活が送れるように、強い精神力を与える一方で、自分とまわりの人の計画が共存できるように働きかけてもくれるでしょう。

　子どもや若い人が、自主性や自尊心を感じながら、必要なルールを守らなければならないときに効果的です。不安定な心や過剰な反応を取り除いて落ち着かせてくれて、感情的かつ衝動的な行動を取らないようにうながします。

　海外にでかけるときは持っていきましょう。地元の慣習への理解を深め、現地に溶け込ませてくれます。

種類：鉄酸化物がしみ込んだ砂岩の中にすじ状、パッチ状に生成される貴重なオパール

色：茶色。虹色光沢がある

心のヒーリング：現実世界を直視させる

チャクラ：ルート（第1）、眉（第6）

Boulder Opal
ボルダーオパール

ロウソクの色：虹色　**香料**：ヒマラヤスギ、ユーカリ、パチョリ、マツ、ベチバー　**用途**：冒険心を保たせたまま、安定した家庭環境を築くエネルギーを与える。ホームシックを防ぐ　**仕事**：強い耐久力、忍耐力、目標を与える。長期の勉強や訓練、時間のかかることに取り組んでいるとき、身につけるとよい　**神秘的な意味**：ポジティブな力を与える。大地と植物の精とのつながりを深める　**占いの意味**：計画をスタートさせたいなら、より現実的になって。現在の制約の中で動くこと　**星座**：蟹座、山羊座　**エンパワーメント**：制約を成功の基盤に変える

　ボルダーオパールは、オーストラリアの貴重なオパールと酸化鉄がしみ込んだ砂岩が組みあわさってできたものです。オパールの一部は木と入れ替わって化石になることがあり、もとの木の年輪がそのまま残っているものも同様に、ボルダーオパールと呼ばれます。オパールが母岩を貫通して混ざっている場合は、マトリックス（母岩）オパールといいます。

　オーストラリアのアボリジニは、美と神秘的な尊さをもちあわせていると考え、通過儀礼に用いていました。また、北米先住民はお守りとして大切にしたといわれています。

　現実的な人がスピリチュアルな成長をとげるように働きかけたり、逆にスピリチュアルな心をもつ人が現実世界で成功するのを助けてくれます。

　仕事でつらいことを経験しているときにも、忍耐強く踏みとどまるように力を貸してくれます。誕生日や重要な節目のプレゼントにもおすすめの石です。

Paua Shell
パウア貝

種類：ヘリトリアワビ（*Haliotus iris*、アワビ属）

色：濃青、緑、紫

心のヒーリング：産後のひだちを助ける

チャクラ：仙骨（第2）

ロウソクの色：緑　**香料**：ハチミツ、ケルプ、マヌカ、バニラ　**用途**：自信を与える　**仕事**：結合力をもたらす　**神秘的な意味**：愛情や健康、繁栄をもたらす。ニュージーランド産のグリーンストーン（P306）との組みあわせがおすすめ　**占いの意味**：うれしいことがある予感。すべてやってみる価値がある　**星座**：蟹座　**エンパワーメント**：思わぬ場所や人にも美しさがある

　世界で最もカラフルな貝といわれ、マオリ族は装飾に活用し、宗教儀式においても用いていました。マオリの彫像の目は、この貝を象眼したものです。

　すべてを見通すとされ、フクロウの目や夜空の星と結びつけられています。強力な英知と遠大な洞察力のシンボルでもあり、何事も正しい道を歩めるように働きかけてくれます。

　ニュージーランド産のグリーンストーンと組みあわせると、より効果的であるといわれています。

Mookaite
ムーカイト

種類：碧玉（不純物を多く含む微細な石英の集合体）、二酸化ケイ素（SiO_2）＋不純物、三方晶系、硬度7。チャート起源のものを含む。ときに化石のインクルージョンも

色：茶色。斑点がある

心のヒーリング：心配ごとを取り除く。変化を受け入れさせる。チャンスをもたらす

チャクラ：ルート（第1）、仙骨（第2）、太陽叢（第3）

ロウソクの色：ピンク　**香料**：バジル、ローリエ、パチョリ、セージ、ベチバー　**用途**：決断に導く。勇気を与える　**仕事**：熱意を与える　**神秘的な意味**：大地の力とのつながりを深める。握り石（P369）を、胃の上にあてるとよい　**占いの意味**：挑戦に満ちたことが待っている　**星座**：乙女座、蠍座　**エンパワーメント**：歩みをとめれば、美しいものはどこにでもある

　西オーストラリアで見つかるジャスパーの一種で、採掘される地名にちなんで名づけられました。オーストラリアのアボリジニの母なる大地の石で、都会にいてもポジティブな大地のエネルギーを感じることができます。

　ヒーリングの力も強いことから、近年、世界中で人気が出ています。

　非常に保護の力が強く、着実に人生を歩ませてくれる石であるとともに、やる気をもたらす石でもあります。私生活や仕事で少し行きづまったと感じるときに、勇気を与えてくれます。

種類：ルビー（P82）とカイアナイト（藍晶石）。稀少

色：濃い赤、青。ときに青緑と紺が様々な割合で混ざり、溶けあっているように見える

心のヒーリング：ネガティブな感情を克服させる

チャクラ：ルート（第1）、心臓（第4）、のど（第5）、眉（第6）

Ruby in Kyanite

ルビーインカイアナイト

ロウソクの色：青　香料：アーモンド、ゼラニウム、ハイビスカス、ポピー、レッドローズ　用途：自由やアイデンティティを尊重させる。バランスをもたらす　仕事：自立心や自尊心を尊重させる　神秘的な意味：ヒーリングの効果をアップさせる　占いの意味：アドバイスしても、ほかの人の問題に責任を負う必要はない　星座：射手座、蟹座、魚座　エンパワーメント：自分を失わずに愛することができる

　ルビーとカイアナイトは、美しくてヒーリングの力があるスピリチュアルな組みあわせのひとつです。瞑想やヒーリングだけでなく、幸運と保護の神像を作るときにも使われています。

　よく知らない人ばかりの中に加わったり、そうした人と長時間一緒に行動する必要があるときは、この石を身につけるようにしましょう。どんな情報も有意義に感じられるように働きかけてくれるので、より効果的なコミュニケーションができます。

　感情的な人や遠慮のない人から、ネガティブなエネルギーを受けないように守ってくれるともいわれています。

Amegreen
アメグリーン

種類：クロライト（P273）を含んだアメシスト（P225）またはプラシオライト（P302）。だんだん稀少になっている

色：薄紫、紫と緑

心のヒーリング：愛しすぎたり、与えすぎたりしないようにうながす

チャクラ：心臓（第4）、眉（第6）、頭頂部（第7）

ロウソクの色：緑　**香料**：安息香、ペパーミント　**用途**：金運をもたらす　**仕事**：スピリチュアルなインスピレーションを与える　**神秘的な意味**：ネガティブで心理的な影響を遠ざける　**占いの意味**：精神的な力は急速に成長していて、近々正しい方法で使うチャンスがある　**星座**：魚座　**エンパワーメント**：自分の能力が正しい道に導いてくれると信じている

　スピリチュアルな石で、屋外で天使と結びつけてくれます。持ち歩くと自動的にオーラとチャクラを浄化します。自分やまわりの人のスピリチュアルなヒーリングのために使うとよいでしょう。

　利き手ではない手に持ち、痛みのある場所の近くで反時計まわりに円を描きます。体の不調や悲しみを取り除くには、心臓の近くで円を描きます。

　健康で、何もネガティブなことが起こっていないと思えるときにも、小さな奇跡を起こす石です。

Dragon's Egg
ドラゴンズエッグ

種類：通常は透明な水晶。ドラゴンストーンともいう

色：透明。磨いたガラスのような窓から、内側の結晶が見えることがある

心のヒーリング：ケアを受けている子どもを助ける

チャクラ：ルート（第1）、太陽叢（第3）

ロウソクの色：紫、ピンク　**香料**：アーモンドの花、ライム、ティーツリー　**用途**：物事の根底へ導く。磨かれた丸石を取り混ぜて置いておくと、根底にたどり着くときに握り石（P369）として使えるという　**仕事**：明晰さをうながす。透明な水晶の丸石を持つとよい　**神秘的な意味**：物事の根底へ導く。水晶玉（P378）の代わりになるため、見つめると答えへと導かれるという　**占いの意味**：正しい質問をすれば、秘密は明らかになる　**星座**：蟹座　**エンパワーメント**：隠された意味を知るために、目の前ではなく、その向こうを見る

　かつては、竜の子がかえったあとの卵だと信じられていました。多くの丸玉は、川の流れによって削られ、自然なつや消しがほどこされたようになっていますが、天然石以外は、粉を吹いたような外見にするために磨かれた上、インクルージョンが見えるように加工されています。

　とても感じやすい子どもや若い人、早く大人にならなければならなかった人のよいお守りになります。

　子どもに与える最初の石として理想的。やわらかい紫のアメシスト（P225）とピンクローズ色の水晶がおすすめです。卵の中の世界に物語を広げ、感性を刺激するでしょう。

種類：めのう（アゲート）の塊の中に水がたっぷり閉じ込められているもの。石を振ると水音が聞こえ、光に透かすと水が見える。ウォーターアゲートともいう

色：くもった白、赤、グレー、こげ茶、黒、青。ほかの色の場合もある

心のヒーリング：トラウマを癒やす

チャクラ：仙骨（第2）

Enhydro Agate

エンハイドロアゲート

ロウソクの色：銀色　香料：ジャスミン、レモン、レモンバーム、レモンバーベナ、ポピー　用途：感情を安定させる　仕事：言葉にしない要求や感情を理解させる　神秘的な意味：男女の直感力、テレパシー力、透視力を高める。守護霊（指導霊）や祖先とのつながりを深める　占いの意味：ほかの人の感情に押し流されそうになるかもしれないが、それにおおいつくされないで　星座：蟹座　エンパワーメント：自分の本当の気持ちと心に正直になり、直感が自分を導いてくれると信じて

　この石を使って、変化や混乱、危機の中でも、人間関係と環境、古きよきものを大切にしながら、新しいものに対応できるようにしましょう。

　ナイジェリアのヨルバ族に伝わる海の女神レマーニャの石で、母なる大地の羊水をあらわし、子孫繁栄と豊穣のシンボルとされています。石の中にある水は瞑想に最適です。現在、過去、未来のあらゆる場所で、あらゆる人々の経験を記録した「アカシックレコード」と呼ばれる英知の泉へ導くともいいます。

　頭を星々に、足を地に根づかせてくれるので、降霊術などにもよいとされています。

種類：二酸化ケイ素（SiO₂）に置換された堆積岩

色：深緑に黒。外見が似ているため、ネブラストーン（P288）にまちがわれることも

心のヒーリング：混乱した心に平安と静けさをもたらす

チャクラ：ルート（第1）、心臓（第4）

Stromatolite Jasper

ストロマトライトジャスパー

ロウソクの色：緑　**香料**：バジル、楓子香、ミモザ、パチョリ、スウィートグラス　**用途**：集中力を与える。リラックスさせる。ストレスを軽減させる　**仕事**：キャリアや業務、家族経営の仕事を向上させる。ネガティブなエネルギーを発する人を遠ざける　**神秘的な意味**：過去の人とのつながりをもたせ、調和させる。スピリチュアルでネガティブなエネルギーを遠ざける　**占いの意味**：変更しようとしていることが改善につながるかを考えて　**星座**：蟹座、山羊座　**エンパワーメント**：たった今変えなければならないことはない

　緑のこの石は、かつてカンババジャスパーと呼ばれていました。マダガスカルと南アフリカで産出される堆積岩で、地上の最初期の生命である藻類や原始的な微生物の化石を含んでいます。

　エキゾティックなジャスパーであるため、海水魚や熱帯魚、エキゾティックなペット、トカゲなど、高い温度の環境が必要な動物を飼っているなら、一緒に置いておきましょう。ポジティブなエネルギーで満たしてくれます。

　幸せの石としても知られ、生活規模の縮小や予算の立てなおしなど、生活のあらゆる面で、基本に立ち返るときに、幸運をもたらすように働きかけてくれます。

　寝室に置くと、深く安らかな眠りに誘います。

　恋愛においては、失恋の深く傷ついた心をなぐさめ、感情の暗闇から抜け出せるように力を貸すとともに、強い心で解決すべきことに論理的に対処できるように手助けしてくれます。

セプタリアン

種類：粘土または泥灰が固まったものの割れ目に、方解石、石英、黄鉄鉱などが入ってくっつきあっているもの。葉脈模様や同心円状のひびが、円形の網模様を作っている

色：おもに茶色、薄い茶色から濃い茶色まで

心のヒーリング：独立心をうながす。パワーを与える

チャクラ：ルート（第1）

ロウソクの色：黄　**香料**：安息香、ベルガモット、オレンジ、ローズマリー、スイートピー　**用途**：理解と共感を広める　**仕事**：今の活動に集中させる　**神秘的な意味**：瞑想や占いなどの効果を高める。磨かれた丸玉がおすすめ　**占いの意味**：まわりの意見を無視し、ひとりになってはいけないとき　**星座**：牡牛座　**エンパワーメント**：友情から差しのべられた手を取る

　堆積岩の初期の段階で収縮し、できた隙間にいろいろな鉱物が入り込んだ石で、「竜の石」ともいい、日本では亀甲石と呼ばれています。黄色い方解石が隙間を満たし、構成物質の中心をなしています。

　こうした生成から、自己の内面と外面や、過去と未来をひとつにするといわれています。また、ほかの人とかかわりをもたせながら、独自の道を歩めるように働きかけてくれます。

　定期的に手に取ると、自分の力を増幅させてくれるでしょう。

　自分の中の一貫性と権威を高めてくれることでも知られています。

チタニウムオーラ

種類：チタン（Ti）とニオブ（Nb）を蒸着した人工処理水晶

色：多色の虹色効果をもつ

心のヒーリング：人生を暗く感じるときに力を与える

チャクラ：頭頂部（第7）

ロウソクの色：虹色、金色　**香料**：アカシア、アニス、竜血　**用途**：無機的な場所に美をもたらす　**仕事**：ポジティブなエネルギーで満たす　**神秘的な意味**：瞑想などにおける読解力を高める。水晶玉（P378）のように使える。水晶を照らし、1～2本ロウソクを灯してロウソクの下で表面に浮かんだイメージを読み解くとよい　**占いの意味**：時計の針は戻せないが、やりなおすことはできる　**星座**：魚座　**エンパワーメント**：本来の自分を失わずに自分を変えることができる

　目の前にいる人のオーラを見るのに強力な助けになります。水晶の色を見たあと、相手の頭と肩のまわりを見ましょう。頭のまわりの色は、性格について伝えてくれるため、よく知らない人でも理解を深められます。

　この水晶のポイント（P351）は、疲れて自分がバラバラになり、意気消沈したと感じるときに、オーラにエネルギーを与えてくれます。力がみなぎり、エネルギーが流れ出したと感じるまで、ポイントで頭の上に螺旋を描き続けましょう。

Rubellite in Lepidolite
ルベライトインレピドライト

種類：ルベライト（P89）とレピドライト（P389）が混じりあった石

色：赤と灰紫、バラ色と紫が混ざっている

心のヒーリング：精神を安定させる

チャクラ：ルート（第1）、心臓（第4）、眉（第6）

ロウソクの色：ラベンダー　**香料**：ラベンダー、ライラック、タイム　**用途**：愛をもたらす　**仕事**：マイナスのエネルギーを吸収する。落ち着きのオアシスを作り出す　**神秘的な意味**：ヒーリングの効果を高める　**占いの意味**：まわりの要求から離れ、自分だけの場所を作って　**星座**：天秤座、山羊座　**エンパワーメント**：自分の内なる空間を作り出せる

　ルベライトとレピドライトが混じりあった石で、それぞれの性質が互いを強めあい、補いあっています。

　ストレスを軽くし、心と体を安定させてくれます。また、いつも平常心のまま静かな自信と権威をもって物事に対応できるように働きかけます。子どもや大勢の人を指導する際に役だつでしょう。

Rhyolite
ライオライト

種類：流紋岩。二酸化ケイ素の豊富な火山岩。石英、長石、火山ガラスが主成分

色：緑、茶色、グレー、カーキ、ピンク、しばしば斑点や網目のような模様が入る。無地や縞模様も

心のヒーリング：自信を与える

チャクラ：心臓（第4）

ロウソクの色：緑　**香料**：ヒマラヤスギ、レモン　**用途**：節目に、正しい選択をする強さを与えてくれる　**仕事**：幸運を引き寄せる　**神秘的な意味**：答えをもたらす。石の表面をなでると、答えが導き出されるという　**占いの意味**：避けられない対決を先のばしにしないこと。言うべき正しいこと、すべき正しいことがわかるはず　**星座**：双子座、射手座　**エンパワーメント**：今日のために今日を生きる

　オレゴンブルーオパールの外殻ともなることから、「隠された財宝の器」といわれることもあります。隠れた才能を見出し、力を発揮させる手助けをすると考えられています。

　「若さの石」ともいい、引退した人にクリエイティブな才能を呼び起こし、旅行や勉強をする活力を与えてくれます。また、視点を変えさせ、熱意を失っていた問題を解決へ導いたり、愛情や寛容をもたらし、今の生活を楽しむように働きかけます。

　フィットネス計画を実行に移すなど、健全なライフスタイルも実現させるといいます。

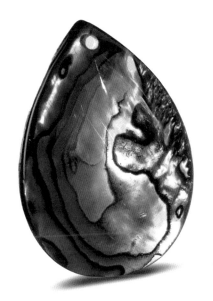

種類：貝殻、軟体動物。養殖のアワ
ビは一般的だが、天然のものは急速
に減っている

色：虹色効果をもつ緑から青の真珠
層が、茶色やグレーの貝の内面に見
られる

心のヒーリング：落ち着きをもたら
す

チャクラ：眉（第6）

Abalone Shell

アワビ貝

ロウソクの色：白　**香料**：アカシア、ユーカリ、ガーデニア、ジャスミン、カノコソウ　**用途**：感情の起伏
をおだやかにする。心に安定をもたらす　**仕事**：モチベーションをアップさせる。緊張を取り除く　**神秘的
な意味**：浄化をうながす。北米先住民の伝統にならい、貝の中で乾燥したヤマヨモギとヒマラヤスギの葉を
燃やしていぶすとよい　**占いの意味**：思わぬ客が長くいすわるかも。親切心を発揮しないほうがいい　**星
座**：蟹座　**エンパワーメント**：毎日は聖なる日。賢く使って

　内側には靱性のある虹色の物質、マザーオブパ
ールとも呼ばれる真珠母貝（P400）の厚い層が
あります。

　古代からヒーリングに使われ、現在でも薬草治
療に用いられます。瞑想においては、心を集中さ
せ、直感を得られます。ロウソクの光の下で両手
に持ち、中心を見つめましょう。

　内側が、貝を侵入物から守る保護層として自然
に形成されることから、保護のシンボルでもあり
ます。この保護のエネルギーは、貝を持つ人に伝

わります。

　内側から輝き出すのを助け、内なる美が表に出
て、人格にあらわれるように働きかけます。

　さらには、貝の虹色を見つめると、あらゆるク
リエイティブな活動のための想像力とインスピレ
ーションがわいてくるといいます。

Chrysotile
クリソタイル

種類：クリソタイル石、水酸マグネシウム・ケイ酸塩（Mg$_3$Si$_2$O$_5$(OH)$_4$）、単斜晶系・直方晶系、硬度2～3。サーペンティン（P268）の一種

色：グレーと白、茶色と白、薄黄

心のヒーリング：自立心、独立心を高める

チャクラ：ルート（第1）、のど（第5）

ロウソクの色：グレー　**香料**：レモングラス、ライム、ヨモギ、ムスク、ベチバー　**用途**：お金や時間に関する寛容さをもたらす　**仕事**：才覚と自助をうながす。パートナーを探しているとき、身につけるとよい　**神秘的な意味**：スピリチュアルな世界とのつながりを深める　**占いの意味**：気持ちを変えさせようとする圧力には抵抗して　**星座**：双子座、山羊座　**エンパワーメント**：自分の人生をコントロールする

　自分の人生を自分で決めて歩めていないと感じるときに、強さと力を与えてくれます。進むべき道を選び、歩み出すことができるでしょう。
　人やもの、状況など、あらゆる別れのあとにも役だちます。孤独や心細さを感じたら、毎晩手に取りましょう。産みの親や生まれてすぐに別れた子どもを探すときにも、力を貸してくれます。

Amphibole Quartz
アンフィボールクォーツ

種類：繊維質の角閃石（かくせんせき）（アンフィボール）を含む水晶で、通常、ファントムクォーツ（P353）になっていることが多い。稀少

色：乳白にこはく色、赤茶、白、黄などのインクルージョン。ときにピンクのインクルージョンが、水晶に色を与えている

心のヒーリング：悪意に満ちた言葉を克服させる。ポジティブなエネルギーで満たす

チャクラ：眉（第6）

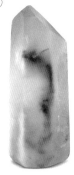

ロウソクの色：白　**香料**：アーモンドの花、リンゴの花、バラ、スミレ、イランイラン　**用途**：自分を癒やす　**仕事**：ユニークな才能と経験を引き出す　**神秘的な意味**：守護霊（指導霊）とのつながりを深める。強さと癒やし、英知をもたらす　**占いの意味**：自分を大切にして　**星座**：水瓶座、魚座　**エンパワーメント**：自分の個性を大事にする

　インクルージョンが細い天使のように見えるため、エンジェルクォーツ（天使の水晶）とも呼ばれています。活発な水晶と繊維質の角閃石の組みあわせが、強力な水晶を作り、神秘的な力を生み出します。日常生活を豊かにし、自分をいたわるために、この水晶を活用しましょう。
　保護の石とされ、電話やコンピュータのそばに置くと、うわさ話や要領を得ないメールを遠ざけてくれます。また、エンジェルオーラ（P143）、エンジェライト（P255）、セレスティン（P258）などで石の天使（P341）を作り、この水晶を囲むと、清浄な場所を作り出し、天使のエネルギーと結びつけてくれます。

種類：斑銅鉱、銅・鉄硫化物（Cu5Fe
S4）、直方晶系、硬度3

色：赤銅色、ブロンズ、メタリック
な虹色の青、紫、赤など。このため
孔雀鉱（ピーコックオア）の俗称を
もつ

心のヒーリング：感情ではなく、事
実に基づいた行動をうながす

チャクラ：眉（第6）

Bornite
ボーナイト

ロウソクの色：紫　**香料**：アニス、シロヤマモモ、サクランボ、ゼラニウム、スイセン　**用途**：気分を高揚
させる。幸せをもたらす　**仕事**：ネガティブなエネルギーを遠ざける　**神秘的な意味**：子どものころの直感
や可能性、守護霊（指導霊）とのつながりを深める　**占いの意味**：一見したときより価値のある、古いもの
がもたらされる　**星座**：水瓶座　**エンパワーメント**：人工的なものより自然美を尊ぶ

　錬金術ですべての金属を金（P113）にし、不
滅をもたらす「賢者の石」を探す過程で発見され
たといわれ、「美しい魔法の金属のクジャク」と
呼ばれました。また、人工的に強い輝きにできる
ことから、「ピーコックカッパー（クジャク銅）」
とも称されました。
　外出の身じたくの間、そばに置いておくと、オー
ラを明るくし、ポジティブなエネルギーで満た
してくれるため、はじめて出会う人にも自信をも
って接することができます。面接やオーディショ

ンのときも、相手によい印象を与えることができ
るでしょう。また、自分の判断を信じる自信も与
えてくれます。
　指圧やリフレクソロジーなど、エネルギーを体
のまわりで動かす療法にも役だちます。自然にエ
ネルギーのつまりを取り除いてくれます。

種類：リチア電気石、水酸ホウ酸ナトリウム・リチウム・アルミニウム・ケイ酸塩（Na(Li,Al)$_3$Al$_6$(Si$_6$O$_{18}$)(BO$_3$)$_3$(OH)$_4$）、二方晶系、硬度7〜7½

色：ピンク、緑、透明、紫、青、オレンジ色、赤、黄など、2色以上が組みあわさっている。縞模様もある。色の薄いウォーターメロントルマリン（P319）では、赤と緑が融合している

心のヒーリング：精神に安定をもたらす

チャクラ：心臓（第4）

Elbaite
エルバイト

ロウソクの色：ピンク、緑、または多色（複数の色が混ざったもの）　**香料**：リンゴの花、サクラ、ゼラニウム、バラ、タイム　**用途**：一体感を生み出す。円滑な意思疎通をうながす　**仕事**：様々な能力の人をひとつにまとめる。新しいキャリアをもたらす　**神秘的な意味**：ビジョンや洞察をもたらす。古代の史跡や礼拝場所を訪れるときに持っていくとよい　**占いの意味**：自分を困惑させる予想外の事態に備えて　**星座**：天秤座、蠍座　**エンパワーメント**：自分とまわりの世界は平和

　トルマリンの中で最もカラフルな石です。マルチカラートルマリンとも呼ばれています。わずかに色調の異なるものもありますが、ほとんどは同一の石で2色か3色を示します。多くの文化において、虹から降ってきたと信じられていました。

　心と体に調和をもたらし、自分のすべての面においてバランスを取るように働きかけます。そのため、あらゆる種類のスピリチュアルなヒーリングに効果的です。

　また、ベッドのそばに置いて眠ると、よい睡眠と夢をもたらすだけでなく、寝ている間に内なる自分とアクセスさせ、想像力をクリエイティブに刺激します。

　子どもが、アートや工芸を好きになる手助けもしてくれます。

種類：縞のある鉄に富む石。黒のヘマタイト（P186）、レッドジャスパー（P77）、タイガーズアイ（P120）が組みあわさったもの

色：黒、金色、赤の縞模様

心のヒーリング：病と戦う力を与える。精神に安定をもたらす

チャクラ：ルート（第1）、仙骨（第2）、太陽叢（第3）

Tiger Iron
タイガーアイアン

ロウソクの色：赤　香料：乳香、没薬、オレンジ、白檀、セージ　用途：身体的危険から守る　仕事：器用さ、クリエイティブなインスピレーションを与える　神秘的な意味：ネガティブなエネルギーを発する人やもの、エネルギーを遠ざける　占いの意味：障害を克服するには、多大な努力が必要だが、自由になれるチャンスはしばらくこないかもしれない　星座：牡羊座、獅子座　エンパワーメント：強いから何もおそれない

　1個で3つの石の効果が期待できる石です。
　ヘマタイトは感情のバランスと思考の明晰さをもたらし、ジャスパーは力と強さ、安定をうながし、タイガーズアイは情熱と創造力を高めてくれます。
　ヒーリングにおいては、だれかに施術する場合、相手のネガティブなエネルギーをもらってしまわないように守ってくれるとともに、身体的にも精神的にも疲弊しないように力を貸してくれます。
　また、夜の物音に過剰に反応する子どもやペッ

トに、落ち着きをもたらすといわれています。

種類：菱亜鉛鉱、炭酸亜鉛（ZnCO₃）、三方晶系、硬度４〜４½。結晶は小さな丸い形で、ブドウの房のようになることが多い

色：ピンク、薄紫など。赤紫が最もよい。白、青、黄、茶色のものも。各色の石は、少しずつ異なる性質をもつ

心のヒーリング：落ち込みやネガティブな感情をなぐさめる。おだやかな心の成長をうながす

チャクラ：心臓（第４）、眉（第６）

Smithsonite
スミソナイト

ロウソクの色：パステルカラーならなんでも　**香料**：ベルガモット、フェンネル、ラベンダー、スズラン、ペパーミント　**用途**：落ち着きをもたらす。水色、緑、ピンク、ラベンダー色の石がおすすめ　**仕事**：リーダーシップや自信、権威を高める。青や水色の石がおすすめ　**神秘的な意味**：願いを叶える。石と同じ色のロウソクを灯し、石を火にかざして願いごとをしたら、ロウソクを吹き消すとよい　**占いの意味**：今すぐ自分をケアして。一歩引いて奔走する人生から離れてみて　**星座**：乙女座、魚座　**エンパワーメント**：自分にもっと優しくなる

　ワシントンD.C.のスミソニアン博物館を設立したイギリスの鉱物学者ジェイムズ・スミスソンにちなんで名づけられましたが、早くも古代ローマ人は真鍮の製作に使用していました。

　水色の石は、おだやかなヒーリングのエネルギーをもたらすため、家族が離婚問題などをかかえているときに、巻き込まれる子どものつらさを軽減します。第三者が分裂を引き起こした場合により効果的です。

　紫の石は、スピリチュアルな力と直感力を高めてくれます。黄色い石は、ヒーリングには一般的ではありませんが、かつて閉じられた心のドアを開き、コミュニケーションにおける誤解を解くように働きかけます。また、どんな場合も争いごとを解決へ導くといいます。

　ジンクスパーとも呼ばれています。

種類：磨いて天使の形に彫った石で
あるため、素材の石の種類による。
多くの種類とサイズの石で作られ、
ペンダントにしたものもある。個々
の石のページを参照し、自分に適し
た石のものを選ぶ

色：素材の石の種類による

心のヒーリング：天使とのつながり
を深める。天使からのヒーリングを
伝える。妊婦や新生児、子どもを助
ける

チャクラ：眉（第6）、頭頂部（第7）

Crystal Angels

石の天使

ロウソクの色：白　香料：ラベンダー、ハス、バラなど、花の香り　用途：幸運と健康をもたらす。新生児
の誕生や誕生日の贈り物に。誕生石や星座の石がおすすめ　仕事：ネガティブなエネルギーを遠ざける　神
秘的な意味：大天使の加護を招く。部屋の四隅にそれぞれ石の天使を置き、毎晩、順番に天使に触れるとよ
い。北を守るウリエルにはジャスパー、東を守るラファエルにはシトリン（P102）かアメシスト（P225）、
南を守るミカエルには透明な水晶かカーネリアン（P83）、西を守るガブリエルにはムーンストーンがおすす
め　占いの意味：現在の危機や不安に対して思わぬ助けがある　星座：蟹座、獅子座。月のエネルギーと
太陽のエネルギーが組みあわされているため　エンパワーメント：自分の内なる天使とつながる

　様々な種類の石や水晶でできた天使を集め、そ
れぞれの石のヒーリングや保護、スピリチュアル
な性質をアップさせましょう。
　仕事や家庭、恋愛で問題があるなら、集めた天
使に、順番に手や振り子（P380）をかざし、一
番助けになると感じた天使を選びます。
　また、中ぐらいのサイズの透明な天使を並べ、
家に天使の場所を作りましょう。家の中心に小さ
なテーブルを置いて、集めた天使をセットします。
生花を飾り、白のロウソクを灯し、花の香料をた

きましょう。慌ただしい生活を送っていても、家
が調和的でおだやかであることに気づかせてくれ
ます。

種類：磨いて動物の形に彫った石であるため、素材の石の種類による。多くの種類とサイズの石で作られる。個々の石のページを参照し、自分に適した石のものを選ぶ

色：素材の石の種類による

心のヒーリング：抑圧してきた自分の隠れた部分を解放し、強さをもたらす

チャクラ：ルート（第1）

Power Animal Crystals
石のパワーアニマル

ロウソクの色：肉食獣には赤、おだやかな動物や鳥、魚には青　香料：ヒマラヤスギ、コーパル、マツ、ヤマヨモギ、スウィートグラス　用途：パワーアニマルの力をもたらす。自分の最大の強みを象徴する動物と、望む長所を象徴する動物のパワーアニマルを選び、くつろぐ場所に置くとよい　仕事：パワーアニマルの力をもたらす。引き出しに自分の選んだパワーアニマルを入れるとよい。平和のハト、賢明な権威のゾウなどがおすすめ　神秘的な意味：必要なものを与える。様々な動物の小さなサイズのものをいくつかもっておき、お守りにするとよい　占いの意味：今は自分の本能を信じること。すばやく行動して取り残されないように　星座：牡羊座　エンパワーメント：自分の本能を信じる

　自分の最大の強みを象徴する動物をパワーアニマル、弱みや苦手なことを象徴する動物をシャドーアニマルといいます。

　パワーアニマルの理想的な性質、たとえばライオンの勇敢さや犬の忠実さなどをまねるという考え方は、原始時代からあります。

　現代の厳しく忙しい世界を生きていくために、本能的な強さをパワーアニマルからもらいましょう。

　つがいで生涯を過ごす動物のパワーアニマルを

ペアで手に入れ、向かいあわせて置くと、相思相愛になれる相手を引き寄せます。横並びで同じ方角を向いて置くと、永遠の幸せを呼び込みます。

　子宝に恵まれたい場合、欲しい子どもの数だけ並べるとよいといわれています。

ルチルクォーツ

種類：金紅石（ルチル）、酸化チタン（TiO$_2$）、正方晶系、6〜6½。水晶の中に、金紅石の針状結晶があるもの

色：金色、銀色、赤っぽいものから濃い赤まで

心のヒーリング：黒魔術のネガティブなエネルギーを遠ざける。うかつにも黒魔術に手を出してしまった人を助ける

チャクラ：ルート（第1）、頭頂部（第7）

ロウソクの色：金色　香料：シナモン、コーパル、セージ　用途：才能を引き出す　仕事：ポジティブでいることに疲れた人を励まし、力を与える　神秘的な意味：守護霊（指導霊）とのつながりを深める　占いの意味：名声を得る貴重なチャンスを試して　星座：獅子座　エンパワーメント：夢を追うのに遅すぎることはない

　様々な文化において、金髪のようなインクルージョンから、いろいろな異名がつけられてきました。天使とのコミュニケーションにすぐれた石であるため、「エンジェルヘア」といわれるのもそのひとつ。ほかには、古代ローマの愛の女神ヴィーナスや北欧の美の女神に由来し、「フレイヤの金髪」とも呼ばれてきました。女神の金髪が切られて捨てられるのがしのびなく、大地の精霊が守ったとも伝わっています。
　パワーと才能をもたらす石です。

エンハイドロクォーツ

種類：動く水泡が入った水入水晶

色：水晶の種類による。透明なので水泡が見える

心のヒーリング：何度も過ちを繰り返させる感情のサイクルを取り除く

チャクラ：心臓（第4）

ロウソクの色：白　香料：ユーカリ、レモン、ティーツリー　用途：長い間、心配ごとを引き起こしてきた問題に解決策をもたらす　仕事：本質や真意へ導く　神秘的な意味：過去、現在、将来の情報をもたらす。光にかざすとよい　占いの意味：よく知らない相手に親切にすべきか本能の声を聞いて　星座：魚座　エンパワーメント：より理解するために努力して

　エンハイドロアゲート（P331）の流動性や内向的エネルギーと、水晶のアクティブな外向きのエネルギーをもつため、過去の上に立ち、将来に向けて動き出すのにぴったりの水晶です。
　家族史を調べたり、子どもに家族のルーツを教えたりするのにもよいでしょう。あなたが、出生地から離れた地域や外国で暮らしているなら最適です。
　家族やまわりに、つきあいづらいのに親しい関係を保たなければならない人がいるなら、持っておくようにしましょう。

Clusters
クラスター

種類：母岩状に一緒に育った結晶、群晶

色：結晶の種類による

心のヒーリング：報われない恋に傷ついたときなど、自分でおわりにする感覚を回復させる

チャクラ：心臓（第4）、頭頂部（第7）

ロウソクの色：天然のミツロウの色　香料：ヒマラヤスギ、クラリセージ　用途：健康、富、幸せを引き寄せる。家の中心に1個、別の部屋に小さいものを4個、6個、8個ほど置くとよいとされる　仕事：チームをひとつに団結させる　神秘的な意味：ほかの結晶にエネルギーを与える　占いの意味：有利なグループに加わるチャンスがある　星座：天秤座　エンパワーメント：ほかの人に手を差しのべる

　ヒーリングや占いを行う部屋にクラスターを置いておくと、ネガティブなエネルギーを吸収します。また、レイキなどで全体の焦点に使います。
　一緒にいない人のヒーリングには、シトリン（P102）、アポフィライト（P155）、アメシスト（P225）、セレスティン（P258）、透明な水晶、フローライト（蛍石）、アラゴナイト（霰石）のクラスターを使います。これを小さな白のロウソクで囲んで、ヒーリングのエネルギーを全方向に放射させ、大勢の人や動物を、場所ごと一斉に癒やします。

Window Quartz
ウィンドークォーツ

種類：水晶。通常は透明で、錐面と柱面の間にダイヤモンド形に見える菱形の結晶面がある

色：水晶の種類による。ほとんどは透明

心のヒーリング：自分や人が不完全なものであることを認識させる。ネガティブな感情を克服させる

チャクラ：眉（第6）

ロウソクの色：白　香料：ジュニパー、マツ　用途：安全な通信をもたらす。コンピュータのそばに置くとよい　仕事：問題を解決へ導く。とがった面を、解決策を見つけたいときは自分に向け、陰謀などネガティブなエネルギーの原因を探るときは外に向けるとよい　神秘的な意味：連絡が取れない人の情報をもたらす。太陽か月の光の下で、とがった面をのぞくとよいとされる　占いの意味：朗報がこれまでの心配を取り除いてくれるはず　星座：獅子座　エンパワーメント：将来がはっきり見通せる

　透明に輝く水晶はマスタークリスタル（P354）にもなり、初心者にもスピリチュアルな知恵を与えてくれます。とがった面を眉の中心にかざし、天使、守護霊（指導霊）、賢い祖先とつながりましょう。
　ネガティブなエネルギーを発する人やものを見つけるときにも役だちます。自分の自滅的な行動の理由も、見つけることができます。

Record Keeper Quartz
レコードキーパークォーツ

種類：通常は水晶の結晶。ときにルビー（P82）に見られるような、複数の錐面に完璧な上向きの三角形がある。稀少で高価

色：水晶の種類による

心のヒーリング：将来の病気についての急な心配を取り除く

チャクラ：眉（第6）、頭頂部（第7）

ロウソクの色：白　香料：アカシア、楓子香　用途：パワーや英知を与える　仕事：見通しをもって働けるようにうながす　神秘的な意味：「アカシックレコード」と呼ばれる人類の英知へアクセスさせる　占いの意味：家族と伝統を尊んで　星座：牡羊座、水瓶座　エンパワーメント：祖先の種を自分の中にもっている

　この水晶に見あう人物でないと、表面の三角形を見つけたり、霊視に使うことができないといわれています。
　しかし、きちんと光をあてれば三角形は裸眼でも見え、さわるとはっきり感じ取ることができます。ちなみに、この三角形を「レコードキーパー（記憶を保つもの）」と呼びます。
　人生の記憶や経験をプログラムすれば、悲しいときやつらいときに、調和と強さを引き出せる生きた宝の泉、家族の思い出箱のような水晶になります。

Gemini Quartz
ツインクォーツ

種類：水晶の単結晶2個が、対称の形でくっつきあい、同時に成長した水晶の双晶。通常は、同じ母岩の上に育つ

色：水晶の種類による。最も一般的なのは透明

心のヒーリング：結ばれることがない愛をなぐさめる

チャクラ：眉（第6）、頭頂部（第7）

ロウソクの色：白　香料：アーモンド、アニス、ローリエ、ラベンダー、レモンバーベナ　用途：人間関係に幸運をもたらす　仕事：あらゆる関係に幸運をもたらす。兄弟姉妹と一緒に仕事をするとき、身につけるとよい　神秘的な意味：相思相愛の相手を呼び寄せる。同じ色のロウソクを灯して双晶の両側に1本ずつ置き、両手で双晶を包んで願い、ロウソクが燃えつきるまでそのままにしておくとよい　占いの意味：人生の質をあげてくれる、性格の似た人に出会う　星座：双子座　エンパワーメント：相思相愛の人が待っている

　ツインクォーツは、同じ母岩上に横並びで成長したほぼ同じサイズの結晶です。自分を含め、恋人や家族、同僚、近隣の人々に平和をもたらします。孤独感や取り残されていると感じるときは、まわりがよりオープンな環境になるように働きかけてくれます。

種類：水晶。錐面6つが均等に成長
して三角形になるものが、発達の度
合いが異なったために、五角形に見
える

色：おもに無色透明。様々な色があ
るものも

心のヒーリング：心の傷を癒やす。
心身への愛と尊重、精神的成長をう
ながす。自傷行為やセルフネグレク
トを克服させる

チャクラ：仙骨（第2）、心臓（第4）

Isis Quartz
イシスクォーツ

ロウソクの色：白　香料：リンゴの花、ユリ、スズラン、メドウスイート　用途：単独で子育てをするひと
り親に力を与える　仕事：意欲と自信を回復させる。逆境に立ち向かう力を与える　神秘的な意味：スピリ
チュアルな力を高める　占いの意味：自分を不幸にし、新しい関係から遠ざけている悪癖や依存をやめると
き　星座：蟹座　エンパワーメント：常にモチベーションを必要としなくてもいい

　最初のひとり親である、古代エジプトの母神イ
シスにちなんで名づけられました。この水晶が五
角形をしていることから、数字の5はイシスにさ
さげられています。イシスは、現代の女神崇拝で
もなお大きな存在で、社会でいくつもの役割を担
う母親たちの強力なアイコンであり、力強く愛情
深い女性のシンボルです。キリスト教では、聖母
マリアと結びつけられています。
　この水晶は、イシスを起源とする太陽と月の力
をかね備え、ヒーリングと養育のエネルギーをも

っています。マスタークリスタル（P354）の中で、
最もおだやかな力です。
　男女を問わず、優しい性格になるのを助け、子
ども時代につらい体験をしているなら、愛情深い
パートナーや親になれるように導いてもくれます。
　女性というと居心地の悪い男性の手助けもしま
す。また、母親が遠くにいる、亡くなったなど、
母親の真の愛情を知らない女性が結婚し、母親に
なるときにも力を貸してくれます。

種類：6つの錐面と、6つの四角形の柱面が均等に発達した、もっとも単純で理想的な形の水晶。人工処理品も多い

色：水晶の種類による。通常は透明

心のヒーリング：熱意や情熱、行動力を失った人を目覚めさせる。石の先端で軽くおへそに触れると、身体的欲望や心の要求を目覚めさせ、胃の上部の中心だと熱意を、心臓だと人々とのつながりや信頼を回復させる

チャクラ：頭頂部（第7）

Generator Quartz
ジェネレータークォーツ

ロウソクの色：白　香料：アニス、安息香、ベルガモット、レモン、レモングラス　用途：外出や休日に喜びをもたらす。でかける前に荷物やチケットに石で触れ、よい時間を過ごすことをイメージするとよい　仕事：集中力とエネルギーを与える　神秘的な意味：願いを叶える。保護を与える。願いごとをつぶやきながら紙に書き、水晶の先端で触れ、水晶を垂直に持ちあげてからまた垂直におろし、再び紙に触れると、願いが叶うという。保護を与えるには、水晶の先端を外側に向けて時計まわりにまわし、光の円をイメージするとよい　占いの意味：健康と情熱とエネルギーが返ってくる、あるいは増すため、どんな計画もうまくいく　星座：射手座　エンパワーメント：望むものを実現するパワーを生み出す

　貴重なヒーリングツールで、ヒーリンググリッド（P26）に力を与えたいときに、ワンド（P375）のように使えます。

　ヒーリングの効果をアップさせるには、ヒーリングを受ける人のまわりに水晶を並べ、別の水晶でそれぞれに触れ、光の線で結ばれるようにイメージします。

　遠隔のヒーリングでも同様にしますが、ヒーリングの対象者をあらわす水晶玉（P378）やピラミッド（P386）を中央に置き、まわりに小さい石6個を並べて行います。

　遠隔でヒーリングを行う場合を除き、子どもや動物には強すぎるので注意しましょう。

種類：水晶。錐面の発達の度合いが
異なることで、柱面が八角形になる
ことがある。稀少

色：水晶の種類による

心のヒーリング：大地とのつながり
を深める

チャクラ：ルート（第1）、頭頂部
（第7）

Grounding Quartz
グラウンディングクォーツ

ロウソクの色：白　香料：カーネーション、ヒヤシンス、ライラック、スイセン、パチョリ　用途：時間や
スケジュールを守りながら、生活できるようにうながす。先のばしにしているやるべきことを実行させる
仕事：アイデアを現実に生かせるように手助けする　神秘的な意味：大地とのつながりを深める。スピリチ
ュアルな世界で得た知恵を日常の世界に応用させる　占いの意味：大きな旅行や引っ越しの計画を立てて。
思ったよりもっと可能性がある　星座：牡牛座、乙女座　エンパワーメント：先見の明と実行力がある

　スピリチュアルな力を高めてくれます。ヒーリ
ングの際には、ヒーラーとヒーリングの対象者を
守ります。霊媒術を学んでいたり、ネガティブな
エネルギーを感じるときにも効果的です。
　家をよりポジティブなエネルギーで満たし、明
るい雰囲気にします。
　また、集中力と可能性をもたらし、現実的な変
化を起こす手助けをしてくれます。
　お金に敏感な水晶でもあるため、クレジットカ
ードの明細書や貯金通帳などと一緒に置いておく
と、衝動的な買い物や投資など、必要のない出費
を防いでくれるといいます。

種類：小さな水晶でおおわれた水晶

色：無色透明

心のヒーリング：子どもとの別れを
なぐさめる

チャクラ：心臓（第４）

バーナクルクォーツ

ロウソクの色：白　香料：カモミール、オレンジ、ホワイトローズ　用途：言葉より行動で問題を解決へ導く　仕事：円滑に業務を進める　神秘的な意味：アドバイスや解決策をもたらす。ロウソクの光に照らし、水晶のきらめきを見つめていると、心にメッセージが届く　占いの意味：自信がないことに関しては、アドバイスを求めること　星座：双子座　エンパワーメント：身近な人たちを大切にする

　現実的にも感情的にも混乱を払いのけ、本当に価値あるものを保つように働きかけます。

　引っ越しや家族からの独立、生活規模や仕事、恋愛関係を見なおすとき、優先順位をつけるのに効果的です。

　家族の写真と一緒に置くと、家族の絆を深め、円滑な関係を築けます。だれかの死別に際して遺言をめぐる争いが起きるようなときには、家族全員がお互い誠実になるようにうながします。

Channelling Quartz
チャネリングクォーツ

種類：錐面の発達の度合いが異なることで、七角形に
なる面があらわれた水晶。この面の真裏の面は三角形
になる。稀少

色：通常、無色透明。透明でない水晶はより稀少

心のヒーリング：自滅的な行動をやめさせる。1週間、
毎日、七角形の面を眉にかざすと、新しい可能性を開
く

チャクラ：眉（第6）、頭頂部（第7）

ロウソクの色：白　香料：ヒマラヤスギ　用途：家庭
に調和をもたらす　仕事：知恵や解決策をもたらす。
紙に問題を書いて水晶を置いたあと、頭によぎったこ
とを書き加えると、知恵や解決策が記されているとい
う　神秘的な意味：知恵と解決策をもたらす。水晶を
ロウソクの光にかざし、おもな面の7辺を人差し指で
なぞり、さらに裏側の3辺をなぞるとよい　占いの意
味：計画をよく練りなおして　星座：水瓶座　エンパ
ワーメント：世界中、どこにだって行ける

　教示を与える石とされ、持ち主のスピリチュ
アルな成長を助け、より高い次元から知恵を受
け取ることができます。
　同時に、宇宙のヒーリングの力も伝わるため、
この水晶を手にすると、指と手のひらにうずき
を感じるかもしれません。それはヒーリングの
力です。不調のある部分にかざしてもよいでし
ょう。

Transmitter Quartz
トランスミッタークォーツ

種類：透明な水晶で、2つのも角形の錐面と柱面に囲
まれた三角形の面がある。稀少

色：水晶の種類による

心のヒーリング：ヒーリングの効果を高める

チャクラ：頭頂部（第7）

ロウソクの色：白、天然のミツロウの色　香料：アニ
ス、ローリエ、ベルガモット　用途：誤解を避けるた
めに、重要なことをはっきり伝えるようにうながす
仕事：明確な意思表示ができるように導く　神秘的な
意味：愛する人とのテレパシーによるコミュニケーシ
ョンをうながす。互いにこの水晶をもつとよい　占い
の意味：与えることと受け取ることのバランスを取っ
て　星座：双子座　エンパワーメント：どの言葉も大
切にできる

　すべての石、特に水晶は、エネルギーやヒー
リングパワーの送受信器です。このような形の
水晶なら、高価なものである必要はありません。
　家庭に聖性をもたらします。また、人生に不
安を感じたり、手を出してはいけないものや事
柄に直面したときなど、この水晶を手にすると
落ち着きを与えてくれます。

種類：透明な水晶で、一端にとがっ
た6つの錐面が集まる頂点があるも
の。人工処理品も多い。アメシスト
（P225）、スモーキークォーツ（P13
4）、シトリン（P102）にも見られ
る

色：水晶の種類と純度による。母岩
に近いほど、くもって透明度が落ち
る

心のヒーリング：心にポジティブな
エネルギーを与える。たとえば、ア
メシストは、眉に向けるとパニック
を抑え、透明な水晶は、胃に向ける
と集中力をもたらす

チャクラ：眉（第6）、頭頂部（第7）

Crystal Points
石のポイント

ロウソクの色：白　香料：アーモンド　用途：幸運をもたらす。どの水晶でもよいので、12個の水晶を、
とがった先端を交互に内向きと外向きに並べ、毎月達成したいことを唱えるとよい　仕事：ネガティブなエ
ネルギーを遠ざけ、ポジティブなエネルギーで満たす。透明またはスモーキーな水晶のポイントで半円を作
るとよい　神秘的な意味：運のよしあしを伝える。水晶を持って問いかけ、あたたかくなれば吉兆、揺れれ
ば凶兆とされる。すぐれた振り子（P380）になる　占いの意味：専念すべきとき　星座：射手座　エンパ
ワーメント：専念できる

　水晶で作られた石のポイントは多目的なツール
で、価格も非常にリーズナブルです。いくつかの
種類をもっておくとよいでしょう。
　家に幸運を広げるには、透明なポイントを選び、
毎週、光に照らし、とがった先端を外向きにして
大きくまわし、光がどの部屋にも隅々まで行き渡
るようにイメージします。ネガティブな感情やエ
ネルギーを感じたら、実践してみましょう。
　スモーキーな水晶は、ネガティブさをはねつけ、
透明な水晶は、エネルギーを与えます。

　また、学ばなければならないことがある場合、
本や教材にシトリンをのせると効果的に学べます。
遅くまで仕事をしなければならないときは、シト
リンの先端を、コンピュータなど使用するツール
に向けるとよいでしょう。

ブリッジクォーツ

種類：大型の水晶に、小型の水晶がついたもの。または大きな水晶の内外に、小さな水晶があるもの

色：水晶の種類による

心のヒーリング：人間関係を信じる力を回復させる

チャクラ：心臓（第4）

ロウソクの色：緑　香料：ラベンダー、ライラック　用途：円滑な人間関係をもたらす　仕事：円滑なコミュニケーションをうながす　神秘的な意味：過去世や天使とのつながりをもたらす　占いの意味：過去の人と和解するチャンス　星座：双子座　エンパワーメント：新しい考え方には寛容になる

通常、大きな水晶の中からのびたような小さな水晶があるか、直角に生えたような小さな水晶がついています。小さな水晶の先端が、大きな水晶の中に埋もれている場合、「内なる子どもの石」と呼ぶ人もいます。

この水晶は、まだ見ぬ才能があらわれるように働きかけます。

子ども時代、トラウマに悩まされた経験があるなら、子どもらしい感性を再発見できるように手助けします。ほかの石や水晶のヒーリング力を強めることでも知られています。

チベットクォーツ

種類：チベット産の水晶。最高品質のものは、この上なく透明で、水の透明感にたとえられる

色：透明。ときに自然な虹色

心のヒーリング：過去の行いに関する罪悪感で苦しむ人を癒やす

チャクラ：仙骨（第2）、頭頂部（第7）

ロウソクの色：銀色　香料：クラリセージ、ラベンダー、ネロリ　用途：リラックスや安眠をうながす。寝室に1個置くとよい　仕事：調和をもたらす　神秘的な意味：瞑想の効果を高める　占いの意味：自分のバッテリーをチャージする時間を探して　星座：魚座　エンパワーメント：沈黙から学べる

チベット、ヒマラヤ、ネパールのクォーツは、偉大なパワースポットとのかかわりから、聖なる石と見なされています。

チベットクォーツのワンド（P375）は強い力をもつため、ほかの石や水晶のヒーリングに効果が出なかった場合、代わりに使ってみましょう。よりよい効果が期待できます。

種類：ブラックファントムクォーツ
（P206）以外の、ファントム水晶。
内部の幽霊のように見える像「ゴー
スト」は、ピラミッド形のように見
える。ゴーストは、アメシスト（P22
5）などほかの水晶内でも育ち、ク
ロライト（P273）などのゴースト
を含む場合もある

色：水晶の種類やほかの鉱物による。
白、緑、青、赤、紫など

心のヒーリング：現在も悲しみを引
き起こす過去の出来事や、ネガティ
ブなエネルギーを克服させる。自分
への許しを与える

チャクラ：眉（第6）

Phantom Quartz

ファントムクォーツ

ロウソクの色：グレー　香料：ラベンダー、ヨモギ、ムスク、没薬、タイム　用途：赤ちゃんとの絆を深め
る。妊婦のときから出産までいつも身につけ、出産後は子ども部屋に置いおくと、子どもを守ってもらえる
という。白い水晶かアメシストがおすすめ　仕事：ネガティブなエネルギーを遠ざける。自信を与える。赤
や青の水晶は自信を、白やグレーの水晶は保護を与えるという　神秘的な意味：スピリチュアルな存在に気
づかせる。スピリチュアルなエネルギーを感じたら、水晶と内側のファントムを透かして見ると、その正体
がわかるという　占いの意味：心の裏側にあるものが気になっている。おわっていない仕事があれば、片づ
けて　星座：水瓶座　エンパワーメント：過去からの影をおそれない

　水晶内部にあらわれるゴーストは、石が成長す
る過程に中断する時期があり、再び成長しはじめ
たときに生じます。成長の際に、別の石が水晶の
まわりで育つこともあります。
　赤いものは、古い怒りや押さえ込まれた力を解
放し、紫のものやアメシストでおおわれたものは、
感情を押さえつけられた人や、霊力をまだ発揮し
ていない人を助けます。青いものは、自然の知恵
と知識をもたらします。白や無色透明のものは、
やりなおしや停滞後の変化、あるいはエネルギー

を消耗させられたり、環境にはばまれてとまって
しまったあとの進歩に力を貸します。銀色のもの
は、強力な魔法の石とされ、家に幸運、健康、富
を招きます。

Quartz Double Terminated
両端のとがった水晶

種類：両端の錐面が完全にあらわれている水晶

色：水晶の種類による

心のヒーリング：人や社会とのつながりをもたらす

チャクラ：眉（第6）

ロウソクの色：白　香料：フェンネル、グレープフルーツ　用途：力を与える。水晶5個を端と端をあわせて円形に並べ、内側にパワーを与えたいものを入れるとよい　仕事：人や社会とのつながりを深める。コンピュータのそばに置くとよい　神秘的な意味：スピリチュアルな世界とのつながりを深める。上向きに置くとよい　占いの意味：近しい人からの誤解に注意　星座：魚座　エンパワーメント：エネルギーと保護の回路を作る

　この水晶は、透明な水晶とアメシスト（P225）の場合、より効果的です。ストレスをかかえているときにも力を貸してくれます。まわりに並べ、チャクラのシステムにエネルギーを与えましょう。横たわり、頭の上に1個、両足の下に1個、体から数センチ離して等間隔で4個または6個並べます。10〜15分リラックスして、水晶の働きを待ちます。
　この水晶は、離れている人に愛と力を送ることもできます。

Master Crystal
マスタークリスタル

種類：最も多く用いられるのは透明な水晶。ほかの水晶やルビー（P82）など宝石の場合も。めずらしい模様があるものは、より強力とされる

色：水晶や宝石の種類による

心のヒーリング：過去のネガティブな感情を冷静に省みることができるようにする

チャクラ：頭頂部（第7）

ロウソクの色：白　香料：乳香、ユリ　用途：空気や雰囲気を浄化する。気質を改善させる　仕事：礼儀や秩序、パワーをもたらす　神秘的な意味：自分のためになると気づかせる　占いの意味：願いを唱える　星座：水晶や宝石による。なかでも獅子座　エンパワーメント：物質にこだわる人生があることを知っている

　様々な石や宝石、水晶がそれぞれにもつ力が拮抗することなく、円滑に安定して循環できるように働きかける水晶です。すじやくぼみのある三角形の面が1面または複数あるレコードキーパークォーツ（P345）、長い五角形の面があるイシスクォーツ（P346）、七角形の面とその裏に三角形の面があるチャネリングクォーツ（P350）、三角形の面の両隣に七角形の面があるトランスミッタークォーツ（P350）、大型の水晶に小型の水晶がついたブリッジクォーツ（P352）、小さな結晶が完全に囲まれているマニフェステーションクォーツ（P356）などがおすすめ。

Laser Quartz
レーザークォーツ

種類：長細いワンド（P375）のような水晶。一端は細く、もう一端は太い。細いほうの先端は三角形、または丸い指先のような場合も。稀少

色：水晶の種類による。通常は透明

心のヒーリング：破滅的な習慣と縁を切らせる。ワンドを宙で下向きにし、斜めに切るような動作をしながら願うとよい

チャクラ：太陽叢（第3）

ロウソクの色：金色　香料：アカシア　用途：保護の力を与える。水晶で円を描きながら守りたいものを指すとよい　仕事：不安なときに力を与える。水晶で胃のあたりをなでるとよい　神秘的な意味：癒やしを与える。水晶玉（P378）のまわりにエッグストーン（P382）を6個並べ、水晶でそれぞれ触れるとよい　占いの意味：疑いを追いやり、目標を目指して　星座：牡羊座　エンパワーメント：心を変えたりしない

　この水晶は、しばしばマスタークリスタル（P354）と見なされ、ヒーリングにもエンパワーメントにも使えます。ヒーリングのワンドとしては、最もすぐれたもののひとつです。多くのヒーラーたちは、この水晶を使って、感情のもつれや閉塞感を取り除き、エネルギーを循環させています。
　朝起きたら、この水晶を使って自分のまわりに想像上の光の輪を描き、日中の保護を得られるようにしましょう。夜はベッドに輪を描けば安眠できます。

Self-healed Quartz
自己治癒の水晶

種類：水晶の結晶。しばしば透明な水晶で、結晶が生成中に母岩またはクラスター（P344）から離れて破壊されたものの、再び成長を続けて水晶の形になったもの

色：水晶の種類による

心のヒーリング：決断をうながす。依存との戦いを助ける

チャクラ：ルート（第1）、頭頂部（第7）

ロウソクの色：白　香料：リンゴの花、スズラン　用途：人生をやりなおさせたり、別の人生を歩む勇気を与える　仕事：起業の勇気を与える　神秘的な意味：ヒーリングの効果を高める　占いの意味：自分の問題を整理すること。そうしてようやく世界の問題にも対処できる　星座：乙女座、山羊座　エンパワーメント：自分を癒やせる

　この水晶は、大きな地球の変動の中でも生成を続けた石です。母岩やクラスターから折れた部分的な水晶や、ひびの入った水晶である場合もあります。いずれも、新しい結晶が損傷部の上に成長した水晶です。両端のとがった水晶（P354）には、しばしばこの自己治癒の跡が結晶の柱の部分に見て取れます。
　問題が起こりそうな気配を感じたり、気疲れする一日を経験したときは、この水晶を手にして、歩み続ける強さと忍耐力を与えてもらいましょう。

マニフェステーションクォーツ

種類：通常は1個または複数の水晶が、ほかの水晶内に閉じ込められたもの。稀少

色：水晶の種類によるが、しばしば無色透明

心のヒーリング：精神のバランスの調整をうながす

チャクラ：頭頂部（第7）

ロウソクの色：白　香料：乳香、ユリ、ハス、ラン、スミレ　用途：夢を実現させる　仕事：夢や長くあたためてきたプロジェクトを実現させる　神秘的な意味：人生で証明したいこと、世界にもたらしたいことを決断させる　占いの意味：リハーサルはおわった　星座：獅子座　エンパワーメント：内なる世界と外の世界は近づいている

　1個または複数の結晶を含んだ稀少な水晶であることから、シャーマンの力をもつとされています。
　内側の結晶に意識を集中すると、天使とつながる力を与えてくれます。
　水晶が完全にほかの結晶を閉じ込めてから生成されるため、外側のほうが若い結晶になります。内側の結晶は、わたしたちの遺伝子に組み込まれているとされる、古代世界の知恵と関連づけられています。
　手つかずの夢や計画を暗示しているとも考えられています。

ゲートウェイクォーツ

種類：はっきりしたくぼみがある水晶

色：水晶によるが、しばしば無色透明

心のヒーリング：信じる力を回復させる

チャクラ：眉（第6）

ロウソクの色：白　香料：バジル、ローリエ、タラゴン　用途：人生の節目にパワーや英知をもたらす。子どもの安全のお守り　仕事：精神的な安定や自信をもたらす　神秘的な意味：瞑想に集中力を与える。水晶にカップのようなくぼみがあったら、フラワーエッセンスを少し注ぎ、ロウソクの下で瞑想するとよい　占いの意味：人生の自然な通過点を後悔したり、尻込みしたりしないで　星座：水瓶座　エンパワーメント：人生という旅の岐路を歓迎する

　非常に強力なスピリチュアルツールで、教示を与える石や水晶と見なされています。水晶の側面にはっきりとあらわれたくぼみは、集合的英知の泉である「アカシックレコード」や天使につながる、異次元への入り口と考えられています。過去であろうと未来であろうと、知りたいと思う事実を心の中で見ることができると信じられてきました。
　パワーや英知、安定、自信を与えるといわれています。

種類：多くの先端がある小さな水晶が、サボテンのトゲのようになって大きな水晶をおおっているもの。無色透明な水晶、シトリン（P102）、アメシスト（P225）などがある。スピリットクォーツともいう

色：無色。白のものは「妖精の水晶」と呼ばれる。アメシストなら紫、シトリンなら濃いオレンジ色または黄

心のヒーリング：孤独をなぐさめる。ほかの人と共通点を見つけるのを助ける

チャクラ：心臓（第４）

Cactus Quartz
カクタスクォーツ

ロウソクの色：紫　香料：リンゴの花、サクラ、レモンバーベナ、ネロリ、スウィートグラス　用途：激しい競争や、ネガティブなエネルギーを発する人を遠ざける。心を開かせる　仕事：チームの意識を高める　神秘的な意味：保護や集合のエネルギーを生み出す　占いの意味：人々がいつもより協力的だと思ってみて。この親しみを、新たな考え方を取り入れるときに活用して　星座：天秤座　エンパワーメント：よい仲間を歓迎する

　地域や仕事、スポーツ、チャリティの事業など、集団での活動をうながす石です。

　若い親戚や養子など、家族に新しいメンバーが加わったときに、絆を結ぶ石でもあります。家族がひとつになれるように、わだかまりなどネガティブな感情を取り除くように働きかけます。昔から住んでいた家を離れた高齢の家族にも力を貸してくれます。

　医療や教育などの行政機関で働く人は、身につけるとよいでしょう。予算や目標のプレッシャーにすり減らされず、教育や医療を必要とする人々に目を向け、集中して働けるように導いてくれます。

　１個の水晶に育つ結晶の数が多いほど、エネルギーが強くなることから、比較的小さな結晶でも、多くのとがった結晶におおわれていれば強力です。

　はっきりした小さな結晶がついた水晶は、強力な子宝のお守りでもあります。

種類：灰霞石、含水炭酸ナトリウ
ム・カルシウム・アルミノケイ酸塩
$((Na,Ca)_8(CO_3)_2(Al_6Si_6O_{24})$
$(H_2O)_2)$、六方晶系、硬度5～6。
準長石の一種

色：黄、オレンジ色、ピンク、白、
青

心のヒーリング：断たれた人間関係
を修復させる

チャクラ：太陽叢（第3）、のど（第
5）

Cancrinite
カンクリナイト

ロウソクの色：黄　香料：カモミール、マリーゴールド、ヤマヨモギ　用途：衝動的な行動やあらゆる依存
を克服させる　仕事：時間の浪費を改善させる　神秘的な意味：持ち主のオーラのエネルギーフィールドに
金の盾を作る　占いの意味：だれか身近な人に心配ごとがある。時間を取って解決を助けること　星座：牡
羊座、獅子座　エンパワーメント：祝福されているという確信に満ちた光の中を歩む

　大地と宇宙をつなぎ、この2つの偉大な力を与
えてくれます。このため、どの色の石も幸せをも
たらす石ですが、オレンジ色と黄色い石は、その
力をより強く発します。
　あらゆる場所に調和を働きかけ、活発なコミュ
ニケーションをもたらします。支援の石でもある
ため、支援や支持を集めるのにうまくいかないと
きは、この石をそばに置くようにし、ポジティブ
なエネルギーで満たされるようにしましょう。

種類：通常は無色透明な水晶。シトリン（P102）、スモーキークォーツ（P134）、アメシスト（P225）などのスカルも

色：通常は無色透明。黄、紫、茶色なども

心のヒーリング：情熱をもたらす

チャクラ：頭頂部（第7）

Crystal Skulls
石のスカル

ロウソクの色：白、銀色　香料：イトスギ、ヨモギ、没薬、マツ、バニラ　用途：保護と回復のエネルギーをもたらす　仕事：論理と決意をもたらす　神秘的な意味：答えを与える　占いの意味：永遠の価値について冷静に考えて。うわべだけのものかどうか判断して　星座：蠍座　エンパワーメント：自分は血と肉からなる体に宿ったスピリチュアルな存在だと考えてみる

　中世には、メメント・モリという死者の頭部を彫った小さな宝石細工のスカルを持ち歩き、この世の命にはおわりがあること、それゆえにあらゆる機会を人生に生かすべきであることを常に意識していたといいます。

　スカルは陰気でおそろしいものではなく、人生を情熱とともに歩むためのパワーアイコンだったのです。

　ケルトの人々は、頭に魂と知識があると考え、亡くなった英雄の首を落として、民族の力の宿る場所に埋めました。

　石のスカルは、その見た目から万人受けするものではありません。家族、親しい友人以外の人がいるときには、シルクの布に包んでおくとよいでしょう。

　保護と回復のエネルギーをもたらし、情熱を高め、決意や英知へ導くといわれています。

Golden Feldspar

金色の長石

ロウソクの色：金色　香料：コーパル、乳香、マリーゴールド、ヤマヨモギ、ヒマワリ　用途：休息の時間を楽しませる　仕事：あたたかさと気軽さをもたらす　神秘的な意味：幸運を招く。太陽と月が同時に空に出ているとき、両手それぞれに長石を持つとよい。強力なパワーがもたらされるという　占いの意味：物事は一見したより悪くない。起こらないかもしれないことを心配しすぎて、先に負けてしまわないこと　星座：獅子座　エンパワーメント：太陽は明日も輝く

　長石は、地球上で最も一般的な岩石の構成鉱物のひとつで、大地深くからあらわれたマグマが冷やされてできた、ほとんどの火成岩の主要成分です。長石は月の石にも見られます。

　どの長石も、大地と火と宇宙のエネルギーをもっていますが、金色または透明の長石には、太陽の力もあり、幸運と繁栄を招きます。金色の長石は特別視されていますが、豊かなオレンジ色のサンストーン（P129）として安価に売られていることもあります。透明な長石は、水晶に似ていま

すが、水晶よりやわらかい石です。

　心配性で、目の前のことに集中するのが難しいなら、金色の財布にこの長石を入れて持ち歩きましょう。心配になったり、やる前から負けた気分になったら、取り出して握りしめます。楽観的になり、幸運を呼び戻してくれます。

種類：ブラジル石、水酸ナトリウム・アルミニウム・リン酸塩（NaAl$_3$（PO$_4$）$_2$（OH）$_4$）、単斜晶系、5 ½。短い柱状結晶があり、しばしば条線が発達する。宝石質のものは稀少

色：緑、黄、黄緑、無色

心のヒーリング：精神的自立をうながす

チャクラ：太陽叢（第3）、心臓（第4）

Brazilianite
ブラジリアナイト

ロウソクの色：緑　香料：グレープフルーツ、レモン、ライム、マツ、ベチバー　用途：親子関係を改善させる。精神的自立をうながす　仕事：健全な人間関係を築く。自己表現力を高める　神秘的な意味：失われた文明の知恵や、自然の精霊とのつながりをもたらす。開けた場所や山地に持っていくとよい　占いの意味：どこにいるかが重要。人生の本番をスタートさせて　星座：山羊座　エンパワーメント：ほかの人からの指示は必要ない

　家族や恋人、友人、同僚と健全な関係を築く石とされ、ほかの人と自分の要求のバランスを取るように働きかけます。人の意見を聞くのが苦手だったり、思い込みで人を判断してしまったり、愛されているという確信を、常に欲してしまうときに役だちます。人間関係を一歩引いて見つめ、大きく成長させてくれます。

　宝石質のよい石を手に入れることができるなら、夢の実現のために、心臓の近くにあててリスクを取り除きましょう。また、素敵な恋人があらわれるのを待つのではなく、探しにいくようにあと押ししてくれます。自分に魅力がないと考え、行動する前から負けてしまわないようになります。

　まわりにいつもいらだっている人がいるなら、ネガティブなエネルギーをもらわないように、常に持ち歩くようにしましょう。不当な扱いをされたときに、声をあげる勇気も与えてくれます。

　子ども部屋に小さな石を置いておくと、いつも悪いもの扱いされ、悪循環におちいっている子どもの行動をよい方向へ導いてくれます。

種類：玉髄（潜晶質石英）、二酸化ケイ素（SiO₂）、三方晶系、硬度7。チャートの場合も

色：黒、茶色、グレー

心のヒーリング：感傷的、破滅的な家族関係を解消させる

チャクラ：ルート（第1）

Flint

フリント

ロウソクの色：黒、銀色　香料：オールスパイス、バジル、ニンニク　用途：金運をもたらす。定期収入を与える。ポケットなど、財布以外で見つけたコインを器に入れ、3個のフリントで三角形を作るように囲み、なくならないように補充しながら定期的に使うとよい　仕事：たくましさを与える　神秘的な意味：スピリチュアルなコミュニケーション能力を高める　占いの意味：これまでの行動や考えが歓迎されないなら改めて　星座：牡羊座　エンパワーメント：過去は将来へ向かう飛び石となる

　何千年もの間、フリントは火種を起こすのに用いられ、人々から魔法の石と見なされていました。スカンジナビアの一部では、家を守る霊が宿ると信じられたことから、大きなフリントを家庭に置き、定期的にビールをかけ、バターを塗っていたといいます。

　強い光沢が出るまで磨くと、美しい姿になることからジュエリーとしても人気です。ネガティブなエネルギーを遠ざけ、富をもたらしてくれます。

種類：玉髄（潜晶質石英）、二酸化ケイ素（SiO_2）、三方晶系、硬度7。チャートの場合も

種類：フェナク石、ベリリウム・ケイ酸塩（Be2SiO4）、三方晶系、7 ½〜8。稀少

色：乳白から透明な白。薄黄、ピンク、茶色を帯びることも

心のヒーリング：希望をもたらす。非常に強力でエネルギーにあふれているので、使用する際は注意

チャクラ：頭頂部（第7）

Phenakite
フェナカイト

ロウソクの色：白　香料：ユリ、スズラン、ハス、ネロリ、ラン　用途：人生の変化や移行期、決断のときを助ける　仕事：追いやられていた才能を開花させる。ネガティブな人やもの、エネルギーを遠ざける　神秘的な意味：天使や大天使とのつながりをもたらす。透視の能力を高める　占いの意味：慌ただしさや不満を感じているなら、自分の中の可能性を見なおすとき。やめることなく、変化を起こして　星座：水瓶座
エンパワーメント：人生をこのままにしておく必要がない

　フェナカイトという名前は、古代ギリシャ語で「偽のダイヤモンド」をあらわす言葉に由来し、ダイヤモンド（P149）と同じくらい美しく輝き、スピリチュアルな力をもっています。
　結婚式と結びつきのある石でもあり、結婚をはじめ人生の節目の贈り物として人気です。
　全身のヒーリングには、白か薄黄の石を使いましょう。白と金色の光を全身に満たすイメージで、頭から下へ石で螺旋を描いていきます。
　緊張を取り除くには反時計まわりに、優しいエネルギーを与えるには時計まわりに動かします。

フラッシュオパール

種類：オパール、含水二酸化ケイ素（$SiO_2 \cdot nH_2O$）、非晶質、硬度 5½〜6½

色：1色か数色。いずれも鮮やかに明滅して見える

心のヒーリング：精神的な安定をもたらす

チャクラ：仙骨（第2）、眉（第6）

ロウソクの色：銀色　香料：コーパル、ハイビスカス　用途：社交性を与える　仕事：想像力やインスピレーションをもたらす　神秘的な意味：力を与える　占いの意味：直感のひらめきが優柔不断を克服させる。自分を疑わないこと　星座：蟹座、射手座　エンパワーメント：インスパイアされ、やる気に満ちている

　置かれた状況に敏感に反応し、適応力をもたらすオパールです。
　色が鮮やかなフラッシュ現象は、ほかのオパールでも見られ、貴重なメキシコ産のオレンジ色のファイアーオパール（P96）では緑、ハイアライトオパール（P323）の一種である、無色のサテンフラッシュオパールでは多色に明滅します。

ティファニーストーン

種類：天然石はおもに蛍石で、オパール、方解石、石英などが混じった岩石。人工処理品は違う素材でできている。オパーライトともいう。天然石は稀少

色：明るい紫から濃い紫に、ピンク、オレンジ色、赤、白、黒、緑、透明

心のヒーリング：ポジティブであれネガティブであれ、自然な感情の表現をうながす

チャクラ：仙骨（第2）、眉（第6）

ロウソクの色：クリーム色　香料：アカシア、ミント、ムスク　用途：気分を高揚させる　仕事：若い企業に成功をもたらす　神秘的な意味：スピリチュアルな世界とのつながりをもたらす　占いの意味：変化は必ずしもよいほうに起こるとはかぎらない。新しいものや人が続くようにすること　星座：蟹座　エンパワーメント：避けられないものに抵抗しない

　天然石と人工処理品が存在します。天然石は実際にはオパール効果をもたないものの、高度なカボションカットにすれば、光らせることができます。人工処理品はガラスのように見えますが、美しいオパール効果を示します。
　落ち着きをもたらし、バランスを調整するように働きかけます。

種類：コーネルップ石、水酸マグネシウム・鉄・アルミニウム・ホウケイ酸塩（(Mg,Fe)(Al,Mg,Fe)$_9$(Si,Al,B)$_5$(O,OH,F)$_{22}$）、直方晶系、6½〜7。稀少

色：エメラルドグリーン、緑を帯びた茶色、ピンク、黄、茶色、青、無色

心のヒーリング：自傷行為を克服させる。落ち着きや自己愛をもたらす。ポジティブな気づきを与える

チャクラ：心臓（第4）、のど（第5）

Kornerupine

コールネルピン

ロウソクの色：緑　香料：バジル、レモングラス、ジュニパー、オレンジ、マツ　用途：現実に目を向けるようにうながす。自暴自棄など、ネガティブな感情を克服させる　仕事：専門知識の習得をうながす。権限や自信を与える　神秘的な意味：自分の直感的認識力を高める。自立心をもたらす　占いの意味：片づけるべき仕事を先送りしたり、避けるべきことに大事なエネルギーを使わないで。想像よりずっと簡単で早く片づくはず　星座：双子座　エンパワーメント：今日のために今日を生きる

　ときにエメラルド（P262）とまちがわれますが、見る角度を変えると異なる色が見える多色性を示します。

　雄弁に語る石とされ、不当な主張や決定、告発に異議を唱える力をもたらします。批判的な権威者や自己主張の強い人から、不安な気持ちに追い込まれたり、肝心なときに言葉が出なくなってしまったり、ネガティブな状況におちいることのないように力を貸してくれます。

　衝動的な行動や過度の心配性も克服することができるといいます。

　ひとりで休日を過ごしたり、離れた場所に旅行するときは、持っていきましょう。新しい体験や文化を心から受け入れ、楽しむことができるでしょう。

　意外な力といえば、味覚の幅を広げてくれること。食べ物の好みにかたよりのあるパートナーや子どもの食生活を改めてくれるといいます。

種類：ハーデル石、フッ素・水酸カルシウム・ベリリウム・リン酸塩（CaBe(PO₄)(F,OH)）、単斜晶系、硬度5〜5½。稀少

色：白、無色、薄黄からカーキ、バラ色、薄緑、青

心のヒーリング：社交的にする

チャクラ：眉（第6）、頭頂部（第7）

Herderite

ハーデライト

ロウソクの色：白　香料：ギレアデバーム、コーパル、没薬、白檀、ヤマヨモギ　用途：家庭に豊かさをもたらす。クリエイティブな変化や臨機応変な対応をうながす　仕事：リーダーシップを高める。団結力や行動力、理解力を与える　神秘的な意味：内なるヒーリング力を高める。守護霊（指導霊）とのつながりを深める　占いの意味：迅速な行動を取るとき。すみやかな進展のためには、疑ったり後悔したりしているときではない　星座：牡羊座　エンパワーメント：自分がどこに向かっているかを知っている

　この石を使って瞑想やヒーリングを行うと、天使や守護霊によって高い次元の世界へ導かれ、癒やしのエネルギーで満たされます。スピリチュアルな力の強い石であるため、アゲートやジェット（P213）、アメシスト（P225）など、ほかの石をそばに置いて、常に大地に足が着いている感覚を保てるようにしましょう。

　脳や記憶機能を刺激し、スピリチュアルなことから最先端の科学技術まで、あらゆる知識の吸収をうながします。

　小さな石を身につけるか、天然石をやわらかい袋に入れて持ち歩くと、まわり道をすることなく、目的に向けてすぐに行動できるように導いてくれます。

種類：空洞（晶洞）をもつ石で、空洞中に成長した無数の小さな結晶、ときに大きな結晶を含むもの。透明な水晶、シトリン（P102）、アメシスト（P225）、セレスティン（P258）、カルサイトなど

色：石の種類による。通常、外側はグレー、茶色、黒

心のヒーリング：根深い問題を克服させる

チャクラ：ルート（第1）

Geodes
ジオード

ロウソクの色：白　香料：アーモンド、アニス、クローブ、ローズウッド、ティーツリー　用途：愛情や既存の関係を深める　仕事：ネガティブなエネルギーを吸収し、おだやかさや親切な言葉、行動に変換させる。ネガティブな人を遠ざける。オフィスや店舗に1個置くと泥棒よけにもなるという　神秘的な意味：スピリチュアルな世界とのつながりをうながす　占いの意味：新しく出会った退屈そうな人が、実は生き生きとしたすばらしい知識の泉だとわかるかも　星座：蟹座　エンパワーメント：わかりやすいものではなく、隠されているものを探して

　この石は、石灰岩やドロマイトのような堆積岩、火山岩に見られます。東欧で「竜の宝」と呼ばれる一方、ある地域では、「魔法の鳥が産んだ卵」だと信じられてきました。

　庭やバルコニーに小さな石を置くと、夜行性の動物が遊びにくるといいます。

　両手の人差し指をこの石の空洞に入れ、知りたいことや明らかにしたいことを尋ねると、答えが心に浮かんでくるでしょう。本当の性格や隠れた才能など、隠されたものをすべて明らかにすると

いわれています。

　想像力を刺激するため、子どもへの贈り物に最適です。

種類：ユーディアル石、含水塩素・ナトリウム・カルシウム・鉄・マンガン・ジルコニウム・ニオブ・ケイ酸塩（Na15Ca6(Fe,Mn)3Zr3(Si,Nb)(Si25O73)(O,OH,H2O)3(Cl,OH)2）、三方晶系、硬度5〜6。稀少

色：ピンクから赤、黄を帯びた茶色から赤茶、赤、赤紫、ピンク、青、黄、茶色。黒や白のインクルージョンを含む場合も

心のヒーリング：自分本位の考えを改めさせる。自分同様にほかの人を尊重するようにうながす

チャクラ：ルート（第1）、心臓（第4）

Eudialyte

ユーディアライト

ロウソクの色：ピンク　香料：アーモンド、アニス、サクラ、ハイビスカス、ジュニパー　用途：恋愛関係における嫉妬がもたらす問題を解決へ導く　仕事：自分を信じる力を与える。決定をくだすときは、石を手に持って考えを集中させるとよい　神秘的な意味：賢い祖先や天使、守護霊（指導霊）、異次元からの言葉やメッセージを受け取る力を高める。磨かれた石を1〜2分両耳にあてるとよい　占いの意味：自分の判断を信じ、準備できたと思うまで、圧力をかけられても決定をくださないで　星座：牡牛座　エンパワーメント：自分の決断を信じて

　宝石として使われることもありますが、割れやすいので、取り扱いには注意が必要です。アルマンディンスパーともいわれ、ピンクガーネットと一緒になったものもあります。通常は母岩に埋もれていて、そのまま磨かれることもあります。しばしば、カルシウム、セリウム、イットリウム、ウラン、トリウムなどを含みます。

　自己愛と自己容認の石とされ、ほかの人の幸せや要求と共存できる道を探しながら、自分の幸せを追求できるように導きます。

　家族をひとつにまとめたいときは、家のまわりに置いておくとよいでしょう。家族の問題行動を改めさせ、和解をうながし、家族を再建することができるといいます。

種類：大ぶりで、しばしば平たい楕円形の滑らかな石や水晶。通常は、中央に親指をのせるくぼみがあり、素材は様々

色：石や水晶の種類による。多くのものは半透明で豊富な模様がある

心のヒーリング：試験や会議、裁判の前などに、ネガティブな感情を克服させる。スピリチュアルな防御の力を高める

チャクラ：仙骨（第2）、心臓（第4）

握り石

ロウソクの色：緑　香料：カモミール、クラリセージ、ラベンダー、レモンバーム、レモンバーベナ　用途：ネガティブな感情を克服させる。色とりどりの握り石を集め、ひとつにまとめて、心が乱れたら手探りで1個選び、気分がよくなるまで手に持つとよい。直感で選んだ石が必要な力を与えるという　仕事：悪習慣を克服させる。握り石を片手に持ち、衝動が静まるまで反対の手の指で軽くなで続けるとよい。大地のパワーを宿すアゲートや、落ち着きをもたらすジェードがおすすめ　神秘的な意味：スピリチュアルな力を高める。ロウソクを灯し、軽い瞑想状態に入るまで、人差し指で何度も模様をなでるとよい。ピカソジャスパー（P310）やオーシャンジャスパー（P310）、ストロマトライトジャスパー（P332）など、模様のはっきりした石がおすすめ　占いの意味：起こっていないことを心配しないで。エネルギーの無駄づかい　星座：天秤座　エンパワーメント：無駄な心配をしない

　人間は何千年もの間、危機や不安におそわれると、特定の石を握り、心を落ち着かせてきたといいます。海辺や丘陵で、くぼみのある滑らかな石を見つけたら、それはかつての握り石で、思いもよらない魔法の力があるかもしれません。

　握り石は、少なくとも週に1回は浄化しましょう。石が硬くて多孔質でなければ、流水で洗えます。マツやジュニパーなどの香りも、浄化におすすめです。

　ネガティブなエネルギーを発する隣人がいたり、騒がしい地域に住んでいるなら、家の表と裏、玄関ドア、裏口の外側などに、黒の握り石を真っ直ぐ立てて埋めるか置いておきましょう。

　オフィスでは、黒の握り石を外向きに立てかけると、ネガティブなエネルギーを吸収します。

　毎週浄化し、浄化後は両手に握り、自分の内なる力で満たしましょう。

種類：中沸石（ゼオライトの一種）、含水ナトリウム・カルシウム・アルミノケイ酸塩（Na2Ca2（Al6Si9O30）·8H2O）、直方晶系、硬度5。針状または毛状の結晶が、房のようになっていたり、放射状に集まっている

色：透明、白、グレー、黄、テラコッタ色、まれにピンク

心のヒーリング：あたたかみと共感を生み出す。精神的安定をもたらす

チャクラ：心臓（第4）

Mesolite
メソライト

ロウソクの色：白　香料：ラベンダー、ユリ、スズラン、ハス、ホワイトローズ　用途：人間関係を改善させる。絆を深める。相思相愛の相手を認識させる　仕事：人格を尊重させる。不当な愛情など、ネガティブなエネルギーを発する人や感情を遠ざける。この石のクラスター（P344）を置いておくとよい　神秘的な意味：異次元や祖先、故人とのつながりや、コミュニケーションをもたらす。屋内の西向きの窓辺に、この石を保護用のニンニクの束と一緒に置いてロウソクを灯し、なんらかの存在を感じたら、ロウソクと石をテーブルに移すとよい　占いの意味：違いをいったん脇に置いて、同僚や知人とコミュニケーションを取るとき。この先、その人たちを味方にしておくほうがいい　星座：牡牛座　エンパワーメント：自分の祖先を心と生活のために歓迎する

　同僚など、定期的に顔をあわせなければならない相手からの、非合理的で強い好き嫌いをかわし、克服するようにうながします。

　家にクラスターを置いておくと、歓迎の雰囲気を作り出し、あまりよく知らない同僚やパートナーの親戚などを楽しませることができます。

　家族や親しい友人と共有した過去世の知識を与える石でもあり、共通の事柄を通じてコミュニケーションを活発にさせます。

　オフィスではチームワークをうながし、敵対関係や、生産性と調和をじゃまする口論を軽減させます。

　パートナーから批判されたり、子どもや雇用主が無理な期待をずっと寄せてくるときに、相手の行動をやわらげてくれます。

注意：エリクシール（P16）には適していません。作らないように。

種類：灰長石（斜長石の一種）、ナトリウム・カルシウム・アルミノケイ酸塩（(Ca0.5〜0.7Na0.5〜0.3)(Al1.5〜1.7Si2.5〜2.3)O8)、三斜晶系、硬度6〜6½。微細なラブラドライト（P178）の集合体

色：深緑かグレー、灰緑にミルキーなインクルージョン。光にかざすとオパール効果を発し、宇宙や恒星、惑星のように見える

心のヒーリング：心身の可能性を広げる

チャクラ：頭頂部（第7）

Galaxyite

ギャラクサイト

ロウソクの色：深緑　香料：アカシア、ヨモギ、没薬、ラン、ポピー　用途：想像力や探究心、自己解決能力をもたらす　仕事：想像力や探究心、クリエイティブな能力を与える　神秘的な意味：スピリチュアルな世界とのつながりを深める　占いの意味：よいことが起こりそうな予感。幸運を引き寄せるために、石をのぞいてみて　星座：射手座　エンパワーメント：自分たちが宇宙で孤独ではないと信じる

　しばしばガラクサイトと呼ばれますが、本当のガラクサイトは、マンガン・アルミニウム酸化物のスピネル族に属する黒い鉱物です。
　現代生活がもたらす問題とストレスに対処するのを助けるため、天使が人間に与えたといわれています。はじめて発見されたのは、1995年、カナダのケベック州でした。
　最高のオーラの浄化剤、エネルギー剤とされています。
　頭頂部の上にかざすと、エネルギーとオーラの

ギャップを埋め、癒やします。
　ネガティブなエネルギーを遠ざける力がとても強いため、親や保護者と一緒にいない子どもの安全を守ってくれるでしょう。

種類：水滑石、水酸化マグネシウム（Mg(OH)₂）、三方晶系、硬度2½。工業用鉱物としては一般的だが、ヒーリング用としては稀少

色：白、薄緑、グレー、青

心のヒーリング：人生を楽観視できるようにうながす

チャクラ：のど（第5）、頭頂部（第7）

Brucite

ブルーサイト

ロウソクの色：白　香料：花ならなんでも　用途：自分を大切にさせる。ほかの人を尊重しながら、自分の希望や要求を実現させる　仕事：客観的な視点と計画をもたらす　神秘的な意味：スピリチュアルな世界とのつながりを深める。ヒーリングの効果を高める　占いの意味：計画の遅れはクリアできるが、まわりは心配しているので、安心させて。そして続けること　星座：獅子座　エンパワーメント：成功への障害を取り除く

　光の石とされ、宇宙やスピリチュアルな次元からエネルギーをもたらします。

　朝、太陽に1～2分かざしたあと手にすると、オーラのエネルギーフィールド、チャクラを浄化してくれるとともに、その日のエネルギーを与えてくれます。

　近年、この石のもつエネルギーに注目が集まり、徐々に人気が出てきています。比較的安価であるのも魅力のひとつです。

種類：ゲーレン石、カルシウム・アルミニウム・ケイ酸塩（Ca2Al2SiO7）、正方晶系、硬度5〜6。メリライト（黄長石）の一種

色：黄色っぽい茶色、灰緑、無色

心のヒーリング：本来の自分を見つけさせる。アイデンティティを築かせる。自分を助けるようにうながす

チャクラ：太陽叢（第3）

ゲーレナイト

ロウソクの色：黄　香料：カモミール、ヒマラヤスギ、ラベンダー、ローズウッド、スウィートグラス　用途：アイデアをもたらす　仕事：起業をうながす。創造力をもたらす。実行力と対応力を目覚めさせる　神秘的な意味：大地のエネルギーとのつながりを深める。人間の本能を目覚めさせる　占いの意味：ほかの人の意見や好みに動じないで。自分の本当の性格を自由に表現したいなら、自分が望み、感じることを優先して　星座：双子座　エンパワーメント：自分は自分であって、ほかのだれでもない

　家やオフィスに置いておくと、天然のストレス緩和剤となり、未熟な人の成長を助けます。円滑な人間関係の中で、責任感をもって行動できるようになるでしょう。

　赤ちゃんとの絆を深めたり、親の自覚をうながし、忍耐力や育てる力を引き出します。

　人生の各段階で、自分を見なおすときにも役だつでしょう。

　母なる大地の石でもあるため、家にあたたかさや安らぎ、安全をもたらします。高層階のマンションや、ほとんど緑のない都心部の家に置くと効果的です。

種類：燐礬土石、水酸アルミニウム・リン酸塩（(Al$_2$(PO$_4$)(OH)$_3$)）、単斜晶系、硬度4½〜5。稀少

色：無色、白、薄黄、ピンク

心のヒーリング：気むずかしい気性をやわらげる

チャクラ：太陽叢（第3）、心臓（第4）

Augelite
オージエライト

ロウソクの色：黄　香料：ローリエ、バジル、カモミール、ライラック　用途：円滑なコミュニケーションへ導く　仕事：円滑な人間関係をもたらす。クラスター（P344）を置くとよい　神秘的な意味：安眠をもたらす。無色かピンクの小さな石を袋に入れ、寝るときに頭の近くに置くとよい　占いの意味：面倒な人が対処しやすくなるときをねらうといい　星座：乙女座　エンパワーメント：自分は分裂や意見の相違を乗り越えられる

　入手の難しい石ですが、ヒーリングやスピリチュアルな体験を最高レベルに引きあげてくれます。
　天使とのつながりを強力なものにし、ヒーリングなどの際に、いたずらな霊がじゃまするのを防いでくれます。

種類：硬い細い石で、ワンド（杖）
の形にしたもの。一端は丸く、一端
はそれよりとがっている。あるいは、
一方がとがった石を埋め込んだ木、
石、金属のことをいう。両端のとが
った水晶（P354）が自然にできる
こともある

色：石や水晶の種類による

心のヒーリング：調和と自信をもたら
らす。虹色の7つの石をはめ込んだ
チャクラのワンドを、夜に眉に向け
ると、争う心に調和をもたらす。朝
におへそに向けると、世界に向きあ
う自信を与える

チャクラ：仙骨（第2）、眉（第6）

石のワンド

ロウソクの色：銀色、金色　香料：リンゴの花、ジャスミン、ラベンダー、ネロリ、モモ　用途：バランス
をもたらす。好みのワンドを集め、テーブルに星形に並べて、先端を交互に内向きと外向きに置くとよい
仕事：幸運をもたらす。机の引き出しに、一端のとがった水晶を入れておき、ポジティブなチャンスを招き
たいときは、自分のほうに向け、ネガティブなエネルギーを遠ざけたいときは、自分の外に向けるとよい
神秘的な意味：幸運をもたらす。成功をイメージしながら、ワンドを時計まわりに9回まわすとよい　占い
の意味：向上しようと努力し続けるかぎり、どんなものを望んでも許される　星座：射手座　エンパワーメ
ント：思わぬ形で望みは叶う

　石のワンドは重宝するツールです。
　ワンドの先端を使って、ほかの石にヒーリング
の力や幸運を呼ぶ力、保護の力を与えることがで
きます。ワンドをインセンスの煙やロウソクの炎
の上で動かしたあと、順番に石に触れましょう。
　週に1回、石のワンドを使って、体にエネルギ
ーを与えることもできます。ワンドのとがった一
端を体に向け、体から数センチ離して下から上に
螺旋を描いていきます。自分に対し、時計まわり
に動かすとエネルギーを与え、反時計まわりに動

かすとストレスなどエネルギーのつまりを取り除
いてくれます。
　エネルギーの循環が早すぎたり強すぎたりして
いると、ワンドはとまるかもしれません。その際
は、横に動かし、エネルギーのもつれをほぐしま
しょう。再び体にエネルギーを流し込むには、円
を描くように動かします。

種類：鋼玉（コランダム）、酸化アルミニウム（Al₂O₃）、三方晶系、硬度9。スター効果があるもの。稀少

色：薄いシルバーグレー、ブルーグレー、グレーを帯びた白、黄色っぽい白、黒。スター効果は、濃いブルーサファイア（P260）のものが最も珍重される

心のヒーリング：劣等感を克服させる。円滑な人間関係をもたらす。行動する勇気を与える

チャクラ：頭頂部（第7）

Star Sapphire
スターサファイア

ロウソクの色：白　香料：アーモンド、カーネーション、オレンジ、ローズマリー、セージ　用途：永遠の愛をもたらす。白を帯びたものがおすすめ　仕事：賢明さ、正直さ、リーダーシップ、成功をもたらす。夢を叶える。色の薄いものがおすすめ　神秘的な意味：誠実さ、希望をもたらす。ネガティブなエネルギーを遠ざける。光が6本の石では3つの十字ができ、それぞれ誠実、希望、運命をあらわすとともに、3人の天使との結びつきを示すという　占いの意味：だれかに傷つけられても、正直なままでいて。正直であることを誇って　星座：双子座　エンパワーメント：努力していれば、小さな夢を叶えることができる

　スター効果とは、繊維状鉱物が複数の方向に並び、光を反射して、6本のきらめく光の矢のように見えることをいいます。まれに12本の矢になることもあります。

　最も有名なスターサファイアは、青のスターオブインディアですが、正確にはスターオブスリランカと呼ぶべきでしょう。約300年前、現在のスリランカで発見されました。1900年からニューヨークシティのアメリカ自然史博物館宝石コレクションに収められており、現在もゴルフボール

ほどのサイズで無傷なまま保存され、スター効果があらわれています。

　黒のスターサファイアは、強い男性のシンボルです。誠実さと成功をもたらします。このサファイアは、くもりがある半透明から不透明で、黒というより深緑、こげ茶、青になる場合もあります。

カラーチェンジサファイア

種類：鋼玉（コランダム）、酸化アルミニウム（Al₂O₃）、三方晶系、硬度9。稀少

色：通常、自然光では青。人工光やロウソクの光では、薄紫や紫

心のヒーリング：心理的な刺激に反応するようにうながす

チャクラ：頭頂部（第7）

ロウソクの色：虹色、白　香料：リンゴの花、安息香、イランイラン　用途：イメージを一新させる。制限の多い状況を克服させる　仕事：2つの仕事を同時に成功させる　神秘的な意味：日常とスピリチュアルな世界を両立させる　占いの意味：自分の新たな面があらわれはじめている　星座：射手座　エンパワーメント：人生は単純に、よりエキサイティングなものになる

　人生の節目に幸運を招きます。従来のライフスタイルを打ち破り、質の高い生活や自由に満ちた暮らしを目指したいときにも力を貸してくれます。
　長距離または長期の旅行にも役だちます。節目にプレゼントするジュエリーにも最適です。

レインボーオブシディアン

種類：黒曜石、二酸化ケイ素（SiO₂）に富む火山性ガラスの一種、非晶質、硬度6½

色：黒に青のきらめき。緑を帯びた黒に、紫や赤、青のきらめき。常に虹色の揺らめく光が特徴

心のヒーリング：ネガティブな感情を克服させ、きらめく光を与える

チャクラ：ルート（第1）、太陽叢（第3）

ロウソクの色：銀色　香料：竜血、バーベナ　用途：ネガティブな感情を克服させる。再スタートへ導く　仕事：不運を好転させる。両手に5個の磨かれた石を持ち、5回振り、軽く投げあげて受けとめながら願うとよい　神秘的な意味：守護霊（指導霊）とのつながりをもたらす。大きな磨かれた石をロウソクの光で見つめるとよい　占いの意味：時間を奪う過去の出来事と縁を切るとき　星座：蟹座、天秤座　エンパワーメント：トンネルの果てには光がある

　神話において、虹があらわれたときに発見できる石とされているように、光にかざすと美しい虹色があらわれます。
　「魔女の石」とも呼ばれるブラックオブシディアン（P201）と同じ効果を期待できるとともに、おだやかな楽観主義をもたらします。ずっと尾を引いている過去とのつながりを、強い気持ちで断てるように導いてもくれます。
　ブラックオブシディアンは強力なので、強すぎると感じるなら、このオブシディアンがおすすめです。

種類：水晶。内部に模様のない、と
ても透明な丸玉は、ガラスの可能性
がある

色：水晶の種類による

心のヒーリング：よい睡眠をうなが
す。睡眠中に蓄積されたネガティブ
な感情を取り除き、癒やしをもたら
す。ローズクォーツ（P61）、アメ
シスト（P225）、セレナイト（透明
石膏）の丸玉がおすすめ

チャクラ：頭頂部（第７）

Crystal Spheres

水晶玉

ロウソクの色：白、銀色、金色　香料：アカシア、ヒマラヤスギ、乳香、没薬、白檀　用途：継続的な健康、
繁栄、生命力、幸福を呼び込む。家の空気を浄化させる。家の中心付近に置くとよいとされる　仕事：成功
と金運、インスピレーションをもたらす　神秘的な意味：水晶玉を見つめると、答えに導く。半透明の玉や
不透明な模様のある玉では、ロウソクを使って表面に浮かびあがるイメージを読み解く　占いの意味：未来
を占ってみて。準備ができないうちは何も選択しないで　星座：半透明の玉は蟹座、透明で輝く玉は獅子座、
暗く不透明な玉は蠍座　エンパワーメント：自分の問いの答えは自分の中にある

　古代中国では、幸運と健康、成功をもたらすも
のと見なされ、大切にされてきました。
　現在にいたるまで透視に使われ、水晶玉の内部
や表面にあらわれる模様や像から、様々なメッセ
ージを得てきました。ときには、過去の世界や天
使、守護霊（指導霊）、祖先と交信させてもくれ
るといいます。
　ほかの石のエネルギーを増幅する完璧なツール
としても知られ、あらゆるスピリチュアルなヒー
リングに欠かせないものです。

　ただし、ガラスの可能性がある玉には、水晶玉
と同等の力やヒーリング効果はありません。注意
しましょう。

Shark Tooth
サメの歯の化石

種類：化石の年代は様々だが、一部は1500万年から3億年前のものの可能性がある。信頼できる化石や石、鉱物の店または博物館で買うこと

色：化石ごとに様々

心のヒーリング：まちがいを繰り返さないようにうながす

チャクラ：ルート（第1）、仙骨（第2）

ロウソクの色：クリーム色　香料：アニス、タイム　用途：あらゆる盗難と盗聴を防ぐ　仕事：競争の激しい分野で成功へ導く　神秘的な意味：究極の幸運をもたらす　占いの意味：受け取っていないお金に関して問題が再燃する。正しくは自分のお金だが、その額以上のトラブルを引き起こすかもしれない　星座：山羊座　エンパワーメント：過去にとらわれない

　古代の人々は、1万5000年以上前から、動物の歯や皮を加工し、身につけてきました。動物の力を得られると信じていたのです。
　化石は何百万年もの時を経て発見されることから、より大きな力が与えられると考えられてきました。長寿のシンボルでもあります。
　サメの歯の化石は、海を旅する人、海で生計を立てる人すべてに保護の力を与えます。
　器に入れて家に置いておくと、繁栄を呼び込むといいます。

Williamsite
ウィリアムサイト

種類：ウィリアムス石、水酸ニッケル・マグネシウム・ケイ酸塩（(Ni,Mg)$_3$Si$_4$O$_{10}$(OH)$_2$）、単斜晶系、硬度2。ぬめっとした感触がある

色：半透明の薄緑に、不規則な黒のインクルージョンがある。青を帯びた緑のものも

心のヒーリング：大きな精神的な混乱を克服させる

チャクラ：心臓（第4）

ロウソクの色：緑　香料：ヒマラヤスギ、グレープフルーツ、パチョリ　用途：心に余裕をもたらす　仕事：努力によって目標を達成できるように導く　神秘的な意味：ネガティブなエネルギーを発する人を遠ざける　占いの意味：自分の考えや希望を上手に伝えるのは難しい。発言のタイミングを見極めて　星座：乙女座、蠍座　エンパワーメント：秩序をもたらす

　しばしばロサリオといった聖具、美しい装飾品に使われるほか、ジュエリーにも加工できる美しい石です。比較的やわらかいので、傷がつかないように、取り扱いには注意しましょう。
　ほかの石や宝石とは別に、布の袋にしまい、手入れもやわらかい布でそっとふくだけで十分です。

種類：最も一般的には透明な水晶だ
が、彫刻できるなら、どんな素材や
金属でもよい

色：水晶や石の種類による

心のヒーリング：落ち着きをもたら
す。ローズクォーツ（P61）または
アメシスト（P225）がおすすめ

チャクラ：眉（第6）

Crystal Pendulums

石の振り子

ロウソクの色：白　香料：レモン、ヨモギ、ムスク、没薬、オレンジ　用途：なくしたもののありかへ導く。
振り子を持ち、なくしたものの最後の記憶がある場所から歩き出すとよい。振り子が、時計まわりに速くま
わるとすぐそばにあることを、反時計まわりにまわると誤ったルートをたどっていることを知らせてくれる
という　仕事：最善の選択をうながす。選択肢をすべて紙に書き出して、順番に振り子をかざし、振り子が
ひっぱられたものを選ぶとよい　神秘的な意味：最善の選択をうながす　占いの意味：必要な情報の一部は
意図的に隠されているかもしれない。真実を見つけるまで探り続けること　星座：すべての星座　エンパワ
ーメント：内なる世界は意味に満ちている

　振り子とは、一端がとがった重みのある小さな
水晶や石を、チェーンやひもに取りつけたもので、
持ち歩きしやすく、便利なツールです。
　振り子は、隠された心の内や情報をキャッチし、
あらゆることに対処できるように働きかけてくれ
ます。
　選択や判断に迷ったら、振り子に問いかけてみ
ましょう。まだ気づいていない才能も開花させて
くれます。
　歩いていて道に迷ったら、振り子を振りましょ

う。正しい方向を教えてくれます。

種類：透明な水晶に、金（P113）やプラチナ（P196）を蒸着させたもの。人工処理品。比較的稀少で極めて高価

色：金色、明るい黄。すべてのオーラクォーツ同様に、虹色のきらめきがある

心のヒーリング：悲観的な人、深刻になりがちな人の心をなぐさめる。心をポジティブに解放させる

チャクラ：太陽叢（第3）

Sunshine Aura Quartz

サンシャインオーラクォーツ

ロウソクの色：金色　香料：コーパル、乳香、マリーゴールド、オレンジ、ローズマリー　用途：喜びで満たす。光をもたらす。自然条件の厳しい地域や光の入りにくい家に置くとよい　仕事：最も必要で望むやり方で、成功や充実感を引き寄せる。活力を与える。小さな金色の石のクラスター（P344）をフロアの中心に置くとよい　神秘的な意味：ヒーリングの効果を高める。全身に健康とエネルギーをもたらす　占いの意味：どんな状況でも、ポジティブで明るい面を見て。もうすぐ人生に変化が起こる。全部うまくいくと信じること　星座：獅子座　エンパワーメント：希望の光に満たされている

　通常、金色で黄系統の色ですが、ほかの種類でもサンシャインオーラクォーツと呼ばれるものがあり、すべて日光に照らされているような光の輝きを放っています。

　あらゆるオーラクォーツは、チタニウムオーラ（P333）より明るい虹色をしており、チタンの粒子が水晶にあたったときに生成されます。

　オレンジ色から金色のものは、インペリアルゴールドサンシャインオーラクォーツとも呼ばれ、チタンと銀色のものが、透明な水晶に融着して生成されます。紫のものは、プラチナやマグネシウム、金色のものが融着してできます。

　この水晶は、色や組成にかかわらず部屋を照らし、自然な喜びと自発性をもたらします。また、古い心の傷やトラウマを癒やし、失望や不運なときのつらさを克服させてくれます。

　パーティを行う際は、テーブルにクラスターを置きましょう。ネガティブな感情を取り除き、ポジティブなユーモアで満たしてくれます。

種類：素材の石や水晶の種類による
が、常に磨かれたもの

色：石や水晶の種類による。アメシ
スト（P225）やインクルージョン
のある透明な水晶など、透明なもの
や半透明のもの、セレナイト（透明
石膏）やタイガーズアイ（P120）
など半透明で光沢のあるもの、ジャ
スパー（碧玉）類など不透明で模様
があるものも

心のヒーリング：妊娠や子どもにま
つわる不安を克服させる。ローズクォ
ォーツ（P61）やジェード（軟玉、
硬玉）類がおすすめ

チャクラ：仙骨（第2）

Crystal Eggs

エッグストーン

ロウソクの色：銀色　香料：アーモンド、リンゴの花、ラベンダー、ネロリ、バラ　用途：感謝を伝える。
贈り物にも最適　仕事：時間と様々な投資が必要な事業に、チャンスと成功を引き寄せる。精神的安定をも
たらす　神秘的な意味：幸運をもたらす。役にたつと思う小さなエッグストーンを9個集め、ひとつにまと
めておき、毎朝1個選んでその日のお守りにするとよい。両手で包み込んで目を閉じると、選んだ理由がわ
かるという　占いの意味：一歩ずつ成長するとき。近道はない。一時的にもっと努力しなければならないこ
ともある　星座：蟹座　エンパワーメント：自分の中に成功の種がある

エッグストーンは、繁栄と幸運、想像力のシン
ボル、子宝のお守りです。どんな石や水晶であっ
ても、これらを引き寄せるとともに、個々の石の
エネルギーを与え続けてくれます。

エッグストーンのコレクションを作りましょう。
装飾的な器に入れておき、家族のだれかが独立す
る際に、プレゼントするのもよいアイデアです。
家族の愛を伝えることができます。

エッグストーンは、ヒーリングにも役だちます。
指圧やリフレクソロジーなど、様々な療法に使わ

れています。

平らな表面は、優しいマッサージに最適です。
両手に持ち、髪と体から数センチ離して全身をな
でるように動かすと、エネルギーのつまりを取り
除いてくれます。

オージャイト

種類：普通輝石、カルシウム・マグネシウム・鉄・チ
タン・アルミニウム・ケイ酸塩（(Ca,Mg,Fe,Ti)₂(Si,Al)₂O₆）、単斜晶系、硬度5½〜6

色：緑がかった黒、黒、深緑、茶色を帯びた緑、まれ
に紫を帯びた茶色

心のヒーリング：自分の殻を打ち破るようにうながす。
新しい出会いやチャンスをもたらす

チャクラ：ルート（第1）

ロウソクの色：深緑　香料：バジル、タラゴン　用途：
あらゆる移行を簡単にする　仕事：チャンスをもたら
す　神秘的な意味：日常生活からスピリチュアルな世
界への移行を簡単にする　占いの意味：今いる場所に
とどまるべきか、飛躍すべきか、決められるのは自分
だけ　星座：山羊座　エンパワーメント：立ちどまる
必要はない

　変化の準備ができていたり、古いものに執着
していると気づいているときに、背中を押して
くれる石です。
　ほかの人に都合がよいようにコントロールさ
れていると思うときは、茶色の石を持ち歩きま
しょう。黒の石は、なまけ心を取り去り、計画
を実行に移すように励ましてくれます。緑の石
は、変化の中で成長できるように働きかけ、情
熱をもたらします。紫の石は、スピリチュアル
な世界に目覚めさせ、身近にその存在を感じさ
せてくれます。

コーディエライト

種類：菫青石、マグネシウム・鉄・アルミニウム・ケ
イ酸塩（(Mg,Fe)₂Al₄Si₅O₁₈）、直方晶系、硬度7
〜7½。宝石質のものはアイオライト（P388）と呼
ばれる

色：青、緑、黄、グレー、茶色、無色。宝石質では紫
がかった青

心のヒーリング：あらゆる強迫観念を克服させる

チャクラ：仙骨（第2）、のど（第5）

ロウソクの色：青　香料：アカシア、ラベンダー　用
途：身の丈にあった暮らしに満足させる　仕事：落ち
着きを与える。迅速な決断をうながす　神秘的な意
味：心身を安定させる　占いの意味：わかっているこ
とと、自分の本音や本能のバランスを取って。そうす
れば、人を信じるべきかどうか正しい答えが出る　星
座：天秤座　エンパワーメント：合理性と本心のバラ
ンスが取れる

　密接な関係の中で独立をうながします。兄弟
姉妹に依存しすぎる子どもに効果的です。ひと
りっ子なら友人ができるように導きます。
　責任や期待を背負っている場合、この石を手
にすると落ち着きを与え、あせらずに取り組め
るようになります。また、長いつきあいでも、
よいとはいえない関係を穏便におわらせたいと
きにも役だちます。決別すると決めたらこの石
を埋めましょう。

フルオロアパタイト

種類：フッ素燐灰石、フッ素・カルシウム・リン酸塩（Ca5(PO4)3F）、六方晶系、硬度5。天然では最も一般的なリンの生産源で、アパタイトの仲間の主要構成成分

色：緑、青、紫、ピンク、黄、茶色、無色。非常にガラス光沢がある

心のヒーリング：過剰ないらだちと怒りを軽減させる。ネガティブなエネルギーを発する人を遠ざける

チャクラ：仙骨（第2）、太陽叢（第3）

ロウソクの色：黄緑　香料：モス　用途：エネルギーがおだやかに循環するようにうながす　仕事：速すぎる変化のスピードをゆるめるようにうながす　神秘的な意味：しりごみさせている状況に対し、行動をうながす。週に1回、屋外で手に持ち、変化の風が優しく吹き込むように唱えるとよい　占いの意味：タイミングがあわないなら、変化にプレッシャーを感じなくてもよい　星座：魚座　エンパワーメント：前進あるのみの状況。抵抗などしない

　ヒーリングに効果的な石として知られ、自然な生活リズムをもたらすとともに、よい人生に導いてくれます。子どもをもったばかりの人や新たなパートナーと暮らしはじめた人におすすめです。万事うまくいくように働きかけてくれるでしょう。
　また、自分の直感によって、日常とスピリチュアルな世界との境界がわかるように導いてくれるといいます。

ジャイロライト

種類：ガイロル石、含水ナトリウム・カルシウム・アミノケイ酸塩（NaCa16(Si23Al)O60(OH)8·14H2O）、三斜晶系、硬度3〜4

色：白、無色、緑、茶色

心のヒーリング：内向的性格やあらゆる依存を克服させる

チャクラ：ルート（第1）

ロウソクの色：茶色　香料：フェンネル、シダ、ラベンダー、レモンバーベナ、ネロリ　用途：社交性を与える　仕事：精神的な安定と自信をもたらす　神秘的な意味：ほかの石に力を与える。ヒーリングツールと一緒に置いておくとよい　占いの意味：ほかの人が大きくした危機に巻き込まれないで　星座：乙女座　エンパワーメント：心配することはない

　人生のあらゆる面に関して心身のバランスを取ってくれる石です。忙しい日は、小さな袋に入れて持ち歩きましょう。瞑想の石としても知られ、古代の知恵と結びつけてくれます。意識的に学ばなくても、知識として身につくことがあるかもしれません。また、静かな強さをもたらす石でもあるため、ノーと言わなければならないときは、そばに置いておくようにします。石に触れ、深呼吸してから断りましょう。自分で決めたルールを守るときにも役だちます。

種類：リチア輝石、リチウム・アルミニウム・ケイ酸塩（LiAlSi2O6）、単斜晶系、硬度 6 ½〜7。黄色いものはトリフェーン、ピンクの宝石質のものはピンククンツァイト（P68）、薄紫のものはライラッククンツァイト（P221）、緑の宝石質のものはヒデノイトという

色：無色透明、白、グレー、ピンク、黄、緑

心のヒーリング：あらゆる依存を克服させる。グレー、白、無色透明の石がおすすめ

チャクラ：頭頂部（第7）

Spodumene

スポジュメン

ロウソクの色：グレー　香料：乳香、ラベンダー、ムスク、ミモザ、ベチバー　用途：新鮮で楽観的な雰囲気と純粋さをもたらす　仕事：秘密や不確実な状態、不安を取り除く。正直さと一体感を高める　神秘的な意味：スピリチュアルな力や学習能力を高める。グレーの石がおすすめ　占いの意味：欠けているものがあるが、自然にあらわれるまでしばらく待つ必要がある　星座：水瓶座　エンパワーメント：自分の弱さも強さも理解している

　天然の不透明なものは、おもにリチウムの生産源となっています。ジュエリーやヒーリングにおいては、クンツァイトやヒデナイトのほうが知られていますが、白やグレー、無色透明のスポジュメンは、これらよりスピリチュアルな力があります。

　全身をポジティブなエネルギーで満たしたいときは、無色透明のスポジュメンを使います。体から数センチ離して全身に螺旋を描くように動かしていくと、長く蓄積されていた悲しい記憶や過去の失敗、不安、ほかの人から受けたネガティブなエネルギーを取り除き、良質のエネルギーが循環するようになります。

　だれかが支配しようとしてきたら、グレーの石を身につけると、ネガティブなエネルギーを寄せつけません。集団で行動することが多いなら、身につけましょう。

　また、やる気や熱意をもたらしてくれることから、飽き性の人におすすめの石でもあります。

種類：石や水晶の種類により様々。人工的にピラミッド形に加工されたものがほとんどだが、一部は天然に形成される。たとえばアポフィライト（P155）などは、四角錐状の結晶となり、ピラミッド形になることもある

色：石や水晶の種類による。また透明から不透明なものまで

心のヒーリング：精神的安定や安眠をもたらす

チャクラ：眉（第6）、頭頂部（第7）

Crystal Pyramids
石のピラミッド

ロウソクの色：紫　香料：コーパル、乳香、没薬、白檀　用途：落ち着きをもたらす　仕事：ポジティブなエネルギーを与える。成功を引き寄せる。落ち着きをもたらす　神秘的な意味：透視力、予言力など、スピリチュアルな力を高める。安眠をもたらす　占いの意味：偶然が続いても驚かないで。まわりをもっと意識するようにという知らせかも　星座：蠍座、水瓶座　エンパワーメント：自分に説明できないことを退けない

　ピラミッドの幾何学的な形には、建造初期からヒーリングの力があるとされてきました。石のピラミッドにも、エジプトのヒエログラフを彫ることがあります。

　英気を養うために、このピラミッドを両手で持ってリラックスしましょう。固定された人格の境界が溶け、自分のオーラがピラミッドのオーラと一体化し、エネルギーを一新させることができるといいます。

　落ち着きをもたらすローズクォーツ（P61）、ま、たはアメシスト（P225）、エネルギーを与えてくれる透明な水晶、成功を引き寄せるシトリン（P102）かレッドジャスパー（P77）から3種類選び、ピラミッドを三角形に並べ、いつでも必要な力を手に入れられるようにしておくとよいでしょう。

　ラピスラズリ（P236）やソーダライト（P261）のピラミッドは、円滑なコミュニケーションをもたらします。

Anglesite
アングレサイト

種類：硫酸鉛鉱、硫酸鉛（PbSO₄）、直方晶系、硬度
2½〜3

色：黄、無色、白、薄いグレー、青、緑。不純物があ
ると濃いグレー

心のヒーリング：ネガティブな感情を、ほかの人を助
けたいという気持ちに変換させる

チャクラ：ルート（第1）、心臓（第4）

ロウソクの色：黄　香料：カモミール、コーパル、ラ
ベンダー、スウィートグラス、バーベナ　用途：夢を
叶える。幸運をもたらす。夢の具体的なシンボルと一
緒に置くとよい　仕事：ビジネスの場としての運気を
あげる　神秘的な意味：故人とのつながりや受情を深
める　占いの意味：今は行動のとき。夢を見るときで
はない　星座：牡羊座　エンパワーメント：本当に夢
は叶う

　非常にスピリチュアルな力の強い石で、初心
者には霊媒の道を開き、上級者には霊媒を自在
にできる力をもたらします。また、迷える霊を
救うこともできるといわれています。
注意：有毒であるため、エリクシール（P16）
などを作らないように。素子でさわらないように
しましょう。

Datolite
ダトーライト

種類：ダトー石、水酸カルシウム・ホウ素・ケイ酸塩
（CaBSiO₄(OH)）、単斜晶系、硬度5〜5½

色：白、無色で緑を帯びることも。黄、ピンクから赤、
グレー、茶色、緑

心のヒーリング：人間力を高め、さびしさから生じる
あらゆる依存を克服させる

チャクラ：太陽叢（第3）

ロウソクの色：白と黄　香料：オレンジ、モモ　用途：
精神を集中させる。優先順位をもたらす　仕事：すば
やく効率的に学べるようにうながす　神秘的な意味：
集合的人智の宝と古代の知恵へ導く。石をロウソクの
光にかざして見つめるとよい　占いの意味：自分に何
を求められているのか、はっきりさせること　星座：
双子座　エンパワーメント：自分に何ができるか知っ
ている

　心配や不安を軽減し、あらゆることに論理的
で具体的な対応ができるように導きます。また、
冒険心を刺激し、独創的な考えができるように
うながし、みずから課した制約を取り払うよう
に働きかけます。
　論理的な思考が必要なときは、黄か白の石を
手に取りましょう。
　占いのツールと一緒に置いておくと、テクニ
ックに頼りすぎて、直感のじゃまになるのを防
いでくれます。

Enstatite
エンスタタイト

種類：頑火輝石、マグネシウム・鉄・ケイ酸塩（(Mg, Fe)$_2$Si$_2$O$_6$）、直方晶系、硬度5〜6

色：緑。一部の緑で宝石質のものは、クロムエンスタタイトと呼ばれる。薄緑、黄色っぽい茶色、オレンジ色っぽい茶色、薄い茶色からこげ茶、薄黄、白、無色、グレー

心のヒーリング：勇気を与える

チャクラ：心臓（第4）

ロウソクの色：緑　香料：クローブ、ジュニパー、ティーツリー　用途：不運の連鎖を打ち破るように手助けする。幸運やチャンスをもたらす。毎日身につけるか小さな袋に入れて持ち歩くとよい　仕事：幸運やチャンスをもたらす　神秘的な意味：嫉妬や悪意など、ネガティブな感情やエネルギーを遠ざける　占いの意味：孤独で自分の不安はだれとも共有できないと感じても、旧友や家族に連絡してみること。今も変わらず助けてくれるはず　星座：牡羊座　エンパワーメント：運がよいと思う

エンスタタイトは「騎士の石」と呼ばれ、倫理と弱者を守る石とされています。環境保護や公共サービス削減といったテーマに取り組んでいるなら、持ち歩くとよいでしょう。

困難と直面したり、離婚で子どもの親権や財産のことで争っているなら、勝利を得るための落ち着きと勇気を与えてくれます。

Iolite
アイオライト

種類：菫青石、マグネシウム・鉄・アルミニウム・ケイ酸塩（(Mg,Fe)$_2$Al$_4$Si$_5$O$_{18}$）、直方晶系、硬度7〜7½。コーディエライト（P383）の宝石質のもの。ウォーターサファイアともいう

色：薄青、紫、青紫

心のヒーリング：不運のサイクルから脱出させる。秩序をもたらす

チャクラ：のど（第5）、眉（第6）

ロウソクの色：紫　香料：ヒヤシンス、ラベンダー、ライラック、マグノリア、スミレ　用途：疎外感を克服させる　仕事：役割を与える　神秘的な意味：女神のエネルギーとのつながりをもたらす　占いの意味：いつも拒否してきた別の視点が突然意味をもつ　星座：蟹座　エンパワーメント：また軌道に乗った

旅行者が安全に帰宅できるように導くお守りとして知られています。ジュエリーや磨かれた石は、人生の節目に贈る理想的なプレゼントでもあります。

いつも持っていると、好ましくない習慣をやめることができるでしょう。家族からの期待が高すぎたり、プレッシャーの中で仕事をするときにも力を貸してくれます。また、自分のできることや望むことを、見極める手助けをしてくれます。自分の才能を打ち出したり、独立した生き方を送る必要があると理解させてくれるでしょう。

スティヒタイトイン
サーペンティン

種類：サーペンティン（P268）に付着しているスティヒタイト。スティヒト石、含水マグネシウム・クロム・炭酸塩（Mg$_6$Cr$_2$(OH)$_{16}$(CO$_3$)·4H$_2$O）、三方晶系、硬度1½〜2。稀少

色：スティヒタイトは紫からピンク、サーペンティンは緑黄や緑

心のヒーリング：落ち着きを与える。内側からおだやかに癒やす

チャクラ：心臓（第4）

ロウソクの色：紫　香料：バジル、カモミール、サクラ、ラベンダー、バラ　用途：静けさをもたらす　仕事：明快な思考をもたらす　神秘的な意味：友情の絆を高める　占いの意味：より愛情深く気づかいあえるように、自分だけでなくまわりの人にも誠実になろとき　星座：乙女座　エンパワーメント：自分の精神のおだやかさが、自分を愛するエネルギーを癒やす

　大きな結晶は稀少で、通常はサーペンティンに付着した小さな塊です。非常に女性的な石で、自分にもほかの人にも親切に優しくすることを教えてくれます。自己批判的になりがちなら、そばに置いておきましょう。鎮静効果もあるとされ、ネガティブなエネルギーを追い出してもくれます。家庭では興奮しやすい子どもを落ち着かせたり、家族への愛情深い行動をうながします。第4チャクラの心臓（P21）につまったエネルギーを取り除くため、あらゆる感情的な問題を解決へと導いてくれるでしょう。

レピドライト

種類：リチア雲母、フッ化水酸カリウム・リチウム・アルミニウム・アルミノケイ酸塩（K(Li,Al)$_3$(Si,Al)$_4$O$_{10}$(F,OH)$_2$）、単斜晶系、硬度2½〜3½

色：おもに灰紫、バラ色、紫。色が薄いときは、ピンクのほかの雲母と混同している可能性が高い

心のヒーリング：落ち着きと幸福感をもたらす。ほかの人への依存を克服させる

チャクラ：心臓（第4）、のど（第5）、眉（第6）、頭頂部（第7）

ロウソクの色：薄紫、ピンク　香料：ベルガモット、レモンバーベナ　用途：本当にやりたいことから遠ざけられていると感じる恐怖心を克服させる　仕事：ネガティブなエネルギーを吸収する　神秘的な意味：保護の力を与える　占いの意味：信じて飛躍すること。待っていても何も得られない　星座：山羊座、水瓶座　エンパワーメント：ほかの人からの保証を必要としない

　やさしく見守るようなエネルギーをもち、自分の内なる存在と結びついて互いに愛しあえるように導きます。毎日この石を手にして瞑想すると、長く続く重い問題や好ましくない習慣を取り除き、幸せをもたらします。持ち歩くと、独立心をうながすとともに、過去ではなく未来を向いて生きていけるように手助けします。また、細かいことにとらわれなくなるでしょう。心を落ち着かせてもくれます。

種類：一般的には透明な水晶で、三角形または六角形のくぼみが表面にあるもの。稀少

色：透明。透明度は水晶によるが、くぼみの模様が見えて感じられるぐらいで十分

心のヒーリング：自分の殻を打ち破るようにうながす

チャクラ：頭頂部（第7）

Key Quartz Crystal

キークォーツ

ロウソクの色：白、天然のミツロウの色　香料：ベルガモット、ユリ、ハス、ヤマヨモギ　用途：ストレスや緊張を取り除く。表面のくぼみに両手の人差し指をあてるとよい。集中的に使ったあとは、好きな香りのインセンスでいぶすこと　仕事：解決策をもたらす。表面のくぼみに触れるとよい　神秘的な意味：なくしたもののありかへ導く。スピリチュアルな世界とのつながりをもたらす。目を閉じて表面のくぼみに触れながら、行きたい場所、会いたい人、見つけたいものをイメージする　占いの意味：未来への鍵があるが、見つけるには相当探さなければならない。辛抱強くなって　星座：射手座　エンパワーメント：自分の中に鍵をもっている

　教えを授ける水晶や石の中で最も力のある水晶で、マスタークリスタル（P354）に数えられることもあります。おすすめの水晶は、くぼみの内側がせまく、底部がとがっていて鍵穴のように見えるものです。はっきりした形でなくても問題ありません。効果はどれも同じです。また、くぼみの位置も問題になりません。

　水晶を1個だけ買うとしたら、この水晶にしましょう。くぼみに触れながら瞑想したり、願いごとをすると、スピリチュアルな知識や日常のチャンス、悩みに関し、あらゆる扉を開いてくれるといわれています。

　真実を求める水晶としても知られることから、内容に疑わしさを感じる手紙や書類があるなら、水晶のくぼみのある面を下にして、これらと接するように置いてみるとよいでしょう。

種類：一般的な水晶で、条線が少なくとも１面に走っているもの。稀少

色：通常は無色。ピンクや赤の光沢があるものや、スモーキーなものも

心のヒーリング：希望をもたらす。落ち着きを与える

チャクラ：頭頂部（第７）

Lemurian Seed Crystal
レムリアンシード

ロウソクの色：白　香料：コーパル、乳香、ユリ、ハス、白檀（びゃくだん）　用途：だれかの世話や介護をしている人、持病と戦う人をなぐさめる　仕事：横のつながりを深める。同業者の結びつきを強める　神秘的な意味：スピリチュアルな世界とのつながりを深める。すじ模様のある面を、眉の中央に接するようにあてて瞑想すると、北米先住民など、先住民のスピリチュアルな感覚を体験でき、心に賢い言葉を受け取れるという　占いの意味：人生には仕事や雑用以上のものがある。自分に適した方法で自分のスピリチュアルな力を探求し、日常世界の質を高めて　星座：水瓶座　エンパワーメント：自分のスピリチュアルな探求の中で、ほかの人へも手を差しのべる

　この水晶は、ブラジルの砂の層から産出されます。伝説の大陸レムリアにちなんで名づけられました。レムリアは、１万4000年前に、南太平洋のアメリカ、アジア、オーストラリアの間に存在し、北米やオーストラリアの先住民の文化のルーツと考えられています。

　言い伝えによると、レムリアの聖なる民族と予言者は、洪水が起こることを察知し、あらゆる英知をこの水晶に記録し、地中深くに埋めたのだそうです。こうしたことから、古代の英知が力を授ける石と見なされています。

　ワンド（P375）で体のまわりに円を描きながら、自分を保護の光で包みましょう。ヒーリンググリッド（P26）の中心に１個置くと、ほかのヒーラーとつながることもできます。ただし、小品としてはめずらしく、クラスター（P344）には向いていません。

種類：コルンブ石亜族（鉄コルンブ石、マンガンコルンブ石、鉄タンタル石、マンガンタンタル石）、鉄マンガン・ニオブ・タンタル酸化物（(Fe,Mn)(Nb,Ta)$_2$O$_6$）、直方晶系、硬度6〜6½。稀少

色：濃い黒、鉄黒からこげ茶や赤茶。メタリックから樹脂的なものまで。マンガンの豊富なものは、茶色で半透明の場合も

心のヒーリング：心身を傷つけられないよう守る。ネガティブな感情を克服させる

チャクラ：太陽叢（第３）

Columbite - Tantalite

コロンバイト－タンタライト

ロウソクの色：グレー　香料：クラリセージ、グレープフルーツ、レモン、レモングラス、ライム　用途：紛失を防ぐ。旅行中は身につけるとよいとされる　仕事：無気力を克服させる。やる気をもたらす　神秘的な意味：ネガティブなエネルギーを遠ざける　占いの意味：特定の人の要求や問題のせいで、過度に時間を奪われるなら、戦術を変えて　星座：牡羊座　エンパワーメント：不要な負担を負わない

　コロンバイトとタンタライトは同じ系列の別の鉱物で、構成成分の種類は同じですが、割合が異なります（固溶体）。
　このことからエネルギーの流入と流出のバランスを整え、体が目覚めるようにうながすといわれ、ヒーリングによく使われています。

種類：異極鉱、含水亜鉛ケイ酸塩
（$Zn_4Si_2O_7(OH)_2 \cdot H_2O$）、直方晶系、
硬度 4 ½〜5

色：エレクトリックブルー、青緑、
グレー、茶色、白、無色

心のヒーリング：恋人を束縛するな
ど、思いやりに欠け、強迫的な執着
を取り除く

チャクラ：のど（第5）、眉（第6）、
頭頂部（第7）

Hemimorphite
ヘミモルファイト

ロウソクの色：青、白　香料：アーモンド、アニス、マツ、ポピー、白檀　用途：健康を回復させる　仕事：
自己表現と創造力、クリエイティブなコミュニケーションをもたらす　神秘的な意味：チャンスをもたらす。
伝えるべきことを伝えるようにうながす　占いの意味：自分に投資し、欲しいものを手に入れて　星座：天
秤座　エンパワーメント：必要なものをもっている

　ブッダストーンともいわれ、2種類の形態があ
ります。ひとつは、ガラスのように透明または白
い葉片状結晶で、もうひとつは、青緑のブドウ状
クラスター（P344）です。異極鉱という和名の
通り、結晶の両端で異なる形になります。
　グループで行うヒーリングにおいて、小さなク
ラスターは、中心に置く石として力を発揮します。
目の前にいない人や動物のヒーリングに、より効
果をもたらすといわれています。
　この石は使えば使うほど、エネルギーを増して

いきます。理由もなく自分に批判的な人を説得し
たり、理解しあわなければならないときにも力を
貸してくれるでしょう。

種類：硫化鉄（P195パイライト、またはP194マーカサイト）と石英から構成される団塊。稀少

色：金色

心のヒーリング：自己否定された過去を克服させる。自尊心を回復させる。幸福感を与える

チャクラ：ルート（第1）、太陽叢（第3）

Keyiapo Stone

カイアポストーン

ロウソクの色：金色　香料：コーパル、竜血、乳香、楓子香　用途：不安を克服させる。幸福感と安眠をもたらす　仕事：繁栄、幸運、金運をもたらす　神秘的な意味：望むものや答えをもたらす。両手でおわん形を作って石を持ち、金色のロウソクで照らし、じっと見つめてから目を閉じ、問いかけるとよい。過去と現在、未来のあらゆる知識が書かれているという、「アカシックレコード」が答えに導いてくれるという　占いの意味：絶好のチャンスは、あと一歩届かないところにあるように見えるが、踏み出すとチャンスが訪れる。確実ではないが成功できそう　星座：牡羊座　エンパワーメント：必要とする以上のものをもっている

　1990年代はじめに市場にあらわれましたが、常にあるものではないため、手に入れにくい石のひとつです。
　非常に強い力をもつ石であることから、強力なエネルギーと幸福感をもたらします。
　悪夢に悩まされているなら、寝室に1個置いておきましょう。安心感と安眠をもたらしてくれます。子宝を望む女性のお守りにもなります。

Hackmanite

ハックマナイト

種類：方ソーダ石、塩素ナトリウム・アルミノケイ酸塩（$Na_4(Al_3Si_3O_{12})Cl$）、立方晶系、硬度5½～6。ソーダライト（P261）の変種

色：無色から薄いピンク、赤、緑、青、紫、濃青、濃い紫まで。紫外線放射によって、オレンジ色からオレンジ色っぽい赤に蛍光する

心のヒーリング：現実に適応させる

チャクラ：眉（第6）

ロウソクの色：ピンク　香料：アーモンドの花、アニス、イランイラン　用途：共同生活における性格の衝突を軽減させる　仕事：心身の調整をうながす　神秘的な意味：故人とのつながりを深める　占いの意味：気分のころころ変わる人と一緒にいて、自分の立ち位置がわからなくなっていたら、個人的に話をし、自分の真意をはっきりさせること　星座：双子座　エンパワーメント：様々な人生の課題に簡単に適応できる

　1896年にグリーンランドで見つかったこの石の退色現象は、生化学者ベルグストレームによってはじめて発見されました。日光にさらされると、ピンクが急速に無色になり、そのあと、暗い場所に移すと、色が戻ってきました。
　このカメレオン効果から、短期的な変化に対するお守りとされています。また、仕事で裏方にまわりがちな人を元気づけてもくれます。

Haematite Botryoidal

ブドウ状ヘマタイト

種類：赤鉄鉱、酸化鉄（Fe_2O_3）、三方晶系、硬度5～6。ヘマタイト（P186）のブドウ状の塊。腎臓状鉄鉱（赤く、動物の腎臓のように見える）ともいう

色：銀、メタリックグレー、黒、青、赤、赤茶。虹色効果がある

心のヒーリング：将来に対するネガティブな考え方、自分の体への不安を克服させる

チャクラ：ルート（第1）

ロウソクの色：銀色　香料：オールスパイス、バジル、竜血、ゼラニウム、ハイビスカス　用途：忠実で性格の似た友人を引き寄せる　仕事：存在感を高める。海外の顧客を引き寄せる　神秘的な意味：保護の力を高める。とても小さなクラスター（P344）を赤いロウソクの火に通したあと、入り口や境界の近くに埋めると、目に見えない防護壁ができるという　占いの意味：自分が今の仲間を選んだわけでなくとも、協力することで全員に利がある　星座：牡羊座　エンパワーメント：忠実な友人を引き寄せる

　ヘマタイトは金属が密につまった構造をしているので、ほかの多くの石より重く感じられるでしょう。このことから、大地にしっかりと根ざした石と見なされ、強いヒーリング力をもっています。また、勇気を刺激することでも知られています。
　女性だけでなく、男性にもおすすめです。女性ばかりの環境で、自分のポジティブな男性的魅力を再認識させ、自信を与えてくれます。
　金属とのかかわりが深いことから、冶金、溶接、重機器を扱う仕事で、安全を守る石とされています。

Cumberlandite
カンバーランダイト

種類：鉄斑糲岩の一種、斑状火成岩。稀少

色：茶色っぽい黒、グレーと黒に白い結晶

心のヒーリング：目的を与える。集中力や成功体験を
もたらす

チャクラ：のど（第5）、眉（第6）

ロウソクの色：白　香料：スギ、マツ、セージブラッ
シュ、スウィートグラス、バーベナ　用途：整理をう
ながす　仕事：アイデアや正確な情報、クリエイティ
ブな力をもたらす　神秘的な意味：落ち着きをもたら
す　占いの意味：問題を解決しなければならない期限
が迫っているが、思いがけない場所で妙案がひらめく
はず　星座：乙女座　エンパワーメント：毎日新しい
ものを学んでいる

　この岩石は15億年以上前、マグマの冷却によ
って生成されました。磁力のある磁鉄鉱やチタ
ンを含む磁鉄鉱、鉄分の多いオリビン（P292）
などから構成される深成岩です。世界でもアメ
リカのロードアイランド州だけで産出され、州
の石になっています。
　磁力がビジネスに効果的に働き、特に競争の
激しい地域で新店舗を開店するのによいとされ
ています。

Edenite
エデナイト

種類：エデン閃石、水酸ナトリウム・カルシウム・マ
グネシウム・アルミノケイ酸塩（NaCa$_2$Mg$_5$(Si$_7$Al)
O$_{22}$(OH)$_2$）、単斜晶系、硬度5～6

色：緑で半透明。化石化した木材に似ているときは黒、
濃いグレー、茶色

心のヒーリング：危機的状況の中で、落ち着くように
うながす

チャクラ：心臓（第4）

ロウソクの色：緑　香料：バジル、ローリエ、イチジ
ク、ハチミツ、シャクヤク　用途：いらだちや一触即
発の緊張を取り除く　仕事：もめごとに平和的交渉を
もたらす　神秘的な意味：故人や祖先とのつながりを
もたらす　占いの意味：正直さを求めるなら、正直さ
に直面したときに驚かないこと　星座：魚座　エンパ
ワーメント：真実によって心は自由になる

　アンフィボールクォーツ（P336）など、ほ
かの角閃石と異なり、日常とスピリチュアルな
世界を結びつけます。たとえば、故人と家族の
つながりを深くするため、古い写真や記念品と
一緒に置くとよいでしょう。
　ヒーリングツールとして、これまであまり人
気はありませんでしたが、自分の意図や感情を
隠しがちな人と正直なコミュニケーションを取
る機会をもたらしてくれるため、近年、注目さ
れはじめています。

ハイパーシン

種類：頑火輝石の一種。鉄（Fe）をやや多く含む紫蘇輝石

色：茶色を帯びた緑、グレー、黒。ときに銀茶色の縞模様や渦まき模様が入る

心のヒーリング：内気さを克服させる。もっと自由に愛情と感情を表現できるようにうながす

チャクラ：ルート（第1）、太陽叢（第3）

ロウソクの色：銀色　香料：アーモンド、バジル　用途：人間関係の成熟を助ける　仕事：いらだちを取り除く　神秘的な意味：故人とのつながりをもたらす。予言できるようにうながす　占いの意味：自分の権利のために立ちあがって　星座：射手座、山羊座　エンパワーメント：行いではなく、自分が何者であるかによって自分を尊重する

　この石は、頑火輝石の一種であるブロンザイト（P142）よりさらに鉄分の豊富な輝石（マグネシウムと鉄の割合が約半々）の火成岩、変成岩、石質隕岩の中に見られます。このため、変化できる鉱物とされ、チャンスの扉を開く勇気や自信、決意を与えるとされています。
　公私ともに、自分の才能と特長を売り込むための積極的なアプローチをうながし、次善のもので妥協させません。

ネプチュナイト

種類：海王石、カリウム・ナトリウム・リチウム・鉄・マンガン・チタン・ケイ酸塩（$KNa_2Li(Fe,Mn)_2Ti_2Si_8O_{24}$）、単斜晶系、硬度5〜6

色：黒から赤っぽい黒

心のヒーリング：ほかの人への干渉をやめさせ、自分の問題を整理するようにうながす

チャクラ：ルート（第1）、仙骨（第2）

ロウソクの色：緑　香料：ケルプ、レモン、ライム　用途：連帯感、一体感をもたらす　仕事：より対等な関係をもたらす　神秘的な意味：一体感をもたらす　占いの意味：組合やグループに加入して。自分だけでは対処できない問題で助けてくれる　星座：魚座　エンパワーメント：ほかの人の支援を歓迎する

　古代ローマの海神ネプチューンにちなんで名づけられました。そのため、名前通り、魚座の人により大きな力を貸す石です。また、感受性や直感、隠れた才能といった海王星的な性質の開発や、未知のことや謎を探求するスピリチュアルな力の成長に結びつけられています。
　自分や愛する人の生活に悪影響を与えるかもしれない、好ましくない習慣を取り除いてもくれます。

Flower Jasper
フラワージャスパー

種類：碧玉（不純物を多く含む微細な石英の集合体）、二酸化ケイ素（SiO_2）＋不純物、三方晶系、硬度７。ほかの鉱物をインクルージョンとして含むことがある

色：クリーム色に様々なグレー、薄紫、ピンク、赤、白、緑、黄の渦まき模様。花びらや花束に似ている

心のヒーリング：楽しみと喜びをもたらす

チャクラ：心臓（第４）

ロウソクの色：ピンク　香料：ゼラニウム、ヒヤシンス、バラ　用途：幸せと永遠の祝福をもたらす　仕事：喜びやおだやかな雰囲気をもたらす　神秘的な意味：スピリチュアルな世界とのつながりをもたらす。スピリチュアルな力を高める　占いの意味：何か気持ちよく感じることに没頭して、働く理由を思い出して　星座：乙女座　エンパワーメント：単純な楽しみの喜びを歓迎する

　気分を高揚させる石。即座に気分を切り替えてくれるとともに、ほかの人が冷めているときでも幸福感で満たしてくれます。同時に、落ち着きも与えてくれます。
　また、ふくれあがった自己愛や自尊心のために傷ついた心を修復するように働きかけ、満ち足りるということを教えてくれます。

Novaculite
ノヴァキュライト

種類：ケイ酸分に富む堆積岩、チャートの一種

色：白から濃いグレー、クリーム色、黒

心のヒーリング：強迫観念を克服させる

チャクラ：ルート（第１）、太陽叢（第３）

ロウソクの色：グレー　香料：ラベンダー、モス　用途：自分のエネルギーを枯渇させる人を遠ざける　仕事：鋭敏さをもたらす　神秘的な意味：破滅的な関係を断たせる。ひもに結び目を３つ作り、鋭い石で結び目を切りながら願うとよい　占いの意味：前進をとめる好ましくない習慣はやめて　星座：蠍座、山羊座　エンパワーメント：自分を引きとめているものから自由になれる

　鋭く研げることから、ラテン語で「カミソリの石」をあらわす言葉にちなんで名づけられました。実際、有史以前の北米先住民は、鋭利にしたこの岩石で、武器や道具を作っていたといいます。
　数世紀後には、アメリカのアーカンソー州に住み着いた最初のヨーロッパ人である、フランスの猟師たちが、獲物の皮をはいで毛皮にするナイフの砥石として使うようになりました。
　ヒーリングに用いると、体の不調をおだやかに取り除くといわれています。

種類：雲母の総称。いろいろな種類
がある。薄くはく離しやすい

色：雲母の種類によるも、ピンクか
ら紫、グレーから黒、茶色、緑、紫、
赤、白、黄。非常にデリケートな色
合いできらめく

心のヒーリング：怒りやヒステリー
を克服させる。食物に関する問題を
緩和させる

チャクラ：眉（第6）

Mica
マイカ

ロウソクの色：銀色　香料：ヒマラヤスギ、ユリ、ムスク、ラン、バニラ　用途：リラックスできるように
うながす。天災を遠ざける　仕事：ほかの人の個人的な問題からの影響を遠ざける。プライバシーを守る
神秘的な意味：怒り、ねたみ、暴力など、ネガティブな感情やネガティブなエネルギーを発する人を遠ざけ
る　占いの意味：人生のバランスが崩れているが、物事は自然に正される。今、行動すると悪くなるだけ
星座：水瓶座　エンパワーメント：人生のバランスを回復できる

　古代エジプト、ギリシャ、ローマ、アステカの
時代から雲母として知られていましたが、実際に
は化学的組成の異なる50種類以上のカリウム、
ナトリウム、リチウム、マグネシウム、鉄、アル
ミニウムなどを含むアルミノケイ酸塩鉱物で、層
状の構成になっています。
　マスコバイト（P170）、バイオタイト（P218）、
フクサイト（P279）、レピドライト（P389）など、
個別の名前のついた雲母が存在していますが、市
場ではこれら以外にもあまり知られていない雲母

が見られ、何種類かの雲母の複合体も「雲母」と
いう名前で、でまわっています。いずれの雲母に
もほぼ共通の特徴があります。
　この石は、安眠をもたらすといわれています。
雲母の色が普段よりにぶく見えたら、植物の近く
の土の上に置いて休ませましょう。

種類：おもに真珠貝の内側層。貝の内側層を形成する真珠層（炭酸カルルシウムと有機物でできている）

色：白、クリーム色、茶色、黒、濃い紫で虹色効果がある。多色のものはアワビ貝（P335）と呼ばれる

心のヒーリング：自分をいたわるようにうながす

チャクラ：仙骨（第2）

Mother-of-Pearl

真珠母貝

ロウソクの色：銀色　香料：リンゴの花、ケルプ、ラベンダー、モモ、バラ　用途：赤ちゃんの不安を取り除く　仕事：子どもをもつ母親を助ける　神秘的な意味：繁栄、愛情、健康、幸運、チャンスを引き寄せる。真珠母貝のかけらを満ち潮に投げ込むとよい。願いごとがあるなら、満水の川や流水に投げる　占いの意味：世話をしなければならない人が大勢いて、対処しなければならない問題もたくさんある。でも、いつもイエスといって、自分を苦しめないこと　星座：蟹座　エンパワーメント：自分を成長させる必要がある

　真珠母貝は、古くから多くの文化で、海の母神にささげられてきました。
　何度もダイエットに挑戦しては失敗しているなら、ジュエリーとして身につけ、食欲の自然なリズムと食への喜びを回復させましょう。
　子どものために難しい医療上の判断をくださなければならないときは、磨かれた真珠母貝を身につけると、決断力や活力を与えてくれます。子どもには、小さなジュエリーか、美しい貝をお守りとして持たせましょう。

　繁栄と幸せを呼び込むため、家には大きな貝殻の半身を置いておきます。三日月の夜と満月の夜には、金銀のジュエリーなど繁栄のシンボルと、タイガーズアイ（P120）やシトリン（P102）、ターコイズ（P252）など富をもたらす石をのせ、シナモンや乳香、パチョリなど繁栄をもたらす植物のエッセンシャルオイルをかけ、銀のロウソクの明かりで囲みましょう。
　旅するときや暗くなってからでかけるときは、持っていると、身の安全を守ってくれます。

種類：ソーダ沸石（ゼオライトの一種）、含水ナトリウム・アルミノケイ酸塩（Na2(Al2Si3O10)·2H2O）、直方晶系、硬度5〜5½

色：透明または白。輝く白の場合もある。また、赤、黄、茶色を帯びることも

心のヒーリング：物質的にも精神的にも過剰なものを取り除く

チャクラ：仙骨（第2）

Natrolite
ナトロライト

ロウソクの色：白　香料：ユリ、スズラン、ミモザ、ネロリ、ホワイトローズ　用途：自然な成長をもたらす　仕事：活動停止や停滞のあと、チャンスをもたらす。クリエイティブな解決策へ導く　神秘的な意味：宇宙のエネルギーや人とのつながり、幸運をもたらす。瞑想の力を高める　占いの意味：トンネルの先の光は思っているより近い。突破口が訪れ、もうすぐ幸せを感じるようになる。幸せは続く　星座：射手座　エンパワーメント：宇宙の光と宇宙体験に自分をオープンに

　強いポジティブな力を持つ石で、勝利や問題の克服と結びつけられています。

　生活の質を高め、スピリチュアルな成長をとげたいときにも役だちます。

　また、水への恐怖心も取り除いてくれます。

　光をもたらす石でもあるため、磨いたこの石でできた白いエッグストーン（P382）や丸玉を家やオフィスに置いておくと、緊張や悪意といったネガティブなエネルギーを遠ざけ、ポジティブなエネルギーで満たしてくれるでしょう。

　すぐに問題を解決したり、思い出さねばならないことがあるときは、この石を手に取ります。自信やクリエイティブな解決策、ヒントへと導いてくれます。

石で占いをしてみましょう

　石を使った占いで最も有名なものといえば、1400年代、魔術師や錬金術師の間で人気となった水晶玉占いです。

　占いは長時間にわたるものでした。たとえば1500年代から伝わる写本には、占う者と水晶を清める儀式にはじまり、主への祈りとアヴェ・マリア、ニケア信経をささげ、呪文を唱えたあと、水を入れた器に小ぶりな石を落とし、波紋や水の音を読み解くとあります。

　現代の私たちが水晶玉に見るのは、私たちの内なる目が石に映し出すイメージです。
　水晶玉（P378）やエッグストーン（P382）、石の振り子（P380）、小さな石を使って、定められた将来ではなく、可能性を見ることが多いのではないでしょうか。

　水晶などにイメージを見たり感じたりすることをスクライング（透視）といいます。透視は実際の目で見える範囲の制限を受けないため、離れた場所や人、異空間の存在を見ることができます。
　透視では、今かかえている矛盾や困難をひも解くヒントや暗示、答えのほか、過去から未来の世界まで見ることが可能です。

　ここでは、簡単な石占いと水晶玉占い、石のタロット占いを紹介しましょう。

石占い＆水晶玉占い

人生について答えを得たり、最善の道を見出すのを助けるために、石を使う伝統的な占いが2種類あります。

異なる色と種類の小さな石をいくつか輪の中に投げる石占いと、水晶玉の中に浮かぶイメージを見る透視です。

どちらも、思い描いた言葉や印象、感情、心に浮んだイメージから答えを導き出します。

※ 石占い ※

簡単にできる石占いは、袋に石を入れ、取り出した石の色から占うもの。選んだ1個の石は手がかりのひとつで、石を手にしたときに重要な情報を与えてくれます。

占い方は念力に基づいています。念力は、生まれつき私たちに備わっていて、私たちは無意識にその働きかけを受けています。

石占いの場合、必要としている答えが具体的に示されなくても、石自体になんらかの意味があります。

石占いには、描いた円の中に石を投げる占い方もあります。投げた石が円の中心に近いほど意味は強く、役にたつ暗示を与えてくれます。

簡単な石占い

[用意するもの]

手持ちの石 数個、袋

[手順]

袋にいくつか石を入れ、石を見ないように気をつけながら、石をひとつ選ぶ。

[読み解き方]

石を手にしたときに、何を感じ、何が見えたかを考える。選んだ石がその日に必要な力を教えてくれる。

取り出した石は、その日のお守り。袋に入れて持ち歩いて。

円を用いた石占い

[用意するもの]

手持ちの小さな石、袋、紙、ペン

※石は15個ぐらいが目安。同じくらいのサイズと形、滑らかさの石にするとよい。

[手順]

❶直径1mほどの円を描く。

※砂や土、草の上に石などを並べて円を描いても、紙にペンで描いてもOK。

❷袋に石を入れ、円に向かってすわる、またはひざまずく。

❸正しい石を選べるように、心の中で願い、袋に利き手を入れ、正しいと感じる石を3個選ぶ。

❹取り出した3個の石を、両手でおわん形にしてささげるように持つ。

❺円の中心にかざし、両手を離して円の中に落とす。

[読み解き方]

❶落ちた石の位置と、円の中でどれくらい散らばったかを見る。広く散らばっていれば、物事は複雑で、先に進む前にやるべきことが残っているということ。様々な要因やアプローチをひとつにまとめる必要があるのかも。

❷投げた石を、正しいと感じる順番で、おわん形にした手にひとつずつ取る。

❸目を閉じて、イメージが浮かんでくるのを待つ。印象やイメージ、言葉をひとつにまとめ、語りかけてくることを感じて。

[石が示すこと]
❖ 円の中心または付近に落ちた石
石を投げた直後あるいは時間がたってしまっても、解決策へ導いてくれる。今すぐに役だつヒントも暗示されているはず。

❖ 中間に落ちた石
ほかの人との協力や、ある制約の中で動く必要性をあらわす。自分の考えや行動をほかの人に説明すべきかどうか、交渉や駆け引きを暗示。

❖ 円の端に落ちた石
直面する事柄や、ほかの人が舵を取る事柄を示す。前進するために乗り越えなければならない障害がある。

❖ 円の外に落ちた石
新たな機会や接触、影響など、まだ自分の人生に訪れていない、予想していないことが起こる暗示。数週間待ってみて。

☼ 水晶玉占い ☼

円や球は完全性のシンボルで、水晶玉は宇宙の縮図だと信じられてきました。そのため、過去、現在、未来を見ることができるといわれています。

水晶玉を透視するのは、石占いをするより時間がかかります。心や石の中にイメージが浮かんでくるように、心の落ち着きを保ちましょう。

水晶占いのやり方
[用意するもの]
ひびやインクルージョンのある透明度の高い水晶玉、紙、ペン
※水晶玉の内側のひびを見つめると、内なる本能の目が働きだすといわれています。

[手順]
❶自然光や月光、ロウソクの光の下に、光が反射するように水晶玉を置く。
❷水晶玉を両手で包み込み、そのまま１〜２分心が整うまで待つ。心が整うまで、目は閉じておく。
❸心の中で問いかけたら、心を空っぽにし、無意識が情報を与えてくれるのを待つ。
❹指先で読み取った印象や心に浮かんだイメージ、言葉を記録する。喜びや悲しみなど、気持ちも記録して。
❺水晶玉の中心近くの明るい１点を見つめ、水晶玉のひびやインクルージョンに具体的なモチーフがないか探す。水晶玉は、動物、鳥、蝶、山、海など、様々なモチーフを明らかにするはず。
❻モチーフが浮かんだら、おもなイメージを３つ思い浮かべる。
※たとえば鳥なら、「空を飛んでいる」「巣や鳥かごにいる」「わなにかかっている」など、その鳥がどこにいるのか、どんな鳥なのか、問いかけてみましょう。イメージが３つ得られるまで、このプロセスを繰り返します。

[読み解き方]
導き出した３つのイメージのうち、最初のものが過去、２つめが現在、３つめが未来を暗示します。占いを何度か行ううちに、イメージがごく自然に浮かぶようになるでしょう。

石占いにおすすめの石

石占いでは、ルビー（P82）などの貴石と、磨かれた小さな石を15個ほど用いるのがおすすめです。

貴石のほかに、同じくらいのサイズと形、滑らかさの石がよいでしょう。以下におすすめの石を紹介します。どれも一般的ですが、入手しづらい場合、よく似た石で代用してもよいでしょう。

第1〜第7の石は、太陽と月など、伝統的な惑星をあらわし、本質的かつ大きな変化や個人的なチャンスにかかわる問題を読み解くヒントを与えてくれます。

第8〜第15の石は、家族、愛など、人生の特定の要素をあらわし、近々の問題や妥協を必要としそうな事柄を示す傾向があります。

しかし、何事も選ぶのは自分だということを忘れないようにしましょう。

❖ 第1の石：太陽

太陽は獅子座と日曜日をつかさどります。

色：オレンジ色、金色

石：カーネリアン（P83）、サンストーン（P129）

かかわる事柄：あらゆる種類の変革と新たなはじまり、エネルギー、喜び、健康、富、スピリチュアルな感性、自信、才能の育成、野望、困難のあとの達成、富裕、威圧的かつ権威的な人物が立ち去る幸運

❖ 第2の石：月

月は蟹座と月曜日をつかさどります。

色：銀色、乳白色

石：ムーンストーン、セレナイト（透明石膏）

かかわる事柄：家と家族の事柄、母親、子ども、動物、聖職、保護、旅行、霊力、ヒーリング、秘密、性、魔法

❖ 第3の石：水星

水星は双子座と乙女座、水曜日をつかさどります。

色：黄

石：シトリン（P102）、イエロージャスパー（P110）

かかわる事柄：投資、コミュニケーション、適応性、論理、勉強、試験、新しい技術のマスター、短距離の移動、短い休暇、従来の治療（手術）、ビジネス上の交渉、負債の克服、詐欺、ねたみ、悪意、意地悪

❖ 第4の石：金星

金星は牡牛座と天秤座、金曜日をつかさどります。

色：緑、ピンク

石：ジェード、ローズクォーツ（P61）

かかわる事柄：愛、和解、美、芸術、工芸、人間関係、友情、豊かな性、美しいものを得ること、ゆっくりだが確かな繁栄（金星は成長にかかわるすべてをつかさどる）、生殖、女性の健康、無分別な恋愛、支配欲や所有欲

❖ 第5の石：火星

火星は牡羊座と蠍座、火曜日をつかさどります。

色：赤

石：レッドタイガーズアイ（P81）、レッドジャスパー（P77）

かかわる事柄：勇気、変化、主導権、独立、他者との区別、可能性がなさそうな賭けの勝利、支配の打破、健康改善、強さ、バイタリティ、愛の情熱と完成

第6の石：木星

木星は射手座と魚座、木曜日をつかさどります。

色：青、空色

石：クリソコラ（P244）、ターコイズ（P252）

かかわる事柄：急速で大きなお金の増加、キャリア、喜びの力、リーダーシップ、創造力、理想主義、正義と法、権威、利他主義、結婚、永遠の関係（仕事でもプライベートでも）、忠誠、誠実さ、男性力、過剰

第7の石：土星

土星は山羊座と水瓶座、土曜日をつかさどります。

色：茶色、グレー

石：スモーキークォーツ（P134）、茶色の縞のあるアゲート

かかわる事柄：財産、金融、公的機関、未完の仕事、はじまりにつながるおわり、ゆっくり変化する事柄、限界、長期または慎重を要する障害の克服、霊的な保護、失ったもののありか、高齢者、悪癖や感情のセルフコントロール力

第8の石：家庭、家族、動物

色：ピンク

石：ピンクカルサイト（含マンガン方解石）、ピンクオパール

第9の石：キャリア

色：青

石：ラピスラズリ（P236）、ブルーアベンチュリン（P248）

第10の石：愛

色：赤、緑

石：ルビー、赤や緑のガーネット

第11の石：健康

色：無色に近い透明

石：透明な水晶、透明なフローライト

第12の石：運

色：緑

石：アマゾナイト（P297）、グリーンアベンチュリン（P296）

第13の石：お金

色：茶色

石：タイガーズアイ（P120）、黄銅鉱

第14の石：旅

色：緑、青

石：ソーダライト（P261）、青のタイガーズアイ

第15の石：今は隠されていることや謎

色：紫、暗い金色

石：アメシスト（P225）、ルチルクォーツ（P343）

石のタロット占い

主要な22枚のタロットカード（大アルカナ）に対応する石を選んで、石のエネルギーと伝統的なタロットを組みあわせ、占ってみましょう。

石を袋に入れ、見ずに選びます。石を手に取ると、質問に応えてくれるような豊かなイメージが浮かんでくるでしょう。

目で見ずに選んだ石は、内なるあなたの力を増幅してくれます。

石のタロット占い

［用意するもの］
石22個：アゲート、アクアマリン、アパッチティア（またはジェット）、アメシスト、アンバー、カーネリアン、グリーンアベンチュリン、ジェード、シトリン、水晶（透明なもの）、ターコイズ（またはブルーハウライト）、デザートローズ、ブルーレースアゲート、ブラッドストーン、ホークスアイ、マラカイト、ムーンストーン（またはセレナイト）、ラピスラズリ（またはソーダライト）、ルチルクォーツ（またはラブラドライト）、レッドジャスパー、ローズクォーツ、レパードスキンジャスパー（またはスネークスキンアゲート）

［手順］
❶袋に石を入れ、集中して問いかける。
❷❶に利き手を入れ、それぞれの石に触れ、正しいと感じた石を1個取り出す。
❸両手でおわん形を作って持つ。
❹問いかけにかかわる状況や、関係者の本当の気持ちなど示してくれるように問いかける。または、石がイメージや言葉で心に語りかけてくれるように願い、取り出した石の意味を読み取る。

❺石をテーブルにのせ、取るべき行動や必要な変化を示す2つめの石を選ぶ。
❻同様にして3つめの石を選び、3か月以内に起こる結果を尋ねる。もっと先の結果が知りたい場合、12か月先について4つめの石を選ぶ。

［石の意味］
❀水晶（透明なもの）＝⓿愚者
自分に正直であること、新たなはじまり、未知に飛び込むこと

❀カーネリアン（P83）＝①魔術師
創造力、企業家、情熱、考えや計画を今すぐ実行すること

❀アメシスト（P225）＝②女教皇
ヒーリング、独自の才能、自分の道を進むこと、独立した行動

❀ジェード＝③女帝
母として養育すること、自分と同じくらい他者を気づかうこと

❀ターコイズ（P252、またはP246ブルーハウライト）＝④皇帝
父性、野望、固い決意、リード

❀ラピスラズリ（P236、またはP261ソーダライト）＝⑤教皇
伝統、責任、長期的視野に立った安全な行動

❀ローズクォーツ（P61）＝⑥恋人
愛、ロマンス、家族、選択、和解

✳ **ルチルクォーツ**（P343、またはP178ラ ブラドライト）＝⑦**戦車**
旅、変化、自分の運命を自分で決めること

✳ **マラカイト**（P294）＝⑧**力**
困難の末の勝利、静かな忍耐

✳ **デザートローズ**（P125）＝⑨**隠者**
争いからの撤退、他者でなく自分の内なる声 を聞くこと

✳ **グリーンアヴェンチュリン**（P296）＝⑩ **運命の輪**
幸運、状況の変化、困難をチャンスに変える こと

✳ **アゲート**＝⑪**正義**
法、公務員、不正、自分の原理に立つこと

✳ **ブラッドストーン**（P301）＝⑫**つるし人**
解放、信頼、短期的な犠牲からもたらされる 長期的な利益

✳ **アパッチティア**（P209、またはP213ジ ェット）＝⑬**死神**
はじまりにつながるおわり、嘆き、変化

✳ **ブルーレースアゲート**（P232）＝⑭**節制**
調和、中庸、妥協

✳ **レッドジャスパー**（P77）＝⑮**悪魔**
怒りの抑制、嘆きの表出と落ち着きの必要

✳ **レパードスキンジャスパー**（P122、また はP156スネークスキンアゲート）＝⑯**塔**

制約からの自由、一時的な混乱からの解放

✳ **シトリン**（P102）＝⑰**星**
認識、夢の実現、隠れた才能をのばすこと

✳ **ムーンストーン**（またはセレナイト［透明 石膏］）＝⑱**月**
生殖、本能、妄想や欺瞞を避けること

✳ **アンバー**（P95）＝⑲**太陽**
健康、繁栄、幸福、よい人生

✳ **ホークスアイ**（P240）＝⑳**審判**
批判、罪の存在、まちがいを受けとめて前進 すること

✳ **アクアマリン**（P231）＝㉑**世界**
引っ越し、長距離の旅行、チャンス

パワーストーン用語集

アカシックレコード
古代の集合的英知。

インクルージョン
石ができる過程で、内包したほかの鉱物や水などのこと。

ウィジャボード
心霊術などに使う文字盤。

エリクシール
水に石を浸し、石のエネルギーを満ちさせ、パワーアップさせた水。石の振動を媒介し、私たちのエネルギーフィールドと相互作用する。

エンパワーメント
自己成長したり、自己改善するために、必要な力をつけられるようにサポートすること。

カボションカット
ドーム形に丸くカットして研磨すること。

キャッツアイ効果
猫の目のように光の輝きが動いて見えること。

クラスター
原石であり、結晶がまとまって塊のようになったもの。置石。

グレートスピリット
母なる大地のエネルギー。大いなる力。

幻視
水晶のような反射する表面またはその中に、イメージを見たり感じたりすること。

ゴースト
水晶が成長する過程に中断する時期があり、再び成長しはじめたときにできる年輪のような模様のこと。幻影のように見えることから名づけられている。

晶洞
石や水晶の中の空洞。

条線
結晶面にある平行に入った線模様。

女性性
女性的なエネルギーの特性をもつこと。

スクライング
水晶などにイメージを見たり感じたりすること。透視。

スター効果
繊維状の鉱物が複数の方向に並び、その束が光を反射して強い輝きを放つこと。光の線が4〜8本1点で交わり、放射状に光って見える。

ダウジング
振り子や杖、棒などを使って、振ることで知りたい情報を得る占い。

男性性
男性的なエネルギーの特性をもつこと。

チャクラ
体の中枢をなすとされるエネルギーセンター。チャクラとはサンクリット語で「光の輪」を意味し、7つのチャクラがあると考えられている。

チャネリング
神や天使、守護霊、故人、動物など、スピリチュアルな世界の存在とつながること。

チャネル
伝達経路。

トランス状態
意識が通常の状態とは異なる状態の中、別の次元にあること。

ドリームキャッチャー
アメリカインディアンのオジブワ族に伝わる魔よけの装飾品。

トレードネーム
商品名、商号。

ファセット
カット。切子面。

レイキ
宇宙に存在するものが誕生するときに生じる波動で、根源的なエネルギーのこと。また、このエネルギーを用いた療法のこと。

レイライン
古代の遺跡や神社仏閣などが直線的に並ぶように建造されたという仮説を前提に、遺跡群が描く直線をいう。

ワンド
端が細くとがった石や水晶。

化学式の元素名

Ag	銀
Al	アルミニウム
As	ヒ素
Au	金
B	ホウ素
Ba	バリウム
Be	ベリリウム
Bi	ビスマス
C	炭素
Ca	カルシウム
Cl	塩素
Cr	クロム
Cs	セシウム
Cu	銅
F	フッ素
Fe	鉄
H	水素
K	カリウム
Li	リチウム
Mg	マグネシウム
Mn	マンガン
Mo	モリブデン
Na	ナトリウム
Nb	ニオブ
Ni	ニッケル
O	酸素
P	リン
Pb	鉛
Pt	白金
S	イオウ
Sb	アンチモン
Si	ケイ素
Sn	スズ
Sr	ストロンチウム
Ta	タンタル
Ti	チタン
V	バナジウム
W	タングステン
Zn	亜鉛
Zr	ジルコニウム

index

410

本書の執筆をこれほど冒険的にしてくれた、
孫娘のフレイヤと若い友人のケイトリンに
www.cassandraeason.com

The publishers would like to thank the following sources
for their kind permission to reproduce the pictures in
this book: Alamy Images, Barlows Gems, Better Rocks,
Corbis, Critical Eye Photography, Fawcett Hobbies,
Gemological Institute of America, Getty Images, IRocks.
com, IStockphoto, Jack Taylor, Joanne Hollingsworth,
Joseph Freilich, Krystal Love, Little Gems, Manuel
Beers, Natural History Museum, Precious Pebbles,
Private Collection, Rodney Fox, Roger Lang, Science
Photo Library, Shutterstock.com, SoMK, That Crystal
Site & Thinkstock.com.
All other photographs copyright of Carlton Books Ltd.
Every effort has been made to acknowledge correctly
and contact the source and/or copyright holder of each
picture and Carlton Books Limited apologises for any
unintentional errors or omissions which will be
corrected in future editions of this book.

参考文献
『パワーストーンの教科書』結城モイラ著、新星出版社
『最新版 天然石パワーストーン組み合わせバイブル』豊原匠志著、
河出書房新社

日本語版制作スタッフ
監修：松原 聰
翻訳：堀口容子
組版・カバーデザイン：中山詳子、渡部敦人(松本中山事務所)
編集協力：鶴留聖代

著者
カサンドラ・イーソン

心霊研究者、石と石のヒーリングおよび超常現象の専門家。
世界各国の新聞や雑誌に多数寄稿する傍らTV出演を行うな
どマルチに活躍。著作も多く、『Every Woman a Witch』
『The Illustrated Guide to Healing Crystals』はベス
トセラーとなっている。

監修
松原 聰

1946年生まれ。京都大学大学院理学研究科修士課程修了。
理学博士。元国立科学博物館研究調整役・地学研究部長。元
日本鉱物科学会会長。主な著書に『調べる学習百科 鉱物・
宝石のひみつ』(岩崎書店)、『図説 鉱物肉眼鑑定事典』(秀和
システム)、『新鉱物発見物語』(岩波書店)、『ダイヤモンドの
科学 —美しさと硬さの秘密』(講談社) など。

474種の石と出会える
パワーストーンバイブル

2020年1月1日　第1刷発行

著　者　カサンドラ・イーソン
発行者　吉田芳史
印刷所　図書印刷株式会社
製本所　図書印刷株式会社
発行所　株式会社日本文芸社
〒135-0001 東京都江東区毛利2-10-18 OCMビル
TEL 03-5638-1666 （代表）

Printed in Japan 112191220-112191220 Ⓝ 01 (310046)
ISBN978-4-537-21752-0
URL https://www.nihonbungeisha.co.jp/
© Nihonbungeisha 2019

内容に関するお問い合わせは
小社ウェブサイトお問い合わせフォームまでお願いいたします。
ウェブサイト　https://www.nihonbungeisha.co.jp/

印刷物のため、作品の色は実際と異なって見えることがあります。ご了承ください。